로베르트 무질

로베르트 무질

최성욱 지음

ROBERT MUSIL

야 비로소 현대소설의 거장의 반열에 오른 소설가 로베르트 무질은 살아 있는 동안 대중의
로부터 철저하게 밀려나 있었던 불운한 작가였다. 사후에 문학적 명성을 얻은 대부분의
이 그렇듯 그 역시 시대를 앞서간 천재이자 시대와 화해하지 못한 반시대적 인간이었다.
구보다도 고통스럽게 자신의 삶과 이를 규정하고 있는 가치의 모순을 느꼈으며, 이 혼란을
는 것만이 자신의 삶을 구원할 수 있는 유일한 길이라 믿었다. 그가 공학도로서 약속된
포기하고 장래가 불확실한 예술가의 길을 걷게 된 것도 과학과 기술이 현상의 껍데기만
해석하는 데 만족할 뿐 현상 속에 숨어 있는 삶의 본질적 문제는 해결할 수 없다고 보았기
다. 그의 글쓰기는 이처럼 실존의 문제, 즉 시대와 어울리지 못하는 자신의 삶을 구원할
모색하는 데서 출발한다.

KSI 한국학술정보[주]

목 차

I

머리말

사후에야 비로소 현대소설의 거장의 반열에 오른 소설가 로베르트 무질 Robert Musil은 살아 있는 동안 대중의 관심으로부터 철저하게 밀려나 있었던 불운한 작가였다. 사후에 문학적 명성을 얻은 대부분의 작가들이 그렇듯 그 역시 시대를 앞서간 천재이자 시대와 화해하지 못한 반시대적 인간이었다.[1] 그는 누구보다도 고통스럽게 자신의 삶과 이를 규정하고 있는 가치의 모순을 느꼈으며, 이 혼란을 정리하는 것만이 자신의 삶을 구원할 수 있는 유일한 길이라 믿었다. 그가 공학도로서 약속된 미래를 포기하고 장래가 불확실한 예술가의 길을 걷게 된 것도 과학과 기술이 현상의 껍데기만 다루고 해석하는데 만족할 뿐 현상 속에 숨어 있는 삶의 본질적 문제는 해결할 수 없다고 보았기 때문이다. 그의 글쓰기는 이처럼 실존의 문제, 즉 시대와 어울리지 못하는 자신의 삶을 구원할 방법을 모색하는 데서 출발한다.

우리가 흔히 '세기전환기'라 부르는 20세기 초반에 작품 활동을 시작한 그에게 세계는 전통적인 소설기법으로 단순히 모방해 내기에는 너무 불확실하고 모순으로 가득찬 공간이었다. 슈팽글러 Oswald Spengler가 암시했듯 당시 유럽사회는 계몽주의 이래 유럽을 지배했던 시민계급의 전통적 가치가 위기에 빠지며, 이로 인해 그 누구도 세계에 대해 확실한 가치판단을 내릴 수 없는 혼란스러운 공간이었다. 무질은 이 당시 유럽인을 급커브를 돌고 있는 차에 탄 승객으로 비유한다. 이쪽으로 무게중심을 둬야 할지, 아니면 저쪽으로 무게중심을 둬야 할지를 결정하지 못한 채 어정쩡한 자세로 서서 어쩔 줄 몰라 하는 인간이 바로 현대 유럽인이었다.

전통적으로 유럽사회를 지배했던 것은 인간중심의 가치였다. 이것은 인간을 세계의 중심이자 주인으로 만들었고, 인간 영혼에 무제한적 자유를 부여했다. 인간은 자기 영혼이 이끄는 충동에 따라 스스로 자기 행위를 결정하고, 이에 책임을 지는 자율적 존재였다. 유럽인들이 개인에게 이런 자유를 부여할 수 있었던 것은, 그들이 신이나 실체처럼 눈에 보이지 않는 형이상학적 존재에 의지해 이것에 정당성을 부여할 수 있었기 때문이다. 하지만 갈릴레이 이후 득세하게 된 자연과학적 사유방식은 경험이나 합리적 추론을 통해 검증할 수 없는 모든 현상을 의심하고, 이것을 비합리 또는 신비주의로 몰아세웠다. 자연과학은 개인의 고유한 감정이나 일회적인 경험까지도 증명할 수 없다는 이유로 평가 절하했으며, 모든 개별적 체험을 보편적 개념의 틀 안에 편입시켰다. 더군다나 산업혁명 이후 새롭게 등장한 기술 중심적 가치관은 인간을 영적 존재, 즉 더 이상 환원 불가능한 고유한 개체로 보지 않고 여러 개의 법칙으로 환원 가능한 사물로 보았으며, 자본주의적 가치관 역시 인간을 교환가치에 따라 얼마든지 사고팔 수 있는 기능적 존재로 해체시켰다.

무질이 느꼈던 혼란은 자신의 내면에 영혼의 활동과 개별적 체험을 중시하는 비합리적 영역과 과학적 합리성과 보편적 체험을 중시하는 합리적 영역이라는 대립된 두 가치체계가 공존하고 있으며, 이로 인해 자아가 분열됨을 느꼈기 때문이다. 무질은 관습적 틀에 매여 과학의 개념적 인식방법을 무비판적으로 받아들이기에는 너무 과학적인 인간이었다. 왜냐하면 그에게는 자신이 직접 경험한 특수한 사실들이 너무 생생하게 존재하며 그 진리성을 주장하고 있었기 때문이다. 이처럼 양립 불가능한 가치체계의 공존으로 인한 자기분열은 그의 자아 정체성을 위기에 빠뜨린다. 무질을 현대사회의 문제적 인간으로 만든 것은, 그가 과학-기술의 시대에 너무 영적(신비주의적) 태도를 취했으며, 반면에 신비주의적 사건의 진실성을 받아들이기엔 너무 과학적 태도를 취하는 경계인이었기 때문이다. 그의 삶의 문제는 과학이 지배하는 사회, 보편적 체험이 개인의 고유한 체험을 억압하는 시대에 적응하며, 개인의 고유한 삶의 의미를 구원해 내는 것이다. 이는 곧 영혼과 과학으로 쪼개진 자아분열을 극복하고 완전한 인간으로 자기 삶을 구원해 내는 것을 의미한다. 따라서 그에게 문학은 신비주의와 과학의 종합이다. 하지만 문제는 자신만이 경험한 이 특수하고 일회적인 체험을 어떻게 일반화할 수 있을까이다. 무질의 글쓰기는 이 문제의 해결을 모색하는 실험이다.

Ⅱ 무질의 삶과 작품

1. 이루지 못한 꿈, 미완의 소설

1942년 4월 15일 오후 1시경 로베르트 무질은 망명지 제네바에서 뇌졸중으로 초라하게 눈을 감는다. 장래가 촉망되는 젊은 작가로 문단에 화려하게 데뷔했고, 일평생 글자 그대로 죽는 날까지 글쓰기로 생을 보낸 작가임에도 불구하고, 그 당시 그의 죽음을 알고 있었던 사람은 거의 없었다. 마지막 순간 그가 남긴 재산은 약간의 책들과 다 끝내지 못한 원고, 그리고 앞으로 쓸 소설에 대한 착상을 적어둔 메모가 가득 담긴 2개의 상자뿐이었다.

그의 말년은 위기와 고통의 연속이었다. 1936년 찾아온 뇌졸중이 외부에서 그의 삶을 위기로 몰고 간 원인이었다면, 평생 단 하루도 거르지 않고 책상에 앉아 글을 쓰는 것을 원칙으로 삼았던 그가 아무것도 쓸 수 없는 '글쓰기 장애(창작 장애)'를 앓게 된 것은 그의 삶을 위협하는 내적 요인이었다. 하지만 이것보다 더 심각하게 그를 고통스럽게 만들었던 것은, 나치가 그의 책을 금서로 정한 후 그의 글쓰기가 단 한 푼의 돈도 그의 손에 쥐어주지 않았다는 것이다. 그 전에 그는 곤궁했지만 출판사로부터 선금을 받아 생계를 이어갈 수 있었다. 하지만 망명지 제네바에서 그는 자신에게 생활비를 지원해 줄 출판사를 찾기는 어려웠다. 이 때문에 그의 생애 마지막 몇 년 동안 그가 쓴 편지는 대부분 생활비를 부탁하는 것이었다.

> 지금 저로서는 후원금 지급이 9월 이후에도 계속 연장될 수 있도록 부디 힘써 주시기를 간청하는 길 이외에 다른 도리가 없는 것 같습니다. 문학 활동의 무게나 민첩성의 관점에서 말씀드리자면, 저는 잽싼 물고기가 아니라 뭍에 얹혀 있는 한 마리 고래입니다.

이 상황에서 무질에게 가장 큰 도움을 준 사람은 1938년 그를 처음 알게 된 후 변함없이 그에게 지원을 아끼지 않았던 취리히의 목사 로베르 르존느 Robert Lejeune였다. 그는 무질을 지원해주기 위해 뜻있는 사람들을 모아 무질후원회 Musil-Gesellschaft를 조직했을 뿐만 아니라 각계각층에 무질에 대한 관심을 환기시키는 활동을 펼쳐 생활비를 지원받게 했다. 이 당시 무질의 가장 중요한 일과는 자신에게 지원금을 보내준 후원자에게 감사장을 쓰는 것이었다. 하지만 다른 사람에 구걸해야 한다는 것은 그의 자신감을 갉아먹었고, 무질은 날이 갈수록 매우 예민하게 변해 주변의 사소한 일에도 신경과민의 반응을 보였다.

> 너무 화가 나고, 이 문제에서 제가 너무 무기력함을 느낍니다. 그런 사람들과 속 시원하게 절교하지 못하고, 늘 삶이 행복하다고 느껴야 함에도 불구하고 이 삶에 진절머리 치는 것도 모두 제 책임이겠지요.

이 상황에서 그에게 남아 있는 유일한 희망은 그가 혼신의 힘을 다해 매달렸던 『특성없는 남자 Der Mann dine Eigenschaften』를 끝내는 것이었다. 하지만 이것도 이미 오래전에 실현 불가능한 것이었다. 왜냐하면 경제적 곤궁, 건강의 악화 그리고 자신감의 상실은 늘 그에게 이 소설을 통해 자신이 제기하고자 했던 질문에 제대로 대답할 수 있을까를 의심하게 만들었기 때문이다: '이 소설이 들어가게 될 전쟁 이후의 세계는 어떤 세계일까?', '과연 이 세계가 자신이 현재의 시급한 문제를 해결하기에는 너무 반시대적인(민첩하지 못한) 인간이라는 사실을 잘 알고 있는 한 고독한 남자가 평생 책상에 앉아 궁리를 할 가치가 있는 세계일까?'

그에게 문학은 삶(세계)과 분리될 수 없는 것이며 삶에 대해 분명한 인식을 줄 수 있어야 했다. 하지만 과학의 인식과는 달리 문학의 인식은 확고한 규칙과 법칙을 찾아가는 것이 아니라 '변화'와 '미래'에 대한 인식을 요구한다. 무질에 따르면 세계는 멈춰 있는 부동체가 아니라 영원히 변화하는 유동체다. 그러므로 세계를 하나의 완결된 체계로 환원시키고, 그 속에서 영원불변한 법칙을 찾아내려는 과학의 시도는 오류이며, 세계에 대한 참된 인식은 세계의 가변성을 인정하고 열린 태도로 접근함으로써만 얻을 수 있다. 이 때문에 무질은 에세이 「시인의 인식에 관한 스케치」에서 작가의 임무는 지구를 들어 올릴 확고한 아르키메데스의 점을 찾는 것이 아니라 항상 변화하는 해결책, 연관관계, 변수들을 찾아내어 이 모든 것을 포괄하는 총체적 세계관을 구성하는 것이라고 본다. 무질에게 문학은 과거에 벌어진 사건을 충실하게 모방하는 것이 아니라, 앞으로 변하게 될 미래에 새롭게 형성될 삶을 고안해 내는 것이다. 무질이 '잽싼 물고기'가 아니라 '뭍에 얹혀 죽어가는 한 마리 고래'일 수밖에 없었던 이유도 여기에 있다. 그것은 항상 변화하는 세계에서 분명한 인식을 줄 수 있는 해답을 찾는 것은 불가능하지만, 이것이 불가능함을 알면서도 이 사명을 받아들이는 것이 작가의 숙명이기 때문이다. 무질은 자신의 일기 마지막 부분에서 작가로서의 삶을 살기 위해 자신에게 맡겨진 숙명을 피하지 않고 죽음을 기다려야 하는 것이 참된 예술가라고 밝힌다. 이것은 그의 필생의 역작 『특성없는 남자』가 애초에 쓸 수 없고 완성할 수 없는 미완의 꿈이었음을 암시해 준다.

2. 불행한 아이

로베르트 무질은 1880년 11월 6일 오스트리아 클라겐푸르트 Klagenfurt에서 아버지 알프레드 무질 Alfred Musil(1846~1924)과 어머니 헤르미네 베르가우어 Hermine Bergauer(1853~1924) 사이에서 태어난다. 무질이 태어나기 4년 전 무질 부부는 첫 딸 엘자 Elsa를 낳았지만, 애기는 몇 달 살지 못하고 사망한다. 무질이 직접 만나지는 못했지만 누이 엘자의 존재는 무질 생애와 작품 활동에 매우 큰 영향을 미친다.

최근 나온 무질 전기에서 아돌프 프리제 Adolf Frisé는 다소 미신적이긴 하지만 무질이 태어난 별자리 연구를 통해 그가 세상과 갈등하며 살아갈 수밖에 없는 불행한 운명을 타고났다고 주장했다. 어쨌든 그의 첫 불행은 복잡한 가정 상황으로 인해 이미 유년시절부터 찾아온다.

그의 아버지 알프레드 무질은 클라겐푸르트의 기계공장 엔지니어로 시작해서 무질이 태어난 뒤 잠시 관료 생활을 한 후 1890년 브륀 Brünn공과대학 교수가 될 때까지 매우 성실하게 살았지만, 소심하고 안정된 삶을 희구하는 당대 시민 계급의 소시민적 생활태도를 지니고 있었다. 『특성없는 남자』에서 주인공 울리히의 아버지 상에 전이되어 있는 실제 아버지의 모습은, 평생 일정한 직업이나 정기적인 수입이 없었을 뿐 아니라 이에 대한 그 어떤 전망도 보여주지 못했던 아들에 대한 걱정과 엔지니어의 경직된 합리성을 보여준다.

무질이 기억하고 있는 아버지는 뛰어난 기계 설계 엔지니어였으며, 부지런하고 비약을 싫어하는 정확성의 인간이었다. 그는 출세욕은 없었지만 오랫동안 열심히 일하면 윗분이 이에 보답해 줄 것이라는 시민 계급 특유의 미덕을 가지고 있었다. 하지만 그의 시대는 이미 시민 계급의 미덕이 몰락한 시기였다. 어머니가 죽자 때마침 아버지도 죽은 것은 합리적으로 설명할 수 없는 일이었지만, 이것은 그의 종교적 믿음과는 무관한 것이었다. 왜냐하면 과학자로서 경험할 수 없는 것을 부정하는 비종교적 태도는 아버지만의 고유한 본성이었기 때문이다. 하지만 이처럼 믿지 않는 태도는 시민 계급의 전통과는 어울리지 않는 것이기도 했다. 시민 계급을 한마디로 종교성으로 규정할 수는 없지만, 그들은 종교의 지배를 용인하며 종교의 관습에 복종하기 때문이다. 무질은 아버지의 이런 태도를 금욕주의라 불렀다. 아버지의 이런 태도는 종교뿐만 아니라 그의 결혼생활과도 연결된다.

무질은 아버지와 어머니의 관계에 대해 다음과 같이 기억한다.

> 내 아버지는 분명한 사람이었다. 하지만 어머니는 매우 혼란스러운 분이었다. [……] 자신에 대해 나쁘게 이야기하지 않았으면 좋겠다는 어머니의 소망을 들어주고 싶다. 영웅적이고 고귀한 측면과 시동생들에 대한 가족애, 하지만 그 이외의 것에 대해서 그녀에 대해 무엇이라고 말할 수 있을까? 신경질적이고 예민한 성격, 급한 성질, 터질 때까지 남의 신경을 건드리는 것 [……] 그녀는 아버지를 높이 평가했지만, 아버지는 남자다운 남자를 바랬던 어머니의 취향과는 맞지 않았다.

어머니 헤르미네는 20살 때 결혼했다. 당시 그녀는 자신의 삶을 수중에 꽉 쥘 수 있고, 자신의 환상에 관심을 보여줄 수 있는 남자를 원했다. 하지만 남편 알프레드는 권위를 부리는 남자는 아니었다. 그는 부인의 별난 성질을 묵묵히 참고 견뎠으며, 그런 남편을 그녀는 일 외에 자기에게는 관심이 없다고 느꼈다. 그녀는 결혼한 지 7년 만인 1881년에 코모타우 Komotau에서 하인리히 라이터 Heinrich Reiter라는 남편의 친구를 알게 되어 부적절한 관계에 빠진다. 남편

알프레드도 이 관계를 알고 있었지만 둘 사이를 인정해 주는 방향으로 이 문제를 정리했다. 이때부터 라이터는 무질의 식구가 된다. 그는 가족의 여름휴가에 따라갔고, 1900년 브륀으로 이사 갔을 때도 함께 이사 왔으며, 1924년 어머니의 임종까지 지켰다.

후에 『통카』에서 주인공인 화학자가 어머니의 친구 휘아친트 Hyazinth 아저씨에게 보인 경멸과 반항감에서 알 수 있듯이 부모님의 비정상적 관계는 아이에게 부모에 대한 존경과 신뢰를 보낼 수 없게 만든다. 소년이 사랑받지 못한 아이가 아니었음은 분명했지만, 그렇다고 아이와 부모 사이에 직접적이며 솔직한 감정의 교류가 있었던 것도 아니었다. 소년은 늘 가족의 품에서 행복을 느끼지 못했으며, 자기감정을 부모에 솔직하게 털어놓지 못했다. 심지어 그는 부모를 무시하기까지 했다. 30년대 말, 즉 무질의 나이 60이 다 되었을 때 그는 자서전을 쓰기 위해 부모에 대한 기억을 떠올렸는데, 이때 그는 부모에 대한 거리감 때문에 자기 인생이 '현실로부터 벗어나기' 시작했다고 보았다.

1939년 제네바 망명시절에 쓴 유년시절의 기억은 다음과 같다.

> "나의 유년시절은 내 방의 멜랑콜리한 분위기 속에 짓눌려 있었다."

부모로 인해 우울해진 소년은 점점 바깥 세계로부터 멀어지며 늘 자기 방에 갇혀 지내게 된다. 이 시절 그에게 유일한 기쁨은 창가에 서서 집 정원을 바라보는 것이었다. 무질의 기억 속에는 유년 시절에 대한 확실한 기억은 그리 많지 않다 하지만 몇 개의 기억은 항상 반복적으로 떠오르는데, 그것은 '밤중에 창가에 서서 낯선 세계를 바라보았다'는 것이다. 하지만 멜랑콜리한 시선으로 바라본 바깥 세계는 마법적 현실이 되어 되돌아 왔다. 그는 정원에 서 있는 나무와 이리저리 나뒹구는 낙엽을 보면서도 습관적인 현실이 아니라 그 이면에 있는 뭔가 알 수 없는 '유령 같은 것 das Gespenstische'이 천천히 자기 내면으로 들어와 영혼을 충만시키는 체험을 한다. 이로써 그는 외부세계를 받아들이는 또 다른 길을 발견하게 되는데, 보통 사람들이 세계를 오성의 눈을 통해 합리적으로만 받아들인다면, 그는 세계와 영적으로 교류하면서 총체적으로 받아들이는 길을 알게 된다. 이 때문에 『특성없는 남자』에 대해 폰타나 O. M. Fontana와 나눈 대화에서 "실제 사건에 대한 사실적 설명에는 관심 없습니다. [……] 사실들은 늘 변화 가능한 것이니까요. 내가 관심을 가지고 있는 것은 영적인 전형입니다. 내가 말하고자 하는 것은 '사건 뒤에 숨어 있는 유령 같은 것'입니다."라고 말한다. 이에 따르면 그의 소설의 목표는 '경직된 현실'이라는 껍데기 속에 싸여 있는 시대정신을 그리는 것이다. 그에게 시대정신은 현실 속에만 있는 것이 아니라 '현실의 껍데기 속에 갇혀 있어 아직 현실화되지 못하고 있는 것' 속에도 있다. 이처럼 그가 기억을 통해 떠올린 유년시절의 특징은 모든 것이 '이중적 윤곽'으로 경계가 흐려져 있다는 것이며, 이것은 후에 무질 문학의 핵심 개념이 된다.

이와 연관하여 한 가지 더 언급해야 할 유년시절의 중요한 사건은 그가 유치원에서 작은 소녀를 유혹해 집으로 데리고 온 일이다. 그는 자기가 태어나기 전에 사망한 누이에 대한 열망 때문에 이 소녀를 유괴했는데, 이때 그는 죽은 누나를 데려오려고 했던 것 같다. 부모에 대한 불화와 집에서의 고독은 만나지는 못했지만 그 존재를 알고 있었던 누이에 대한 열망으로 발전한다.

> 나는 이 누이에 대해 관심이 많았다. 만약 그녀가 살아 있었더라면 나랑 가장 가까운 사이였을 텐데 하고 나는 가끔 생각한다.

어린 시절 누이에 대한 열망은 그에게서 현실적 존재와 연상에 의해 만들어진 환상적 존재 사이의 확실한 경계를 해체시켜 놓는다. 그러므로 그에게 누이의 의미는 그가 던진 다음과 같은 질문으로 요약될 수 있다: "세상은 보이는 것과 다르게 생각해야 한다. 왜냐하면 세계는 보이는 것과는 다르게 생각할 수 있을지도 모르기 때문이다. 우리가 정확하게 관찰해 본다면, 분명하고 뚜렷해 보이는 현실에서도 그림자처럼 그것의 다른상태가 뾰쪽한 모서리를 드러낼 수 있지 않을까?"

나중에 무질은 어머니와 통카의 실제 인물로 간주되는 자신의 첫 번째 애인 헤르마 디츠 Herma Dietz 사이의 유사성을 발견한다. 특히 어머니가 왜 하인리히가 자기 삶의 유일한 의미일 수밖에 없는지를 자신에게 솔직하게 털어놓았을 때, 그는 어머니에 대해 동정심을 느끼기까지 했다. 이 순간 그에게는 모든 도덕적 판단은 의심스러운 것으로 변했다. 왜냐하면 그는 도덕적 영역에서는 분명한 것이 하나도 없음을, 모든 것은 각자가 서 있는 입장이나, 각자가 바라보는 관점에 따라 달라질 수 있다는 것을 알게 되었기 때문이다.

하지만 이것은 훨씬 나중에 있었던 깨달음이었고, 그 당시 그는 부모의 비정상적인 관계에서 무질서와 혼란만을 느꼈다. 그는 아버지와 어머니 사이에 누군가 제3자가 존재하고, 집에서 아버지의 권위가 완전히 파묻혀 버렸다고 생각했다. 이 때문에 그는 무의식적으로 아버지의 편이 되었고, 이미 어린 나이 때부터 어머니와 자주 다투었다. 열 살이 되는 해, 이 다툼은 가족 구성원 모두가 인내할 수 있는 한계를 넘어섰으며, 이 때문에 그는 기숙학교에 입학해 집을 떠날 수밖에 없었다.

그는 부모 곁을 떠나 이 학교에 들어가면서, 이제 정상적인 생활을 할 수 있을 것이라고 기대했다. 하지만 이 학교에서도 역시 겉으로는 정상적인 생활이 이루어졌지만, 그 이면에서는 어린 시절 자신을 불안하게 만들었던 멜랑콜리의 잔재가 남아 있었다. 이 때문에 소년은 이미 3학년 때 신경-뇌 질환으로 수업에 들어갈 수 없었으며, 4학년 때에도 같은 병으로 장기간 결석해야 했다.

3. 학창시절과 문학으로의 길

1892년 12살의 나이로 무질은 아이젠슈타트 초급군사학교 Der Militär-Unterrealschule in Eisenstadt에 입학한다. 그가 특별히 군인을 양성하는 기숙학교를 선택한 이유는 가족 구성원들의 희망이 일치했기 때문이다. 아버지는 현실적인 이유, 즉 아들이 장교가 되면 자기 힘으로 밥벌이를 하고 안정된 미래가 보장될 것이라 믿었고, 어머니는 아들에게 좀 더 엄격한 교육이 필요하다고 느꼈기 때문이라면, 무질 자신은 그동안 어머니의 강요로 입어야 했던 치마를 벗고 이제 긴 바지를 입은 남자다운 남자가 되어 세계를 지배하고 싶다는 어린이의 소영웅주의 때문이었다. 무질은 이 학교 2년 과정을 마치고, 1894년 그의 데뷔작이자 출세작인 『퇴를레스의 혼란 Die Verwirrungen des Zöglings Törleß』의 실제 배경이 되는 메리쉬-바이쓰키르헨 고등군사학교 Die Militär-Oberrealschule in Märisch-Weißkirchen에 입학한다.

이후 작가로 살겠다는 결심을 굳힐 때까지 그의 학창시절은 군인, 엔지니어(공학), 인문학도로 변신하는 매우 혼란스럽고 불안한 시기였다. 고등군사학교를 졸업하고, 빈 기술사관학교 Technische Militärakademie in Wien로 진학할 때까지만 해도 그는 기계공학적 소양을 갖춘 군인의 길을 갈 것처럼 보였다. 이 길은 엔지니어와 군인의 길을 갔던 그의 집안 전통과 잘 어울렸을 뿐 아니라, 당시 그에게 군인은 타인을 지배하여 자기 의지를 관철하는 가장 남자다운 직업이며, 불만스러운 기존 현실을 무력으로 정복하여 자기 뜻대로 바꿀 수 있는 직업이었다. 그가 왜 이 길을 접어야 했는지는 정확하게 알 수 없지만, 우리는 그의 소설 『특성없는 남자』의 주인공 울리히가 군인에서 엔지니어로 직업을 바꾼 계기를 통해 미루어 짐작해 볼 수 있다. 아마 그는 합스부르크 왕국의 구시대적 봉건체제하에서는 시민계급 출신의 군인은 가장 나약하고 힘없는 귀족에게조차도 예속될 수밖에 없다는 사실을 깨달았는지도 모른다. 그는 불합리한 봉건체제를 옹호하는 군인이라는 직업으로는 세계변혁을 이룰 수 없다는 사실을 깨달았으며 새로운 시대를 열 수 있는 새로운 직업을 열망했다.

그는 사관생도가 된 지 1년 만에 아버지를 설득하여 군인의 길을 접었으며, 빈에서 몇 개월 더 보낸 후 아버지가 교수로 재직하고 있었던 브륀 공과대학 기계공학부에 등록함으로써 엔지니어의 길을 선택한다. 그가 장래가 보이지 않은 이 길을 선택한 이유는, 창가에서 정원을 보며 자연을 관찰하는 것을 좋아했던 어린 시절부터 자연과학적 재능을 보였고 자신의 적성에 맞다고 생각했기 때문이다. 실제로 그는 대학 시절 난방의 열효율을 높이는 장치를 고안했을 뿐 아니라, 인간의 색채감각을 알아볼 수 있는 색채팽이를 발명하기까지 했다. 그러나 무엇보다도 그를 감탄하게 만든 것은 엔지니어들의 '정확성의 파토스', 즉 정확성을 따지며 계산 가능한 질문을 통해 불합리하고 환상적인 모든 것을 불신하는 그들의 태도였다. 이 무렵 그에게는 오직 기술적 사유만이 세계를 합리적으로 바꿀 수 있었으며, 이 때문에 엔지니어는 가장 진보적인 역사의식을 가진 자들만의 진취적인 직업으로 보였다. 그에게 엔지니어는 미래의 예언자이자 새로운 세계를 창조할 새 시대의 구원자였다. 그는 1901년 기술고시에 합격하고 1902년 슈트트가르트 공대 재료시험 연구소에 1년간 조교로 근무하면서 엔지니어로서의 경력을 쌓아나갔다. 하지만 그는 곧 이 직업에 환멸을 느낀다. 그것은 그가 생각했던 엔지니어의 상과 실제 그들의 삶에 큰 괴리가 있었기 때문이다. 연구실에서 그들은 합리적이며 냉철한 개혁성향을 지니고 있었지만, 연구실 밖에서 보여준 그들의 삶은 구태의연하고 관습적이었다. 그들의 변혁의지와 냉철한 사유방식으로 기계를 발명, 개선하는 것 외에도 생활태도의 변화를 위해 적용해 보거나, 기술의 발전이 인간에게 어떤 의미가 있는지를 포괄적으로 사유하는 데 이용해 보라는 권유에 그들은 무관심한 태도를 보였다. 여기서 무질은 과학기술이 인류의 미래를 약속해 줄 것이라는 희망을 포기한다. 이 때문에 슈트트가르트에서 보낸 1년은 그에게 특별한 재미없이 실험실과 집만 오가는 무료한 시간이었다. 틀에 박힌 일상은 이런 희망을 좀 먹는 곰팡이였으며, 그는 외로움을 달랠 새로운 탈출구를 찾아야 했다. 그에게 그 문은 바로 문학이었으며, 그의 첫 작품은 이 지루함을 달래기 위해 쓴 소설이다.

> 22살 때 어렸음에도 불구하고 나는 엔지니어였고, 내 직업에 대해 만족감을 느끼지 못했다. 내가 왜 지루했는지 여기서 이야기하고 싶지 않다. 엔지니어로 일했던 슈트트가르트는 내게 낯설고 불친절한 곳이었다. 나는 이 직업을 그만두고 철학을 공부하고 싶었으며, 일과 시간에도 철학공부를 했다. 더 이상 내용이 머리에 들어오지 않았던 늦은 오후가 되면 나는 지루해졌다. 그래서 나는 소설을 쓰기 시작했고, 이것이 『퇴를레스의 혼란』의 소재가 되었다. 이 소재를 통해, 그리고 사람들이 말하고 있는 것처럼 이 소재를 비도덕적으로 다룸으로써 이 책은 명성을 누렸고, 나도 이야기꾼이라는 이름을 얻었다. 그 당시 나에게는 분명한 것이 없었다. 나는 내가 무엇을 원하는지 몰랐으며, 내가 원하는 게 없다는 사실만 알았는데, 이것은 그 당시 작가들이 쓰려고 했던 모든 것이었다.

무질로 하여금 엔지니어의 길을 포기하게 만든 결정적 계기는, 그가 자기 내면 깊숙한 곳에서 무질서하고 이성적으로 파악할 수 없는 '불확실한 충동'을 느꼈으며, 이 불분명한 감정에 자신의 고유성과 본질을 밝혀 줄 수 있는 비밀이 숨어 있다고 믿었기 때문이다. 후에 그가 자기 글쓰기의 목표는 '삶의 문제'의 해결이라고 밝힌 바에서도 알 수 있는 것처럼, 이 당시 모든 것을 과학적-합리적 사유 체계 속에 가지런히 정리할 수 있다고 믿었던 젊은 공학도에게 자기 내면에서 느낀 불확실한 감정은 반드시 해명되어야 할 삶의 문제였다. 하지만 공학과 이 학문의 기초가 되는 수학은 그에게 이에 대해 분명한 답을 주지 못했다. 이 답을 찾으려는 노력은 오히려 그에게 혼란만 가중시켰다. 왜냐하면 이 과정에서 그는 세계를 합리화시킨 자연과학의 토대가 되는 수학의 기초에도 '무한개념'과 '-1의 제곱근이라는 상상의 숫자'처럼 비합리적이며 불가사의한 힘이 존재하고 있음을 알았기 때문이다. 이 때문에 1913년에 발표한 에세이 「수학적 인간」에서 무질은 "세계와 우리 존재는 그 심연이 무질서하고, 불확실하며, 불가사의하고, 수학자에게도 파악할 수 없는 영역이 존재한다"고 말한다. 이로써 그는 세계와 자아의 이원성, 즉 세계(인간)는 수학적으로 해명될 수 있는 영역(합리적 영역)과 해명될 수 없는 영역(비합리적 영역)으로 나누어져 있으며, 세계(인간)에 대한 완전한 해명은 이 두 영역을 합일 시킬 수 있을 때만 가능하다는 인식에 이른다. 이것은 무질 문학의 기본개념이며, 그가 엔지니어의 길을 포기하게 된 결정적 이유이다. 공학은 그에게 합리적으로 해명되지 않는 영역으로 접근하는 것을 허락하지 않았다. 이로써 공학은 세계의 반쪽만 해명해 주었으며, 세계의 완전한 해명을 위해서는 공학적으로 해명될 수 없는 영역까지 파악해야 했다. 무질은 이 영역을 '영혼'이라는 개념으로 요약하고 있는데, 여기서 그것은 합리적으로 해명되지 않지만 자기 내면세계에서 분명히 감지되고 있는 불확실한 감정을 의미한다.

> 사건과 자아 사이에, 그리고 그의 고유한 감정과 이 감정을 이해하기를 열망하는 그의 가장 내면적 자아 사이에는 항상 경계선이 존재하는데, 이 경계선은 지평선처럼 그가 가까이 다가서려 하면 할수록 멀어져 간다. 그가 가까이 다가서려 하면 할수록, 그가 이 감정에 대해 알면 알수록, 그 감정은 그에게 낯설고 이해할 수 없는 것이 되었다. [……] 이 이해하기 어려운 모순은 나중에 그의 정신적 발전과정에 충만되어 있었고, 그의 영혼을 찢어버릴 것 같았으며, 오랫동안 그의 영혼의 가장 큰 문제가 되었다.

1903년 무질은 슈트트가르트 생활을 청산하고 연인 헤르마 디츠와 함께 베를린으로 이사 간다. 그는 이곳 훔볼트 대학에서 철학자이자 형상심리학의 창시자인 칼 슈툼프 Karl Stumpf 밑에서 철학과 심리학을 전공으로, 수학과 물리학을 부전공으로 박사 과정을 시작한다. 당시 그의 관심을 끈 것은 심리학자 에리히 모리츠 폰 호른스텔 Erich Moritz von Hornstel의 '전도 Inversion'에 관한 연구였는데, 이것은 나중에 무질의 『특성없는 남자』에서 주인공의 내면과 외부세계가 전도되는 체험을 통해 문학적으로 형상화되기까지 한다. 1908년 그는 슈툼프 교수의 지도하에 물리학자, 철학자, 심리학자인 에른스트 마하 Ernst Mach에 관한 논문으로 박사학위를 취득한다. 무질은 인간 자아의 문제를 실증적으로 분석한 마하의 저서 『감정분석 Die Analyse der Empfindung』을 읽고 학위논문 테마를 잡았는데, 그 이유는 이 글이 자신의 자연과학적 관심을 인문과학적, 문학적 관심과 연결시킬 수 있는 좋은 테마였기 때문이다. 마하는 세기 전환기 빈 모더니즘 작가들, 특히 후고 폰 호프만스탈, 헤르만 바르 그리고 오토 바이닝어 같은 작가들에게 활발하게 수용되었는데, 그 이유는 현대에 와서 문제 제기되고 비판받았던 전통적 '자아'개념에 대해 종래의 형이상학적 방법론의 한계를 극복하고 자연과학적 방법론으로 접근했기 때문이다. 그는 자연에 확실한 실체가 존재하지 않는 것처럼 자아도 영구불변하는 실체(불변상수)가 아니라 우연에 의해 구성된 가상이며, 늘 변화하는 가변체라고 주장함으로써 빈 모더니즘의 인상주의 작가들에게 큰 영향을 미쳤다. 마하는 자아는 불변의 실체가 아니라 감정의 여러 구성분자들이 한데 뭉쳐 구성된 복합체이며, 이 때문에 전통적인 자아는 더 이상 구원받을 수 없다고 주장함으로써 무질의 『특성없는 남자』 구상에 큰 영향을 미친다.

무질에게 베를린 시절은 중요한 생의 전환점이 된다. 대학에서의 철학과 심리학 공부는 그의 지식과 사고의 폭을 넓혀 주었고, 개념적 학문의 한계를 확인시켜 주는 계기가 되었을 뿐만 아니라 그로 하여금 문학으로의 전향을 결심하게 하는 결정적인 역할을 했다. 그것은 그가 심리학과 철학 공부를 통해 삶과 세계의 완전한 인식은 합리주의라는 밝은 길뿐만 아니라 신비주의라는 어두운 길까지 통합해야만 가능하다는 것과 문학의 언어만이 이것을 가능케 해 줄 것이라고 확신했기 때문이다.

4. 글쓰기 실험, 결혼 그리고 전쟁

청년 무질이 작가의 길을 선택하는 데 결정적인 영향을 미친 사람은 니체다. 무질은 이미 1898년 니체를 읽었으며, 그와의 만남을 운명으로 받아들였다. "내가 군사교육을 마칠 무렵인 18세의 중요한 성장기에 니체를 손에 쥔 것은 운명이었다."(Tb.19) 서양 형이상학과 인식론의 기초가 되는 '자아'와 '개념체계'에 대해 철저하게 회의한 니체는, 사춘기 정체성의 혼란을 겪고 개념체계에 기초한 수학의 한계를 경험하고 있었던 무질에게는 새로운 길을 제시해 줄 스승으로 손색없었다. 니체의 중요한 업적은 개념체계로서의 철학을 포기하고 아포리즘과 에세이라는 문학적 형식을 통해 비이성적 세계구조를 파악할 수 있는 새로운 길을 개척했다는 데 있다.

무질은 박사 학위 취득 후 그라츠 Graz에서 철학교수 알렉시우스 마이농 Alexius Meinong 옆에서 교수 자격논문을 쓸 기회를 잡았지만, 작가가 되겠다는 꿈을 위해 포기한다. 대신 그는 1908년 문예지 <휘페리온 Hyperion>에 단편소설을 써 달라는 비평가 프란츠 블라이 Franz Blei의 원고청탁을 받는다. 그는 1년 만에 『매혹의 집 Das verzauberte Haus』을 완성했고, 그 후 이 작품을 『조용한 베로니카의 유혹 die Versuchung der stillen Veronika』으로 개작하는 작업에 착수하는 동시에 새로운 소설을 한 편 더 써 『합일 Vereinigung』(1911)이라는 소설집을 낼 계획을 한다. 이를 위해 새로 쓴 소설이 『사랑의 완성 die Vollendung der Liebe』인데, 이 작품은 원래 2~3주 내로 쉽게 끝낼 수 있을 것이라 예상했지만, 2년 반이라는 길고 고통스러운 시간을 요구했다.

그러나 이 소설은 그의 첫 소설처럼 긍정적인 반응을 얻지 못했다. 그 이유는 우선 베를린 유학시절 생철학과 심리학 연구를 통해 그는 데뷔작을 쓸 때처럼 외적 사건을 피상적으로 전달하는 전통적 서사기법에 흥미를 느끼지 못했으며, 시시각각 변해가는 역동적인 인간 심리를 그리는 데 관심을 가지기 시작했기 때문이다. 이 당시 그에게 중요한 것은 피상적 외양의 전달이나, 인간 내면의 심리변화를 인과법칙에 따라 확실하게 서사하는 것이 아니라, 계속 변화하며 움직이는 인간 내면의 특수한 삶의 진실을 정확하게 그려내는 것이었다. 이를 위해 그는 새로운 서사기법을 필요로 했는데, 그것은 외적 사건을 인과관계의 사슬로 엮어 충실하게 모방하는 전통 리얼리즘의 기법이 아니라, 인과관계를 벗어나 요동치는 인간의 고유한 내면 심리를 정확하게 포착할 수 있는 것이어야 했다. 무질은 이처럼 피상적, 일차원적, 인과적, 연대기적으로 이야기를 엮어가는 리얼리즘적 서사기법으로는 삶의 심연에 도달할 수 없다는 인식 아래 이 단편소설을 자신의 독창적인 서사기법을 실험하는 무대로 생각했다. 하지만 그의 새 소설은 전통적인 소설 독법에 익숙해 있었던 독자들의 관심과 이해를 불러일으키지는 못했다.

『합일』에 대한 독자들과 비평가들의 반응은 부정적이었다.

> 나는 문학에서 극단적으로 특이한 것, 극단적으로 부도덕한 것, 야만적 카오스, 지적인 변태, 절대적인 퇴폐, 히스테리를 좋아하지 않는 독자들에게 로베르트 무질을 조심하라고 경고할 의무감을 느낀다.(베를린 주식 신문)

큰 기대를 걸고 발표한 소설이 이처럼 냉담한 반응을 얻자 무질은 큰 절망에 빠짐과 동시에 당대 독자들의 거부적 태도에 깊은 반감을 느낀다. 때문에 그는 이 소설이 나온 지 얼마 되지 않아 당대의 비평가들과 독자들이 "정확한 사유능력"이 부족하다고 꼬집는다.

> 오늘날 우리 비평에는 알맹이 없이 허구적-인과적 연관관계만을 충족시켜 주는 작품밖에는 없다.

그리고 이런 경향을 쫓아가는 당대의 작가들에 대해서는 '수학적 정확성'에 도달하겠다는 마음이 전혀 없는 '오락용 글쟁이'에 불과하다고 폄하한다. 비록 『합일』이 대중적 성공을 거두지 못했지만, 이 작품은 무질의 문학 노선을 근본적으로 변경하게 하는 결정적 계기가 된다. 『사랑의 완성』을 썼던 2년 반의 기간 동안, 그는 외적 사실을 부정확하게 허구적으로 모방하는 리얼리즘적 경향에서, 내면의 심리 변화를 정확하게 그려냄으로써 '진리'를 추구하려는 실험소설가로 변신하며, 리얼리즘적 요소가 있었던 심리 묘사에서, 이와 유사하지만 질적으로 완전히 다른 묘사기법으로 전향한다.

1911년 아버지의 소개로 빈 공대 도서관 임시사서로 취직했지만, 여전히 어느 것 하나 확실한 게 없었던 불안한 시절 그는 마르타 마르코발디 Marta Marcovaldi와 결혼해 처음으로 안정감을 느낀다. 그녀가 그의 일기에 처음 등장한 것은 1907년이며, 이 당시 마르타는 이태리 상인 엔리코 마르코발디 Enrico Marcovaldi와 재혼한 상태였다. 그녀는 부유한 유대인 상인의 딸로 태어나 21살 때 화가인 프리츠 알렉산더 Fritz Alexander를 만나 결혼한다. 하지만 그녀의 첫 결혼은 남편의 갑작스러운 사망으로 2년을 넘기지 못한다. 그림에 큰 관심을 가지고 있었던 이 젊은 과부는 이태리에 남아 그림을 그리면서 시간을 보내거나 베를린으로 와 미술공부를 하기도 했다. 로마에서 그녀는 두 번째 남편 엔리코 마르코발디와 결혼해 두 명의 자식까지 보았지만, 부부 관계는 원만치 못했다. 이 때문에 그녀는 누이들이 있는 베를린으로 와 머물고 있었다. 무질은 1907년 베를린에서 처음 그녀를 알게 되어 사랑에 빠졌지만, 그녀 남편의 방해로 둘의 결합은 이루어지지 못하고 있다가 1911년에 비로소 결혼하게 된다. 무질은 이와 같은 그녀의 인생을 『특성없는 남자』의 여 주인공 아가테에게 그대로 투영하고 있다.

이 해 12월 무질은 도서관 정직원이 되지만, 그는 곧 이 일자리를 그만두고 싶어 했다. 직업이 그의 글쓰기를 방해했기 때문이다. 1914년에야 비로소 그는 이 일자리를 그만둘 수 있게 되었는데, 그것은 베를린의 '피셔출판사'에서 나오는 문예지 <디 노이에 룬트샤우 die neue Rundschau>의 편집장으로 갈 수 있었기 때문이다. 그는 이 자리에 있으면서 여러 편의 문학비평을 쓰고, 출판사가 요구하는 신진 작가들을 발굴하기 위해 애쓴다. 이 시절 가장 특별한 경험은 그가 편집장 신분으로 발터 라테나우 Walter Rathenau를 알게 되었다는 것이다. 그는 유대 기업인이자 문필가이며 바이마르 공화국 시절 독일 외무장관을 지냈지만 극우 인종주의자에 의해 암살된다. 라테나우 역시 『특성없는 남자』에서 돈과 교양을 갖춘 사업가 파울 아른하임 Paul Arnheim으로 변신한다.

1914년 전쟁이 터지자 무질은 잡지사를 그만두고 입대했으며, 국경수비를 위해 남티롤 지방에 배치된다. 다른 사람들과 마찬가지로 그 역시 처음에는 전쟁의 광기에 감염되어 있었다. 이 때문에 그는 이 전쟁을 옹호하는 에세이 「유럽정신, 전쟁, 독일정신」이라는 글을 쓴다: "평화는 이미 오래전에 썩은 상태였고, 전쟁이 구원이 될 수 있을지도 모른다." 그를 향해 몰려드는 선전선동과 집단적 도취에 대해 무질 역시 거리감을 유지하지 못했던 것이다. 그는 민족주의적 파토스가 지배하던 시절 조금의 의심도 없이 전쟁은 막을 수 없는 것으로 여기며 전쟁에 열광하도록 자신을 설득했다. 그를 전쟁터로 내몬 것은 마약에 도취된 듯한 소속감, 뭐라 말할 수 없는 절망감이었다. 전혀 해명되지 않는 이 애국주의적 도취상태에서 개인은 갑자기

민족을 보호하기 위해 자기 생명을 던져야 하는 기능적 존재로 전락한다.

전쟁은 무질의 '다른상태' 개념을 잘 구현하고 있다. 민족을 위해 전쟁에 나가 자신을 버림으로써, 민족의 일원으로 다시 자신을 찾을 수 있다는 전쟁 논리는 자신을 버림으로써 자신을 찾는 다른상태의 엑스터시를 가장 잘 설명해 준다. 그에게 전쟁은 개인과 집단, 삶과 죽음, 이성과 광기의 경계가 해체되어 하나로 합일되는 다른상태 체험을 가능케 해 주었다.

그가 전쟁 중에 『특성없는 남자』를 구상하고 있었을 때, 이 전쟁은 그 이전의 정신상태로 인해 필연적으로 터질 수밖에 없는 것으로 생각했다. 그것은 바로 가치의 전복, 경계의 해체로 인한 혼란과 방향상실이다. 광기에 도취된 클라리쎄 Clarisse는 다음과 같이 말한다.

> 서로 잘 지낸다는 것은 증오를 심화시키는 것이 아닌가? 점잖은 삶은 야만을 원하지 않을까? 평화는 잔인함을 필요로 하지 않을까? 질서는 그것의 파괴를 요구하지 않을까?

무질의 소설집 『합일』은 모든 가치와 감정이 불확실해졌다는 전제하에 합리적으로 이해된다. 선/악, 미/추의 경계가 불확실하다면, '간통'과 '정조'의 경계도 해체되어 서로 하나로 합일될 수 있지 않을까? 그러므로 주인공이 끊임없이 대립된 두 가치 사이를 넘나드는 그의 소설집 『합일』은 1914년 이성의 포기를 결정한 그 당시 유럽 사람들의 집단적 광기와 심리적 불안을 그린 소설이다.

무질의 광기에 대한 관심은 이처럼 전쟁 전의 주변 상황을 정확하게 관찰한 결과이다. 혼란과 방향상실에서 오는 불안감, 이 불안을 해소시켜 줄 구원에 대한 기대가 폭력에 대해 광적으로 열광하는 분위기를 일반화시켰다. 이 때문에 무질은 일기에서 "질병은 이미 오래전부터 예고되어 있었다"고 회상한다.

실제로 그는 1913년 이태리 여행에서 부인 마르타의 친구의 소개로 로마에 있는 정신병원을 방문하기도 한다. 그가 이 정신병원을 찾은 이유는 자신이 정신병과 싸우고 있다고 느꼈기 때문이다. 실제로 무질은 1913년 '심장신경증'에 걸린 적 있으며, 친구 구스타프 도나스 Gustav Donath의 부인인 알리체 도나스 Alice Donath도 뮌헨의 정신 병원에서 심리치료를 받은 적 있다. 이들 부부는 『특성없는 남자』에서 발터와 클라리쎄로 등장한다. 그가 방문했던 로마의 정신병원은 음산했으며, 그는 이것을 전쟁이 터지기 전에 나타나는 '광란의 인간상'으로 보았다.

인간의 본성이 병들었다는 것은 광인들의 집합소인 정신병원뿐 아니라 지식인들의 모임인 베를린의 살롱에서도 관찰된다. 1914년 1월 발터 라테나우를 알게 된 베를린의 살롱에서 관찰한 '공허한 잡담', '과장된 웃음', '무의미한 익살', '누가 무엇을 해야 할지 모르는 상태'에서 무질은 타락과 몰락의 어두운 징조를 보았다.

1915년 이태리가 선전포고를 하자 무질은 페르젠탈 Fersental이라는 산악지방으로 투입된다. 그는 이곳에서 단편소설 『그리지아』의 내용을 이루는 신비체험을 한다. 1916년 그는 이곳에서 부상을 입고 인스부르크에 있는 야전 병원으로 후송되고, 다시 프라하에 있는 예비대 병원으로 옮긴다. 그는 프라하에서 베를린 잡지사 시절부터 알고 지냈던 프란츠 카프카의 집을 방문한다. 부상에서 회복된 후 그는 보첸 Bozen 지방으로 전보되었으며, 이곳에서 '군인신문'을 발행하는 임무를 받는다. 그는 후에 교육사령부로 배치되어 빈으로 돌아오며 여기서 군인신문 <하이마트>를 만든다.

전쟁기간에도 무질은 계속 작품 활동을 한다. 전쟁 전에 이미 시작했던 『몽상가들』을 계속 써 나갔으며, 여러 편의 에세이와 단편소설도 썼다. 이것들은 나중에 산문집 『생전유고』나 단편소설집 『세 여인』에 들어가 출판된다.

5. 특성없는 남자

전쟁이 끝나자 무질은 단편소설 『원숭이섬 Die Affeninsel』(1919)을 발표하며 작품 활동을 재개한다. 1919년부터 20년까지 빈에서 외무부 언론담당관으로 재직하던 시절 그는 전후 혼란기에 이 도시로 망명한 좌파 지식인들과 친교를 맺는다. 이 중에서 눈에 띄는 사람으로는 헝가리 망명가인 게오르크 루카치와 작가이자 영화이론가인 벨라 발라쥐 Béla Balàz인데, 무질은 이들과 교류하면서 평화주의 운동에 관심을 가지게 되었고 특히 자신의 가장 중요한 에세이 「새로운 미학의 징후, 영화 극작술에 대한 주석」을 쓰게 된다.

1921년 무질은 빈의 육군본부에서 병사들의 정신교육 훈련법을 연구하는 전문 연구원으로 일하면서 병사들을 민주적으로 지휘할 수 있는 통솔법을 개발하고, 이것을 장교들에게 교육하는 교관의 업무를 담당했다. 이 시절 그는 이 일 외에도 <프라하 신문>을 통해 빈의 예술과 연극 전반에 대한 비평이나 연극공연, 전시회, 신간 서적에 대한 기사를 쓰기도 했다. 그는 이 해에 단편소설 『그리지아』를 잡지 <디 노이에 메르쿠르 Die neue Merkur>에 발표하고, 이것을 다시 1924년 『포르투갈 여인』과 『통카』와 함께 묶어 『세 여인』이라는 소설집을 낸다. 그는 이 소설집으로 1924년 빈 시 예술상을 수상한다.

하지만 이 시기 무질의 최대 관심은 드라마 『몽상가들 die Schwärmer』이었다. 1923년 무질에게 클라이스트 상을 안겨준 이 작품은 후에 소설 『특성없는 남자』에서 다룰 '현실감각'과 '가능감각'이라는 테마를 선취하고 있다. 이 극은 초반부에 확고해 보이던 토마스와 마리아의 부부관계가 얼마 되지 않아 곧 와해되고 가능성에 불과했던 현실이 실제 현실로 바뀜으로써 자명해 보이는 모든 현실이 다시 불확실하게 되는 내용을 담고 있다. 그러므로 이 드라마는 "그 어떤 사물, 그 어떤 자아, 그 어떤 형태, 그 어떤 원칙도 확고한 것이 없다. 모든 것은 보이지 않지만 쉼 없이 변화하고 있다"는 무질의 현실관을 무대에서 구현하고 있는 것이다. 때문에 그는 처음부터 무대를 현실과 비현실 사이에 위치시키는 생소한 연극적 실험을 시도한다. 이는 그가 주는 연출지침에서도 분명히 드러난다.

무대는 현실과 상상의 세계를 동시에 재현할 수 있도록 해야 한다.

그러므로 무질은 처음부터 당대의 연극적 전통을 의도적으로 파괴하고자 하는 의도를 가지고 행위와 사건을 최소화하거나 인물들의 성격을 불분명하게 함으로써 사실주의적 성격을 거부하는 실험극을 기획한 것이다. 이 때문에 『몽상가들』은 전통적 연극 관객들이 접근하기 어려운 작품이었고, 소설집 『합일』처럼 대중들의 반응을 얻는데 실패했다. 1921년 그는 드레스덴의 조그만 출판사에서 이 작품을 책으로 출판하고, 이것을 무대에 올리기 위해 백 개가 넘는 극단에 이 책을 보냈지만 허사였다. 그는 1929년에야 비로소 베를린에서 이 작품을 올릴 수 있게 되었지만, 연극은 성공하지 못했다. 그것은 무질의 항의에도 불구하고 연출가가 제멋대로 원작의 내용을 잘라서 십오 분의 일 길이로 공연함으로써 무질의 의도가 관객에게 제대로 전달될 수 없었기 때문이다.

1929년 게오르크 하우프트만 상을 수상함으로써 무질은 작가로서의 활동을 대외적으로 인정받는데, 20년대는 이처럼 무질에게 작가로서 확고한 지위를 확립한 시기였다. 뿐만 아니라 이 시기는 그의 필생의 대작 『특성없는 남자』의 집필에 집중한 시기이기도 했다. 이 소설의 구상은 1910년대 후반부로 거슬러 올라간다. 무질은 처음에

"해부학자 monsieur le vivisecteur"라는 제목으로 소설의 첫 번째 계획을 구상하며, 20세기 현대인의 자아분열과 영혼의 방황을 그리는 실험소설을 써보겠다는 의도를 밝힌다. 이 계획이 처음으로 소설의 형태로 형상화된 것이 『스파이 Der Spion』(1918)였다. 이 소설은 2부로 구성되어 있는데, 1부는 1914년 전쟁이 터지기 이전 주인공 아킬레스 Achilles의 아나키스트적 삶을 그리고 있고, 2부에서는 전쟁의 발발과 도덕적 타락상을 묘사하고 있다. 그러므로 이 소설은 1차 대전의 발발과 함께 끝나는 『특성없는 남자』와는 외적 형식상 큰 차이를 보이고 있다. 1921년 무질은 이 소설을 다시 『구원자 Erlöser』라는 제목으로 개작하고, 1920년대 중반 새로운 내용을 많이 추가하여 다시 『쌍둥이 누이 die Zwillingsschwester』라는 제목으로 고쳐 쓰는 긴 고통의 시간을 거친 끝에 1930년에야 비로소 로볼트 출판사에서 『특성없는 남자』 제1권 제1부와 제2부를 출판한다. 하지만 무질의 작업은 죽을 때까지 계속 되었으며, 그의 사망 후 부인 마르타 무질에 의해 유고로 제3부가 출판되었고, 그 후 아돌프 프리제에 의해 유고의 일부가 보완되어 현재의 총 2150페이지 분량으로 출판되지만 이것 역시 완전한 것은 아니다.

이처럼 방대한 양의 미완성 소설의 내용을 요약하는 것은 쉽지 않다. 하지만 이 소설에 대해 무질이 직접 소개하고 있는 다음의 인터뷰는 이 소설의 내용을 가장 잘 요약해 주고 있다.

> 1차 대전 전 오스트리아의 마지막 몇 년을 묘사한다는 핑계로 이 소설에서 현대인의 존재의미에 대해 질문을 던지고, 가볍고 아이러니할 뿐 아니라 철학적으로 심오하게 이에 대해 대답할 것입니다.

이 소설이 그의 전 생애를 걸어도 끝낼 수 없었던 이유는 정확성을 지향하는 그의 철저한 작업방식 때문이었다. 그가 느끼는 글쓰기의 어려움은 '무언가를 종이에 쓸 수 없다는 것'이 아니라 그 반대로 무언가를 써 놓았지만 그래도 '여전히 쓸 것이 남아 있다'는 데 있다. 『합일』이 2년 반이라는 긴 시간을 요구했던 것도 문장과 문장을 배열하는 데 힘들었기 때문이 아니라, 항상 머리에 새로운 계획이 떠오르고, 또 한 번 더 새로운 계획이 떠올랐기 때문이다. 이 때문에 그는 『특성없는 남자』 1권이 끝나갈 즈음에 거의 매일 책상 주위만을 맴돌았을 뿐 소설은 거의 쓸 수 없는 '글쓰기 장애'를 앓는다. 그는 이 문제로 정신과 의사를 찾아가 상담을 받아야 했다. 이것이 이 소설을 끝내는 데 가장 큰 장애였다.

> 작업 중 계속 생각이 자라나고, 그것이 사유의 본성이겠지만, 서로 대립된 생각들이 다시 나를 둘러싸고 있는 것이 가장 어렵습니다. 많은 시간이 지나도 원고는 몇 페이지를 넘기지 못하고, 대부분 찢겨나갑니다. 하지만 이 과정을 통해야 이야기는 내면적인 것이 압축되고, 새로운 모습으로 형상화됩니다.

그의 작업 방식의 가장 큰 특징이자 문제는, 그가 줄거리를 서술하는 글쓰기를 하지 않으며, 자신에게 떠오르는 여러 이념적 소재들을 정리하는 방식으로 글을 쓴다는 데 있다. 그러므로 그에게 창조의 핵심은 '사유 Denken'이며, 단순히 이야기를 서사하는 것은 그에게 불가능했다. 그는 자신이 본질적으로 중요하다고 여기는 것은 모두 서사불가능하다는 것을 알았다. 왜냐하면 그것은 "하나의 실을 따라 서사될 수 있는 것이 아니라, 무한히 얽힌 평면으로 퍼져나가는 것"이기 때문이다. 무질 소설의 특징은 소설이라는 형식상의 틀을 유지해야 한다는 작가로서의 의지와 소설 이상의 것을 내놓아야 한다는 내용적 강요 사이의 긴장에서 나온다. 이 때문에 그는 경제적으로 아무리 힘들었어도, 자기 마음에 들지 않는 원고는 계속 쓰레기통에 던졌으며, 소설의 내적인 형상화 작업이 사유의 정확성에 기여할 때까지 계속 소설을 개작해야 했다.

이 소설이 처음 출판되자 신문에 150개의 서평이 실렸을 정도로 언론의 반응은 뜨거웠다. 무질은 이 소설로 일약 당대의 가장 주목받는 작가의 반열에 올랐지만 여전히 독자들로부터는 멀리 떨어져 있었다. 이것은 바이마르 공화국의 몰락과 히틀러의 집권이라는 혼미한 시대상황이 그의 수용을 가로막았기 때문이다. 무질이 1936년 『생전 유고』라는 아이러니한 제목의 산문집을 내놓아야 했다는 사실은 사람들이 그와 그의 작품에 보낸 무관심이 어느 정도였는지 짐작하게 한다.

1938년 히틀러가 빈에 입성하자, 무질은 로마를 거쳐 스위스로 망명길에 오른다. 망명지에서 무질의 궁핍과 고립은 더욱 심화되었다. 정치적으로 직접 박해받지는 않았지만 1939년부터 『특성없는 남자』는 판매 금지되었다. 그는 생활비를 아끼기 위해 취리히를 떠나 제네바에 정착했으며, 이곳에서 1942년 뇌졸중으로 사망할 때까지 계속 소설을 집필했다. 죽는 날 오전에도 그는 이 소설에 매달렸다고 한다.

무질이 죽은 지 약 1년 후 마르타 무질은 취리히의 한 신문에 『특성없는 남자』 유고판을 예약 주문받는다는 광고를 낸다. 그녀가 이 책의 서문에서 밝힌 것처럼, 그녀는 무질의 얼마 되지 않은 친구들을 위해 이 책을 내기로 결정한다. 그녀는 그들로부터 비록 완전히 정리된 결정판은 아니라 할지라도 무질이 써 놓은 모든 생각들은 매우 중요한 가치를 지닌다는 사실을 알았기 때문이다.

이 판본은 무질이 망명길에 오를 때 가지고 온 구천 페이지 분량의 원고 중 일부를 정리하여 만든 것이지만, 몇 장이나 될지 알 수 없는 소설에 관한 메모들은 1945년 빈이 연합군의 폭격을 받았을 때 이 도시에 있던 무질의 집에 그대로 남아 있었다. 1949년 마르타 무질이 사망하자 지금 무질 전집의 편집자인 아돌프 프리제가 이 유고를 가지고 나와 1952∼1957년 사이에 3권짜리 무질 전집을 발간한다. 그 후 이 책은 몇 차례 수정을 거친 후 오늘날까지 이용되는 판본이 되었다.

무질에 대한 수용은 1970년대 들어서면서 본격적으로 이루어지는데, 1976년 무질의 일기가 새로 정리되어 2권으로 출판된 것을 비롯하여 『특성없는 남자』의 유고가 추가로 정리되어 1978년 다시 출판되었지만, 무질의 유고는 아직 완전히 정리된 상태는 아니다. 무질이 직접 쓴 원고는 현재 오스트리아 국립 도서관 수기본 보관실에 있는데, 이것은 이 도서관에 보관된 유고들 가운데 가장 큰 규모다. 1992년 이 유고는 CD-Rom 형태로 출판되었다.

무질의 소설론

1. 현대소설과 주체

『소설의 이론 Die Theorie des Romans』을 통해 루카치가 이룬 중요한 업적은 서사장르의 발전을 역사철학적으로 규명한 것이다. 그에 따르면 소설은 근대 개인주의 사회로의 이행이라는 역사적 조건에 서사시가 새롭게 적응한 결과물이다. 지금까지 신에게 의지하며 살았던 인간은 근대 사회의 등장과 함께 자신이 세계의 중심임을 의식하고, 스스로 생각하고 혼자 힘으로 걸어가는 자율적 인간으로 거듭나며, 이 과정에서 이성을 통해 자기 운명을 스스로 결정하는 성숙한 인간은 근대 소설의 새로운 주인공이 된다.

하지만 근대의 자율적 인간이 밝힌 이성의 불빛은 생각만큼 그렇게 이전의 암흑을 밝혀주지는 못했다. 플라톤부터 칸트에 이르기까지 서구 합리주의의 역사는 신의 곁을 떠난 인간의 나약함과 고독 그리고 이성의 한계를 보여준다. 이성을 통해 절대적 주체로 성장한 인간이 느꼈던 고독감의 원인은 형이상학적 무한세계와 유한한 현실 사이의 건널 수 없는 심연, 칸트의 표현을 빌리면 현상계와 본질계의 메울 수 없는 간극 때문이었다. 이제 더 이상 서사시가 보여주었던 신과 인간, 유한세계와 무한세계의 유기적 총체성은 존재하지 않으며, 주체와 객체, 내면과 외면, 자아와 타자 사이의 분열만 존재한다.

소설의 주인공은 이처럼 외부세계에 대한 낯설음에서 탄생했다. 우리는 『빌헬름 마이스터의 수업시대 Wilhelm Meisters Lehrjahre』의 주인공 빌헬름의 내면에서 불타고 있던 연극의 열정과 평범한 소시민의 길을 갈 것을 바라는 아버지 사이의 간극에서 근대 소설의 주인공이 느꼈을 법한 낯설음을 찾아볼 수 있다. 소설은 이처럼 외부세계에 대한 낯설음으로 인해 '문제적 개인'이 된 주인공이 자신의 본모습을 찾아가는 여행이다.[2] 이 과정에서 다양한 가치와 이해관계가 서로 무질서하게 얽혀 갈등을 일으키며, 사회는 유기적 총체성을 이루며 공동체의 이익을 위해 조화롭게 어울려 사는 것이 아니라 개체의 이익을 위해 서로 싸우게 된다. 이 상황에서 조화와 통일에 기반을 두고 엄격한 형식미를 강요하는 운문은, 불완전한 가치들이 다양하게 혼합된 채 무질서하게 얽혀 있는 근대적 세계를 담아내기에는 부적절하고 낡은 형식이 되었으며, 이보다 더 자유롭고 모든 것을 담아낼 수 있는 새로운 문체형식인 산문, 즉 소설이 근대에 가장 알맞은 장르가 되었다.

이런 의미에서 괴테의 소설을 '근대 소설'로 만든 것은 시대관련성과 시대상황에 대한 진솔한 묘사라고 본 힐레브란트 Bruno Hillebrand의 시각[3]은 정당하다. 왜냐하면 이 소설에서는 서사시와 구분되는 새로운 세계상황이 그려지고 있기 때문이다. 그것은 바로 개인의 내면과 낯선 외부세계의 대립이다. 괴테는 사회와 긴장관계 속에서 표류하는 '개인'의 운명을 그리면서, 한편으로는 주인공에게 영향을 주는 사람들과 주변상황을, 다른 한편으로는 묘사되는 주인공의 내면이 점진적으로 교양을 쌓아 가는 과정을 보여 준다.

여기서 서사시에서 진화된 소설의 본질을 '교양소설'에 대한 개념에서 자연스럽게 이끌어낼 수 있다. 그것은 '교양 Bildung'이라는 개념 속에는 이미 총체성을 상실한 시대를 살고 있는 문제적 개인이 빠진 내면성과 외부세계의 분열이 전제되어 있기 때문이다. 루카치는 '내면성'을 영혼과 세계 사이의 적대적 이원성의 산물로 본다. 왜냐하면 모든 것이 유기적 총체성을 이루며 완결되었던 서사시의 사회에서는 내면성과 타자성의 구분이 존재하지 않기 때문이다. 따라서 서사시와 달리 교양소설의 주인공에게는 처음부터 자신의 내면적 안전성과 확실성은 더 이상 주어져 있지 않으며, 현실이 자기 본질과 낯설다는 것만 느끼게 된다. 이로 인해 그는 자신을 시험하고 확인하기 위해 모험의 길을 떠나야 한다. 소설은 자신을 알아보기 위해 길을 나서는 영혼의 이야기이자, 모험을 통해 자신을 시험하고 자신의 고유한 본질을 발견하려는 영혼의 이야기이다.

여기서 분명한 것은 교양의 본질은 소외가 아니라 이 소외를 전제로 하고 있는 '자기에게로의 귀환 Heimkehr zu sich'이라는 것이다. 헤겔은 '교양'을 소외와 자기획득의 변증법적 운동으로 본다.[4] 결국 교양이란 '자기와 화해하기 sich mit sich selbst Versöhnung', '타자적 존재를 통해서 자신을 인식하기 sich selbst zu erkennen im Anderssein'인 것이다.

그러므로 세계와 개인 사이의 상호작용을 통해 주인공이 '총체적 인간', 즉 '전인'(全人)이 되는 것은 교양소설의 주된 내용이며, 헤겔은 이것을 '개인이 보편성으로 고양되는 것 Erhebung zur Allgemeinheit'으로 본다. '전인사상'은 19세기 시민문화의 토대를 이루는 것으로서, 개별자인 개인이 자신의 특수성을 극복하고 보편적 존재로 고양되는 것을 이상(理想)으로 삼는다.

하지만 세기말에 접어들면서 인간을 세계의 중심으로 보았던 개인주의 문화가 산업화와 자본주의에 밀려 그 뿌리까지 흔들리게 되면서 교양 이상도 함께 위기에 빠진다. 무질은 「극장의 몰락 Der Untergang des Theaters」(1924)이라는 에세이를 통해 이런 시대 흐름을 진단한다. 그에 따르면 괴테시대에 교양은 성장의 길을 달렸지만, 현재 그것은 내리막길 내지는 최소한 위기감을 느낄 정도로 불확실하게 되었다.(8. 1121) 그에게 교양은 먼 옛이야기와 다름없다.

> 과거에는 항상 이런 말만 했다는 것을 부정하지 않습니다. 즉 우리는 영원하고 위대한 말과 이상을 위해 살았다는 것을, 인간적인 것의

> 고양을 위해, 우리 내면 가장 깊은 곳에 존재하는 고유한 특성을 위해, 존재의 총체적 충만성을 키우기 위해 살았다는 것을 말입니다. 우리는 종합을 이루기 위해 애썼고, 새로운 미의 향유와 행복이라는 가치를 위해 살았습니다.(3. 812)

'인간적인 것의 고양', '인간내면의 고유한 특성', '인간 존재의 총체성의 발견', '감성과 오성의 종합', '미와 행복의 추구' 등과 같은 개념들은 개인주의 문화의 기본가치로서 시민계급은 이를 통해 자기 외에 그 어떤 다른 목적을 위해서 이용될 수 없는 '자기 목적적 존재', 즉 그 자체로 무한한 존재가치를 지닌 자율적인 존재라는 자부심을 느끼고 살았다.

하지만 산업혁명 이후 기능주의적 인간관과 물질주의적 사고방식의 대두는 시민문화를 위기에 빠뜨린다. 이것은 세기 전환기에 절정에 이르는데, 이 시기에 청년기를 보낸 무질은 자본주의에 의한 시민계급의 몰락, 독점자본주의에 의한 자유주의적 자본주의의 몰락을 직접 경험한다. 자유주의에 기초한 오스트리아 시민계급의 몰락은 그에게 경제적, 정신적으로 큰 충격이었으며, 이런 개인적인 경악에서 그는 개인주의 문화의 운명을 확신한다. 세기말 빈 Wien 문화 특유의 멜랑꼴리가 말해 주는 것처럼 시민문화의 몰락은 무질만의 개인적인 감정이 아니라 그 당시 자유주의적 시민계급 모두가 느끼고 있었던 보편감정이었다.

찌마 P. v. Zima는 이 당시 시민 계급의 보편감정을 '공포 Angst'와 '등가성 Gleichgültigkeit'으로 규정하는데, 이때 공포란 급속한 사회변화와 돈의 지배가 점점 위세를 떨치고 있는 시대에 맞서 자신을 자율적 개체로 주장하려는 개인이 자신의 몰락을 예감하면서 느끼는 두려움이며, 등가성이란 인간 중심적 가치관이 이제 확실성을 상실하고 애매모호한 것이 되었다는 감정이다.[5] 요약하면 이것은 시민문화의 위기이자, 자본주의와 과학기술 문명에서 느끼고 있는 개인의 위기감이다.

> 교회가 영향력을 잃은 후, 우리가 카오스에 빠진 상황에서 더 이상 어떤 권위도 존재하지 않는다. 교양모범, 교양이념도 없다. 이 상황에서 감정과 도덕이 닻도 없이 활강하며, 세상에서 가장 확고한 존재인 인간조차도 흔들리기 시작한 것은 당연하다.(2. 564)

무질의 『특성없는 남자』는 세기말의 이런 감정을 그 특유의 과학적이며 실험적인 문체로 해부해 낸 소설이다. 무질은 시대의 변화와 개인의 위기에 대해 "개인을 숭배하던 시대 다음에 책임감과 위대함으로 움직이는 총체적 존재에 대해 철저하게 외면하는 시대가 오는 것은 너무나 당연하다"(2. 407)고 단언한다.

무질의 이런 입장을 대변하는 인물은 대사업가이자 대작가인 아른하임 Arnheim이다. 그는 수요-공급의 법칙이 지배하는 사회에서는 모든 이념이 교환가치로 환원되기 때문에, 이제 구시대의 퇴물이 되어버린 개인주의를 포기해야 한다고 강조한다. 그는 아직도 고전주의적 이상에 집착하고 있는 사람들을 이해하지 못하며, 들소나 독수리처럼 자연보호 공원으로 보내야 할 반시대적인 인간들로 여긴다.(2. 406) 그에게 고전주의 이상인 교양은 구시대적 퇴물이다. 왜냐하면 괴테적 의미의 보편적 전인은 현대 산업사회에 와서는 더 이상 존재할 수 없기 때문이다. 무질은 인간의 보편가치를 추구하는 교양도 이제 자본주의와 시장경제 안으로 편입되었다고 말한다.(8. 1122) 그에게 "괴테적 의미에서 완전한 교양은 더 이상 존재하지 않는다 Es gibt eben keine ganze Bildung mehr im Goetheschen Sinn." (1. 217) 산업사회와 관료주의 국가에서의 개인은 철저하게 사회의 필요에 의해 길러진다. 여기에서는 더 이상 '전인 der ganze Mensch'

은 존재하지 않으며, 개인의 특수성은 보편적인 목적에 편입된다. 그러므로 현대사회에서 개인의 삶은 점점 더 동일한 형태로, 점점 더 비개성적인 것으로 변했다.6)

이와 같은 기계적, 메커니즘적 세계관은『특성없는 남자』제1장에 뚜렷이 드러난다. 이 소설의 시간적 공간적 배경묘사에 있어서 무질은 전통적인 서사기법을 포기하고 일기예보 형식의 과학적 진술문을 사용한다.

> 대서양 상공에 저기압이 자리잡고 있다. 이 저기압은 러시아 상공에 자리잡고 있는 고기압을 향해 동쪽으로 이동하고 있는 중이지만, 아직까지 이 고기압을 피해 북쪽으로 이동할 기미는 보이지 않는다. 등온선과 등서선은 제 할 일을 다 하고 있다. 기온은 연평균기온, 가장 더운 달과 가장 추운 달의 온도, 주기적인 월별 온도변화를 크게 벗어나고 있지 않다. 일출과 일몰, 월출과 월몰, 달, 금성, 토성의 광도변화, 기타 다른 중요한 현상들도 천문학 연감의 예보와 일치하고 있다. [……] 다소 구식이긴 하지만 이런 사실을 잘 나타내 주는 한마디로 요약하면 이날은 1913년 8월의 어느 좋은 날이었다.(1. 9)

이를 통해 무질이 의도한 것은 지난 시절 인간중심적 세계관은 더 이상 존재하지 않으며, 현대는 개인의 주관적 판단보다는 객관적 인식을 중시하는 과학적 세계관이 지배하고 있음을 드러내는 것이다. 전통소설이었다면 '1913년 8월 어느 날씨 좋은 날'이라는 짧은 표현으로 끝날 배경묘사를 무질은 어려운 기상학 전문용어를 사용해 가며 지루하게 설명하고 있다. 왜냐하면 '다소 구식 etwas altmodisch' 이라는 표현에서 알 수 있듯이 19세기에나 사용되었을 법한 '어느 좋은 날 ein schöner Tag'이라는 주관적인 표현은 과학적 정확성이 요구되는 현대사회에서는 더 이상 용납될 수 없으며, 현대사회의 현실 체험은 가급적 개인의 감정적, 주관적 체험을 배제한 객관적, 과학적, 통계적 방법을 통해 측정된 등온선, 등서선, 연평균기온 등을 통해서만 확실성을 보장받기 때문이다.

무질이 본 현대사회는 개인의 주관적 감정인 만족감, 흥분, 열정조차도 전형적인 것, 메커니즘적인 것, 통계적인 것, 계열적인 것 속으로 편입되는 비개인적인 사회다. 그는 현대인의 삶의 비인간적인 특성을 "인간적인 것은 보편이라는 배양액 속에서 움직인다 ein menschliches Etwas bewegt sich in einer allgemeinen Nährflüssigkeit" (1. 217)고 정리한다. 현대인은 주관적으로 체험한 것을 그대로 믿으려 들지 않는다. 그들은 자신만의 고유한 인상이나 느낌을 항상 자기 밖에 있는 사회규범이나 과학법칙 등과 같은 질서와 비교하고, 그 안에 편입시킨다. 사람들은 이 질서가 그어놓은 경계선 밖에 나가 있으면 계속 불편하고 불안해한다. 이 불안은 우리가 질서 속으로 편입되어야만 해소된다. 즉 현대인의 세계 체험은 개인의 고유한 특수성과 주관성을 자기 외부에 있는 집단적 규범의 틀 속에 짜 맞춤으로써 형성된다. 이것은 필연적으로 인간에 대한 고전적 정의인 인간의 자율성의 상실을 야기하며, 또 인간의 삶이 개인의 내면에서 밖으로 기어 나오는 '삶의 피상성'을 야기한다.[7]

이런 피상성은 인간 내면의 궁핍화로 인해 생긴 결과이며, 『특성 없는 남자』 제1장에서 교통사고를 목격하는 한 쌍의 남녀는 그 전형적인 모델이 된다. 그들의 이름이 '아른하임'이나 '에멜린다 투찌 Emelinda Tuzzi'일지도 모르는 이 한 쌍의 남녀는 빈의 번화한 거리를 걸어 올라가다가 갑자기 발걸음을 멈춘다. 왜냐하면 그들은 방금 교통사고를 목격했기 때문이다. 사고를 당한 것은 화물차였으며, 그것은 급제동으로 인해 차로를 벗어나 옆으로 미끄러졌고, 지금은 보도블록에 한쪽 바퀴를 걸친 채 좌초되어 있다.

여기서 작가의 관심은 외적인 사건을 사실적으로 묘사하는 것이 아니라, 이 사고에 대해 보인 두 남녀의 반응에 있다. 숙녀의 첫 번째 반응은 '명치끝이 불편해짐'을 느낀 것이다. 숙녀는 이 현상을 사고를 당한 피해자에 대한 동정심 때문이라고 간주했다. 첫 눈에 귀부인임을 알 수 있는 이 숙녀에게 이것은 당연한 반응일지도 모른다. 하지만 그녀의 불편한 마음은 그 피해자를 도와줌으로써 해소되는 것이 아니라, 동행했던 신사의 합리적 설명 때문에 일어난다: "여기서도 사용된 것처럼, 이 대형 화물차의 제동거리는 너무 길군요 Diese schweren Kraftwagen, wie sie hier verwendet werden, haben einen zu langen Bremsweg."(1. 11)

이것을 근거로 귄터 그라프 Günter Graf는 숙녀의 불쾌한 감정은 도덕적 양심에서 생긴 것이 아니라 눈앞에서 질서를 이탈한('열에서 튀어나옴') 사건이 일어났는데도 자신이 이것을 질서 속으로 되돌려 놓을 수 없다는 무기력감과 자신에 대한 불확실성 때문이라고 본다. 따라서 그녀의 마음을 다시 편안하게 만들 수 있는 방법은 이 무질서한 사건을 질서 속으로 편입시키는 것이다. 그녀는 이를 위해 계속 노력하고 있었으며, 이 과정에서 신사가 한 말은 그녀에게 충분한 도움이 되었다. 왜냐하면 '제동거리'가 너무 길었기 때문이라는 그의 객관적 설명은 사건의 인과관계를 명확히 밝혀줌으로써 순간적으로 무질서 속에 빠져 허둥대던 세계를 다시 질서 속으로 구원해주는 것처럼 보였기 때문이다. 그녀는 '제동거리'라는 말이 이 상황에서 어떤 기술적 의미를 갖는지 몰랐으며, 알려고 하지도 않았다. 그녀는 다만 이 말을 여러 번 들은 적이 있으며, 이 말을 통해서 이 끔찍한 사고가 '질서' 속으로 편입되었다는 사실만으로도 충분히 만족해했다.

무질은 이 상황을 "사람들은 법칙과 질서에 딱 들어맞는 사건이 일어났다는 당연한 인상을 가지고 그 자리를 떠났다”(1. 11)라고 정리하고 있다. 이에 따르면 숙녀가 이 사건에 대해 불편함을 느낀 것은 자신이 ‘뭔가 특별한 일 etwas Besonderes’을 체험했으며, 그녀가 이것을 부당한 것으로 여겼기 때문이다. 여기서 신사가 제시한 미국의 통계수치는 그녀에게 충분한 위안이 될 수 있는데, 그것은 미국에서 매년 19만 명이 자동차 사고로 죽고 45만 명이 다친다는 통계수치가 그녀가 당한 이 특별한 체험이 일상적으로 일어나는 일이며, 보편적 질서 속에 있다는 것을 외부로부터 객관적으로 공인해 주었기 때문이다. 이처럼 무질은, 현대 유럽인들은 주체적으로 사고하고 행동할 수 있는 능력을 상실했으며, 그 대신 객관성과 결합하는 것으로 만족하고 있다고 확신한다. 따라서 일상생활에서 인간이 느낀 감정은, 그것이 제 아무리 강력한 감정이라 할지라도 확실한 것이 될 수 없다. 왜냐하면 그것은 결국 인간 외부에 존재하는 관념이나 원칙에 의해 강요된 것이며, 이것이 인간의 생생한 감정을 억압하여 자동적, 기계적, 관습적 감정으로 만들어버리기 때문이다.

그에 따르면 개인주의적 시민문화는 객관정신의 저주 때문에 곤경에 빠진다. 시민계급에게서 발견할 수 있는 정신현상 중 특징적인 것은 안정성과 일상성이 삶의 직접적인 체험을 누르고 있다는 것이다. 여기서 개별적이거나 특수한 체험은 추상화된 객관적 기초를 위해 희생된다. 즉 사실, 논리, 증거를 선호하는 객관적 과학정신은 개념이나 법칙에 의해 포괄되는 논리적 사건만 존중한다.[8] 이 때문에 사람들은 ‘한여름에 떨어지는 눈’과 같이 특별하고 ‘통카의 임신’처럼 일회적이어서 논증 불가능한 사건이 암시하는 의미를 애써 외면해 왔다.

> [……] 과학은 변화하는 것 가운데 반복되는 것에만 관심을 갖지,

> 일회적인 것이나 개별적인 사건들에 대해서는 이해하거나 관심을 가지지 않는다. 지붕에서 돌이 떨어지는 사건은 과학에서는 단순한 사실에 불과하며, 과학이 그 구조를 조사해 밝혀낼 수 없는 우연에 불과하다. 과학에서는 오직 법칙－돌의 낙하법칙－만이 조그만 역할을 할 따름이며 나머지 것들은 쓸모없다.(8. 990)

과학에서는 무언가가 가치를 인정받고 이름을 부여받을 수 있으려면, 그것은 반복되어야 하고 수많은 표본이 있어야 한다.(2. 377) 이 때문에 나만이 감지한 특수한 지각이나 주관적 감정은 그것이 아무리 진실에 가까운 것이라 할지라도, 반복되지 않아 객관적으로 보증될 수 없으면 몽상이나 환영 그리고 신비주의 등으로 평가 절하된다. 한마디로 말하면 인간의 행위, 사고, 감정을 결정해 주는 것은 인간 내면에 존재하는 것이 아니라 인간 외부에 견고하게 설치되어 있는 확고한 틀이다. 무질은 이 틀 속에 갇힌 자신을 '수정 속에 갇힌 모기'에 비유한다.(Tb. 1) 오성의 통제를 거부하는 심미적 욕망을 상징하는 모기는 자유롭게 날기를 원한다. 하지만 그것은 자기 주변을 견고하게 둘러싸고 있는 수정 밖으로 탈출할 수 없다.[9)]

무질은 개인의 내면에서 일어난 감정의 특수성을 배제한 이런 객관적 사고방식 속에서 문명의 타락과 인간 도덕, 즉 내면세계의 타락을 보았다. 즉 과학은 자연의 비밀을 풀기 위해서 자연의 내면 끝까지 파고 들어간 것이 아니라 자연의 겉면만을 연구하는 데 만족함으로써 2천 년간 종교, 철학적 사변을 통해 이루어져 왔던 인간 내면(영혼)의 비밀을 푸는 것을 포기했다. 감정을 불신하고, 척도와 숫자만 존중하는 과학의 객관적 사고방식은 결국 인간의 마음과 이에 근간을 두고 있는 도덕적 가치를 배제함으로써 심각한 인간성의 상실을 야기했다. 이것은 인간의 노동을 효율적으로 수행할 수 있게 만들었는지는 모르겠지만, 이 노동과정 밖에서는 인간의 사고와 생활을 표준화, 몰개성화함으로써 인간을 비인간화시켰다. 무질은 이처럼 과학의 객관정신에서 야만성과 정신의 자학성만 보았다.

이 비인간화의 경향은 개성을 가진 인격체인 인간으로 하여금 자신의 유기적 자율적 특성을 버리고 기계적이며 조직적인 것 속으로 들어가도록 억압했다. 이로써 기계문명 시대에는 더 이상 신비로운 사건은 존재하지 않으며, 인간을 포함하여 모든 것은 예측가능하고 계산 가능한 것이 되었다. 이 계산 가능성은 세상의 모든 존재가 지니고 있는 고유한 특성과 자질들을 모두 수량화함으로써, 사물, 인간, 동물 등은 모두 수 개념 속에서 동일한 가치를 지니면서 교환가능한 것이 된다. 그 결과 인간은 세계의 중심이었던 옛날의 영화를 박탈당하고 자연의 조그만 미물과 동일하게 취급된다. 이제 괴테 시절 '자기목적적 존재'라는 인간개념은 더 이상 존재하지 않으며, 인간은 정치, 경제적 이해관계 속에서 얼마든지 이용 가능한 소모품으로 전락한다. 무질에게 "자아는 지금까지 누려왔던 통치법령을 공포하는 주권자로서의 의미를 상실했다"(2. 474) 이제 인간은 더 이상 자신과 조화를 이루는 자기만의 고유한 삶을 살지 못하며, 자신을 둘러싸고 있는 사람들에게 의존하여 살 수밖에 없다. 더 이상 분리될 수 없고 대체될 수 없다는 의미의 개인 Individuum은 이제 존재할 수 없으며, 사회라는 커다란 기계를 구성하는 조그만 부품으로 전락하고 만다. 무질은 개체의 고유성을 더 이상 주장할 수 없는 현대인의 운명을 "오늘날 여전히 개인의 운명이라고 부르는 것은 집단적이며 통계학적으로 파악 가능한 사건에 의해 추방당하고 있다"(3. 722)고 말한다.

이처럼 개인의 위기와 함께 전통 소설의 위기도 찾아온다. 이에 관해 로타르 후버 Lothar Huber는 전통적인 인간상의 와해와 탈인간화 Entmenschlichung는 현대문학이 필연적으로 걸어가야 할 길이라고 주장한다. 그에 따르면 현대문학에서 인간은 '사물 Ding' 또는 '이름 없는 존재 namenloses Wesen'로 추락한다.[10] 무질은 에세이 「소설의 위기 Die Krisis des Romans」(1931)에서 집단주의에 의한 개인의 필연적 해체를 거론한다. 그에 따르면 현대소설의 특징은 개인의 운명을 예전처럼 중요하게 다루지 않는다는 점이다.(8. 1409) 이 글에서 무질은 서사시에서 소설(교양소설)로의 전이가 소설 발전의 첫 단계라고 한다면 전통소설에서 현대소설로의 전이는 소설 발전의 두 번째 단계라고 본다. 이 두 번째 단계의 가장 큰 특징은 서사 Erzählen의 포기다.[11] 여기서 그는 소설의 위기, 서사의 포기를 "우리는 더 이상 아무것도 서술하고 싶지 않다 Wir wollen uns nichts mehr erzählen lassen", "우리는 무엇을 보고해야 할까? Was läßt man sich gern berichten?"라는 말로 요약한다. 그렇다면 서사는 왜 포기되어야 하는가? 이 질문에 대해 무질은 삶 자체가 비서사적 unerzählerisch으로 변해버렸기 때문이라고 대답한다. 이와 연관하여 슈람케 Jürgen Schramke는 인간의 삶과 현실 자체가 비서사적이기 때문에 소설은 현실의 실제 상황을 거짓 없이 재현하기 위해 서술을 포기했다고 말한다. 소설이 세속화된 현실에 부응하기 위해서 산문적으로 되면서 자연스럽게 서사시로부터 멀어질 수밖에 없듯이, 현대소설도 현실의 '비서사성'에 적응하기 위해 서술을 포기하며, 아울러 넓은 의미에서 전통소설로부터 멀어진다.[12]

여기서 우리는 삶이 왜 비서사적인가라는 질문을 던질 수 있다. 슈람케는 '서사 가능함'의 조건으로 개인의 구체적 경험, 개인의 고유한 삶과 운명 그리고 직접적인 체험 가능성 등을 든다. 서사시와 달리 소설은 공동체가 아니라 한 개인의 운명을 작가가 내세운 화자를 통해 보고하는 장르다. 따라서 소설은 당연히 개인의 운명, 개인의 체험이 이야기의 중심에 위치해야 하고, 화자는 이것을 서사해야 한다. 하지만 집단에 의해 개인이 해체되는 상황에서 개인은 더 이상 이야기의 중심이 될 수 없다. A 씨가 B 양에게 키스를 하고 약혼을 했으며 또 파혼을 하는 사소한 상황이 서사될 수 있기 위해서는 이 사건이 충분한 의미와 가치가 있다는 것이 전제되어야 한다. 하지만 시장에 의해 개인의 가치가 완전히 붕괴된 사회, 다시 말해 집단의 필요에 따라 언제든 교체 가능한 존재로 추락한 개인은 더 이상 서사의 가치를 가질 수 없다. 무질은 「소설의 위기」에서 “우리는 한 인간의 운명을 광범위하게 그려나가는 것을 참을 수 없다”고 말한다. 그는 『특성없는 남자』 제1장에서 교통사고가 난 거리를 걸어가는 한 쌍의 남녀를 처음에 ‘투찌 부인’과 ‘아른아힘’이라고 소개했다가, 바로 다음에 투찌 부인은 남편을 따라 지금 ‘바트 아우스제 Bad Aussee’에 가 있고, 아른하임 역시 지금 ‘콘스탄티노플 Konstantinopel’에 머물고 있다고 자신의 진술을 번복한다. 이처럼 이제 개인은 화자가 쉽게 진술을 번복해도 될 정도로 그 의미와 가치를 상실했으며, 이야기의 주변부로 밀려난다.

소설에서 인간의 직접적인 체험은 가장 중요한 기능을 수행한다. 전통소설이, 체험하고 있는 자아를 통해 세계를 점검하고 획득하는 것을 목표로 삼을 정도로 체험은 개별사건으로부터 교훈과 중요한 통찰을 획득하며, 소설이 그리고 있는 세계를 하나의 유기적인 통일체로 보이게 만드는 기능을 한다. 뿐만 아니라 세계체험을 통해 획득한 인식은 주인공의 성격을 규정하고, 그의 삶에 일정한 방향성을 제시해 주며, 그의 교양을 완성시켜 주기까지 한다.[13)]

하지만 『특성없는 남자』에서 무질은 인간체험에서 가장 중요한 것은 인간이 그것을 직접 체험한다는 것이며 인간행위에 있어서 가장 중요한 것은 인간이 그것을 직접 행한다는 것이라는 믿음은 오늘날 너무 순진한 생각이라고 단언한다. 『특성없는 남자』 제39장 <특성없

는 남자는 남자 없는 특성으로 이루어져 있다 Ein Mann ohne Eigenschaften besteht aus Eigenschaften ohne Mann>에서 울리히는 자신의 삶이 안고 있는 몇 가지 문제를 성찰한다. 여기서 그는 자신의 개인적인 특성이나 삶이 자기에게 속한 것이 아니라 자기 밖에 있는 '관계'나 '집단'에 속한 것이라고 믿는다. 산업사회의 토대가 되는 노동 분업은 더 이상 개인이 독립된 개체로 살아가는 것을 용납하지 않으며 점점 다른 사람에게 의존하게 살도록 강요한다. 이로 인해 개인의 삶과 체험은 점점 더 타인의 영향을 받거나 타인에 의해 규정당할 가능성이 높아진다. 한마디로 말해 개인이 자신의 것이라고 확실하게 주장하는 개인적 삶이나 특성이 있다 할지라도, 그것은 외부에서 부여되거나 타인에 의해 규정된 삶이나 특성에 불과하다. 하지만 사람들은 이런 특성들을 통해 자신을 규정하도록 내버려두며, 자신을 그런 특성들과 동일시하는 것에 동의하지 않으면서도 그것을 순순히 받아들인다. 이 때문에 사람들은 자신의 정체성이 매우 안정된 듯 여기면서도 불안해하며 매우 낯선 것으로 느낀다. 매스미디어가 발전된 현대사회에서 자신의 체험이 다른 사람들과 무관하게 순수한 상황에서 일어났다고 말할 수 있는 사람이 있을까? 오늘날 많은 사람들이 나의 체험에 관여하고, 나보다 그 체험을 더 잘 이해하고 있는데 누가 감히 자신의 체험을 순수하게 자기 것이라고 주장할 수 있겠는가? 그러므로 오늘날의 세계는 '남자 없는 특성의 세계', 즉 체험한 당사자가 없는 체험으로 이루어진 세계다. 이로써 주체의 입장에서는 아무 일도 일어나지 않는 것이다. 이로 인해 그는 더 이상 아무것도 서사할 수 없게 된다. 이런 의미에서 이 소설의 서론 기능을 하는 1부 1장의 제목 <그곳으로부터는 이렇다 할 어떤 일도 일어나지 않는다 Woraus bemerkenswerter Weise nichts hervorgeht>는 '개인의 실존의 위기로 인한 서사의 포기'라는 소설이

처한 시대적 위기 상황을 잘 암시해 주고 있다. 현대소설의 주인공은 체험을 통해 교양 완성의 길을 걷지 않으며, 현상에 대해 어떤 판단을 내리는 것도 포기한다. 아무리 해석을 해보려 해도 그에게 세계는 무의미하며 암흑이고 모순덩어리이다. 이 때문에 주인공은 절망하고 이런 운명을 피할 수 없는 것으로 받아들이며 습관의 질서 속으로 순순히 편입되는 수동적 인간으로 그려진다. 그는 아무것도 기대하지 않은 채 우연히 다가오는 모든 것에 자기 운명을 맡겨버린다.(3. 679)

무질은 『특성없는 남자』의 제2부의 제목을 <그와 동일한 일이 일어나다 Seinesgleichen geschieht>라고 달았는데, 이때 '그와 동일한 일'이란 개인의 고유한 체험과 상관없으며, 도식적이고, 경직되며, 습관적이고, 진부하게 구성된 일상생활을 의미한다. 이런 생활은 개인의 구체적인 체험과는 무관한 공허한 삶이다. 왜냐하면 이런 일상을 이끌고 있는 것은 주체가 아니라, 주체 뒤에서 개인의 삶을 조정하고 간섭하는 추상적이며 비인간적인 존재(Es)이기 때문이다. 무질은 "우리가 그것을 했다. 그들이 그것을 했다고 말할 때, 그것을 행한 것은 아무도 아니다. 그것을 행한 것은 'Es'이다"(8. 1062)라고 주장한다.

이처럼 『특성없는 남자』에서 주인공 울리히가 안고 있는 실존적 소외의 문제는 소설 형식과 연결된다. 소설 1권 끝에서 두 번째 장에서 주인공은 겨울 도시 밤거리를 걸어가면서 자신이 삶이라는 갤러리를 통과하다가 갑자기 숨어들어갈 틀(액자)을 찾지 못해 매우 당황하며 방황하고 있는 유령 같다고 느낀다. 왜냐하면 그는 자신과 완전히 하나가 되는 삶을 살고 있다는 의식을 가진 적이 없기 때문이다. 그가 갈망하는 삶은 '서사적 질서가 잡힌 삶'이다. 무질에 따르면 대부분의 사람들은 자기 자신의 삶을 이야기하는 화자다. 그들은 자신의 삶을 질서정연하게 서사할 수 있을 때만 방황을 마칠 수 있다. 울리히의 문제는 이 원시적 서사가 불가능하다는 것이다. 무질은 울리히의 이런 삶을 서사하기 위해 전통적인 서사형식을 거부한다. 그에 따르면 현대인의 삶을 시간과 공간의 질서에 따라 배열하여 질서정연하게 묘사하는 것은 허구적 질서만을 생산할 따름이다. 왜냐하면 이것은 개인의 해체와 삶의 분열성을 은폐하거나 없는 것처럼 묘사하기 때문이다. '어떻게 서사할 수 있을까? Wie komme ich zum Erzählen?'라는 문제는 비단 무질의 문제일 뿐만 아니라 주인공 울리히의 삶의 문제다.[14] 이 소설의 가장 큰 특징은 서사되어야 할 이야기가 서사될 수 없다는 것이다. 이것은 곧 소설이라는 형식의 위기를 의미한다.

2. 위기의 시대와 새로운 글쓰기

세기말 혹은 빈 모더니즘이라고 불리는 시기는 위기의 시대였다. 이것은 이 시대가 인류를 파국으로 몰고 갈 전쟁과 부르주아적 지배 질서에 항거한 혁명의 시절이었다는 의미로만 해석될 수는 없으며, 이보다 더 깊은 층위에서 일어난 역사의 단절을 의미한다. 흔히 우리가 현대 Moderne를 '위기의 시대 Zeit der Krise' 또는 '비판의 시대 Zeit der Kritik'로 규정하는 것처럼, 이때는 전통 이데올로기에 대한 불신과 회의에서 출발하여 새로운 세계에 어울리는 새 가치를 찾기 위한 몸부림의 시기였다. 여기서 새로운 세대의 비판은 좌우를 가리지 않고 모두 헤겔을 향해 날카로운 창끝을 겨누었다. 그들은 조화로운 총체성을 추구하는 헤겔의 고전적 원칙을 더 이상 추종하지 않았으며, 현시대를 부조화와 모순의 시대로 규정했다.[15] 다시 말해 그들에게 현실은 모순, 이율배반, 의심, 파편화와 같은 개념으로 특징지워지는 매우 혼란스러운 것이었다.

새로운 시대, 즉 현대를 구성하고 있는 이런 요소들은 무질의 소설에서도 드러난다. 울리히가 관찰한 카카니엔은 더 이상 헤겔이 주장한 것처럼 이성적 질서 속에 있는 완결된 사회가 아니라 부조리하고 모순적인 곳이었다.

> 인류는 성서를 만듦과 동시에 무기를 만들었고, 결핵을 만듦과 동시에 결핵치료제를 개발했다. 인류는 왕과 귀족과 함께 민주적으로 살아가며, 교회를 지으면서 교회에 반대하는 대학도 세우고, 수도원을 군인들이 쓰는 막사로 만들고 이 막사에 군목을 파견한다.(1. 27)

무질이 여기서 밝히고 있는 것은 세계는 이성의 경직된 체계로만 파악될 수 없으며, 우리의 삶 속에는 "논리가 존재하지 않는 삶의 무질서"(3. 1010)가 있다는 것이다. 이것은 "이성적이지 않은 것은 결코 진리일 수 없고, 개념으로 파악되지 않는 것은 존재하지 않는다"는 헤겔의 주장에 대한 정면반박이다.[16] 헤겔체계의 위기는 곧 현실의 위기로 이어지는데, 이것은 그동안 현실이 이성의 체계를 통해 그 확실성을 보장받아 왔기 때문이다. 헤겔은 이성의 전체성을 믿고, 이성을 통해 세계를 가지런히 정리할 수 있다고 여겼지만, 실제로 현실에서는 이성으로 파악되지 않는 일은 항상 일어나며, 이성은 이에 대해 아무런 해명도 하지 못하고 있다. 이처럼 이성의 타자가 이성과 나란히 존재하고 있다는 것은 '세계이성'의 균열을 의미하며, 이는 그동안 이성에 의지해 자기 존재의 토대를 굳건히 했던 현실의 위기를 의미했다.

> 불충분 이유율의 원칙! [……] 우리 현실에는 [……] 항상 합당한 이유를 가지지 않는 일이 일어나거든요.(1. 134)

울리히는 삶 속에는 이처럼 질서를 벗어난 '예외적 사건'이 항상 일어난다고 주장한다. 다시 말해 우리의 사적 영역에서뿐 아니라 공적 영역에서도 정당한 근거를 가지지 않는 일은 항상 일어난다. 헤겔철학의 위기는 이처럼 "열에서 이탈한 사건 etwas aus der Reihe Gesprungenes"이 항상 존재하고 있음에도 불구하고 이것을 개념 체계 안으로 강제로 편입시키려 하고, 그것이 불가능할 경우 우연이나 꿈 또는 몽상으로 취급하여 무의미한 사건으로 추방해 버리기 때문이다. 그러나 무질에게는 우리가 확고한 현실이라 믿고 있는 것도 우연이나 꿈과 다르지 않다. 왜냐하면 그에게 현실은 그것이 가진 수많은 잠재적 가능성 가운데 하나가 우연히 굳어버린 것에 불과하기 때문이다. 그러므로 그가 현실을 대하는 태도는 다분히 유토피아적이다. 그에게 유토피아란 세계의 변화가능성을 의미하며, 존재하는 모든 것은 언제나 다르게 변할 수 있다는 의식을 토대로 구성된 가능현실이다.

무질은 이처럼 항상 하나의 가능성을 더 인식하는 가능감각을 가지고 현실을 대하기 때문에 그의 서사는 부단히 현실을 초월한다. 따라서 이로니 Ironie[17]와 유토피아는 이 소설의 중요한 구성요소다.

소설 제1장에서 뚜렷이 드러나는 것처럼 이로니는 이 소설의 핵심 문체원칙 Stilprinzip이다. 1장은 현실의 확실성에 대한 이로니한 조롱의 대표적 예다. 특히 미국의 1924년 교통사고 통계를 의도적으로 1913년 것으로 잘못 인용한 것(Tb. 639)이나 아른하임과 디오티마가 동시에 서로 다른 두 곳에 머물도록 설정한 것은 구체적 현상들의 분명함을 단숨에 부유상태로 만들기 위해 고안된 문학적 장치이다. 이로써 소설의 현실은 처음부터 부유상태에 빠진다. 이로니는 이처럼 현실 그 자체를 유보적 태도로 응시하는 태도, 현실을 확정적이고 불가역적, 필연적인 것으로 받아들이는 게 아니라 그것이 다르게 될 수도 있다는 가능감각을 가지고 바라보는 태도와 상응한다. 이 점에서 이로니는 유토피아와 서로 만난다. 이로니는 주어진 세계상태를 정확하고 냉정하게 그 가면을 벗길 뿐 아니라, 현재 주어진 상태(현실)가 궁극적이며, 확실하게 고정되어 있고, 빠져나갈 수 없는 것이 아니라 수많은 가능성 가운데 하나의 가능성일 따름이고, 이보다 더 나은 가능성에 의해 언제든지 바뀔 수 있다는 사실을 표현하기 때문이다.

이처럼 현실의 불확실성은 곧 서사의 위기를 의미한다. 무질 소설에서 서사의 포기는 소설의 서사 대상인 현실이 위기에 빠졌기 때문이다. 현실(세계)의 위기는 곧 주체의 위기를 의미한다. 지금까지 주체는 현실을 파생시킨 실체이자 세계의 주인으로 군림해 왔기 때문이다. 무질 소설에서 드러난 주체의 위기는 주인공이 그동안 자기 정체성을 확고하게 지탱해 주었던 합리적 사유방식에 반하는 특별한 체험을 함으로써 시작된다. 무질의 주인공은 대부분 합리적 사유방식에 매여 있는 상태에서 출발하여 자신의 내면이 대낮처럼 밝고 자명한 길과 어둡고 폐쇄된 길로 나누어 발전되어 왔음을 깨닫는다. 따라서 그들의 내면에는 두 개의 대립된 논리가 병존하며, 이것이 그들을 혼란으로 몰고 간다. 즉 하나는 '2+2=4'라는 수학식처럼 명확성을 목표로 하는 논리다. 이것은 감정을 배제하는 객관적이며 즉물적인 사유방식이며, 모든 것을 논리의 추론 속에 가두어 둘 것을 강요한다. 그러나 오성의 측면만을 강요하는 이 논리의 반대편에는 영혼의 활동이 지배하는 논리가 있다. 전자가 오성의 논리가 지배하는 규범현실과 상응한다면, 이것은 꿈과 예술과 같은 잠재적 가능세계를 추구한다. 그는 이것을 '항상 미끄러져 나오는 영혼의 논리 die gleitende Logik der Seele'라 부르는데, 이것은 인간과 세계의 관계를 메마른 이성으로 파악하지 않고 '비유'를 통해 파악한다. 무질은 주체의 위기를 인간 내면에 이처럼 두 개의 대립된 논리가 있음에도 불구하고 합리적 이성이 영혼(감정)의 논리를 배제한 채 객관적 사유방식만을 강요했기 때문이라 본다. 무질의 주인공들은 모두 자기 삶이 이성의 밝음만으로는 "이 빠진 원"(1. 155)과 같으며, 자기 내면 깊숙한 곳에는 영혼이라고 불리는 어둡고 폐쇄된 반쪽 공간(1. 184)이 하나 더 있음을 인식한다.

무질은 「가족의 발견 die Entdeckung der Familie」(1926)이라는 글에서 이미 어린시절 자신은 이 내면공간의 존재를 체험했다고 회고한다. 어린 시절 그에게 비는 외부세계에서의 활동을 막는 절망의 커튼이기도 했지만, 외부현실로부터 물러나 자기 내면에 침잠할 수 있는 기회를 부여해 주는 제2의 희망의 커튼이기도 했다.

> 유감스럽게도 비가 온다! [……] 그러면 온 방이 모습을 바꾼다. 모든 가구는 의기소침해 했다. 아마 온 방이 침울에 잠긴다는 표현이 더 옳을 것이다. 하지만 곧 이 실망은 바닥을 친다. 이 침울한 상태 아래 몇 미터에서는 정말 좋은 날씨가 맑게 펼쳐져 있기 때문이다. 너는 이제 유년시절로 되돌아 왔다. 비가 내린다. 정원이나 거리에서 놀 길이 막혔다. 우리 집 개 로드와 함께 집 밖으로 나가는 것도, 여러 장난을 치는 것도 글렀다. 하지만 깊은 절망의 커튼이 닫히자마자 제2의 커튼이 열렸다. 이제 진짜 전철기와 신호로 작동되는 선로 위를 달리는 조그만 전차를 가지고 놀이를 할 수 있었기 때문이다.(5. 2023)

무질에게 비는 외부세계의 객관적 존재와는 상관없이 내면 공간에 숨어 있는 다른 세계로 들어가는 길을 열어주는 커튼이었다. 이때부터 그에게는 두 개의 커튼이 동시에 존재했다. 하나는 현실세계로 들어가는 것이고, 다른 하나는 내면세계로 들어가는 것이다. 대립된 두 세계를 동시에 경험하는 경계체험과 이로 인한 혼란은 무질문학의 출발점이다. 젊은 시절 공학도로서 어느 정도 입지를 다져놓았던 그가 갑자기 문학의 길로 접어든 것도 이 혼란의 정리가 그의 삶의 근본문제였기 때문이다.

이것은 그의 "해부학자 monsieur le vivisecteur"[18]개념에서 잘 드러난다. 해부학자란 분석적 합리주의자일 뿐 아니라 동시에 사물 뒤에서 은밀하게 움직이는 영혼의 활동을 탐사하는 남자를 말한다. 따라서 무질이 자신을 영혼을 해부하는 해부학자라 정의했을 때, 그는 원근법적 시각에서 사물의 다층성을 관찰하겠다는 퇴를레스와 마찬가지로 사물의 양면성과 이로 인한 혼란을 뼈저리게 느끼고 있었던 것이다.

「시인의 인식에 관한 스케치」(1918)는 이 분열을 체계적으로 정리한 에세이다. 제목에서도 알 수 있듯 그는 이 글에서 '철학적 인식론'을 설계한 것이 아니라 '시인의 인식론'을 설명한다. 문학이 진리, 즉 인식을 줄 수 있느냐의 문제는 플라톤 이후 예술과 철학이 벌인 첨예한 논쟁의 대상이었다. 이에 대해 전통 철학은 문학이 비합리적 가상 세계를 다루고 있기 때문에 결코 진리를 전달할 수 없다고 주장한다. 하지만 무질은 문학이 개인의 직접적인 감정이나 체험을 전달하는 한, 충분히 인식을 전달할 수 있다고 본다. 그에게 문학은 인식을 전달할 수 있어야 했다. 비록 이것이 합리적 인식은 아니지만, 그보다 존재론적으로 더 진솔한 인식이 될 수 있다. 왜냐하면 문학의 인식은 개념에 의존한 간접적, 추상적 인식이 아니라, 주체의 경험을 통해 그 고유성이 보장되는 직접적 인식이기 때문이다.

무질은 여기서 '합리적 영역 das ratioide Gebiet'과 '비합리적 영역 das nicht-ratioide Gebiet'이라는 개념을 통해 과학의 인식방법과 시인의 인식방법을 구분한다. 그에 따르면 시인의 세계이해는 확실한 점 'a'를 가지고 있는 사람, 즉 합리적 영역에서 활동하고 있는 합리적 인간의 세계인식과는 다르다. 합리적 영역은 과학적으로 체계화할 수 있는 것, 법칙으로 요약 가능한 것, 물리적 자연세계만을 포함하며, 사실들의 고정불변성과 반복가능성이 높은 비중을 차지하고, 확실한 개념이 지배하여 예외를 허용하지 않는 영역이다.(8. 1027) 하지만 이 영역의 심층부는 대단히 불안하게 동요하고 있다. 수학의 가장 깊은 토대는 논리적으로 불확실하며, 물리학의 법칙조차도 근사치로만 효력을 인정받는다. 무질의 혼란은 이처럼 오성에 의해 기초된 완전한 세계질서의 균열, 즉 합리적 사유방식으로 파악될 수 없는 대상들이 이 빠진 원처럼 존재하고 있다는 사실에서 출발한다. 그의 삶의 문제는 이 균열을 없애고 새로운 총체적 세계질서를 확보하는 것이며, 이를 위해 그는 합리적 인식을 초월한 대상들을 포괄할 수 있는 새로운 인식방법을 필요로 했다. 그에게 그것은 바로 시인의 인식방법이다. 왜냐하면 오성을 초월한 비합리적 사건에 대한 인식을 주는 것이 문학의 일이기 때문이다.

합리적 영역을 지배하는 것이 과학이라면, 시인의 인식은 비합리적 영역에 속한다. 합리적 영역을 지배하는 것이 법칙이라면, 여기에서는 예외가 법칙을 지배한다. 사실들은 체계에 예속되어 있지 않고, 사건들은 반복되지 않으며 무한히 변화하고 개별화된다.(8. 1028) 따라서 이 영역에 존재하고 있는 사실들과 그것들 상호간의 관계는 무한하며 계산 불가능하다. 무질에 따르면 이 영역은 시인의 고향이자 시인의 이성이 지배하는 곳이다.

> 하지만 무엇 때문에 예술작품을 쓰는가? [……] 왜냐하면 과학적으로도 해결할 수 없고 에세이라는 잡종의 자극으로도 포착되지 않는 사물이 있기 때문이고, 이런 사물을 사랑하는 것이 시인의 운명이기 때문이다. 감정과 사유 각각은 비인간적이고 비예술적이다. 하지만 이것들을 엮어놓은 것은 인간적인 것이고 예술이다.(8. 1317)

작가의 과제는 '확실한 것 das Feste'을 찾는 것이 아니라 합리적 정신이 포착할 수 없는 미지의 현실을 열어주는 것이다. 무질에게 문학의 대상은 '무한히 다양한 영적 모티브 die unendliche Mannigfaltigkeit des seelischen Motives'[19]다. 이것은 항상 새로운 관계를 맺으며 무한히 변하기 때문에 결코 체계화할 수 없고, 경계를 지어 논리적으로 명확하게 설명할 수도 없다. 무질은 시인을 책임무능력의 경계에 있는 '예외적 인간'으로 보는 시각에 반대한다. 그는 광인이나 예언자 그리고 이성의 불구자가 아니다. 실제로 시인은 예외를 존중하는 사람이라는 의미에서 예외적 인간이다. 무질에게 작가는 특정한 방식으로 특정한 영역에서 활동하는 '인식하는 인간'이다. 그는 합리적 인간들이 사용하는 인식방법 이외에 다른 것을 사용하지 않는다. 다만 자아를 배제한 채 오로지 오성을 통해서만 사유에서 사유로, 사실에서 사실로 걸어가는 그들의 사유습관을 따르지 않을 따름이다. 다시 말해 그는 합리적으로 정리될 수 없는 '사물의 내면성'과 인간 무의식 속에서 우리를 조롱하는 영혼의 움직임, 즉 모티브의 해명을 결코 포기하지 않으며, 자신의 오성을 통해 이것을 해명해 보려 시도한다.

> 문제가 되는 것은 단지 이성과 영혼 사이의 잘못된 관계뿐이다. 문제는 우리가 이성을 너무 많이 가지고 있고, 영혼을 너무 적게 가지고 있는 것이 아니라, 오히려 영혼의 문제를 해결하는 데 이성을 거의 사용하지 않는다는 것이다.(8. 1092)

따라서 작가는 비합리적 영역에서 활동하는 합리적 인간이며, 그를 합리적 인간과 구분해 주는 것은, 그가 사실 Tatsache을 '자기 외부 außer sich'에서 찾는 게 아니라 '자기 내면 in sich'에서 찾는다는 것이며, 이때 인과관계에 따라 자기 체험을 한 줄로 연결시켜 해명하는 것을 포기한다는 것이다.

무질에 따르면, 영혼을 이성과 대립시키는 것은 오해에서 비롯된 것이며, 우리의 근본문제는 합리주의와 비합리주의에 관해 갈겨씀으로써 이 둘을 혼동하고 있다는 것이다. 이제 작가에게 필요한 것은 무절제한 감정의 탐닉을 찬양하는 문학이나, 세계사를 한 줄로 세울 수 있는 명쾌한 과학적 이론이 아니라, 추상적 개념을 일상생활의 구체적 체험과 연결시킬 수 있는 융통성 있고 개방된 사유형식이며, 이성에 대한 한계설정이고, 인간이 가진 이성적, 논리적 능력과 감정적, 신비적 능력을 결합시키는 것이다.(8. 1353f) 이에 따라 문학의 과제는 이성과 신비주의의 이원론적 대립을 극복하고 하나로 합일을 이루는 것이다.

에세이 「새로운 미학의 징후들」에서 무질은 인류의 전 역사를 통해 두 가지 정신상태가 존재해왔음을 강조한다. 그에 따르면, 이것들은 서로 다양하게 영향을 주고받으며 타협해 왔음에도 결코 한 번도 합일을 이룬 적이 없다. 둘 중 하나의 정신 상태를 무질은 세계와 인간, 인간과 인간의 고유한 자아가 맺고 있는 '규범상태'(8. 1143)의 관계라 부른다. 이것은 인간을 이 땅의 주인으로 만들어 준 것으로서 규칙, 규범, 강요, 법률 등에 의해 인간관계가 지배되는 상태를 의미한다. 따라서 이것은 세계를 기계적, 계산적으로 만들고, 모든 것을 불신하며, 자기와 다른 것을 절멸시키려는 욕망을 가지고 있다.

이 정신상태와 대비되는 것이 바로 '다른상태'인데, 무질은 이것을 다시 사랑의 상태, 선의 상태, 세계와 등지고 있는 상태, 명상의 상태, 신에게로 가까이 다가선 상태, 자아망각의 무아경의 상태, 여러 민족의 토속종교와 윤리에서 아직도 변하지 않고 남아 있는 인류의 근원체험이라고 부른다.(8. 1144) 다시 말해 이 상태는 습관적인 세계의 불안전한 물결이 사라진 바다 밑바닥의 세계처럼 모든 구분이 사라진 완전한 합일의 상태이다.

무질이 예술의 기본능력은 규범을 통해 일방적으로 굳어버린 현실을 폭파시키는 것이며, 예술작품의 핵심은 이성으로 인해 경직된 세계에 대한 또 다른 태도라고 했을 때, 그는 다른상태의 형상화가 그의 소설의 핵심임을 분명히 한 것이다. 하지만 동시에 그는 과학에 의존하고 있는 개념 없이는 이 체험은 이해될 수 없고 표현되지 못한 채 가려져 있을 수밖에 없다고 강조함으로써, 이성과 신비주의의 합일이 예술의 핵심임을 잊지 않았다.(8. 1147) 요약하면 무질의 주장은 이 두 세계의 통합을 통해서만 이성적 현실을 뛰어넘는 새로운 총체성[20])으로의 접근이 가능해진다.

하지만 규범상태를 대표하는 과학과 다른상태를 대표하는 예술은 뚜렷이 대립된다. 예술은 개념적으로 설명하는 것이 아니라 감각을 통해 서술하고, 과학이 과거에도 일어났고 미래에도 일어날 반복적 사건만을 다루는 반면, 작가는 정확하게 뭔가 발생할 것이라고 전혀 예상할 수 없지만 언젠가는 일어날지 모르는 상상이나 이상을 창조해 낸다. 똑같은 사건을 다루더라도 과학자가 보편적 인과관계에 관심을 둔다면, 예술가는 개별적 감정의 연관관계에 관심을 두고, 과학자가 현실을 요약해 주는 도식에 관심을 가진다면, 예술가는 자기 내면에 아직 남아 있는 가능성의 목록을 확장하는 데 관심을 가진다.(8. 980)

하지만 무질의 목표는 어떤 구체적 이상향, 즉 우리에게 세계에 대한 독점적 그림만을 강요하는 유토피아와는 다른 어떤 가능성을 제시하는 것이다.[21]) 그에게 문학은 경험적 현실의 재현이 아니라, 오히려 우리의 인지능력이 미치지 못하는 현실을 탐색하려는 노력이고, 완결된 인식의 형상화가 아니라, 오히려 개념을 벗어난 사고를 표현하고자 하는 시도이며 현실적 삶 속에서도 다르게 생각할 수 있는 방법을 독자들에게 보여주는 것이다. 이를 위해 그는 과학과 예술의 종합을 희망한다. 그에게 예술은 분석적 지식과 상상력의 결합체이다. 이것은 예술에 대한 이성적 접근을 줄이는 것이 아니라, 고도로 이성적으로 접근하는 것, 즉 과학이 다룰 수 없는 삶의 감각적, 비합리적 영역을 평가하는 이성적인 접근을 요구한다. 이를 위해 무질은 소설에 상상과 함께 성찰의 기법을 사용한다. 이를 통해 그는 현실에서 분명한 것으로 확정된 것이나 완전히 해결된 문제로 간주되는 것조차도 그 이면에 숨어 있는 새로운 의미를 추적한다. 그의 소설 개작과정에서 드러난 바와 같이 좀 더 정확한 글쓰기를 위해 이 작업은 한 번으로 끝나는 것이 아니라 끊임없이 반복된다. 따라서 그에게 소설을 쓴다는 것은 과학에 반대하는 것이 아니라 과학을 넘어서는 것이다. 이를 위해 그는 좀 더 실험적인 에세이적 글쓰기를 요구한다.

퇴를레스가 자신의 내면을 어지럽히는 영혼의 혼란을 정리하기 위해 <인간의 본성에 관하여>라는 글을 쓴 것처럼, 젊은 시절 무질도 글쓰기를 통해 영혼의 문제에 분명한 질서를 부여할 수 있기를 바랐다. 여기서 중요한 것은, 이를 위해 그가 과학의 길은 물론 예술의 길도 선택하지 않았던 것이다. 과학은 인간의 고유한 감정의 개별성을 추상적 개념으로 환원시키기에 너무 비인간적이었고, 예술은 감정의 불합리한 방종에 자신을 맡김으로써 너무 철학적이지 않았기 때문이다. 그가 선택한 것은 그 시대를 양분하고 있었던 과학과 예술을 매개할 수 있는 제3의 길이었는데, 그는 이것을 '에세이'라 불렀다. 개인의 고유한 체험과 객관적 성찰을 합일시키고 있는 에세이는 과학과 예술의 중간지대에 머물면서 개체의 고유성을 체계로 가두어버리는 과학의 결점을 보완하고, 비합리적 몽상에 사로잡힌 채 자신의 미적 세계에 매몰되어 있는 예술의 단점을 제거할 수 있다. 한마디로 과학과 예술의 잡종인 에세이는 그 방법론은 과학에서 가져오고, 그 소재는 예술에서 가져온 것이다.

폰타나와의 인터뷰에서 무질은 당시 작업 중이었던 『특성없는 남자』가 에세이적 성향에 빠져 있다는 비판에 단호히 반박하고 에세이는 감정에 치우친 문학의 균형자로서 생생하게 살아 있는 장면을 창조함과 동시에 환상적 열정을 묘사할 수 있다고 강조했을 때,[22] 그는 이미 에세이의 정신이 자기 작품의 토대가 되는 문학적 원칙 중 하나임을 분명히 했다. 원래 에세이는 '인간 오성으로 신을 파악할 수 있을까?'의 문제처럼 답을 구하기 어려운 문제를 탐구하기 위해

'간담론적 원칙 ein interdiskursive Prinzip'[23]에 따라 다양한 담론을 모아둔 글을 의미했다. 에세이의 목적은 이것들의 상호보충적 관계를 통해 각 담론의 진리성을 지원하기 위함이 아니라, 이것들의 논리적 오류를 지적함으로써, 지금까지 개념적이며 선형적인 글쓰기, 즉 인과논리적 배열구조를 지닌 담화구조[24]에 의해 파악되지 않았던 새로운 현실영역을 개척하는 것이다. 그러므로 에세이는 일정한 장르 없이 다양한 특질의 장르들로 구성된 글쓰기 형식으로, 그 중점을 장르에 두는 것이 아니라 담론들의 연관관계에 둔다. 에세이에서 텍스트의 기능은 자신을 모아주고 조직하는 일정한 틀로부터 완전히 해방되어 담론의 연관관계가 만들어 내는 새로운 세계를 구성하는 것이다. 에세이적 글쓰기의 실험성은 이처럼 장르를 해체하는 반 장르적 특성에서 비롯된다.

무질은 에세이를 '움직이는 정신적 실체'(Tb. 552)이자 '움직이고 있는 삶'을 표현하는 글쓰기로 본다. 때문에 에세이는 하늘 아래 확실한 것은 하나도 없다는 대전제 아래 멈추지 않는 운동의 법칙, 즉 '부정의 원칙'을 기본으로 한다. 에세이의 시조인 몽테뉴는 '신의 파악'의 문제를 해결하기 위해 다양한 종류의 문헌을 인용했다. 그는 이처럼 계속적인 인용을 통해 인간정신의 불충분성을 확인시켜 주었는데, 이때 그는 인용문들의 상호모순성, 오류, 그리고 그것들의 단편성을 이용하여 각 담론들이 스스로 와해되게 만들었다. 이처럼 에세이는 모든 진리는 부분진리 Teilwahrheit이며, 모든 특성은 부분특성일 따름임을 보여준다.

그러므로 에세이적 글쓰기는 소설의 서사성을 약화시킬 수밖에 없다. 하지만 이것은 현실에 대한 정확한 인식에 따른 필연적 결과일 따름이다. 소설의 서사대상인 현실이 완전한 현실, 실제적 현실 wirkliche Wirklichkeit이 아니라 '바로 다음 발걸음의 원칙'에 의해 언제라도 부정될 수밖에 없는 '가능현실'이라면, 그리고 오늘날 우리가 확고하게 믿고 있는 현실이 언제라도 바뀔 수 있는 불확실한 것이라면, 이처럼 개방된 세계가 어떻게 서사될 수 있겠는가? 이처럼 모든 것이 언제든지 변할 수 있는 가능성의 안개 속에서 경계를 구분할 수 없을 정도로 윤곽이 흐려진 상황에서 세계는 소설에서 추방될 수밖에 없다. 무질에 의하면 지금까지 우리가 시종일관 자명하고 확실하게 서사할 수 있었던 것은 '오성의 원근법적 축약' 때문이었다. 예전에는 세계를 하나로 모을 수 있는 중심축이 존재했으며, 세계는 주체라 부르는 이 축을 중심으로 가지런히 정리되었다. 무질은 아주 긴 가로수길의 끝부분을 보면 길 양쪽의 가로수가 서로 만나 그 틈이 사라지고 조화를 이루듯이, 세계의 중심인 주체는 세상과 멀리 떨어져 오성의 성찰을 통해 다양한 모습으로 서로 다투고 있는 현실을 하나의 체계[25]로 확고하게 정리할 수 있었다. 다시 말해 전통적 서사가 가능했던 것은 자아중심적 세계상 덕분이었다. 그 당시 세계는 이와는 다르게 서사될 수 없을 것처럼 작가에게 확실하게 보였다. 하지만 울리히에게는 이런 서사능력이 없다. 왜냐하면 삶을 성실하고 정확하게 관찰하고자 하는 그에게 세계를 하나의 실로 일관되게 꿰어낼 '서사적 질서의 법칙'은 삶 그 어디서도 찾을 수 없었기 때문이다.

> [……] 그에게 떠오른 생각은 우리가 [……] 갈망하는 삶의 법칙이란 서사적 질서의 법칙과 다르지 않다는 것이다. 이 단순한 질서의 본질은 '이것이 일어나자 저것이 일어났다'고 말할 수 있는 것이다. 이것은 일련의 사건의 단순한 연속, 삶의 다양성을 제압하여 일차원적으로 모사하는 것 [……] 시간과 공간 속에 일어나는 모든 사건을 그 유명한 <서사의 실>로 꿰어 배열하는 것이다. [……] 아마 이 실에서 우리는 <-할 때>, <-하기 전에>, <-한 후에>라 말할 수 있을 것이

> 다. [……] 유모가 아기를 달랠 때 사용하는 서사의 이 영원한 기법, 이 <오성의 가장 확실한 원근법적 축약>이 삶 그 자체에 속해 있지 않다고 한다면, 그것은 이해하기 어려울지도 모르겠다. 대부분의 사람들은 자기 자신과의 관계에서 화자이다. [……] 그들은 사실들을 앞뒤로 질서정연하게 배열하는 것을 좋아한다. 그것이 필연성과 동일한 것처럼 보이기 때문이다. 그들은 자신들의 삶이 어떤 <궤도>를 따라 일정하게 계속 진행되고 있다는 인상을 통해 자신들이 현재 처해 있는 혼란 속에서도 안전함을 느낀다. 울리히는 이런 원시적 서사가 이제 더 이상 자신에게 존재하지 않음을 알았다. 비록 공식적으로 이미 모든 것이 서사할 수 없는 것이 되었으며, 하나의 실을 따라 갈 수 있는 것이 아니라 여러 가지 <실>로 무한히 짜여진 평면으로 확장되고 있음에도 사적 삶은 여전히 이 서사성에 얽매여 있다.(2. 650)

전통소설은 사건을 인과관계에 따라 일렬로 배열하는 통사적 서사구조 syntaktisch-narrative Struktur를 가지고 있다. 이는 헤겔 체계로 정리된 현실의 실재성을 굳게 믿고 있었기에 가능했다. 하지만 에세이는 헤겔 체계의 위기로 인해 다양한 형태로 어지럽게 얽혀 있는 현실의 다성성, 언제라도 다른 것으로 교체될 수 있는 현실의 변화가능성을 성실하게 담아내기 위해 병렬적 서사구조 paradigmatisch-narrative Struktur를 취한다. 달리 말하면 에세이는 모든 사건을 일렬로 배열하는 일차원적 대서사 Metaerzählung에 대한 회의에서 출발한다.

무질은 이미 『특성없는 남자』 1권 84장에서 예술의 목표는 '인간의 총체적 삶'의 묘사임을 분명히 했다. 양가성과 모순성이 지배하는 현실[26]에서 '선형적 글쓰기', 즉 사건을 일직선으로 늘어놓는 방식 Linearität des Romangeschehens은 더 이상 자신의 이런 목표를 충족시키기 어렵다는 판단 아래, 그는 여러 가지 변화가능성을 열어주고 계속적인 진행가능성을 고려할 수 있는 병렬적 구조의 열린 소설을 계획했다. 그의 소설이 에세이 소설이 될 수밖에 없었던 이유는 여기에 있다. 에세이는 사물을 완전하게 파악하지 않고 여러 각도에서 비추며 항상 열려 있는 구조를 취하기 때문이다.

에세이의 열린 구조가 그의 작품창작의 기본원칙이라는 것은, 그가 『특성없는 남자』를 완성하지 못한 중요한 이유이다. 이 원칙에 따라 그는 일관되게 전개되는 줄거리의 통일성을 중시하는 전통소설의 원칙과 이별했다. 무질은 끝없는 글쓰기를 했으며, 결코 완결된 작품으로 멈추는 글쓰기를 원하지 않았다. 그에게 글쓰기는 '치환 Permutation'이자 '변형 Metamorphose'이었기 때문이다. 그러므로 그의 글쓰기는 단순히 고전적 작품개념으로부터 이탈할 뿐 아니라 이것을 넘어 글쓰기 자체가 안고 있는 문제, 즉 글 Schrift이라는 매체가 안고 있는 문제를 극복하기 위한 시도라고 볼 수 있다. 그는 일직선으로 전개되는 글이라는 매체를 통해 자신을 표현할 수 없었다. 그는 앞뒤로 차례차례 글을 쓰는 게 아니라 위 아래로 중첩되게 쓰거나 아래로 나란히 아니면 이것저것 뒤죽박죽 나열한다. 그는 종이에다 문법을 해체하는 창조적 문장을 설계하거나 기존의 문장을 찢어발기며 종종 단어만 던져놓기도 한다.

> 마침표가 있는 문장으로 생각하는 한, 사물에 대해 정확하게 이야기할 수 없으며, 기껏해야 공허하게 느낄 뿐이다.(Tb. 53)

그는 자신의 무한한 사유를 유한한 문장으로 표현해야 하는 모순적 상황에서 글을 써야 했다. 그러므로 그는 어쩔 수 없이 이미 쓴 글을 다시 고쳐 쓰는 '개작 Umschreibung'의 과정을 거치지 않을 수 없었다. 그리고 이 작업은 끝낼 수 있는 게 아니었다. 고쳐 쓰기는 그의 글쓰기의 본질이며, 이것은 텍스트의 '선형성 Linearität'과 정렬성의 구조를 파괴한다. 이를 통해 그는 일차원적 서사가 지배하는 현실공간을 탈출하여 다른 상태라 불리는 공간, 즉 외적공간과 내적공간이 꽈배기처럼 꼬여 있는 유토피아로 글쓰기를 확장한다.

이처럼 무질의 문학은 당대 문학의 개방성의 흐름과 접맥되어 일차원적, 합리적 사유로부터 탈출하려는 실험이다. 달리 말하면 이것은 사유형식의 다원성을 향한 실험으로도 볼 수 있다. 그에게 문학의 과제는 개방성을 완성하는 것, 즉 현실감각의 경직성에 반대하며 가능감각, 즉 다른 삶의 가능성, 다른 사유의 가능성을 주장하는 것이기 때문이다.

Ⅳ 초기소설

1. 자아분열과 다른 세계: 『퇴를레스의 혼란』

칼 쇼르스케 Carl E. Schorske의 『빈. 세기말의 사회와 정신 Wien. Geist und Gesellschaft im Fin de siècle』[27)]이 단적으로 증명하듯, 세기말 유럽을 지배한 전반적 분위기는 죽음을 눈앞에 둔 환자들의 우울한 멜랑꼴리였다. 삶의 종착역을 얼마 남겨두지 않은 사람이라면 누구나 죽음에 대한 공포와 구원에 대한 막연한 희망을 품고 있듯이, 자기 문화의 종말을 목전에 둔 유럽인들도 세계를 구원해 줄 메시아의 출현과 새로운 유토피아를 향한 간절한 소망을 품고 있었다.

문화를 하나의 유기체로 본 슈팽글러는 한 시대를 풍미하는 문화도 생명체와 마찬가지로 생로병사의 운명을 피할 수 없다고 보았다.[28)] 그에게 운명을 다 한 문화란 근대사회를 지배했던 이성중심의 시민문화였다. 계몽주의까지만 하더라도 인간에게 행복한 유토피아를 열어줄 것이라는 기대를 한 몸에 받았던 이성과 과학은 세기말에 이르러 사물화를 통해 개인의 자유를 제약하고 인간을 소외시키는 도구적 이성으로 변질되었다. 이로써 이것은 신을 추방하면서 공약했던 '자유'를 더 이상 인류에게 선물하지 못함으로써 그 쓰임새가 다했음을 스스로 증명했다.

이처럼 세기말 시민문화의 위기는 지금까지 유럽사회의 정신적 지주였던 시민계급의 여러 중심 가치들이 사회 질서를 유지하는 기본가치로서 기능을 상실했기 때문이다. 세기말 유럽은 역설적이게도 '시민성 Bürgerlichkeit'을 더 이상 총체적 보편가치로 느끼지 않는 시민사회였다.[29)] 이로 인해 시민사회의 가치구조는 점점 요동쳤고, 가치 상실과 정체성 상실 체험은 이 시대의 중요한 특징이 되었다. 이 당시 문학에서 중요한 테마는 기존 사회를 지탱했던 중심가치가 그 유효성을 위협받거나 상실했다는 것, 이로 인해 사이비 가치로 인식된 기존의 것이 새롭게 유효성을 획득한 가치에 의해 의문시되거나 밀려나게 되었다는 것이다.[30)]

무질의 『퇴를레스의 혼란 Die Verwirrungen des Zöglings Törleß』은 사춘기 소년이 체험한 가치관의 혼란을 통해 세기말에 만연된 시민계급의 정체성 위기 문제를 다룬다. 정체성이란 '나'라는 체계 속에 들어 있는 특질을 '나'와 이질적인 특질들과 구분하는 과정에서 형성된다.[31)] 정체성은 나 Ich와 나 밖에 있는 것Umwelt을 구분하고, 나라는 체계의 동질성을 위해 나와 이질적인 특질들을 강제로 몰아내고 존재하지 않는 것으로 만듦으로써 형성된다. 근대의 주체는 바로 이 차이와 구분에 근거하고 있다. 주체는 다른 것을 구분하고 경계 밖으로 밀어냄으로써 '자신'이 될 수 있다.[32)]

차이와 구분을 통한 정체성의 확립은 개인뿐만 아니라 개인들의 집단인 사회를 위해서도 매우 중요한데, 그것은 정체성이 공동체 구성원들의 행위에 동일한 의미를 부여하고, 동질적 가치, 즉 같은 사회에 속한 사람들이라면 누구나 받아들이는 동질적 준거 틀을 마련해 주기 때문이다. 그러므로 정체성은 한 사회의 문화와 전통을 유지하고 전승하는 데 없어서는 안 될 필수 요소이며, 이 때문에 사회는 교육과 종교 그리고 제도를 통해 이질적 가치가 침투해 들어오는 것을 철저하게 봉쇄한다.[33)]

퇴를레스가 입학한 기숙학교도 이처럼 시민계급의 정체성을 지키기 위해 설립된 교육기관이다. 학교는 가치관의 혼란이 극심했던 대도시의 악영향으로부터 미래의 주역들을 보호하기 위해 국경의 작은 시골마을에 위치했다. 이 학교는 주로 상류층 자제들이 입학했는데, 이들은 졸업 후 대학에 진학하거나 군인이나 관직에 진출했지만 어느 경우에나 이 학교의 졸업장은 상류사회로 진입하는 특별한 추천장이 되었다.

따라서 이 학교의 학생들은 군인이나 시민계급의 미덕에 매여 있었으며, 복종과 의무실현, 권위에 대한 맹종은 학교의 핵심 규율이었다.

퇴를레스는 여기서 지배계층이 되기 위한 체제 순응형 교육을 받는다. 처음에 그는 이 체제와 완전히 조화를 이루고 있다고 믿었다. 하지만 그는 곧 심각한 정체성의 위기로 발전하게 될 혼란에 빠진다. 이 혼란은 대부분 관습적이며 경직된 시민계급의 이데올로기 속으로 '또 다른 세계'가 침입해 들어옴으로써 생긴다.[34] 다른 학생들에 비해 감수성이 예민했던 퇴를레스는 일상에서 보편적으로 적용되고 있는 도덕률과는 다른 방식으로 작동되는 내면 체험을 통해, 인간이 실제로 살아가는 삶과 인간이 느끼고 예감하며 아득히 멀리서 바라보는 삶 사이의 모순을 발견했으며, 이를 세계의 보편적 그림과 개인의 주관성이 그려내는 그림 사이의 화해 불가능한 갈등으로 여긴다.

이와 연관하여 볼프강 뒤징 Wolfgang Düsing은 퇴를레스가 겪을 혼란의 원인을 그동안 그의 정체성을 보장해 주었던 '체험의 통일성'과 '의식의 통일성'이 와해되었기 때문이라고 본다.[35] 이는 곧 그가 세계를 체험하고 받아들이는 방식이 지금처럼 하나로 통일된 것이 아니라 기존의 합리적 파악방식과 이와는 전혀 다른 비합리적 파악방식으로 갈라짐을 의미한다. 특히 후자에서 중요한 것은 전자와는 달리 항상 통용되거나 보편적으로 전달될 수 있는 것이 아니라, 오로지 개별 주체의 특수한 내면세계에만 자리잡고 있어 결코 말로 타인에게 설명될 수 없다는 것이다. 퇴를레스는 유년시절에 이미 이런 체험을 한 바 있다. 그는 친구 바이네베르크 Beineberg에게 다음과 같이 고백한다.

> 하녀는 상당히 멀리 떨어진 곳에 있었는데, 난 그것도 모르고 내 곁에 있다고 믿고 있었던 거야. 그런데 어느 순간 갑자기 뭔가가 고

> 개를 들어보라고 하는 것 같았어. 순간 난 완전히 혼자라는 걸 느꼈어. 그리고는 갑작스레 모든 것이 조용해졌지. 내가 주위를 돌아보자 나무들이 나를 빙 둘러싼 채 말없이 쏘아보고 있는 것 같았어. 나는 울었지. 어른들한테 버림받고 이런 생명 없는 물체들에게 내맡겨졌다고 느꼈던 거지. 근데 그게 뭘까? 나는 종종 그것을 다시 느끼곤 해. 갑작스럽게 찾아드는 이 침묵, 그것은 우리가 들을 수 없는 언어 같은 게 아닐까?(6. 23f)

그로 하여금 울음을 터뜨리게 만든 것은 자신이 늘 놀았던 놀이터가, 하녀가 없다는 것을 알게 된 순간 전혀 낯선 존재로 다가왔기 때문이다. 낯설음의 감정은 자신이 나무들에 의해 응시당하고 있는 느낌 속에서 확정되며, 이것은 다른 사람들이 없다는 느낌과 다르지 않다. 그는 이것을 '홀로 있음'과 '버림받음'의 감정이라고 말하는데, 이것은 일상적 교류세계 외에도 자신만이 홀로 존재하며 다른 사람들이 들어올 수 없는 공간이 존재하고 있음을 예감했을 때 느끼는 감정이다. 그는 이것을 다음과 같이 구체적으로 표현한다.

> 그의 가슴은 [……] 자신이 앞으로 자신 외에 어느 누구도 발을 들여놓지 않을 문턱을 손으로 더듬거리며 넘어야만 할 것처럼 전율에 떨었다. 그러나 한 방에 이르자 갑자기 퇴를레스의 앞뒤로 문들이 닫혔고, 그 앞에 어둠의 여왕이 우뚝 서 있었다. 순간 퇴를레스가 지나왔던 다른 모든 문들이 자물쇠로 철커덕 잠겼고, 저기 벽 앞에 선 어둠의 그림자들이 시커먼 환관처럼 지키고 서서 인간의 접근을 가로막고 있었다.(6. 24f)

퇴를레스가 예감한 이 공간은 무질이 나중에 '다른 세계', '제2의 현실'이라고 부른 곳이다. 이곳에는 개인의 특수하고 은밀한 내면체험만 존재하기 때문에 여기서 일어나는 일들은 피상적이며 객관적인 체계로 구성된 의사소통 수단인 언어로는 결코 전달될 수도, 설명될 수도 없다. 이곳을 지배하는 것은 '들을 수 없는 언어' 같은 침묵뿐이다. 따라서 한 개인이 홀로 고독할 수밖에 없는 이유는 의사소통의 장애로 인해 타인이 그만의 고유한 체험을 파악할 수 없기 때문이며, 이로 인해 개인과 세계 사이에는 건널 수 없는 심연과 낯설음이 생긴다. 이것은 그에게 심각한 혼란으로 작용하는데, 그 이유는 더 이상 분리될 수 없는 통일체인 개인의 자아가 타인에게 이해되는 부분과 이해될 수 없는 부분으로 쪼개지기 때문이다.

이처럼 세상이 자기를 이해하지 못하며, 자기도 세상을 이해하지 못해 고독하다는 확신은 이제 막 사춘기에 접어든 소년에게는 세상에 대한 미움과 기존 가치에 대한 반감으로 이어진다. 이것은 사춘기 성에 대한 호기심과 함께 어우러져 성적인 것에 대한 매혹과 여인에 대한 갈망으로 그를 몰고 간다. 고독은 그에게 성적인 것을 탐닉하게 만들었고, 그는 고독을 여인처럼 느꼈다. 납덩이처럼 무겁게 그의 삶을 짓눌렀던 학교생활에서 그의 유일한 즐거움은 일요일 저녁 창녀 보쩨나 Božena를 찾아가는 것이었다.

바이네베르크와 함께 찾아간 창녀 보쩨나는 다시 한 번 퇴를레스를 혼란에 빠뜨린다. 그녀의 지저분한 방으로 들어가자마자 보쩨나는 바이네베르크의 어머니를 잘 알고 있다는 듯이 집요하게 그의 어머니 이야기를 늘어놓으며 빈정거렸다. 이 순간 퇴를레스에게는 바이네베르크의 어머니가 자기 어머니로 바뀌면서 부모님이 사는 집이 떠올랐다. 저녁식사 때면 그에게 모종의 외경심을 불러일으켰던 그 범접하기 어렵고 말끔하고 맑은 얼굴들, 그리고 밥을 먹을 때 한 치의 실수도 용납하지 않을 것 같아 보였던 그 고상하고 차가운 손들도 떠올랐다.(6. 32) 이처럼 시민사회를 대표하는 부모님의 집은 엄격한 예절과 도덕이 지배하는 밝고 환한 곳이었다. 이 세계에서 자랐던 그에게 성적으로 타락한 보쩨나는 어두운 세계의 상징이었다. 지금까지 그는 부모님의 고상하고 밝은 세계를 보쩨나가 살고 있는 타락하고 어두운 세계와 분리시켜 주는 심연이 존재하며, 이 둘은 결코 이어질 수 없다고 확신해 왔다. 그의 혼란은 이처럼 건널 수 없을 것처럼 보이는 두 세계 사이에 다리가 놓일 수도 있겠다는 예감과 함께 찾아온다. 그는 갑자기 보쩨나와 어머니가 서로 연관될 수 있다는 사실을 깨닫고 경악한다.

> 보쩨나 이 여자의 천박한 삶이 내 어머니의 삶에 가까이 다가설 수 있다니 도대체 어떻게 된 일일까? [……] 이 여자는 내게 성적 욕망의 덩어리였다. 그에 반해 어머니는 이제까지 모든 욕망 저편에 있는 별자리처럼 구름 한 점 없는 먼 곳에서 맑고 심오하게 내 삶을 비추고 있는 존재였다.(6. 33)

그를 혼란으로 몰고 간 것은, 지금까지 확신했던 것처럼 어머니와 보쩨나는 완전히 대립되는 두 세계가 아니라, 보쩨나가 있는 곳에서 감지한 어둡고 비밀스러운 공간을 두 사람이 공유하고 있다는 사실이다.[36] 그는 지난여름 휴가 때 별장 정원 깊숙한 곳에서 들려왔던 어머니의 목소리를 떠올리며, 자기 부모도 보쩨나의 공간인 성의 영역에 은밀하게 참여하고 있음을 깨닫는다. 이제 그는 지금까지 자신에게 금지되어 있고 비밀로 가득찬 것으로 여겨졌던 것이 아주 가까이 있다는 것을, 바로 어머니에게서도 발견할 수 있을 정도로 가장 친숙한 것이 되었다는 것을 알게 된다.(6. 35)

이로 인해 그는 모든 사람들이 준수하고 있는 엄격한 도덕과 인륜의 세계 옆에 또 다른 세계, 즉 앞의 세계와 전혀 다르면서도 은밀하게 연결된 세계가 있음을 감지한다. 그에게 밤은 어른들이 비밀처럼 감추고 있는 신비로운 쾌락으로 들어가는 문처럼 보였고, 이곳으로 들어가지 못하는 자신의 삶은 공허하며 불행하게 여겨졌다. 그를 경악케 한 것은 부모님들은 신성불가침하고 조용한 분들이었지만, 언제나 이 문을 통해 은밀한 기쁨으로 들어갈 수 있는 경계선을 넘어설 수 있다는 것이다.

부모로 대표되는 성인들의 세계가 이처럼 보이지 않는 문[37)]을 통해 밝은 세계와 어두운 세계로 나누어져 있는 것처럼, 이제 사춘기에 접어든 퇴를레스도 자기 세계가 둘로 쪼개져 있음을 알게 된다. 그는 이 문을 통해 자신이 지금까지 단 하나뿐인 것으로만 알고 있었던 대낮같이 밝은 세계로부터 신비하고 몽롱하며 은밀하고 어두운 세계로 들어갈 수 있다는 것을 알게 되었다.[38)]

이제 그에게 던져진 새로운 문제는 하나의 세계에서 다른 세계로 넘어가는 것, 더 자세히 말하면 "이처럼 넘어가는 순간 Augenblick eines solches Übergangs"(6. 47)이 어떻게 가능할까이다. 이에 대한 해명은 미완성 유작인 『특성없는 남자』에까지 연결되는 무질 문학의 핵심문제이며, 퇴를레스로 하여금 원치 않으면서도 바지니 사건에 휘말리게 되는 원인이 된다.

바지니 Basini의 성적 학대를 모의하기 위해 모이기로 한 다락방으로 들어갈 때 이미 그는 자신이 두 세계 사이에서 갈기갈기 찢어지고 있음을 느낀다.

> 그는 이른 바 두 개의 세계 사이에서 갈기갈기 찢어지는 듯한 느낌을 받았다. 그 하나의 세계는 집에서 익숙했던 것처럼 만사가 체계화되어 있고 합리적으로 움직이는 견고한 시민사회였고, 다른 세계는 어둠, 비밀, 피, 그리고 예상치 못한 놀라움으로 가득찬 모험의 세계였다.(6. 41)

하지만 이때까지만 해도 그는 이 두 세계가 서로를 용납하지 않는 배타적 세계이길 바랬다. 그것은 보쩨나로 인한 경계의 해체가 바지니 사건으로 더욱 심화되는 것을 바라지 않았기 때문이다. 그는 선과 악을 분명히 가르는 경계선을 원했다. 비록 틀린 길인 줄 알면서도 그 길을 택하는 것이 매사를 너무 민감하게 받아들여 스스로 혼란을 자초하는 것보다 나을지 몰랐기 때문이다. 즉 그는 자기 내면에 경계선을 분명히 그음으로써 보쩨나와 바지니가 분명하게 증명해 준 세계의 비합리적인 측면을 이성적으로 극복해 보기를 원했다.[39] 그래서 그는 친구들에게 바지니를 신고해서 퇴학시키자고 제안한다. 하지만 이 말을 하는 순간에도 그는 자기 입에서 내뱉어진 말들이 진심이 아님을 분명히 느끼고 있었다. 이처럼 내면의 생각과 외적인 표현 사이의 대립은 자기 정체성에 대한 모든 관념을 해체시켜 버린다. 라이팅 Reiting에게서 바지니 사건을 처음 들었을 때 이미 그의 감정은 자신을 파멸적인 욕정으로 몰고 갈 여인을 처음 만난 남자의 감정 상태와 똑같았다. 바지니와의 첫 대면을 화자는 다음과 같이 설명한다.

> 반대편에서 어둠을 뚫고 문이 삐걱 열리는 소리가 들렸다. 나직이 그리고 망설이듯이. 그것은 심장의 고동 소리가 목까지 차고 올라오는 소리이자, 다가오는 사냥감이 최초로 내는 소리였다.(6. 68f)

이 순간 그는 나중에 바지니와 호모섹스로까지 발전하게 될 자신의 성적 타락을 예감하며, 이 사건이 시민사회의 엄격한 도덕률을 통해 확립된 자신의 정체성을 향해 날카로운 창끝을 겨누고 있음을 직감하며 불안해한다.

퇴를레스를 혼란에 빠뜨린 것은 지금까지 자기 삶의 토대가 되었던 가치체계 속으로 이와는 전혀 이질적인 가치가 침입해 들어와, 이와 동등한 가치를 누리며 병존하고 있다는 사실이다. 우리는 이것을 현실의 양가성, 등가성이라고 부를 수 있는데, 그는 이것을 바지니와 라이팅에게서도 발견한다. 밤마다 라이팅에게 영혼을 파는 비굴한 존재인 바지니도 이 사건이 발각될 때까지 명예, 정직, 예의 등을 중시하는 사관생도로 버젓이 학교생활을 했으며, 밤마다 바지니에게 호모섹스와 짐승 같은 짓을 강요하는 라이팅도 낮에 학교생활을 하는 동안에는 성실한 학생의 모습을 보여주었다. 어떻게 인간이 그처럼 비인간적인 일을 저지르고도 평소처럼 버젓이 살아갈 수 있을까? 그에게 인간은 언제나 동일한 모습으로 존재하는 일관된 주체가 아니라 '언제나 다르게 Immer－schon－anders－sein' 변할 수 있는 존재였다. 인간은 언제나 다른 세계로 들어갈 수 있는 문을 가지고 있다.

이 다른 세계는 꿈의 세계이며, 실제로 존재하긴 하지만 이성으로부터 벗어나 있는 비합리적 공간이다. 합리적 공간은 보편법칙이 지배하는 반면, 이곳은 내면세계에 속하며, 영혼과 무의식의 영역이며, 꿈과 환상, 예술과 긴밀히 연관되어 있는 공간이다. 퇴를레스의 혼란은 꿈의 세계가 대낮의 분명한 세계로 들어왔기 때문에 발생한다. 바이네베르크로부터 라이팅이 밤에 남몰래 바지니와 호모섹스를 했다는 이야기를 들었을 때, 그는 이미 합리적 세계관이 설정한 경계선 밖에 존재하는 것 Das Ausgegrenzte과 타부화된 것 das Tabuisierte의 침입에 노출되어 있었다. 이것을 파악하기 위해서는 대낮의 세계에서 사용하는 것과는 전혀 다른 감각기관이 요구되었다.

> 그는 이제껏 한 번도 보지도, 느끼지도 않았던 방식으로 사람들을 보았다. 상상이나 비유 없이는 아무것도 볼 수 없다는 듯이 그들을 보았다. 마치 그의 영혼만이 그들을 보고 있는 것 같았다.(6. 55)

대낮의 세계를 바라보는 창(窓)이 이성이라면 꿈의 세계를 파악하는 감각기관은 영혼이다. 영혼은 이성처럼 대상의 겉모습만 훑고 지나가는 것이 아니라, 내면까지 들여다보는 새로운 감각 기관이다. 이제부터 그는 논리적 사유보다는 꿈과 영혼을 통해 대상을 추적하려 시도한다. 하지만 문제는 영혼을 통해서는 너무나 뚜렷하게 포착되었던 대상들도 말(言)을 통해 대낮 세계로 옮겨놓으려는 순간 그것들은 마치 넘을 수 없는 문턱에서 멈춰 서듯 뒤로 물러나 버리고 만다는 것이다.

한 인간의 내면에 서로 대립되는 두 세계의 공존이 어떻게 가능하며, 영혼을 통해 포착되는 세계는 왜 말로 표현할 수 없을까라는 문제는, 그때까지 경직된 시민사회의 가치관으로부터 완전히 해방되지 못한 퇴를레스에게는 너무 큰 혼란으로 다가왔다. 소년은 점점 친구들과의 관계보다는 이 어려운 문제의 해결에 골몰한다. 어느 날 그는 풀밭에 누워 끝없이 높이 솟아 있는 하늘을 바라본 순간 문득 수학시간에 배운 '무한 Das Unendliche'개념을 떠올리며 또 다시 혼란에 빠진다.

> 무한이야! [……] 누군가 이 개념을 만들어냈다. 그리고 그 이후로 사람들은 마치 확실한 숫자(실수)만 가지고 하는 것처럼 이 무한 개념을 가지고 계산을 할 수 있었지. [……] 오성을 초월하는 어떤 것, 거칠고 파괴적인 어떤 것이 이 개념의 발명자의 손에 의해 잠재워져 있다가 돌연 깨어나서 이전의 그 섬뜩한 모습을 드러내고 있는 것처럼 보였다.(6. 63)

그는 갑자기 하늘이 얼마나 높은지를 깨닫는다. 이 발견은 거의 경악에 가까운 것이었다. 왜냐하면 그가 여기서 발견한 것은 '무한'이기 때문이다. 그가 수학시간에 배워서 알고 있는 것처럼 무한은 지금까지 서커스단의 동물처럼 '잘 길들여져 있는 개념 gezähmter Begriff'이었다. 그런데 이 동물이 갑자기 사슬로부터 풀려나 오성을 넘어서서 어떤 것에 의해서도 길들여지지 않는 야생동물로 돌변한 것이다. 그는 이 혼란을 다음과 같이 표현한다.

> 아무도 잊지 못하는 그 순간, 평소 같으면 우리 삶을 오성 속에서 한 치 오차 없이 완벽하게 반영했을 그러한 연관관계가 거부되는 상황들, [……] －이것들이 혼란스럽게 서로 뒤엉켜 있었다.(6. 64)

그는 사다리를 타고 아무리 올라가도 결코 도달할 수 없는 무한한 하늘을 보면서, 이성을 초월한 세계, 즉 이성과 개념으로 파악될 수 있는 삶의 영역 너머에 또 하나의 영역이 존재하며, 이것은 단순히 비현실적 영역으로 치부될 것이 아니라, 엄연히 우리의 현실 자체로 존중되어야 한다는 확신에 이른다. 이것은 수학 시간에 배운 상상의 숫자인 허수[40]개념과 맞물려 확실하게 굳어진다. 퇴를레스를 혼란에 빠뜨린 것은 끝없이 나누어도 떨어지지 않는 나눗셈, 아무리 오랫동안 계산해도 그 값이 나오지 않는 분수 등 불가능한 값을 지닌 수로 실제적인 계산이 이루어지고, 그 결과가 유효한 답으로 간주된다는 사실이다. 그의 머리를 복잡하게 만든 것은 실수(實數)로 시작된 연산이 실수(實數)의 답을 만들어내지만, 그 연산과정에서 오성으로 파악할 수 없는 어떤 존재가 이 연산의 처음과 끝을 연결시켜 주고 있다는 부조리한 사실이다.

> 그것은 첫 교각과 마지막 교각만 있는데도 사람들은 마치 교각이 다 서 있는 것처럼 마음 놓고 건너다니는 그런 다리 같은 것 아닐까? [……] 그런데 정말 섬뜩한 것은 사람들이 다시 올바르게 도착할 수 있도록 꼭 붙들어 매는 그런 연산 뒤에 숨어 있는 힘이야.(6. 74)

에세이 「수학적 인간 Der mathematische Mensch」(1913)에서 무질은 세계와 우리 존재는 그 심연이 무질서하고 불확실하고, 불가사의하며, 수학자에게는 측정할 수 없는 영역이 존재한다고 말했다. 그의 혼란은 바로 이 측정할 수 없는 비합리적인 영역의 존재를 자기 내면에서 분명히 체험했기 때문에 일어났다. 그가 수학선생님을 찾아가 이 문제를 상의한 것도 이성의 도움을 받아 지금 자신이 처한 상태를 명백히 해명하고, 이로 인해 생긴 혼란을 정리해보려는 시도였다. 즉 이것은 결코 말로 표현될 수 없는 것을 이성의 도움을 통해 말로 해명해보려는 시도였다. 선생님의 답변은 『순수이성비판』에서 칸트가 주장한 내용과 다르지 않다.

> 자네는 초월적인 [……] 요소들의 개입에 대해 이야기하고 있네. 자네와 마찬가지로 나도 물론 모르고 있네. 오성 저편에 놓여 있는 그런 초감각적인 영역과 함께 그것은 그 나름의 또 다른 세계일세. 나로서는 그 세계에 개입할 능력도 없고, 또한 내가 다룰 대상도 아니네.(6. 76f)

수학 선생님은 그에게 '이해할 수 없는 것'은 그냥 믿으라고 충고하며, 칸트를 읽어볼 것을 권했다. 『순수이성비판』에서 칸트는 이성의 무조건적 확장을 경계하면서, 초월적 세계에 존재하는 물 자체는 우리가 인식할 수 없다고 주장했다.[41] 하지만 퇴를레스가 찾고 있는 불확실한 것은 외부에 존재하는 것이 아니라 자기 내면에 선천적으로 주어진 것이다.

> [……] 나는 그걸 밖에서 찾는 것이 아니라, 내 속에서 찾아. 나의 내면에 있는 타고난 어떤 것을 찾는 거라고! 하지만 난 아직도 그게 무엇인지 몰라!(6. 83)

그는 어린 시절의 회상을 통해 이것이 육체와 영혼이 하나가 되는 느낌이며, 자기 몸 어딘가에 숨어 있는 자신의 고유한 자아임을 직감한다.

> 그리고 처음으로 자신의 감성 속에 [……] 누구도 뺏을 수 없고, 누구도 흉내낼 수 없는 뭔가가 있다는 것을 느꼈다. 그것은 높고 은밀한 벽처럼 온갖 낯선, 똑똑한 인간들로부터 자신을 지켜주는 그 무엇이다.(6. 87)

무질 문학의 일관된 주제인 외부로부터 규정된 '자아'의 모습이 아닌 '자신만의 고유한 자아'는 이성이 아니라 인간 내면 깊숙이 존재하는 영혼 속에 있다. 하지만 여기서 퇴틀레스는 곤경에 빠진다. 메테르링크 모토에서도 알 수 있는 것처럼, 이것을 설명하기 위해 이성의 영역으로 이동시켜 보편적 의사소통수단인 말로 표현하면 그것은 곧바로 변질되어 버린다. 하지만 그는 이 혼란으로부터 탈출할 수 있는 유일한 문은 바로 이 감성의 영역에 있는 불확실한 감정이나 사건들을 언어를 통해 해명해 내는 것이라는 믿음을 아직 버리지 못한다. 이 때문에 그는 「인간의 본성에 관하여 De natura hominum」라는 제목의 글을 통해, 보쩨나에게 들렀던 그날 저녁부터 최근의 불확실한 감정에 이르기까지 일련의 체험들을 글로 적어 보려했다. 그것은 이 모든 것을 체계적으로 정리하고 사실 그대로 기록한다면, 이것에 대한 합리적이고 올바른 이해도 가능하리라고 보았기 때문이다. 하지만 그는 결코 이 일에 성공할 수 없다. 그는 자기가 처한 상황을 다음과 같이 보았다.

> 지금까지 그가 처한 상황은 그물의 움직임으로 보아 대어가 걸린 것은 분명한데, 아무리 애를 써도, 그것을 물 밖으로 끌어올리지 못하

는 어부와 같았다.(6. 88)

그가 겪고 있는 혼란은 언어의 미로 속에 갇힌 한 인간의 혼란이다. 이것은 자기가 직접 경험한 체험을 합리적으로 이해하지 못하고 해명할 수도 없어 스스로 자기 행위의 주인이 되지 못하는 인간의 무능력 때문에 발생한 것이다. 이 혼란은 바지니와 단 둘이 기숙사에 남게 되었을 때, 그가 바지니에게 어떻게 굴욕적인 짓을 할 수 있었는지, 그 순간에 어떤 심정이었고 그의 내면에는 어떤 일이 일어났는지를 물었을 때 최고조에 도달한다.(6. 104)

이에 대해 "네가 내 입장이라도 그렇게 했을 거야 du würdest ebenso handeln wie ich"라는 바지니의 대답은 그를 절망에 빠뜨린다. 이로써 바지니에 대한 그의 관심은 식어버린다. 원래 이 관심은 육체적인 욕망 때문이 아니라, 그가 경험한 일련의 사건 뒤에 숨어 있는 수수께끼 같은 비밀을 알아냄으로써 자신의 혼란을 해명해 보기 위한 것이었기 때문이다. 이 때문에 그는 바지니의 구원 요청을 거부한다. 하지만 이것은 교사회의가 열리기 전날 밤 퇴를레스가 도망가게 된 직접적인 원인이 된다. 교사회의가 열리기 전날 그는 지금까지 자신이 체험한 일들은 이성과는 전혀 관계없는 영역에서 벌어진 일이기 때문에, 이것에 대해 논한다는 것은 불가능하며, 이 코드와는 다른 코드의 언어로 이야기해 선생님을 이해시키는 것은 불가능하다는 확신에 이른다. 이 회의가 그에게 면죄부를 주기 위한 요식행위였음에도 불구하고 이처럼 퇴를레스가 도망친 것은 자신의 체험과 행위가 선생님들에게 도저히 설명할 수 없을 정도로 어둡고 비밀스러운 것이었기 때문이다. 따라서 그의 도망은 그 자체로 자신의 불확실성과 절망의 궁극적 표현이다.

하지만 얼마 후 다시 선생님 앞에 서게 되었을 때 그는 지금까지 자신을 괴롭혔던 혼란을 극복한 승리자의 자세로 자기 행위의 원인을 “그것은 이성과 개념으로 판단을 내릴 수 있는 것보다 더 필연적이고 더 심오한 것이 있기 때문”이라고 해명한다.(6. 139) 그에 따르면, 사유에는 ‘죽어 있는 사유 tote Gedanken’와 ‘살아 있는 사유 lebendige Gedanken’(6. 136)가 있다. 그에게 항상 인과율의 고리로 검산이 가능한 사유는 살아 있는 사유가 아니라 죽은 사유다. 이것은 일렬로 행군하는 군인들 가운데 어떤 이름 모를 병사처럼 무의미하고 보잘것없는 것이다. 반면 살아 있는 사유란 이성과 논리로 설명할 수 없는 어떤 것이 더해지는 순간에 비로소 이루어진다. 이때 우리는 실증과 해명의 의무와는 상관없이 온몸으로 그것의 진실성을 직접 느낄 수 있다. 수학의 허수와 마찬가지로 바지니의 부조리한 행위도 합리적으로 설명 불가능하지만 그에게는 너무 분명한 현실로 체험되었다. 그가 수학이 시키는 일반적인 방법대로, 도덕률이 명령하는 습관적인 방법대로 사유했다면, 바지니 사건에서 퇴를레스는 혼란에 빠지지 않았을 것이다. 그러나 그가 수학 속에 숨어 있는 이상한 방식으로 사유했을 때 허수가 새로운 빛으로 살아 움직였듯이, 바지니 역시 새로운 눈으로 즉 대상을 오성과는 다르게 보는 제2의 눈으로 바라보았을 때 그는 새롭고 비밀스러운 모습으로 살아 움직였다. 퇴를레스를 바지니에게 빠지게 만든 것은 바지니로 인한 혼란이 그의 내면세계에 잠자고 있었던 ‘제2의 삶’에 생명력을 부여했기 때문이다. 그에게 이것은 이성적으로 설명할 수 없고, 말로 표현할 수 없지만 분명히 그의 삶을 구성하고 있는 어떤 것이었다. 그를 도망치게 만든 결정적 원인은 이렇게 잠자고 있었던 삶이 갑자기 그의 삶 속으로 쇄도해 들어와 그로 하여금 눈길을 피하지 말고 똑바로 응시할 것을 강요했기 때문이다. 자신의 삶이 이처럼 오성으로 해명되는 부분과 해명되지 않는 부분으로 전체를 구성하고 있다는 확신을 가진 순간, 그에게 말은 자신의 전체 삶을 단편적으로 체험하라고 강요하는 억압으로 느껴졌으며, 그는 이 강요를 참을 수 없을 정도로 끔찍하게 두려워했다.

퇴를레스의 구원은 이처럼 이성으로 파악할 수 없는 부분을 강제로 이성적으로 추적하는 일을 포기함으로써 얻게 된다. 세계는 더 이상 이성으로만 파악할 수 없으며 세계의 인식과 해명은 반은 뇌의 밝은 면에서, 반은 인간 내면의 어두운 쪽에서 이루어진다는 것을 그는 알았다. 이제 그에게 이원론은 세계를 해석하는 기본 틀이 되었다. 하지만 이것은 세계가 이원화되었다기보다는 그가 둘로 분열되었기 때문이다.

> 제가 여기서 말하고자 하는 것은 글자 그대로 사물들이 살아 있고, 바지니에게 두 개의 얼굴이 있다는 것은 아닙니다. 제 말은 저의 내면에 오성의 눈으로 이 모든 것을 보지 않는 제2의 얼굴이 있다는 것입니다. [……] 저는 앞으로도 계속 이것들을 어떤 때는 이렇게, 어떤 때는 저렇게 볼 것입니다. 어떤 때는 오성의 눈으로, 어떤 때는 다른 어떤 눈으로 말입니다.(6. 137f)

이원론적으로 나누어진 두 가지 시각은 질적으로 전혀 다른 영역을 추적하는 감각기관이기 때문에 둘을 강제적으로 종합하거나 통일시키는 것은 불가능하다. 따라서 우리는 내면과 외면 사이, 의사소통이 가능한 체험과 의사소통이 불가능한 체험 사이의 차이를 받아들여야 할 뿐만 아니라, 이 둘이 함께 살아갈 수 있는 방법을 배워야 한다. 단적으로 말해 그가 정신의 방황을 끝내고 섬세하고 다정한 정신의 소유자로 성장할 수 있었던 것은 세상을 바라보는 이중의 시각 Doppelblick과 상황에 따라 관점을 교체할 수 있었기 때문이다.

> 그가 체험한 것은 멀고 가까움에 따라 바뀌는 영혼의 원근법이었

다. 파악할 수 없는 이 관계는 우리가 서 있는 위치에 따라 사건과 사물에, 서로 완전히 비교할 수도 없고 낯선 가치들을 갑작스럽게 부여한다.(6. 139)

『퇴를레스의 혼란』은 이처럼 니체의 '원근법주의 Perspektivismus'[42]를 통해 기존의 현실연관 관계를 해체하고 '세계의 또 다른 연관관계'를 구성해 낼 가능성을 만들어 낸다. 따라서 퇴를레스의 위기 체험은 단순히 자아 몰락의 위기체험이 아니라 이를 계기로 지금까지 자신의 내면에 은신하고 있었던 자아의 새로운 가능성의 영역을 발견하는 계기가 된다. 이것은 후에 『특성없는 남자』에서 '다른상태' 개념으로 발전된다.

2. 자기찾기의 변증법: 『사랑의 완성』

퇴를레스가 겪은 혼란 체험은 이보다 5년 후인 1911년에 나온 단편소설 『사랑의 완성 Die Vollendung der Liebe』에서 좀 더 극단적인 형태로 변형된다. 『퇴를레스의 혼란』이 사춘기 소년이 성장과정에서 체험하는 내면적 분열을 다루었다면, 이것은 간통을 통해 자기 정체성을 확인하고, 동시에 멀리 떨어져 있는 남편과 사랑의 완성을 이룬다는 다소 충격적이며 역설적인 내용을 담고 있다.

무질은 원래 짧은 시간 안에 가볍고 냉소적인 연애소설을 쓰려고 했다. 하지만 그의 의도와는 달리 이 작품을 완성하는 데는 생각보다 많은 시간과 노력이 필요했는데, 그것은 그동안 그의 문학적 관심이 심한 변화를 겪었기 때문이다. 1910년까지 7년간의 베를린 유학시절 생철학과 심리학에 취한 그는 『퇴를레스의 혼란』을 쓸 때처럼 외적 사건을 피상적으로 서사하는 것에 더 이상 흥미를 느끼지 못했으며, 시시각각 변화하며 살아가는 역동적 인간 심리를 그려내는 데 관심을 갖기 시작했다. 그는 이를 위해 새로운 서사기법을 필요로 했는데, 그것은 외적 사건을 충실하게 모방하는 리얼리즘의 기법이 아니라 인간 내면에서 계속 변하는 심리상태를 정확하게 그려낼 수 있는 것이어야 했다.[43)]

무질은 이 작품에서 주인공을 의식이 지배하는 규범영역과 욕구와 충동이 지배하는 감정영역 사이의 경계로 밀어 넣고 그로 하여금 이 두 영역을 자유롭게 넘나들게 만든다. 여기서 그의 관심은 한 시도 떨어져 살 수 없을 정도로 남편과 내적 합일을 이루고 있다고 믿는 여주인공 클라우디네 Claudine가 하루도 지나지 않아 간통을 저지르는 과정을 추적하는 것이다. 심리학적으로 이것은 수백 가지 경우의

수가 있을 것이다. 하지만 이것을 자세히 설명하는 것은 작가의 몫이 아니다. 왜냐하면 이미 심리학이 이에 대한 중요한 유형들을 자세히 정리해 놓았기 때문이다. 그에게 중요한 것은 피상적 외양의 전달이 아니라 인간 내면에 살아 있는 특수한 삶의 진실을 생생하게 그려내는 것이다.

이 작품은 겉으로는 간통의 문제를 다루고 있지만 본질적으로 가치관의 동요와 개인의 정체성 문제를 다루고 있다. 그가 이 작품에서 던지고 있는 질문은 '인간은 결정론적 존재인가?'이다. 인간은 도덕이 일방적으로 정해놓은 하나의 길로만 갈 것을 강요받고, 이것을 통해 자기 정체성을 확립한다. 무질에 따르면, 이것은 인간이 가진 무한한 가능성을 하나의 틀에 가두고, 그 속에서 정체성을 찾을 것을 강요하는 것과 다름없다. 그에게 진정한 자기발견은 도덕이 정해놓은 획일적 자기상의 극복, 즉 자기배반을 통해 외부에서 강요된 정체성의 가면을 벗는 것이다.

에세이 「유럽정신, 전쟁, 독일정신 Europäertum, Krieg, Deutschtum」(1914)에서 무질은 이미 일차 대전이 일어나기 전 몇 년 동안 유럽인들의 내면에 일어난 심한 영적 동요를 직감하고, 도덕의 절대성에 의문을 제기한다. 선과 악, 미와 추에 대한 가치관의 혼란은 이 시대가 앓고 있는 질병의 대표적 증상이다. 사람들의 관점을 조금만 이동시켜도 모든 가치에 대한 '재평가 Umwertung'가 이루어질 수 있는 시대에 인간의 정체성은 언제든지 변할 수 있는 불완전한 것이 될 수밖에 없다.

이처럼 가치의 불확실성에 대한 확신은 작가에게 기존 규범 너머에 무엇이 있는지를 탐색하는 아방가르드가 될 것을 요구한다. 무질은 클라우디네로 하여금 무거운 짐을 지고 걷는 짐꾼처럼 짧은 보폭으로 이 경계를 하나씩 점검하게 한다. 이로써 그가 의도한 것은 도덕의 스펙트럼의 확대이며, 개인에게 무한한 행위가능성을 선물하는 것이다. 그러므로 그녀에게 간통은 진정한 자아획득을 위해 도덕의 경계선을 넘어서는 하나의 수단일 따름이다. 만약 이것을 통해 그녀가 참되고 고유한 자기모습에 도달할 수 있다면, 간통도 얼마든지 선이 될 수 있다.

정조를 저버리는 행위를 통해서 사랑의 완성이 가능한가라는 문제는 주인공 클라우디네를 처음부터 혼란에 빠뜨린다. 부부간의 완전한 사랑은 각자가 참된 자기 모습을 갖춤으로써 가능하다. 하지만 현재 그녀의 부부관계는 참된 내적 합일이라기보다는 외적 도덕에 기초한 허구적 정체성에 기초하고 있기 때문에 대단히 경직되고 불완전한 것이다. 그러므로 부부가 처음부터 확신하고 있는 애정은 미완성의 사랑이다. 무질은 클라우디네로 하여금 간통을 통해 기존 도덕의 경계선 밖에 있는 참된 자기 모습을 확인하고, 다시 남편과 참된 사랑을 완성하는 과정을 그린다.

이 소설은 주인공의 심리적 변화에 따라 3단계로 진행되는데, 첫째, 부부의 사랑이 외부세계로부터 고립된 공간에서 경직되게 유지되었던 상태, 둘째, 여주인공이 외부세계와 접촉하며 지금까지 확고하다고 믿었던 부부관계가 위기에 빠지면서 기존의 자기 정체성이 위험에 빠지는 단계, 셋째, 간통을 통해 남편을 배신함으로써 참된 자기모습을 찾고, 더 고차원적 수준의 재합일[44]을 이루는 단계다.

소설의 첫 장면은 부부의 대화로 시작된다. 그녀는 지방의 소도시에 위치한 기숙학교에 다니는 딸 릴리 Lilli를 만나러 가는 여행에 남편도 따라가 줄 것을 요구했지만 거절당한다. 릴리는 미국인 치과의사였던 전 남편과의 관계에서 태어난 딸로서, 이 아이는 어떤 돌발적 성충동에 의해 우연히 그리고 자신의 의지와는 무관하게 그 남자의 욕망을 받아들임으로써 태어났다. 그녀에게 이 사건은 "바람에

날려간 망토”와 “갑자기 나타났다 사라진 구름”처럼 일상적이며 자신과는 무관한 사건이었다. 이 때문에 그녀는 처녀성 상실에 대해서 어떤 양심의 가책도 느끼지 않았다. 이 아이는 불안하고 행실이 바르지 못했던 그녀 과거 삶의 흔적이기도 했다. 하지만 이런 삶도 지금의 남편을 만나면서 거의 잊혀졌고, 지금 그녀는 남편에 대한 무한한 사랑과 행복에 빠져 있다.(6. 157)

“멋지게 딱 들어맞는 두 개의 반쪽 zwei wunderbar aneinandergefaßte Hälften”(6. 159)이라는 표현처럼 소설의 첫 장면은 두 사람이 서로 사랑하며, 그들의 관계는 떨어져서 살 수 없을 정도로 단단히 합일을 이루고 있음을 보여준다. 이것은 부부의 대화 장면에서 “그때 그들 중 한 명이 말했다 Da sagte einer von ihnen”와 “그리고 다른 한 명이 대답했다 und der andere antwortete”(6. 158)처럼 화자가 둘 중 누가 이런 말을 하고 있는지 분명히 밝히지 않는다는 점에서도 알 수 있는데, 둘은 구체적으로 누구의 말인가를 밝힐 필요가 없을 정도로 내면적 유대감을 느끼고 있다. 무질은 이런 내면적 합일상태를 두 사람의 눈길이 만나 이루고 있는 ‘각 Winkel’을 통해 비유적으로 표현한다.

> [……] 그들에게는 이 각이 아주 단단한 금속으로 만든 버팀목처럼 둘 사이에 걸려 있어 [……] 서로 떨어져 있음에도 불구하고 거의 감각으로 느낄 수 있을 정도로 둘을 하나로 묶어 통일시켜 주고 있는 것처럼 보였다.(6. 156)

하지만 겉으로 보기엔 더 이상 바랄 게 없을 정도로 완벽해 보이는 부부의 합일상태도, 그녀가 이 관계를 깨고 새로운 합일을 시도해야 할 정도로 많은 문제를 안고 있다. 현재 남편과의 결혼은 그녀의 과거를 잊을 수 있게 해주었던 반면, 그녀를 남편에게 의존하고 매여 있게 만들었기 때문이다. 그녀는 남편 없이는 살 수 없고, 둘은 정교하게 연결된 하나의 시스템처럼 함께 살아야 한다고 느꼈다.(6. 159) 이처럼 남편에게 전적으로 의존함으로써 유지되는 사랑은 침몰을 피하기 위해 항구로 피난한 배처럼 외부의 폭풍으로부터 그녀를 보호해 줄 수 있었지만, 그녀의 무한한 자아를 항구에 매어두고 제한하도록 강요했다. 그녀는 남편을 통해서만, 또 남편 속에서만 자기 존재의 의미를 찾는 '의존적 인간', 즉 타인에 의해 자신의 의미가 부여되는 '특성없는 여인 die Frau ohne Eigenschaften'으로 살기를 강요받았다. 이것이 바로 '결혼'이라는 제도로서의 사랑이 여성에게만 강요하는 '정조의 도덕'이다. 이것은 당연히 결혼 전 그녀의 과거를 잊어버리고 남편과 함께 하는 가정이라는 닫힌 공간에 평생 매여 있을 것을 강요한다. 따라서 첫 장면에서 묘사된 클라우디네와 남편의 합일은 외부세계로부터 철저하게 가려진 닫힌 공간에서만 이루어진다: "이 블라인더는 어둡고 지루한 듯이 내려 감긴 한 쌍의 눈꺼풀처럼 방안에서 펼쳐지고 있는 빛의 향연을 숨겨주고 있다."(6. 156)

블라인더와 주전자에 드리워진 그림자가 상징하는 것처럼, 두 사람이 합일의 행복에 빠져 있는 이 공간은 철저하게 외부로부터 격리된 공간이며, 시간조차도 두 사람을 통과할 땐 갑자기 멈춰 뻣뻣하게 굳어버릴 정도로 경직된 곳이다. 우리는 여기서 결코 깨지지 않을 것처럼 단단히 결합되어 있는 부부의 합일이 위험에 빠질 가능성이 있음을 알 수 있다. 왜냐하면 이들의 합일이 철저하게 순수공간에서만 이루어지고 있기 때문에 현실의 불순물이 침입해 들어오면 "가장 견고한 금속 der härteste Metall"으로 이루어진 이 관계도 쉽게 부서질 것이기 때문이다. 지금 그녀가 닫힌 공간에서 행복을 누리고 있다는 것은, 그들이 항상 현실의 불순물이 가하는 위협에 직면해 있음을 의미할 수 있다. 여기서 불순물이란 시간 곧 그녀의 과거 행적을 의미한다. 남편이 릴리의 방문에 동행해 달라는 그녀의 간곡한 부탁을 거절한 것도 이 아이가 그녀의 과거를 증명하기 때문이다.

하지만 남편과의 만남으로 새롭게 얻은 이 행복도 과거의 극복을 토대로 이루어진 것이 아니라, 억압과 망각을 통해 이루어진 것이다. 그러므로 이 과거는 언제라도 다시 그녀의 기억에 되살아나 지금의 관계를 위협할 수 있었다.

> 그 당시 그녀의 삶 가운데서 단 하나만, 지각할 수 없을 정도로 흐릿하게 지금의 삶 속으로 흘러들어왔다. 그녀가 바로 오늘 모든 것을 다시 기억해야 했다는 것은, [……](6. 161)

이와 연관하여 부부가 나누는 대화의 중심주제인 G 씨[45]는 작품 해석을 위해 대단히 중요한 인물이다. 그는 부부가 읽었던 책에 나오는 인물로서 어린아이들을 유혹하여 강간하고 무참하게 죽인 정신병자다. "이 G 씨와 같은 사람이 어떻게 자신을 행복하다고 생각할까요?"라는 클라우디네의 질문에 남편은 강하게 부정하는 대신 "우리는 아마 그런 감정에 대해서 그렇게 물어서는 안 될 것 같소"(6. 157)라는 유보적인 태도를 취한다. 이것은 인간의 감정에 대해서, 즉 다른 사람을 성적으로 학대하고 유혹한 사람이라 할지라도 그의 행위에 대해 관습적, 도덕적, 법적인 잣대를 들이대지 않을 때 비로소 이해될 수 있다는 뜻이다.[46] 한 인간에 대한 판단은 그 사람의 내면을 들여다 볼 수 있어야 가능하지만, 우리는 그의 고유한 내면을 알 수 없다. 따라서 그는 타인에게 완전히 이해될 수 없으며, 항상 고독할 수밖에 없다. 이 때문에 부부는 "모든 사람의 머리는 고독함과 외로움이 아닐까요? Ist nicht jedes Gehirn etwas Einsames und Alleiniges?"(6. 158)라는 말로 이 G 씨에 대한 토론을 마친다.

이런 측면에서 G 씨는 클라우디네가 앞으로 저지르게 될 간통에 대한 면죄부이자, 인간 영혼의 비합리성과 고독의 문제를 암시한다. 이런 심리구조는 그녀로 하여금 "나는 그가 선한 일을 하려 했다고 생각해요"(6. 157)라고 말하게 만든다. 이처럼 G 씨는 기존의 도덕적 가치체계를 허물어버림으로써 그녀가 앞으로 경험하게 될 사랑의 모험에 도덕적 정당성을 부여해 주며, 동시에 그녀가 남편에 대해 양가적 감정을 느낀 그 순간을 기억하게 만듦으로써 둘의 이별의 원인을 제공한다.

부부는 서로 떨어져서는 결코 살 수 없다는 것을 알고 있지만, 이 동거의 병적인 측면도 의식하고 있었다. 인간의 감정은 시시각각 무한히 변하지만 결혼은 둘의 감정 변화를 용납하지 않는다. 그러므로 그들에게 결혼은 병적이며 고통스러운 것이다. 결혼을 통해 이루어진 인간관계는 부부를 뒤돌아보지 못하게 만들고 앞만 보고 달리도록 강요함으로써 둘의 관계를 경직시키기 때문이다.(6. 163)

며칠 전 그녀는 남편과 키스를 하면서도 다른 남자를 향한 충동을 강하게 느꼈다. 둘만의 합일의 순간에 남편이 아닌 '제3자 Der Dritte'를 떠올렸다는 것은 엄청난 양심의 가책을 느끼게 했지만, 다른 한편으로 남편에 대해 다음과 같은 양가적 감정을 느끼게 만들었다.

> 실제로 나는 당신과 아주 가깝다고 느끼고 있었지만 동시에 어떤 불분명한 그림자처럼 당신에게서 멀리 떨어져 있거나 당신 없이 혼자 지낼 수 있을 것 같다는 생각도 들었지요.(6. 159)

지금까지 육체적, 영적으로 남편과 완전한 합일을 이루고 있다고 자부해 왔던 그녀에게, 남편을 사랑하지만 그를 떠나 혼자 살 수도 있을 것 같다는 양가적 감정이 들었다는 것은 둘의 관계가 위험에 빠질 수 있음을 의미했다.(6. 160) 둘의 관계가 위험에 빠졌다는 것, 즉 남편과의 관계가 불안하게 동요하고 있다는 것은 그녀로 하여금 자기 정체성에 대해 의심하게 만든다. 그것은 지금까지 그녀의 삶과 정체성의 유일한 근거이자 토대였던 남편과의 합일이 흔들리면서 이제 그 어느 것도 그녀의 삶에 궁극적 확실성을 담보해 줄 수 없게 되었기 때문이다. 이때 그녀는 "자신이 소유한 큰 사랑을 떠날"(6. 164) 결심을 한다. 그것은 지금까지 남편에 의해 자기 존재가 규정되는 '특성없는 여인'의 삶이 그녀의 존재에 더 이상 확실성을 보증하지 못하는 상황에서, 남편과 멀리 떨어져 자신만의 고유한 사유 속에 침잠하여 자신의 본모습을 찾아야 했기 때문이다.[47] 이를 위해 그녀는 남편과 함께하는 불완전한 합일 상태를 깨고 나올 수밖에 없었다. 따라서 이 소설에서 중요한 것은 그녀의 부도덕한 간통이 아니다. 그녀에게 간통은 자기 본질에 이르는 길에 있는 하나의 정거장일 따름이다.

소설의 두 번째 단계는 클라우디네가 딸 릴리[48]를 만나기 위해 떠난 기차여행으로 시작된다. 여기서 여행은 남편과 함께 결합되어 있었던 순수 이상적 공간에서 불순물이 위협하는 외부 현실공간으로 그녀가 들어서게 되었다는 것을 의미한다. 이미 기차역 대합실에서 낯선 남자들이 접근해 왔을 때, 그녀는 공포와 함께 역겨움을 느낀다. "구정물의 파도 Woge von Spülicht", "아침 일찍 일어나 잠이 덜 깬 사람들의 부스스한 얼굴 morgendlich geöffnete, bleiche Gesichter", "잿빛 수면위로 떠오른 물고기 알 Laich auf fahlen Wasserflächen"(6. 161)로 비유된 낯선 이들의 얼굴은 그녀가 이미 불순물이 존재하는 현실공간에 뒤섞여 있으며, 이 때문에 첫 단계에서의 합일은 더 이상 기대할 수 없음을 암시한다. 그녀는 기차 안에서도 남편과의 합일이 이완되고 있음을 느낀다. 규칙적으로 일어나는 기차의 가벼운 흔들림과 새봄의 따뜻한 온기 속에 얼어붙은 자연이 녹아내리는 느낌, 그리고 남편 없이 혼자 있다는 사실이 그녀로 하여금 지금까지 자신을 짓누른 압박감을 모두 잊게 만들었기 때문이다. 그녀는 감옥에서 풀려난 사람처럼 무한히 가볍고 쾌적하며 무거운 짐을 벗어 버린 듯한 기분이 들었다.(6. 163)

여기서 중요한 것은 그녀가 이 여행을 통해 집을 떠날 수 있게 되었다는 것이다. 그동안 그녀는 집에 갇혀 있었고 이 속에서 헛되이 자기 정체성을 찾았다. 이 집은 자유를 억압하는 울타리였다. 그런데 여행, 즉 그 부자유의 공간으로부터 멀어지는 체험은 클라우디네의 마음속에 이제는 거의 잊혀져 간 예전의 자유 상태에 대한 기억을 떠올리게 했다.

과거, 즉 이전의 삶의 방식에 대한 기억은 성적인 자유에 대한 의식과 함께 찾아왔다. 그녀는 몸에서 이름 모를 무언가가 자신을 쉼없이 타오르도록 자극하고 있는 것만 같았다. 이를 통해 그녀는 체계로서의 사랑, 즉 결혼이 가하는 압력으로부터 해방된다. 여기서 그녀는 남편과의 결혼이 필연적인 것이 아니라 자기에게 주어진 수많은 가능성 중에서 우연히 선택한 한 가지 가능성일 뿐이며, 지금의 결혼생활이 너무 행복함에도 또 다른 방식의 인생이 규정되어 있을지도 모른다고 생각한다. 이와 함께 지금까지 확실했던 그녀의 삶의 질서는 완전히 해체되고 과거에 남편과 내면적 합일을 이루었다는 사실조차도 부정된다.

> 그녀는 진주와 물방울 그리고 깃털처럼 가벼워 산들바람에도 살랑거리는 작은 구름으로 가득찬 채 거품을 보글보글 일으키는 유리구슬 속 같은 세계에서 남편과 함께 살았던 것만 같았다.(6. 163)

이처럼 바로 전날 엄연한 현실로 체험된 사건이 24시간도 지나지 않아 마술적 환상 세계로 부정된다. 이와 같은 현실의 부정은 '자아의 몰락'으로 이어진다. 왜냐하면 자아는 견고하게 버티고 서 있는 현실이라는 '틀' 안에서만 유지될 수 있기 때문이다. 거꾸로 말하면 현실은 자아가 자신에 대해 자명한 확신을 가지고 있을 때만 견고하게 존재할 수 있다.[49] 이로 인해 그녀는 첫 단계에서 남편과의 합일을 통해 확신했던 자기감정을 상실한다. 그녀에게 확실한 것은 아무것도 없었으며, 자기 자신조차도 이 세상에 존재하지 않는 것만 같았다. 이것은 자기 정체성과 지금까지 자기 행위를 떠받쳐온 가치관에 대한 불확실성으로 이어진다.

이처럼 현실과 자아의 해체와 몰락은 현대의 가장 큰 문제이며, 무질은 이런 해체에 맞서 싸우기 위해 이 해체과정에 좀 더 급진적으로 들어가는 수밖에 없다고 생각한다. 여기서 우리는 니체의 영향을 분명히 읽을 수 있는데, 그는 데카당스의 긍정적인 측면, 즉 고정된 가치나 주체의 해체를 통해 그동안 억눌려왔던 여러 새로운 가능성의 엄청난 잠재성을 보았다. 그는 이 잠재성으로부터 새로운 가능성(특성없는 남자), 새로운 가능현실(가능감각)이 만들어질 수 있다고 보았다.

지금까지 자기 정체성을 보장해 준 울타리였던 집을 떠나 낯선 사람들을 만나면서 그녀는 공포심을 느낌과 동시에 낯선 세계에서 느끼는 행복감과 쾌감도 맛보게 된다. 이로 인해 이제 그녀에게 자아의 상실은 불가피하다. 기존의 현실이 불확실해짐에 따라 다른 현실에서 다른 인간으로 살 수 있겠다는 생각을 하는 동안, 그녀는 자기를 해체시킬 준비를 한다. 하지만 이것은 그녀의 발전을 위해 매우 긍정적인 기능을 하는데, 자신을 기존의 현실에 고정시키지 않음으로써 '어떤 새로운 것', '이제까지 존재해 본 적 없는 것', '어떤 실험의 가치가 있는 것'을 위해 자신을 열어 둘 수 있기 때문이다. 그러므로 '자아해체 Ichauflösung'는 전혀 예감하지 못한 새로운 자아의 가능성을 위해 경직된 자아를 해방시키는 것이다. 이제 그녀에게 '자아'는 '끝없이 열린 것 das unendliche Offene'[50]으로 규정되며, 항상 새로운 가능성을 찾는 과정 중에 있는 것이고, 쉬지 않고 새로운 실험을 위해 출발하는 과정에 있는 것이다. 즉 자아는 아직 오지 않은 것을 계속 기다리면서 아직 존재하고 있지 않은 것을 현실화하라는 요구 속에, 자기소유 Selbstbesitz와 자기상실 Selbstverlust의 변증법적 긴장 속에 존재한다.

인간은 자기가 완전히 아닌 순간에만 자기가 된다. 다시 말해 우리는 자기와 멀리 멀어져 있다는 느낌을 받는 순간에만 자기 속에 들어간다. 불가사의한 이런 전이과정 속에서만 자아는 살아 있고 자신을 의식한다. 이제 그녀에게 영원히 변치 않는 동일성을 의미하는 정체성은 '이중적인 존재상태', '이중적인 의식상태', '이중적인 사유상태'로 분해된다. 불변의 가치는 그녀에게 더 이상 존재하지 않으며, 무질이 『특성없는 남자』에서 "바로 다음 발걸음의 도덕 Moral der nächsten Schritte"(3. 740)이라고 부른 것처럼 모든 것은 아직 현실화되지 않은 가능성과 연관관계 속에서 그 가치가 정해진다. 이 과정에서 '정조'와 '간통'도 그 자명한 내용성을 상실하고 유동적이며 불확실한 관념으로 변한다. 그녀는 우리가 내리는 가치판단 가운데 그 자체로 확실한 것은 하나도 없다고 여기며 이루 설명할 수 없는 행복감을 느낀다.(6. 167) 이처럼 클라우디네는 과거를 회상하면서 고유한 자아 das eigene Ich에 대해 불확실성을 느끼고 모든 감정의 근거에는 항상 그와 반대되는 감정이 존재한다는 것을 체험한다. 그녀에게 '정조'는 항상 '간통'의 가능성을 포함하고 있으며, 정조를 지켜야 한다는 확신 옆에는 살아가면서 자신을 배신하는 경우도 있지 않을까 하는 무서운 의문도 존재한다. 클라우디네는 인간의 모든 삶은 이처럼 끊임없이 일어나는 정조의 저버림에 의해 지배되고 있으며, 이 속에서만 '자기와 하나 되는 상태 Einsein mit sich Selbst', 즉 자신의 참된 본질과 만나는 것이 가능하다고 생각한다.

> 불가사의하게도 그녀에게는 이때까지 살아온 자신의 삶 전체가 끊임없이 찾아드는 부정(不貞)의 배신으로 점철되었다는 사실이 번개처럼 분명하게 인식되었다. 이 배신을 통해 다른 모든 사람들에게 동일한 존재로 머무는 동안, 매 순간 우리는 이유도 모른 채 자기에게서 분리된다. 하지만 여기서 우리는 의식과는 거리가 멀지만 궁극적이며 결코 소진되지 않는 애정을 예감하고, 이를 통해 지금까지 해온 것보다 더 깊이 우리 자신과 관계를 맺는다.(6. 179)

사람들은 시간이 흘러도 정체성은 변하지 않는다고 믿고 있지만 실제로는 매 순간마다 자신으로부터 분리된다. 어제의 내 모습을 오늘 다시 돌이켜 보면 나는 아주 낯설고 다른 모습으로 변해 있다. 인간의 감정 역시 변한다. 이로써 현실과 단절된 공간에서 이루어진 남편과의 합일은 이제 더 이상 지속될 수 없으며, 오히려 그녀를 구속하는 울타리로 변한다. 그녀가 남편을 사랑함에도 떠날 수밖에 없는 이유는 세상의 가변성과 우연성 뒤편에서 불변의 자기감정이 존재함을 느꼈기 때문이다. 그것은 바로 남편이 자신에게 가하는 육체적 억압으로부터 자아를 풀어놓을 때 느끼는 무한한 해방감이었으며, 그녀는 이 자기감정을 위해서라면 모든 것을 희생할 준비가 되어 있었다. 그 순간 그녀는 자신이 다른 남자의 여자가 될 수도 있겠다고 생각한다. 그리고 그 남자를 정조를 저버리도록 유혹하는 부도덕한 사람으로 느끼지 않았다. 왜냐하면 그로 인해 그녀는 자신을 가두고 있는 경계선을 넘어 자기 내면에서 울려나오는 소리를 들을 수 있었기 때문이다.

소설의 세 번째 단계는 기차 여행이 끝나갈 무렵 한 신사가 외설적인 말을 던지며 클라우디네에게 접근하면서 시작된다.

> 낙원 같군요. 매혹적인 섬이에요. 동화의 중심에 있는 아름다운 여인 같군요. (6. 168)

'낙원', '매혹적인 섬', '동화'와 같은 표현에서 알 수 있는 것처럼, 그녀는 기차에 이은 썰매여행을 통해 모든 것을 변하게 만들며 결코 자신의 본질에 도달할 수 없는 현실 공간을 떠나 새로운 공간으로 들어간다. 이곳 역시 현실과는 단절되어 있다는 점에서 첫 단계의 내면 공간과 다를 게 없지만, 다른 점은 첫 단계에서는 부부가 집과 방이라는 닫힌 공간에만 제한되어 있었던 반면, 여기서 그녀가 빌린 호텔 방은 외부와 단절된 곳이 아니라 '열려 있는 불확실성 eine offene Unbestimmtheit'의 공간이다.[51] 그녀와 남편만 사용하는 공간이 아니라 수많은 사람들이 거쳐 갔고, 또 지금 옆방에 이름 모를 낯선 사람이 그녀와 함께 잠을 자고 있다는 상상만으로도 그녀의 몸은 달아오른다.

이미 이런 충동은 기차에서 내려 도시까지 가는 야간 썰매여행에서도 나타났다. 낯선 남자들과 함께 탄 썰매가 커브 길을 돌 때마다 자기 의지와는 무관하게 낯선 남자들의 몸에 닿는 순간, 그녀는 이 작은 썰매가 불 꺼진 방이며, 이 남자들이 지금 흥분한 얼굴로 자신을 겁탈하려 한다는 상상을 하며 쾌감을 맛본다. 그녀는 이처럼 정조를 져버리는 환상에서 그토록 엄청난 쾌락을 맛볼 수 있는 이유를, 이를 통해 자기 존재를 제한하고 있는 경계가 사라짐을 느꼈기 때문이라고 여긴다.

여기서 그녀가 처한 모순적 상황이 분명하게 드러난다. 그녀는 남편을 사랑하지만, 다른 남자들을 향한 무한한 성충동도 느끼고 있다. 카이저 / 빌킨스에 따르면, 클라우디네의 사랑은 두 가지로 나뉜다. 남편, 즉 한 남자만을 위한 정신적 사랑과 다른 남자들(참사관, 선생님)을 향한 육체적 충동이 그것이다.[52] 사랑을 육체적 사랑과 정신적 사랑으로 이분법적으로 구분한 것은 무질 초기의 주된 경향이다. 그 당시 무질은 성욕(육체적 사랑)을 소유욕에 집착한 사랑으로 간주했으며, 이것을 합리주의나 자본주의와 연관하여 비판했다.(Tb. 650) 이에 반해 정신적 사랑은 '자기를 잊은 사랑', 즉 모든 물질적, 육체적 소유 욕구를 포기한 사랑이며 순간에 제한된 성욕과는 달리 지속성을 특징으로 한다고 보았다.[53] 무질은 『특성없는 남자』 1권 68장 <인간은 자신의 육체와 일치해야 하는가? Müssen Menschen mit ihrem Körper übereinstimmen?>에서 소유욕과 육체적 사랑의 관계에 대해서 성찰하는데, 여기서 육체적 사랑은 남녀 사이의 사랑의 발전 과정을 전도시키는 것으로 비판된다. 즉 남자와 여자가 서로 상대방을 제 사람으로 소유하겠다는 마음이 들면, 순수한 호감이 먼저 들고 그 다음 육체적 관계를 맺는 과정은 역전된다. 더 이상 그들에게는 감정의 소통은 중요하지 않다.(1. 284) 이 때문에 머리로는 서로 끔찍할 정도로 차갑게 대하지만, 육체적으로는 더 이상 통제할 수 없을 정도로 뜨겁게 타오르는 영혼과 육체의 분리가 가능해진다. 이것은 클라우디네에게도 적용되는데, 그녀는 외설적인 말을 하며 접근한 이 남자에게 내면적으로 역겨움을 느꼈지만, 육체적으로는 억제할 수 없는 성충동을 감지한다. 그녀는 여기서 자아가 쪼개지고 있음을 느낀다. 이제 자아는 견고한 정체성 대신 수천 개의 파편으로 쪼개지는 수정처럼 여러 요소로 해체된다. 이것은 통일적인 개인(Person)이 '비개인적인 요소 das Unpersönliche'로 해체된 탓인데, 이제 개인에게는

'통일적 자아'를 대신하여 서로 상이한 여러 가지 '비개인성 Unpersönlichkeit'이 들어가 있게 된다. 그러므로 그녀가 참사관에게 느끼는 충동은 낯선 것이면서 자신과 무관한(unpersönlich) 것이고, 어떤 필연성도 주장할 수 없는 것이다. 왜냐하면 그녀는 그를 언제라도 바꿀 수 있는 성충동의 대상으로만 간주할 뿐, 그 이상의 관계를 원하지 않기 때문이다: "하지만 그녀는 그가 완전히 불확실한 존재로, 임의적인 남자로, 단지 어둡고 낯선 존재로 남아 있었으면 하는 욕망을 느꼈다."(6. 169)

이것은 릴리의 학교 선생님들에게도 적용된다. 그녀는 이들에게서 반감을 느꼈지만, 동시에 그들에게서 '남성성', 즉 자신과 성(性)이 다르다는 것을 느꼈다. 하지만 그녀가 그들에게 보인 관심은 특정한 대상에 국한된 것이라기보다는, 생물학적으로 '남성'이라는 '종(種)'에 속하는 모든 임의적인 존재에게 보인 관심이다.[54] 그녀가 남편의 사랑을 우연으로 돌린 것과 마찬가지로, 예전에 단순히 '가능성'으로만 꿈꾸었던 것이 낯선 남자와의 합일을 통해 현실로 바뀌는 순간, 그녀는 이 현실을 단순한 '우연의 연속'으로, 그리고 이 현실 속에서 보증되었던 '자신만의 고유한 자아'도 더 이상 다른 현실보다 더 실제적이라고 주장할 수 없는 수많은 가능성 가운데 단지 '하나의 가능성'일 따름이라고 느낀다: "이것은 우연이다. 어떤 우연으로 인해 그것이 현실이 되었고, 내가 그것에 얽매이게 된 것이다."(6. 188)

그녀는 정처 없이 표류하고 있으며, 뭔가 비현실적인 존재로, 어디에도 고향을 가질 수 없는 뿌리 뽑힌 존재로 추락하고 있다고 느끼는 순간 처음으로 내면 깊숙이 존재하는 자기 본질에 도달했다고 느낀다.(6. 188) 이 상황에서 그녀가 각성한 자기본질은 '자기이면서 자기가 아닌 것', '정처 없이 표류하는 것', '비현실적인 것', '고향을 잃은 보헤미안적'인 것이다.[55] 따라서 무질의 자아는 다시 '특성없음

Ohne Eigenschaften'이라고 볼 수 있는데, 그는 이것을 외부적인 것에 의해 확정되지 않으며, 현실 속에서 경직화되지 않는 인간 속에 들어 있는 가능성이라고 보았다.

> [……] 그녀는 자기 주위를 둘러싸고 있는 원처럼 위에서 삶을 이끌어주었던 확실성이 갑자기 더 이상 제 구실을 못하고 있는 것만 같았다. 그녀의 삶은 수백 개의 가능성으로 나누어졌으며, 서로 다른 인생들이 차례차례 무대에 올려지는 것처럼 제각기 분리되었다.(6. 179)

그녀는 사람들이 일직선을 그어 모든 것을 통일시키려 하는 것은 모든 행위가 무질서하게 흩어져 우연히 일어나고 있고, 이것을 다시 질서 속으로 보낼 수 없음을 두려워하기 때문이라고 본다. 그녀에게 인생은 우연의 연속이며, 이 속에 우리의 참된 본질이 존재한다. 따라서 그녀가 참사관을 사랑한 것도 특정한 개인을 향한 것이 아니라 우연의 대리자로서 그에게 끌린 것이며, 결국 '자기'를 사랑한 것이다.

> 그녀는 자신을 유혹하고 있는 것이 그 낯선 남자가 아니라, 단지 이렇게 서 있는 것, 그리고 누구를 기다리고 있는 행위 그 자체, 날카로운 이빨을 드러내며 야수처럼 자신의 모습을 되찾기 위해 헌신하는 데서 오는 쾌감이었다는 것을 어렴풋이 알게 되었다.(6. 173)

그녀는 참사관과의 사랑을 통해 세상을 향해 문을 열게 된다. 그녀는 그동안 남편을 향한 사랑이 제한해 놓은 한정된 공간을 떠남으로써 남편이 아니라 낯선 남자의 매개를 통해 '자신'을 새롭게 체험한다.

하지만 아직 정체성과 합일의 관계는 완전히 해명되지 않았다. 낯선 남자와의 합일 속에 옆에 있지 않은 남편까지 포함하는 사랑의 완성이 어떻게 가능할까? 참사관과의 관계가 육체적인 영역에 국한된 반면, 멀리 떨어진 남편과의 관계는 완전히 정신적인 것이다. 그녀는 참사관을 향한 충동을 느끼는 가운데서도 끊임없이 남편을 향한 합일의 희망을 떠올렸다: “우리는 시간과 공간을 뚫고 은밀하게 서로에게 다가갔고, 나는 이제 고통스러운 길을 통해 당신에게로 스며들고 있습니다.” (6. 190) ‘시간과 공간을 뚫고’라는 말에서 알 수 있는 것처럼, 클라우디네는 현실 공간이 아니라, 이것을 초월한 공간에서 사랑의 완성을 이루려 한다. 왜냐하면 그녀는 시공간의 제한을 벗어난 불변의 사랑을 원하기 때문이다. 이를 위해 그녀는 기존의 사랑의 관계 속에 안주하려고 하지 않으며 더 급진적인 방식으로 이 틀을 벗어나려 한다. ‘엑스터시의 상태로 들어갈 수 있는 사랑 die ekstatische Liebe’을 통해 현실을 벗어날 수 있다면 무질에게는 저급한 쾌락도 문제될 게 없다.(Tb. 307)

따라서 그녀가 남편을 배신한 것은 도덕에 대한 반대와 저항이 아니라, 완전히 다른 현실, 정조와 간통과 같은 경직된 개념이나 가치들이 효력을 상실하는 완전히 다른 삶의 양식을 기대했기 때문이다. 그녀에게 간통은 경직된 ‘합일’ 상태로부터 자신을 꺼내 더 고양된 세계로 인도하고 전혀 새로운 양식의 합일을 이루도록 해준다. 이런 합일을 위해 간통은 필수적이다. 왜냐하면 간통은 현실규범에 대한 저항을 통해 현실을 벗어날 수 있게 해주며, 남편이 자신에 대해 가지고 있는 경직된 상 Bild을 해체시키기 때문이다.

> 수간(獸姦)이라는 단어가 그녀에게 떠올랐다. 내가 수간을 할 수 있을까? 하지만 이것 뒤에는 사랑의 유혹이 숨어 있었다. [……] 내가 이처럼 상상할 수 없는 일을 하려는 이유는 당신이 더 이상 나를 확고하게 믿을 수 없게 만들기 위해서이고, 내가 당신에게 이해될 수 없고 환영처럼 사라지는 존재로 변하기 위해서이지.(6. 180)

이런 해체 과정에서 그녀는 자기 몸을 우연한 현실 속에 들어가라고 강요하는 감옥으로 느낀다. 이 육체는 그녀에게 겉으로만 확실한 자기감정을 부여해 주며, 남편에 대한 정조를 외적으로만 보장해 준다. 그녀는 이 육체를 자기해체를 막는 장애물, 더 높은 합일에 이르는 것을 끝까지 막는 방해물로만 느낀다: "이 순간 그녀는 자신이 느낀 모든 것을, 고향처럼 두르고 있는 자신의 육체를 불분명한 방해물로 느꼈다."(6. 186) 그녀에게 육체는 자신을 보호해 주는 동시에 가두며, 고유한 자기감정을 부여하는 동시에 얽어매고 있는 것이기도 했다. 따라서 자아를 해체하는 마지막 과정에서 그녀는 육체, 즉 외적으로 주어진 현실의 마지막 잔재를 간통을 통해 제거해 버려야 했다.

결론적으로 그녀는 정조가 단지 육체를 우연히 보호하는 것으로 지켜지기를 원하지 않았다. 그녀가 원한 것은 모든 현실의 저편, 선악의 저편에서 정조를 획득하는 것이다. 이 다른 세계에서 그녀는 남편에 대한 정조와 자기를 새롭게 획득하기를 원했다.

> 자신을 닫아 지키고 낯선 것을 자기로부터 배제시켜야 할 순간이 왔다. 그것들을 아주 순수하게 끌어안고 있는 큰 사랑이 거의 반 꿈을 꾸면서 완성되고 있는 중이다. 이 사랑은 피상적인 모든 대립을 떨면서 녹여버렸다.(6. 191)

외적인 것, 우연한 것, 낯선 것의 강요가 존재하지 않는 곳, 너와 나, 선과 악 등 모든 피상적 대립이 해소되는 곳, 시간과 공간의 경계가 해체된 영원불변한 다른상태에서 남편과 정신적 재합일을 이루는 것이 그녀의 목표이며, 이를 위해 필요한 것은 오로지 '하나의 선(線)'을 넘어서는 것이다. 이것은 바로 현실의 선(線)이며, 이를 통해 그녀는 '현실'의 저편으로 고양되며, 자아망각의 엑스터시를 통해 진정한 자기 Selbst를 발견한다.

> 동물들, 사람들, 꽃들 이 모든 것들은 변화를 겪지요. 우리들 자신도 완전히 다른 존재가 되지요. [……] 우리가 넘어가는 데 필요한 선이 하나밖에 없다는 사실이 이상하군요. 당신과 키스하고 싶고 그 다음에는 급히 다시 도망가서 바라보고 싶어요. 그리고 다시 당신에게 다가가고 싶습니다. 이처럼 매번 경계 넘기를 할 때 그것을 더 자세히 느끼는 것 같아요. 저는 점점 희미한 존재로 변해가다 [……] 마침내 모든 것은 그저 희미한 연기가 될지도 모르죠……그리고 그저……공기를 타고 흐르면서……공중을 떠다니는……멜로디일 뿐이지요……(6. 193)

결국 그녀의 간통은 '연기', '공기', '멜로디'처럼 자기해체를 통해 진정한 자아를 획득하고, 시공간을 초월한 곳에서 참된 자아로서 남편과 사랑을 완성하기 위한 시도일 따름이다.

3. 죽음과 자기찾기: 『그리지아』

무질은 1924년 『그리지아 Grigia』, 『포르투갈 여인 Die Portugiesin』, 『통카 Tonka』 등 세 편의 단편을 묶은 소설집 『세 여인 Drei Frauen』을 출판한다. 이 중에서 특히 첫 번째 소설 『그리지아』는 『사랑의 완성』과 깊이 연관된다. 두 작품 모두 자아의 위기와 이 위기로부터 빠져 나올 수 있는 힘으로서 '합일'의 모티브에 대해 성찰하고 있다. 다만 전자가 여자 주인공의 정체성을 다룬 반면, 『그리지아』는 여성을 통해 남자 주인공이 자기 정체성을 찾아가는 과정을 그리고 있다. 따라서 이 소설의 중심에는 삶의 위기와 정체성의 위기를 느낀 남성이 존재한다. 이 소설은 처음부터 자아의 위기를 암시하는 문장으로 시작한다.

> 살다 보면 계속 이대로 살아도 되는지 망설이거나 방향을 바꾸기라도 하려는 것처럼 눈에 띄게 늘어지는 때가 있는 법이다.(6. 234)

살다 보면 지금까지 자신의 삶과 자아를 확실하게 규정한 질서 혹은 원칙이 어떤 예상치 못한 장애를 만나 이완되는 때가 있다. 주인공 호모 Homo도 이 위기를 극복하기 위해 지금까지 익숙했던 삶과는 질적으로 전혀 다른 변화를 추구해야 하는 결정적인 단계에 들어서 있다. 이런 문맥에서 이 소설의 핵심은 호모의 개인적 변신이다.

호모의 변신을 강요하는 가장 중요한 요인은 그동안 그의 정체성을 보장해 주었던 아내와의 사랑이 깨질 위기에 처한 상황이다. 지금까지 호모는 아내와 단 하루도 떨어진 적이 없을 정도로 완벽한 합일을 이루고 있었으며, 이 사랑을 통해 정체성을 보장받았다. 하지만 병든 아이의 치료를 위한 여행은 완전한 합일을 이루고 있었던 두 사람을 떨어지게 만들었고, 이로 인해 호모의 정체성도 깨질 위기에 처한다. 여기서 아이는 둘 만의 사랑을 방해하는 제3자이자, 제도로서의 사랑을 상징하고 있다. 왜냐하면 부부의 사랑은 제도를 초월한 순수하고 자발적인 감정에서 시작되었지만, 아이는 결혼이라는 제도를 통해 얻은 것이며, 그에게 보호와 부양의 의무를 가하고 있는 '강요'이기 때문이다. 그러므로 호모가 가족여행을 거절하고 혼자 집에 남기로 결심한 것은 제도 속에 묻혀버린 예전의 순수한 사랑을 다시 찾으려는 '재합일 Wiedervereinigung'의 시도이며, 또 이를 통해 자신의 참모습을 새롭게 발굴해 보려는 '자기찾기 Selbstsucht'의 시도이다. 하지만 호모는 이 자기찾기를 '자기해체 Selbstauflösung'와 동일시함으로써 결국 진정한 자기찾기는 자기해체의 마지막 단계인 죽음을 통해서만 가능하다는 것을 암시하고 있다.

호모의 자기해체의 시작이자, 새로운 정체성 찾기의 출발점은 여행에서 친해진 호핑고트 Mozart Amadeo Hoffingott가 보내온 한 통의 편지다. 이 편지는 지질학자인 그에게 오래된 베네치아 금광을 다시 채굴하려는 사업에 참여해 달라는 내용을 담고 있었다. 이 편지와 그 안에 담긴 금광탐사는 이 작품 해석을 위한 매우 중요한 상징인데, 편지는 『지빠귀 die Amsel』의 주인공 아쯔바이 Azwei로 하여금 그동안 잠들어 있던 그의 내면세계를 일깨워 아내와 시민적 삶을 탈출하게 만든 지빠귀의 울음소리처럼 경직된 시민세계를 탈출하여 새로운 다른 세계로 들어오라는 '신호 Signal'다.

이 소설에서 '황금광산 Goldbergwerke'은 귀중한 보물이 묻혀 있는 곳이라는 일반적인 의미 외에도 이것이 땅 밑 지하세계에 매장되어 있다는 점에서 무의식, 즉 지금까지 억압되고 바닥이 어딘지 모를 정도로 깊이 묻혀 있었던 것을 찾아내어, 그것이 인간의 참된 자기모습임을 드러내 보이는 것을 상징한다. 그러므로 호모는 자신의 실제 직업과는 다른 의미에서 탐사활동을 하게 된다. 숨겨진 보물을 찾거나 파묻혀 있는 것을 발굴한다는 것은 같지만, 소설에서 그는 무의식이라는 갱도에서 신화적인 “원석 Urgestein”, “숨겨진 근원 versteckte Quelle”을 탐사한다. 다시 말해 그의 탐사는 ‘자신만의 고유한 실존’이라는 숨겨진 보물을 찾는 작업이며, 이 과정에서 만년설처럼 그의 고유한 자아를 덮고 있었던 관습의 층들, 즉 도시적인 것, 결혼, 직업과 연관된 가치들이 해체되기 시작한다.[56)]

이를 위해 이루어진 호모의 여행은 그로 하여금 일상적 현실을 탈출하여 멀리 낯설고 고립된 곳으로 들어가게 만든다. 이렇듯 무질 주인공의 자기본성 찾기는 모두 문학적 실존을 현실화하려는 시도와 연관되는데, 이것은 시민적 현실을 포기하는 것으로부터 시작된다. 호모가 탐사활동을 벌이게 될 마을은 사방이 높은 산으로 둘러싸인 카스텔라 지형이며, 바깥 세계로 통하는 길이라고는 사람들이 모든 것을 직접 져 날라야만 할 정도로 좁고 꼬불꼬불한 오솔길뿐이라서 철저하게 외부로부터 차단된 곳이다. 그러므로 이곳에서는 바깥 세계에서 통용되는 질서나 가치체계는 더 이상 효력을 얻을 수 없으며, 이것은 곧 시민사회의 관습을 통해 통일성을 유지할 수 있었던 그의 정체성이 해체될 위험에 처하리라는 것을 암시한다. 호모는 이 산악 마을에 들어오기 전에 하룻밤을 지냈던 이태리인의 집에서 이 것을 예감한다.

> 도무지 뭐라 말할 수 없을 정도로 혼란스럽고 몰취미하지만, 결코 완전하게 짜 맞출 수 없을 것 같은 낯선 문양의 벽지, 그리고 등나무로 엮어 짠 흔들의자. 이 의자에 앉아 몸을 흔들며 벽지를 바라보고 있노라면, 완전한 인간도 위아래로 요동치며 혼란스럽게 얽혀 있는 덩굴로 변해버린다.(6. 235)

여기서 낯선 문양의 벽지가 주는 혼란스러움은 그동안 통일성을 유지했던 호모의 자아가 해체될 것임을, 흔들의자는 지금까지 견고하게 유지되어 왔던 삶의 확실성이 곧 공격을 받게 될 것임을 암시한다.

호모가 찾아간 산악마을은 과학을 신봉하는 문명인인 그에게 현실을 벗어난 동화의 공간이었다. 이곳은 보석이나 자수정이 초원에 피어 있는 들꽃처럼 넘칠 정도로 많이 있었고, 에메랄드빛으로 물든 산비탈에는 오래된 낙엽송 노목이 즐비한 동화의 숲이 펼쳐져 있었으며, 이끼 아래에는 보라색, 흰색 수정이 살고 있는 것만 같았다.(6. 235) 그에게 이곳은 너무나 낯선 세계였으며, 문명에 의한 파괴가 아직 일어나지 않은 "태고적 archaisch" 모습을 그대로 간직하고 있는 곳이었다. "선사시대의 수상 가옥 마을 ein vorweltliches Pfahldorf"이라는 말로 압축된 이 마을의 원시성과 태고성은 호모에게 지금 자신이 현실 공간을 벗어나 있으며, 때문에 이곳에서는 현실의 가치가 더 이상 통용될 수 없음을 예감하게 만든다. 호모가 속해 있었던 현실이 오성과 과학으로 대표되는 문명의 질서였다면, 이곳을 지배하는 것은 문명 이전에 세상을 지배했던 자연의 질서였다. 그러므로 그는 지금 현실세계와 동화세계의 경계에 서 있다고 느끼며, 여기서 '동경어린 기대의 대상', 즉 자기가 찾고 있는 새로운 정체성이 숨어 있지 않을까 기대한다.[57]

무질은 이 고장 경치를 본 호모의 첫인상을 "낯설고 친숙하다 fremd vertraut"(6. 235)라는 모순된 감정으로 표현하고 있는데, 이것은 이 세계의 특징을 단적으로 보여준다. 즉 이곳은 하나의 통일된 체계로 파악될 수 있는 완결된 세계가 아니다. 여기는 이완되고 개방되어 있으며, 가능성으로 가득차 있고, 불확실하며, 이중적 의미를 지니고 있다.[58] 오월의 따뜻한 햇살과 흰 눈이 공존하고, 낙엽이 지지 않아 작년 겨울 시든 나뭇잎과 봄에 새로 난 싱싱한 나뭇잎이 한 나무에 달려 있으며, 훤한 대낮에도 스무 마리가 넘는 밤꾀꼬리 새가 울고 있다는 배경묘사에서도 알 수 있듯이 이곳에서는 오성을 통해 하나로 정리될 수 없는 특수하고 예외적인 일들이 너무 많이 일어난다.

이 마을 주민들도 그 정체성이 불분명하다. 그들은 독일인이지만 대대로 이태리인들 사이에 끼여 살아왔고, 이교도와 기독교 사이 그리고 천사와 야수 사이의 경계인으로 그 어느 곳에도 속할 수 없는 종족들이다. 왜냐하면 그들은 전통적으로 프로테스탄트였지만 그렇다고 훌륭한 기독교인도 아니었고, 살생을 하면서도 신을 느끼고, 신을 느끼면서도 살생을 하기 때문이다. 한마디로 이곳은 이국적이며 혼란스럽고, 동화 같은 세계였다.

> 이전의 어떤 생활보다 더 밝고 더 풍미 있는 이 생활은 더 이상 현실이 아니라 허공을 떠도는 유희라는 생각을 떨쳐버릴 수 없었다.(6. 240)

쿠르트 크로텐도르퍼 Kurt Krottendorfer에 따르면, 호모는 현대문명의 아노미 상태, 불충분성, 모순성을 인식하고 이를 벗어나 자연과 신화 속으로 돌아감으로써 이에 대항하려고 시도한다.[59] 요스트 헤르만트 Jost Hermannd도 이 상황을 호모가 '유희적 탈현실화'를 통해 인간의 근원상태로 복귀하는 것으로 본다. 여기서 근원상태란 곧 원시적인 것, 최초의 것, 그리고 문명에 의해 해체되고 왜곡되기 이전의 상태를 의미한다. 해체와 탈현실화란 궁극적으로 이 근원상태를 은폐하고 있는 역사적 현실을 걷어내고 인간의 가장 내면적이며 가장 오래된 근원으로 되돌아가는 것을 의미한다. 이처럼 무질은 역사와 문명에 반대하며 근원상태로 회귀할 것을 요구한다. 원시사회와 문명사회를 구분하는 기준은 공동소유와 사적 소유이다. 이것은 곧 문학적으로 서사시의 시대와 소설의 시대를 경계 구분해 주는 기준이 되기도 하는데, 그것은 공동체와 개체다. 이 때문에 문명사회 속에 외로운 섬처럼 존재하는 원시마을 페르제나탈 Fersenatal에 들어온 호모는 이곳 여인들의 이국적인 '사랑의 질서'에 경악한다. 호모의 탐사대는 미국에서 끌어온 돈을 이 마을 사람들에게 뿌리며 신처럼 군림했다. 그들은 모두 마을 사람들에게 축복을 가져다 준 사람으로 대접받으며 온 마을 여자들을 유혹했다. 그런데 그들은 남녀노소를 가리지 않고 이들의 유혹을 기꺼이 받아들였다.

> 이곳에서는 세상 다른 곳과 달리 어떤 인간인지－믿을 만한지, 권력이 있는지, 무서운지, 사랑스럽고 아름다운지－알아보는 일이 없었고, 과거에 어떤 인간이었건, 또 인생사를 어떻게 생각했건 간에, 축복을 가져다주었으니 어디서든 사랑의 대상을 찾을 수 있었다. 이 사랑은 전령처럼 앞서 달렸고 새로 깐 손님용 침대처럼 어디를 가든 준비되어 있었다.(6. 237)

여기서 '신뢰', '권력', '무서움', '아름다움', '과거의 사고방식' 등은 모두 개인적인 특성에 속한다. 무질에 따르면 개인의 이런 특성들은 인간 내면에서 우러난 본질적인 것이 아니라 사회적 산물이다. 무질은 개인의 특성에 대한 전통적인 규정들은 모두 사회적인 것이며, 인간 외적인 것에 의해 결정되어 인간을 억압하는 것으로 간주한다. 그러므로 어떤 의미에서 이것은 인간으로 하여금 자신의 고유한 본질로부터 등을 돌리게 만드는 강요로 작용할 수도 있다. 이 때문에 문명사회가 시작되면서 인간의 삶은 내면과 외부의 대립이 일어난다. 그것은 의식적, 사회적으로 매개된 자아와 무의식적이며 고유한 자아 사이의 대립이다. 하지만 호모가 들어온 이 원시사회는 공동체 중심사회이기 때문에 개인의 특성은 중요하지 않다. 그러므로 그들은 개인의 특성에 관심도 없고 묻지도 않는다. 이처럼 모든 개인적 특성들이 사라진 세계에서 호모는 '특성없는 남자'가 되기 위한 가능성을 발견한다.

토마스 페카 Thomas Pekar는 이곳 여자들이 나누는 사랑에 대해 '탈개인화된 사랑의 질서 die entindividualisierte Liebesordnung'[60]라고 부른다. 이에 반해 니클라스 루만 Niklas Luhmann은 현대인의 사랑은 '개인화'를 계속 추구하는 경향이 있다고 주장한다.[61] 현대인의 사랑의 코드는 '개인화된 사랑의 코드 individualisierende Libescode'이며 이것은 문명의 경직된 소유개념, 즉 한 여자(남자)는 오로지 한 남자(여자)와만 사랑의 관계를 맺어야 하는 도덕적 정조개념과 연결된다.

> 부드러운 진홍빛 꽃 한 송이가 있었는데, 이 꽃은 다른 남자도 아닌 오직 그의 세계에만 있었다. 신이 기적처럼 그렇게 그려놓은 것이다. 육체의 어떤 장소는 감추어져 있어서 죽을 각오가 없이는 아무도 들여다 볼 수 없었다. 오로지 한 남자만 볼 수 있었다.(6. 240)

여성의 질(膣)을 상징하는 '부드러운 진홍빛 꽃'은 오직 한 남자를 위한 것이다. 하지만 이곳에서 호모는 이것이 사이비 종교처럼 터무니없고 비현실적 관습이라는 것을 깨닫는다. 왜냐하면 그는 여기서 '개체 Individuum'가 아니라 '유형 Typus'으로서의 인간을 만났기 때문이다. 이곳에 온 지 얼마 되지 않아 그는 도저히 이해할 수 없고 현실적으로 불가능할 것 같은 이야기를 듣는다. 어떤 사기꾼이 미국에서 이 마을 남자들의 전형적인 행동방식을 알아낸 다음, 이곳으로 와 여러 여자들의 남편 행세를 하며 여러 날 같이 지내다가 물건을 훔쳐 달아났다는 이야기는 이곳 여인들이 남자의 개인적 특성이 아니라, 유형적 특성만을 중시한다는 사실을 암시한다. 이것은 그들의 원시성과 연관되는데, 원시적 인간은 개체로서 존재하는 것이 아니라 종(種)으로서만 존재하기 때문이다. 그러므로 이 마을 여인들의 사랑의 질서는 원시적이다. 그들은 '개별화', 즉 오직 한 남자만을 사랑해야 한다는 원칙을 모르고 있기 때문이다.

무질은 『특성없는 남자』에서 이 사기꾼 이야기를 다시 언급하는데, 여기서 그의 입장은 도덕적으로 옳은 것이란 현실세계에 객관적으로 존재할 수 있는 것이 아니라, 추상적이며 내면적인 가치일 따름이라는 것이다.(4. 1153f) 여기서 '옳은 것'이 객관적으로 존재하지 않는다면, '정조'와 '부정' 같은 개념들은 전통적인 의미를 상실한다. 호모는 이곳 여인들과 교류하면서 정조란 인간들을 현실에 얽어매는 구속체로서 무의미한 것이라는 것을 깨닫고, 현실세계에서 통용되는 도덕의 가치체계로부터 빠져 나오는 법을 배운다. 이로써 기존의 현실은 모두 '무 Das Nichts'로 해체되지만, 이것은 동시에 모든 것을 다 받아들일 수 있는 가능성을 열어놓는 계기가 된다. 하나로 제한되어 있는 기존의 현실을 제거하는 것은 동시에 여러 가지 가능성의 충만함을 열어놓기 때문이다. 호모는 이 마을 여인을 유혹할 때 다음과 같은 경험을 한다.

> "내가 당신 집에 가면 뭘 줄 거지?"라고 계속 물었다.
> "당신이 원하는 것"
> "내가 원하는 것 전부?"
> "전부 다요"(6. 239)

호모는 여기서 이곳 여자들의 사랑의 질서에 당혹감을 느낀다. 하지만 그는 곧 이들이 한 개인에게 매이는 것을 포기함으로써, 자아개방을 통해 모든 것을 받아들이는 무제한적 존재로 고양되어 있는 사람들임을 알게 된다. 그러므로 그들은 비도덕적 unmoralisch인 것이 아니라, 선악의 저편에 살고 있는 도덕이 존재하지 않는 amoralisch 사람이다. 그들은 그 어느 것에도 매여 있지 않음으로 인해 도덕의 제한으로부터 자유로운 존재이기 때문이다.

토마스 페카는 이 마을 여인들의 사랑의 질서를 '원시적'이라고 규정하며, 이것을 '사창가 das Bordell'로 대표되는 남성적, 문명적 사랑의 질서와 구분한다.[62] 탐사대는 이 마을 여자들을 유혹함으로써 자연히 마을 남자들과 경쟁관계에 놓인다. 그들이 가끔 목장을 지나갈 때면 이 마을 남자들이 그들을 향해 낫을 들고 쫓아오기까지 했다.(6. 237) 하지만 '사랑의 질서 Liebesordnung'라는 측면에서 보면 탐사대와 마을 남자들은 모두 문명적 사랑의 질서에 속해 있다는 공통점을 가진다. 왜냐하면 이 마을 남자들은 미국에서 돈을 벌어오면서 도시 사창가의 관습도 묻혀왔기 때문이다. 무질은 이처럼 타락한 유럽인의 영혼을 "여자와 자식 그리고 안락함을 향한 동경", "별처럼 아득하게 품기는 분 냄새", "유럽인의 성욕", "점잖지 못한 농담", "축음기 나팔에서 울려나오는 여자의 노래 소리"(6. 244) 등으로 특징짓는데, 이것들의 공통분모는 '쾌락'과 '전쟁'이다.

> 호모는 그것을 도시의 온갖 것에 적나라하게 부과된 쾌락이라고 느꼈다. 이 쾌락은 살인이나 시기, 사업과 자동차 경주와 별다를 바 없었다. [……] 그것은 더 이상 모험욕이 아니라 하늘에서 떨어진 칼, 죽음의 천사, 천사의 망상 혹은 전쟁이 아닐까?(6. 244)

이에 반해 이 마을 여인들의 사랑의 코드는 '자연'이다. 왜냐하면 호모가 애인 '레네 마리아 렌치 Lene Maria Lenzi'의 별명을 그녀의 회색 소의 이름을 따 '그리지아 Grigia'라고 부른 것처럼, 이곳 여인들은 소처럼 간주되었기 때문이다. 그들은 소처럼 먹었고, 소처럼 먹는 것을 좋아했다. 이 때문에 호모가 14살짜리 소녀를 유인한 곳도 바로 '건초헛간'이었다. 가축에게 사료가 자연스럽듯 그녀에게 건초가 어울린다고 여겼기 때문이다. 그러므로 그들에게 문명의 예절은 찾아볼 수 없다. 사람을 기다릴 때, 그들은 길 한복판에 앉아 다리를 높이 치켜들거나, 나귀를 타고 갈 때면 허벅지에 별로 신경을 쓰지 않은 채 다리를 제멋대로 높이 세우고 상반신 전체를 가볍게 흔들면서 지나갔다. 그들의 사랑은 도덕과 예절이라는 외적 형식에 얽매이지 않은 자연스럽고 거침없는 것이었다. 이 때문에 어린 소녀조차도 호모의 유혹에 전혀 당황하지 않았다. 이처럼 그들은 문명이라는 가면을 벗어버리고 동물적이며, 신이 처음 인간을 창조했을 때의 태고적 모습을 그대로 간직한 채 살아가는 종족이었다.

이제 이곳 여인들과 원시적 사랑을 나누게 된 호모는 시민적 속성을 망각하며, 자신을 제한해 왔던 모든 규범으로부터 빠져 나와 어떤 방해도 받지 않고 삶을 즐길 수 있었다. 이것은 그동안 시민적 삶의 일상성, 천편일률성으로 인해 무의식 속으로 밀려나 있었던 '영혼의 층 Seelenschichte'을 다시 열어놓았다. 호모는 목발을 던져버린 절름발이가 느낀 해방감으로 지금까지 자신을 가두어왔던 자아를 열어 제친다: "한 인간이 다른 모든 인간과 다르다는 사실보다 그에게 있어 더 비현실적인 일이 있을까?"(6. 241)

이제 그에게 '나'와 '타인'은 구분되지 않고 신비롭게 합일을 이룬다. 그에게 자연의 가장 큰 신비는 자연과 인간, 인간과 인간 사이의 경계가 사라지는 것이다. 이제 그는 내 안에서도 타인을 느끼고 타인에게서도 나를 느낄 수 있었다. 이로써 그에게는 멀리 떨어져 있는 아내와 재합일의 가능성이 열린다. 숲으로 우거진 대자연에서 그는 무릎을 꿇고 양팔을 벌린 구도자의 자세로 아내와의 재합일이라는 신비체험을 한다.

> 그는 자신의 손 안에 아내의 손을 느끼고, 자신의 귀로 그녀의 음성을 들었으며, 마치 처음인 것처럼 몸의 곳곳을 어루만지는 것을 느꼈다. 그는 자신이 다른 사람의 육체로 만들어진 형체처럼 느꼈다.(6. 240)

이 순간 그는 육체로부터 분리됨을 느낀다. 배고픔과 피곤함을 느낀다는 것, 청각과 시각을 가지고 있다는 것보다 더 비현실적인 것은 없을 것이라고 그는 생각한다. 이것은 곧 신과의 합일, 신과의 교감의 순간에만 느낄 수 있는 엑스터시, 즉 자기망각의 상태에서만 가능하다. 이로써 호모와 아내의 재합일은 현실공간으로부터 한 단계 고양된 상태에서 이루어진다. 여기서 호모의 사랑은 이상적이며 순수한 형식을 취하게 된다. 둘만의 사랑은 시간과 공간이 가하는 제약을 벗어나 무제약적인 것이 되며, 현실의 여러 조건에 더 이상 얽매이지 않는 '순수하고 독립적인' 형식을 띤다.[63] 이 때문에 그는 아내와의 재합일이 영원히 지속될 것임을 확신한다.

> 젊음이 환류하는 단 한마디의 멋진 말이 있었으니, 그것은 재합일이었다. 그는 그것을 영원히 획득하게 되었고, 이 생각에 빠져드는 순간, 아내의 얼굴을 늙게 만들었던 자질구레한 세월의 흔적들이 그녀에게 사라졌다. 영원한 첫날이었다.(6. 241)

하지만 재합일의 체험은 호모의 죽음을 암시하기도 한다. '영원한 첫날'은 시간성의 외부에서만 가능하며, 곧 죽음을 의미하기 때문이다. 호모는 자신의 사랑을 "천국의 성사(聖事) ein himmlisches Sakrament"로 체험한다. 그러므로 그에게 죽음은 공포의 대상이 아니라 아내와의 영원한 재합일을 위해 반드시 거쳐야 하는 통과의례가 된다. 이런 의미에서 죽음은 호모가 이 마을로 처음 들어왔을 때 어렴풋이 예감했던 '동경 어린 기대의 대상'이었다. 이제 그는 "살고

자 하는 욕망"과 "죽음에 대한 공포"로부터 벗어난다.(6. 241)

무질은 자신이 직접 참전한 일차대전의 이태리 전선에서의 경험을 바탕으로 이 소설을 썼다. 『지빠귀』의 주인공 아쯔바이에게 날아든 "하늘에서 떨어지는 화살"처럼 그는 항상 죽음의 공포를 그림자처럼 달고 다녔으며, 이 때문에 사랑하는 사람과의 신비적 재합일을 갈망했다.[64] 이 상황에서 신비적 사랑은 죽음의 공포로부터 벗어나기 위한 상상이었으며, 현실에 제한되어 있는 자아를 개방하여 자기존재의 진정한 주인이 되게 했다.

> 그는 그저 자신에게 휘말려들지 않는 느낌과 말할 수 없이 홀가분한 느낌만을 가졌다. 이로써 그는 자기존재의 주인이 되었다.(6. 241)

호모에게 죽음은 사랑의 좌절이나 절망적인 삶의 종말을 의미하는 것이 아니다. 죽음은 자기해체를 통한 무제약적 존재로의 고양을 의미하며, 이를 통해 완전한 모습의 자신을 발견한 그는 아내와 사랑의 완성을 이룬다. 호모가 동경하는 사랑은 무중력의 사랑, 즉 모든 세속적인 것으로부터 해방된 초월적인 사랑이며, 이것은 삶과 인연을 끊고 죽음을 기다리는 사람만 기대할 수 있는 것이다.

그리지아는 이런 그를 죽음으로 인도해 아내와의 재합일을 도와주는 매개자의 기능을 할 뿐이다. 여기서 그녀는 서구적, 문명적, 남성적 인간을 대표하는 호모와 달리 낯설고 이국적이며 자연적인 여성의 세계를 상징한다. 호모가 그녀의 원래 이름 대신에 그녀의 회색소 이름을 따 '그리지아'라고 부른 것처럼 그녀는 동물세계, 즉 자연을 대표한다.

칼 아이블 Karl Eibl에 의하면, 그리지아의 소의 이미지는 소의 뿔을 달고 나오는 이집트 여신 '이시스 Isis'와 가깝다. 이집트인들에게 이시스는 '위대한 여성', '죽음의 신', '대지의 신'이며, '부활의 신'이다.[65] 이와 연관하여 카이저 / 빌킨스는 그리지아가 지하세계뿐만 아니라 신비적 천상세계를 상징한다고 주장한다. 이시스는 '달 Mond'을 상징하기도 하기 때문이다.[66] 그러므로 그리지아는 높고 숭고한 천상의 세계로 그를 이끌어주는 안내인이자 멀리 떨어져 있는 아내와 영원한 합일을 주선하는 사절이다. 이 때문에 호모가 그리지아를 유혹하여 건초 속에 누웠을 때, 그는 신의 손안에 있는 것 같았고, 자신을 회색 구름을 통해 하늘나라로 승천하는 "성자 Heiliger"처럼 느꼈으며, 동시에 이 결합을 "결혼식 날 Hochzeitstage"이자 "승천일 Himmelfahrtstage"(6. 249)로 느꼈다. 그리지아와의 만남을 통해 호모는 전혀 다른 세계로 편입된 것이다.

이때 정조의 저버림은 아내와 멀어짐으로 간주되는 것이 아니라 '자기 사랑의 고양'을 위한 촉매제로 작용한다. 따라서 여기서 간통은 역설적이게도 정조의 한 차원 높은 형식으로 볼 수 있다. 왜냐하면 그것은 사랑의 완성을 위해 거쳐야 할 중요한 과정이기 때문이다. 여기서 무질 문학을 관통하는 기본 모티브가 드러나는데, 그것은 '간통을 통한 정조의 지킴'이다. 이것은 멀리 떨어진 아내와의 신비적 합일이라는 개념과 연결된다.

> 그가 입을 맞출 때면, 이 여자를 사랑한 건지, 아니면 그에게 기적이 일어난 건지 또는 그리지아가 그를 아내와 영원히 묶어주고 있는 전령의 일부일 뿐인지 도무지 알 수 없었다.(6. 247)

여기서 우리는 호모의 자기분열, 즉 육체와 영혼의 분리를 확인할 수 있다. 페르제나탈에 있는 호모의 육체는 그리지아와 내밀한 관계를 맺고 있다. 하지만 이것은 그에게 '간통'으로 보이지 않는다. 그의 영혼은 그 어느 것보다도 아내와의 사랑을 열망하고 있기 때문이다. 호모는 그리지아와 맺은 육체적 관계를 초월하여 아내와의 영원한 사랑을 열망한다. 그러므로 그녀는 호모의 자아, 현실, 육체를 해체하여, 그를 좀 더 고양된 존재로 만들기 위한 촉매제일 따름이다. 이 때문에 그녀는 호모에게 자신만을 사랑할 것을 요구하지 않으며, 그가 자신보다 아내를 더 사랑하는 것도 전혀 이상하게 여기지 않는다.(6. 248)

따라서 아내를 향한 호모의 사랑은 그리지아와의 육체적인 관계를 통해 퇴색되거나 약해지는 것이 아니라 더욱 강렬해지고 새로워진다. 이 사랑이 짙어질수록 그는 현실세계로부터 멀어지며, 삶에 종지부를 찍고 죽음을 기다리는 사람만이 알 수 있는 특이한 방식으로 속세의 모든 것으로부터 해방된다. 이제 현실의 그 어떤 것도 그를 규정할 수 없으며, 이로 인해 그는 자기해체를 통한 자기찾기 작업의 최종 목적지인 죽음을 예견한다.

> 호모는 자신이 곧 죽게 될 것이라는 것을 느꼈다. 다만 그것이 언제 그리고 어떻게 찾아올지 모를 따름이었다.(6. 248)

그러므로 평소 건초헛간에서 했던 것과 달리 산꼭대기에 위치한 갱도에서 나눈 호모와 그리지아의 마지막 육체적 관계는 세속적 사랑이 천상의 사랑으로 고양되었음을 암시한다. 하지만 그리지아의 역할은 여기서 끝난다. 왜냐하면 그녀는 호모의 아내를 향한 사랑의 육체적 대리자에 불과하기 때문이다. 이 때문에 그녀의 남편이 갑자기 나타나 갱도 입구를 바위로 막았을 때, 그녀는 돼지처럼 울부짖으며 살려줄 것을 간청한다. 하지만 호모에게 죽음은 삶의 종말을 의미하는 것이 아니라 현실 초월과 부활, 이를 통한 참된 자기발견 Selbstfinden, 아내와의 영원한 재합일, 그리고 유토피아에 존재하는 또 다른 삶으로 가기 위한 자연의 섭리이기에 그는 자신에게 닥친 현실적 운명을 담담하게 받아들인다. 그는 탈출구를 찾았지만 스스로 죽음을 선택한다. 화자는 그 이유를 다음과 같이 밝힌다.

> 그것은 출구였다. 하지만 그는 이 순간 삶으로 돌아가기에는 이미 힘이 너무 빠져 있었다. 그는 현세의 삶으로 돌아가고 싶은 마음이 없었든지 아니면 힘이 빠져 있었다.(6. 252)

4. 개인과 전통: 『포르투갈 여인』

자신의 존재를 확고하게 지탱해 준 질서가 와해되면서 갑자기 정체성의 위기에 빠진 남자가 개인적 변신을 통해 자신의 참된 실체를 체험한다는 테마는 두 번째 소설 『포르투갈 여인 Die Portugiesin』에서도 계속 이어진다. 여기서 '자기체험 Selbsterfahrung'은 지금까지 자신을 이 세상에 존재하지 않는 누군가로 혼동해 왔다는 것을 끔찍하게 인식하는 것으로 시작해서 참된 자기 모습을 찾기 위해 뱀이 허물을 벗듯 그동안 잘못 알고 있던 '자의식'을 해체하는 과정에서 이루어진다.[67] 이렇게 본다면 자기체험은 전통과 적대적일 수밖에 없는데, 전통은 한 개인의 존재를 선험적으로 규정하는 사회적(외적) 기재이며, 인간은 죽을 때까지 이 전통과 자신을 '동일시 Identifikation' 해야만 하기 때문이다. 『특성없는 남자』에서 울리히가 전통이 부여한 특성을 부정하고 스스로 특성없는 인간이 됨으로써 한 단계 고양된 삶을 추구했듯이 전통[68]과 개인의 정체성 문제는 무질의 전 작품을 일관되게 관통하고 있는 테마다.

'세기 전환기 fin de siècle'를 배경으로 하는 무질의 다른 소설과는 달리 중세시대를 배경으로 하고 있는 『포르투갈 여인』의 중심에는 가족의 전통과 개인적 사랑 사이의 모순에 빠져 있는 어떤 남자가 있다. 그의 이름은 '케텐의 영주 Herr von Ketten'인데, 무질은 이름 대신 '케텐 Ketten'이라는 성(姓)만으로 그를 지칭함으로써 그의 삶이 부족, 즉 집단의 규범과 전통 속에서 규정되고 있음을 암시한다. 이와 연관하여 스르단 보고사브예비치 Srdan Bogosavljević는 주인공의 성(姓)인 '케텐 Ketten'이 '단단하고 강철 같은 의지'뿐만 아니라 동시에 '사슬', 즉 '속박 Fessel'을 상징하며, 이 때문에 그가 가문의 혈통

을 이어 내려온 '과업'에 묶여 있는 노예임을 암시한다고 본다.69)

화자는 소설의 첫 부분에서 주인공의 조상인 케텐족에 대해 우선 상세하게 소개한다.

> 그들은 북방에서 와서 남방의 문턱에 정착했다. 그들은 이익이 명하는 바에 따라 독일 혹은 외국의 국적을 사용했지만, 자기 자신 외에 어디에도 속하지 않는다고 느꼈다.(6. 252)

유럽사의 중요한 전기가 되는 게르만족의 이동을 연상시키는 "북방에서 와서 남방의 문턱"에 자리잡았다는 표현은 수렵과 약탈에 익숙한 거친 북구 출신의 케텐족의 문화가 미(美)를 추구하는 세련된 남방문화와 이미 혼합되었음을 암시한다. 따라서 케텐족의 본질에는 북구의 요소와 남구의 요소가 뒤섞여 있다. 하지만 케텐족에게 이 이중적 요소는 고르게 나누어져 있지 않다. 왜냐하면 그들에게는 일생에서 단 한 번 아내에게 구혼하는 일 년 동안만 부드럽고 세련된 남방문화의 요소가 허용되기 때문이다.(6. 253) 그 외의 대부분의 기간 동안에는 북구의 요소가 그들의 삶을 지배한다. 그들은 모두 날카롭고 용의주도하며, 이익이 될 만한 것은 절대 포기하지 않았고, 빼앗을 수 있는 것은 모두 강탈할 정도로 교활하고 표독스러웠다.

케텐족은 선조 때부터 영토분쟁으로 트리엔트 주교와 피비린내 나는 싸움을 벌여왔지만, 월등한 힘을 가진 그에게 번번이 굴복할 수밖에 없었다. 하지만 그들의 자부심은 이런 패배를 인정하지 않았으며, 대를 이어 주교와의 전쟁을 계속 치러 왔다. 이로 인해 이 전쟁은 아버지가 아들에게 대를 이어 물려주는 가문의 전통적 과업이 되었다. 이런 상황에서 케텐 부족의 정체성에 가장 중요한 영향을 미친 것은 대대로 내려온 트리엔트 주교와의 전쟁일 수밖에 없다. 이 전쟁은 그들에게 정체성을 강요했으며, 동시에 이 정체성에 확실성을 보장해 주는 전통이 되었다. 주교와의 싸움을 승리로 이끌어야 한다는 숙제 앞에 케텐 부족의 구성원들은 동질성을 느꼈기 때문이다. 그들은 주교와의 전쟁에 부족은 물론 개인의 운명까지 걸었다. 따라서 처음부터 개인의 삶은 부족, 즉 집단의 운명에 철저하게 예속되어 있었다. 이런 의미에서 케텐 영주는 개인이 아니라, 전통을 통해 유지되는 부족 공동체의 구성원으로서만 살 따름이다. 그는 '탈개인화된 기능의 담당자 entindividualisierter Funktionsträger'로서 자기 정체성을 오직 부족의 전통에서만 찾는다. 코르넬리아 헤링-뒬로 Cornelia Heering-Düllo에 따르면, 개인의 삶의 형식과 집단의 삶의 형식이 빈틈없이 서로 연결되어 있다는 의미에서 케텐족의 삶은 전통적으로 내려온 '자기이해 Selbstverständniss'와 '역할이해 Rollenverständniss'의 토대 위에서만 기능한다.[70] 그러므로 그들의 개인적인 삶과 정체성은 주교와의 싸움과 영토의 확장이라는 집단의 전통적 과업 속에서 규정, 평가되고, 이를 위해 도움이 된다면 언제든지 바뀔 수 있는 것이다.

이런 전통은 개인의 가장 사적인 통과의례인 결혼에도 영향을 미쳤는데, 케텐족은 결혼할 여자를 고르는 일에서조차도 부족의 전통을 따라야 했다. 관례상 그들은 인근에 사는 귀족과는 혼인하지 않았으며, 주로 먼 외지에서 신부를 맞이했는데, 그것은 동맹국이나 적국을 선택할 때 어떤 이유로든 구속받지 않기 위해서였다. 그들에게 중요한 것은 개인의 행복이 아니라 부족의 안전이었기에 사랑이라는 감정조차 철저하게 전쟁에 예속된다. 이들이 사랑을 하는 유일한 목적도 주교와의 전쟁을 대물림할 수 있는 후손을 낳기 위해서였다: "그들은 잘생긴 아들을 원했기 때문에 아름다운 여자를 아내로 맞아들였다."(6. 253)

하지만 이처럼 전쟁을 통해 규정된 정체성은 빈틈없이 완벽한 것이 아니라는 사실은 주인공의 결혼을 계기로 드러난다. 그가 지리적으로 가까운 이태리 여자 대신에 멀리 떨어진 포르투갈 여인을 아내로 맞은 것은 부족 전통에 철저하게 순응한 것이다. 물론 그 역시 부족의 다른 남자들처럼 아내가 될 여자에게 구혼하고 일 년 동안 꿀맛 같은 신혼시절을 보냈을 땐 기사도와 세련된 매너를 부인에게 보여주었다. 하지만 이때 그는 지금 이 생활이 자신의 참된 모습인지, 아니면 예전에 그렇게 살아왔고 앞으로도 살아가야 할 북방 문화에 젖은 삶이 자신의 고유한 모습인지 의심하기 시작했다.

> 그런데 이 한 해 동안 보여주는 것이 자신의 진정한 모습인지, 나머지 세월 동안 보여주는 것이 진정한 모습인지 그들 자신도 알 수 없었다.(6. 253)

포르투갈 여인의 특별한 미모는 처음부터 그로 하여금 케텐 부족의 일원으로서 수행해야 할 과업을 망각하게 만든다. 파발꾼이 결혼식을 마치고 고향으로 돌아오는 케텐 부부의 행렬에 전쟁소식을 가지고 왔을 때 그는 "아내와 유유자적 보내느라 그 기회를 놓칠 뻔했으니 아름다운 아내가 슬그머니 원망스러웠다"(6. 254)고 고백한다.

이로써 소설의 갈등 구조가 처음 드러난다. 그것은 전쟁을 수행해야 한다는 부족의 전통과 아내를 향한 케텐 영주의 개인적 욕망 사이에 형성된다. 파발꾼이 결혼행렬에 전쟁소식을 가지고 오는 순간, 케텐은 신사에서 부족의 과업을 위해 싸우는 전사로 변신해야 했지만, 여전히 아내에 대한 불필요한 관심을 가지고 있었다. 이미 아내가 임신을 하고 있어 부족이 설정한 결혼의 목적이 성취되었음에도 그에게 아내는 여전히 그녀가 찬 진주목걸이 Perlenketten처럼 비밀로 가득찬 신비로운 존재로 보였다.(6. 254) 이것은 아내에 대한 그의 관심이 단순히 부족의 대를 이을 아이를 낳는 것을 넘어, 아내 그 자체를 목적으로 함을 의미한다. 다시 말해 '사랑의 친밀성 liebende Intimität'을 통해 아내에게 가까이 다가서는 것을 목적으로 한다. 따라서 이런 관심은 지금까지 케텐의 존재를 확고하게 한 전사로서의 정체성이 두 동강 날 수 있는 위험에 처해 있음을 암시한다. 그의 전사로서의 삶은 필요에 따라 언제든지 등을 돌릴 수 있도록 사람들과 거리를 유지하는 것을 원칙으로 하기 때문이다. 영토를 넓히고, 상대방이 가진 부를 수단과 방법을 가리지 않고 약탈하는 것이 목적인 전쟁에서 중요한 것은 상대를 내 몸처럼 사랑하며 친밀한 관계를 유지하는 것보다 이해득실을 따져 전략을 짜고 부하들에게 분명하게 명령을 내리는 합리적인 자세일 것이다. 전사의 합리성이 케텐의 생활에 얼마나 친숙한 것인지는 다음에서 분명하게 드러난다.

> 전략이나 정치적 기만, 분노와 살생은 그에게 친숙한 것이었다! 행동은 다른 행동이 먼저 있었기 때문에 일어났다. [……] 명령은 분명했다. 그런 삶은 명명백백하고 확고부동한 것이었다.(6. 259)

곧이어 화자는 케텐족의 힘과 추진력은 '이마 Stirn', 즉 머리에서 솟아난다고 전함으로써, 지금까지 케텐 영주의 정체성이 철저하게 이성과 합리에 의해 규정되어 왔음을 암시한다.

이처럼 확고한 그의 정체성도 무질의 다른 남자 주인공들처럼 뜻밖의 낯선 요소의 침입에 의해 위기에 빠진다. 여기서 그 기능을 하는 것은 포르투갈 여인이다. 화자는 케텐 영주에 대해서는 비교적 명확한 '진술적 문체 Sachstil'을 사용한 반면, 그의 연인에 대해서는 '비유적 문체 Bilderstil'를 사용함으로써 그녀가 합리적 이성 너머에 존재하는 신비한 존재임을 부각시킨다.[71]

그녀는 우선 "달밤의 마녀 die mondnächtige Zauberin"로 비유된

다. '달', '밤', '마녀' 등은 신비주의적 중세시대를 상징하는 특징으로서, 남성의 합목적적인 대낮세계 Tageswelt와는 분명히 대립된다. 한쪽이 폭력과 명확성, 명철한 사고와 단호한 행위가 지배한다면, 다른 한쪽은 사랑과 부드러움, 비유, 그리고 전체성을 예감하며 이를 위해 헌신하는 신비주의적 태도가 지배한다. 전사인 케텐 영주가 합리의 영역에 속한다면, 미(美)와 마술처럼 신비한 존재로 등장하는 포르투갈 여인은 비합리의 영역에 속한다.

두 번째로 그녀는 "진주목걸이 Perlenketten"로 비유된다.

> [……] 그에게 그녀는 그녀가 차고 있는 수많은 진주목걸이처럼 비밀스런 존재이기도 했다. 그는 아내 옆에서 말을 타고 가면서, 힘줄이 얽혀 있는 우묵한 손바닥에 그 진주를 놓고 무게를 달아본다면, 완두콩처럼 그걸 으깨버릴 수도 있으리라고 생각했다. 그러나 그것들이 손바닥에 안전하게 놓여 있으니 도저히 납득하기 힘든 일이었다.(6. 254)

그녀의 목을 감싸고 있는 진주 목걸이는 케텐을 부족의 과업에 매어두고 있는 사슬 Ketten과는 질적으로 다른 것이다. 케텐의 사슬이 자기 외적인 목적을 위해 봉사하는 반면, 이 진주목걸이는 '그 자체로 완결된 원 in sich geschlossen Zirkel'을 이루고 있으며, 어떤 목적도 가지고 있지 않기 때문이다. 따라서 이 진주목걸이는 쉽게 깨질 것처럼 연약해 보이지만 케텐의 사슬과는 비교될 수 없을 정도로 단단하다.[72]

세 번째 비유는 "분수의 물줄기 Brunnenstrahl"로 그녀의 '자기내재성 Das Insichruhende', '자기완결성 Das Insichgeschlossene'을 상징한다. 둘째 아들이 태어나던 날 저녁 케텐 영주가 바라본 부인의 모습을 화자는 다음과 같이 묘사한다.

> 화려한 옷차림에 수많은 주름의 도랑으로 흘러내리는 치마를 입고 조용히 앉아 있는 자태는 자기 자신 속에서만 피어올랐다가 자기에게 떨어지는 분수의 물줄기 같았다.(6. 259)

분수의 물줄기는 자기 몸에서 솟아올랐다가 다시 자기에게 떨어진다. 그러므로 그것은 원인과 목적이 하나로 완결된 통일체를 이룬다. 이것은 네 번째 비유인 "짙푸른 바다 das pfaublaue Meer"에도 적용된다. 시작도 끝도 알 수 없는 바다는 어디가 근원이고 어디가 끝인지 알 수 없는 마법적인 '자기완결성'을 상징한다. 특히 바다를 상징하는 짙푸른 색은 남구문화를 전형적으로 상징하는 색으로 주인공이 대표하는 북구 산악지역의 녹색[73]과 대조된다. 따라서 케텐영주에게 포르투갈 여인은 완전히 이해될 수 없는 낯설고 신비로운 존재였으며, 다른 한편 그가 그토록 동경한 자기 내면에 잠재된 '다른상태 der andere Zustand'다.

> 다른 또 하나의 삶은 달처럼 낯설었다. 케텐 영주는 이 다른 삶을 내심 사랑하고 있었다.(6. 259)

이제 케텐 영주는 자기 내면이 두 개의 상이한 욕망으로 쪼개져 서로 갈등하고 있음을 느낀다. 하나는 지금까지 '자기감정 Selbstgefühl'을 확실하게 보장했던 전사로서의 과업이며, 다른 하나는 신비한 마력으로 자신을 유혹하는 아내에게 가까이 다가서려는 애정이다. 이 갈등을 해결하기 위해 그는 자기 과업 그리고 이 과업에 의해 규정된 정체성이 그어놓은 경계선을 넘어보고 싶다는 욕망을 느낀다. 하지만 이것을 실천으로 옮기는 것은 어렵다. 왜냐하면 지금 자신을 유혹하고 있는 이 낯선 특성들을 받아들인다면 필연적으로 주교와의 전쟁에서 패할 수밖에 없기 때문이다. 이런 외적 상황으로 인해 케텐은 그동안 아내의 마력에 빠져 보낸 허송세월에 대해 죄책감을 느끼며 북구 남성 특유의 단호함으로 다시 되돌아갈 것을 선택한다.

> 처음 며칠 너무 뜨거운 태양 빛이 비쳐 소년들이 벌거벗고 다니는 날들이 다시 시작되자 이 마법은 새로운 전갈로 인해 겨울날의 가면의 꿈처럼 접어두게 되었을 뿐이었다. 이제 눈앞에 기다리고 있는 것은 안장 위의 세월이었다. 그 세월 속에서 처자식은 낯선 존재로 멀어져 갔다.(6. 254)

이 상황은 지금까지 써왔던 정체성이라는 가면이 잘못된 것일 수도 있다는 가능성을 의식하고 그것을 벗어버리려고 하지만, 새로 쓸 가면이 아직 무엇인지 확신할 수 없는 상태에서 그냥 전통적으로 내려온 상태를 유지하고자 하는 시민계급의 보수적 태도로 해석할 수도 있다. 이로 인해 그는 의식적으로 아내를 멀리한다. 전투에 나선 그는 싸움에 취해 자신도 잊어버렸으며, 어떤 행동을 했는지 알 수 없을 정도로 난폭한 군인으로 돌변했다. 하지만 이 기간 동안에도 그는 아내를 잊지 못해 매일 그녀를 만나러 갔다. 결정적으로 그는 지금 전사로서 살아가는 삶이 자기 본질로부터 멀리 떨어진 곳에 있다는 느낌을 받는다: "그의 고향은 멀리 떨어져 있었고, 그의 참된 본질은 몇 주 동안 말을 타고 달려도 도달하지 못할 어떤 것 같았다."(6. 258)

여기서 우리는 케텐이 빠져 있는 곤경을 감지할 수 있다. 그는 부인의 마력으로부터 벗어날 수 없으며, 그녀에게 가까이 다가가 친밀한 관계를 이루기를 열망하지만, 동시에 이런 변화를 두려워하기도 하는 '부유상태 der Schwebezustand'에 빠져 있다.(6. 257) 그는 밤이 되면 돌아왔다가 아침이면 말을 타고 나가거나 아침 종이 울릴 때부터 아베마리아 기도시간을 알리는 종소리가 울릴 때까지만 머물렀다. 그는 몸에 난 상처에 붕대만이라도 감아주겠다는 아내의 청도 매몰차게 거부했으며, 아내의 눈길을 일부러 피하기까지 했다. 왜냐하면 그가 한 번쯤 더 오래 머물렀다면 자신의 진실한 마음을 드러내 놓을 것 같았기 때문이다. 이에 관해 마리아 라우흐 Maria Rauch는 주교와의 싸움은 케텐이 개인적인 정체성을 새롭게 획득하는 것을 방해하고 있으며, 그의 정체성은 부족의 운명으로부터 멀어질 때라야 비로소 형성될 수 있다고 본다.[74] 그러므로 포르투갈 여인은 케텐 영주가 부족의 전통에 순응함으로써 묻힐 수밖에 없었던 그의 삶의 다른 반쪽이다. 따라서 그녀가 가진 '삶의 반쪽'과 합일을 이루는 것은 그의 새로운 정체성 형성을 위해 대단히 중요하다. 하지만 이것은 간단하게 이루어지지 않으며, 수많은 위기를 거친 후에야 가능하다.

부족의 과업과 개인적인 사랑의 욕망 사이에서 어느 것도 선택할 수 없었던 케텐의 고통은 결혼 후 11년이나 지속되었지만, 갑자기 찾아온 주교의 사망으로 곧 끝나버린다. 주교의 사망으로 케텐은 4대에 걸친 싸움을 승리로 장식하고 부족의 숙원을 성취한다. 하지만 이 뒤늦은 승리는 그를 전혀 예상치 못한 자아의 위기 상황으로 몰고 간다.

> [……] 지금까지 그의 생활은 전반적으로 여느 케텐족과 다를 바 없었는데, 이제 케텐 영주의 삶에는 마무리와 정리라는 일만 남아 있었다. 그러나 그것은 범부들의 일이었지 영주가 할 일은 아니었다.(6. 260f)

부족의 숙원을 성취한 것은 케텐에게 자기 실존의 옛 토대가 무너짐을 의미한다. 이제껏 그의 정체성과 삶의 의미는 오로지 주교와의 전쟁을 통해서만 보장되었는데, 자기 정체성을 규정한 외적인 틀이 갑자기 없어졌기 때문이다. 이로 인해 케텐은 정체성의 변화를 강요받는데, 소설에서 이것은 '파리의 공격'을 통해 얻은 병으로 형상화된다. 전쟁이 끝난 후 말을 타고 귀환하던 중 파리 한 마리가 그를 쏘았다. 순식간에 손이 부어올랐고 그는 극심한 피로감을 느꼈고 몸에서 열이 나기 시작했다. 여기서 케텐의 열병은 단순히 파리에게 쏘인 것 때문이 아니라, 역할상실이 그를 심리적 위기감으로 몰고 갔기 때문이다. 파리에게 쏘인 상처는 이런 내면적 위기감이 외적으로, 생리학적으로 드러난 것뿐이다. 이미 『그리지아』에서 언급했던 것처럼 이것은 우리 삶의 템포가 갑자기 이완되는 순간에 찾아오는 위기로서 자아의 변화를 강요하는 것이다. 따라서 케텐이 앓게 된 '질병'은 자아의 위기를 상징하며, 이 병으로 인해 생긴 고열은 그의 옛 자아를 불태워 버리고, 이를 통해 변화가능성을 만들어낸다.

> 어느 날 케텐 영주에게 부드럽고 뜨거운 재로 가득찬 껍데기만 남게 되었을 때 갑자기 열이 뚝 떨어지더니 그 재 속에서 여전히 부드럽고 조용하게 희미한 빛이 타올랐다.(6. 261)

그의 옛 삶에 남아 있는 것이라고는 이제 "부드럽고 뜨거운 재"뿐이다. "그 재 속에서 여전히 부드럽고 조용하게 희미한 빛이 타올랐다"라는 표현처럼 케텐은 자신을 태운 재에서 부활하는 불사조처럼, 이 재를 기반으로 새로운 정체성을 획득할 수 있으리라 확신한다. 이것은 당연히 죽음과 부활이라는 기독교적 도식에 입각한 것인데, 케텐이 새롭게 얻을 정체성은 초월적이고, 유토피아적이며, 이 때문에 오로지 기적을 통해서만 획득할 수 있다. 따라서 그는 죽음, 즉 자신의 옛 정체성의 해체를 종교적이며 순교자적 태도로 담담하게 받아들인다.

> 그는 죽음이 그렇게 평화로울 수 있다는 것을 전에는 결코 알지 못

> 했다. 그는 자기본질의 일부와 함께 먼저 죽었고, 마치 순례자의 행렬처럼 자신을 해체시켰다.(6. 262)

그는 육체적 죽음을 상실이라고 생각하지 않으며, 신의 거대한 품속에 안겨 안식을 취하는 것으로 받아들인다. 이로써 그의 첫 번째 치유단계이자 새로운 정체성 획득의 단계는 시작된다. 니체의 비유에 따르면, 케텐이 부족의 전통에 순종했던 단계가 낙타의 단계이고, 포르투갈 여인과 결혼하여 자신의 개인적 욕망과 부족의 전통 사이에서 갈등하며 병이 든 단계가 사자의 단계라면, 그의 치유의 단계는 '아이 Kind'가 되는 단계이다. 이 과정을 통해 그는 사자의 강인한 힘을 상실하고 연약한 아이로 변한다.[75] 케텐의 부활과정은 이처럼 사자의 강인함에서 아이의 연약함으로 '연화 Enthärtung'[76]되는 과정이다. 여기서 아이로의 변신은 특히 '자아중심적 개성 ichzentrische Persönlichkeit'의 해체를 상징한다.[77] 그동안 그의 자아를 규정해 주었던 전사의 강인함이 무너진 이상 자아의 해체는 새로운 정체성의 획득을 위한 전제조건이다.

따라서 우리는 그가 포르투갈 여인이 키우던 늑대를 죽이도록 명령한 것도 이런 의미로 해석할 수 있다. 늑대는 사자처럼 사냥감 주변을 맴돌고 있었던 케텐의 옛 정체성을 상징한다. 부인이 이 늑대를 키운 것도 그녀가 이놈에게서 남편의 모습을 찾아냈고, 그가 없는 동안 그의 빈자리를 충분히 채워 줄 수 있다고 생각했기 때문이다.

> 그녀는 이 늑대를 사랑했는데, 그건 늑대의 힘줄, 갈색 털, 드러내지 않는 야성과 눈빛의 힘이 케텐 영주를 떠올리게 했기 때문이다.(6. 260)

케텐이 늑대를 죽인 이유는 여기서 분명히 드러난다. 그는 늑대를 보며 자신의 과거, 전사로서의 삶을 떠올렸으며, 이것이 그의 새로운 정체성 획득에 방해가 된다고 생각했기 때문이다. 케텐은 이를 통해 그동안 거리를 유지하며 낯설게 대했던 아내에게 가까이 다가가 친밀한 사랑의 관계를 새롭게 이룰 수 있을 것이라고 생각했다. 하지만 기대와는 달리 아내는 남편의 이런 변신을 이해하지 못했으며, 둘 사이에는 낯선 거리감만 계속 존재했다.

이것은 남구와 북구의 변증법적 합일이라는 관점에서 매우 흥미로운 해석의 여지를 남긴다. 남구출신의 포르투갈 여인이 산악지역의 남자 케텐 영주와 결혼한 것은 남구문화에 싫증을 느낀 그녀가 북구를 막연히 동경했기 때문이다.[78] 짙푸른 바다에 싫증을 느낀 그녀는 새로운 환경에 관한 막연한 동경으로 남편을 따라 북쪽에 위치한 케텐 영주의 성으로 들어간다. 이것은 그녀가 자기나라의 남쪽과 케텐의 북쪽을 가르는 경계지점으로 말을 타고 달려가는 시도로 해석된다. 이 때문에 그녀는 남편의 성의 낯설고 흉측한 모습[79]을 보고 도망치고도 싶었지만 이것도 이제부터 익숙해져야 할 아름다운 광경으로 받아들인다.

하지만 남편의 기사정신을 사랑했음에도 예전의 남편은 그녀에게 낯선 존재였다. 왜냐하면 그는 늑대처럼 적 주변을 맴돌 뿐, 아내에게 다가설 용기가 없었기 때문이다. 케텐은 선조들처럼 남구를 향한 '문지방 Schwelle'에만 머물렀다. 그는 11년 동안이나 남구를 향한 문지방에 머물러 있었을 뿐, 이 문지방을 넘어 남구적인 미(美)의 세계로 들어오지 않는다. 그 사이 그녀는 성에서 머물며 아이를 낳고, 남편이 자리를 비운 성을 잘 관리하면서 북구 문화에 적응해 간다. 그 대표적인 예가 바로 남편을 상징하는 늑대를 데려다 키우며, 이 동물을 사랑하게 된 것이다. 하지만 돌연한 남편의 질병과, 이로 인해 남편이 쇠약해지는 모습을 보이자 그녀는 자신의 과거로 되돌아가야겠다는 위기감을 느낀다. 포르투갈 여인은 늑대를 죽이도록 명령한 남편을 은근히 원망하기까지 한다.[80] 이로써 늑대를 죽임으로써 아내와 합일을 이루려 했던 케텐의 시도는 실패로 돌아간다. 그것은 케텐이 옛 정체성은 벗어 버렸지만, 아직 새로운 정체성을 발견하지 못했기 때문이다.

이 상황에서 케텐에게 연적(戀敵)이 나타난다. 포르투갈 남자인 그는 부인의 어린 시절 소꿉친구였다. 어쩌면 이것은 당연한 귀결인지도 모른다. 케텐영주가 자리를 비운 11년 동안 부인에게 그는 찬란한 명성을 떨치고 있었던 환상 속의 연인이었다. 하지만 병으로 쇠약해진 채 그녀 옆에 누워 있는 그는 젊고 잘생긴 남자친구에 비하면 그저 평범한 남자일 따름이었다. 이 때문에 고향의 향기를 전해주며 등장한 남자친구[81]에게 그녀가 마음을 돌린 것은 충분히 가능한 일이며, 이것은 12년 전 케텐이 보여주었던 다른 삶이 아직 그녀를 매혹시키지 못했던 그 상태로 회귀하는 것을 의미한다.

이 친구가 나타난 뒤로 부인의 얼굴에는 다시 화색이 돌았지만, 부인은 여전히 남편의 눈길은 받아들이지 않았다. 이로 인해 남자친구와 케텐 영주 사이에는 눈에 보이지 않는 갈등관계가 형성되며, 케텐의 병든 몸은 점점 더 쇠약해져 갔다. 케텐의 몸은 '연화 Enthärtung' 과정에 이어 '수축 Schrumfung'과정으로 발전된다.

> 그는 자기 모자가 너무 커졌다는 사실도 뒤늦게 비로소 알게 되었다. 항상 좀 끼었던 부드러운 가죽모자가 조금만 잡아 당겨도 귀밑까지 내려왔다.(6. 263)

갑자기 머리가 작아지는 이 수축과정은 내, 외적으로 무방비상태에 빠져 있는 그의 난처한 상황을 말해준다. 그는 옛날의 삶의 형식을 완전히 벗어버리지 못한 상태에, 또 아직 새로운 실존형식에 도달하지도 못한 부유상태에 있었다. 이로써 그는 두 번째 치유단계에 도달하지 못한다.

케텐의 병은 겉으로 드러난 것처럼 파리의 공격으로 퍼진 열 때문이 아니다. 병의 원인이 단지 이와 같은 물리적 이유였다면, 의사들이 간단하게 치료할 수 있었을 것이다. 병의 본질적 원인은 남구의 문지방을 넘어 자신에게 다가온 아내에게, 즉 그동안 부족의 과업 때문에 자신의 욕망을 억누르고 달처럼 낯설게 대했던 포르투갈 여인에게 이제 다시 가까이 다가서려 했으나, 그녀가 마음의 문을 열지 않고 과거의 상태로 되돌아가려 했기 때문이다. 따라서 그의 부활은 아내의 차가운 시선을 극복하고 다시 친밀한 대화로 넘어가는 길을 찾는 것뿐이다. 영주는 점쟁이를 찾아가 그 방법을 물어본다. 하지만 그는 "영주님은 무언가를 실행해야만 건강해지십니다"(6. 265)라고 말했을 뿐 그가 구체적으로 무엇을 실행해야 하는지 말해주지 않았다. 이제 그는 기적만이 자신을 구원할 수 있다고 믿는다.

> 그에게는 기적이 일어나지 않으면 안 될 것 같았다. 왜냐하면 그 밖의 방법으로는 아무것도 일어나지 않았기 때문이다.(6. 265)

이 상황에서 아내와의 친밀한 합일을 방해하는 제3자인 포르투갈 남자를 제거해 버리면 일은 간단하게 해결될 수도 있을 것이다. 하지만 문제의 본질은 이런 외적인 요인이 아니라 그와 부인 사이를 가로막고 있는 내면의 문지방이다. 이것은 모든 것이 이원론적으로 갈라진 현실 세계에서는 제거하기 힘들며, 대립된 것의 합일은 인간 정신이 도달할 수 있는 경계 너머에서만 가능하다. 이 경계를 뛰어넘게 하는 것이 바로 기적[82]이며, 이 소설에서 기적의 징표로 등장하는 것은 "저 세상에서 온 작은 고양이 die kleine Katze aus dem

Jenseits"다. 여기서 고양이는 변신한 신의 형상이다.(6. 270)

어느 날 케텐 영주와 부인 그리고 포르투갈 남자가 산을 오르고 있을 때 성문 앞에 고양이 한 마리가 앉아 있는 것을 발견한다. 처음부터 이 고양이는 동물답지 않은 인간적인 특성을 보였다. 이놈은 평범했지만 고양이답지 않게 조용했고, 슬퍼 보였으며, 무언가 골똘히 생각하는 듯했다. 이들이 이 고양이를 손님으로 받아들인 것은 그들에게 아직 존재하지 않는 "제2의 본질 ein zweites Wesen", "그리스도를 둘러싸고 있는 후광 ein stilliger Heiligenschein"(6. 266) 같은 분위기를 예감했기 때문이다. 여기서 고양이는 세 사람에게 각각 서로 다른 의미로 해석된다. 포르투갈 연인은 자기 무릎에서 귀엽게 놀고 있는 고양이를 보면서, 남자친구에게서 얻기를 희망했을지도 모를 아기를, 남자친구는 그녀의 무릎 위에서 놀고 있는 고양이를 다정한 얼굴로 쳐다보면서 여자 친구에게 성적으로 접근할 수 있는 가능성을, 그리고 케텐 영주는 이 고양이의 모습에서 '반쯤 회복된 자신의 병'을 떠올렸을지도 모른다.[83] 하인이 "이 고양이는 비루병에 걸렸습니다"(6. 266)라고 말했을 때 케텐은 자기 병이 이 작은 짐승의 몸으로 변하여 퍼져가고 있는 것만 같았다. 이로써 케텐에게 고양이의 병은 자신의 죽음을 대신해서 간 그리스도의 순교의 길이자 수난의 길로 간주된다.

> 고양이는 마치 자신이 보기 흉한 모습으로 되어가는 것을 용서를 빌려는 듯이 그들을 바라보았다. 고양이는 모든 사람의 고통을 은밀히 대신하고 있었다. 그러자 고양이의 순교가 시작되었다.(6. 266)

고양이는 구토를 하고 아무데서나 똥을 싸면서 서서히 죽음을 향해 다가서고 있었다. 케텐은 이 소멸과정에서 고양이의 변용, 즉 고양이의 '인간화'를 체험한다. 자신의 병을 대신해 죽어가는 고양이의 운명은 곧 자신의 운명과 동일하기 때문이다. 따라서 포르투갈 여인이 더 이상 살 가망이 없는 고양이를 죽이라고 지시했을 때 케텐의 얼굴은 백지장처럼 하얗게 질려버린다. 그것은 고양이의 죽음은 곧 자신의 죽음이며, 이는 곧 부인이 자신을 죽이라고 명령하는 것과 동일하기 때문이다. 하지만 그녀의 이 명령은 다르게 해석될 수도 있다. 즉 그때까지 케텐의 변신을 이해하지 못했던 그녀가 남편이 예전의 정체성을 버리고 새로운 삶으로 들어서는 길을 발견하고자 노력하고 있다는 것을 이제 인지했다는 신호로 이 명령을 내렸을 수도 있다. 또한 포르투갈 남자에게는 고양이가 그녀에게 성적으로 접근할 가능성을 의미했다는 점에서 이 명령은 그녀와 남자친구와의 관계의 종식을 의미하기도 한다. 따라서 고양이의 희생적 죽음은 케텐을 둘러싸고 있었던 정체성이라는 울타리가 무너지는 것을 의미함과 동시에 남자친구로 인해 잠시 과거의 남구 문화로 되돌아 가려 했던 그녀의 마음을 다시 북구로 되돌려 놓는 계기를 마련한다.

> 한순간에 케텐 영주와 포르투갈 연인의 시선은 서로 만나게 되었다 [……] 정적에 쌓인 둥근 지붕만이 그들 둘을 감싸고 있었다.(6. 268)

그들 둘이 각자 자신을 가두고 있었던 옛 정체성의 문지방을 뛰어넘어 이제 한 지붕 속에서 서로 분리되지 않게 되었지만, 아직까지 둘 사이에는 친밀한 사랑의 대화는 이루어지지 않았다. 그것은 예전에 점쟁이가 예언했던 것처럼 '케텐이 무언가를 직접 이루어야 한다는 것', 즉 케텐의 행위 Tat가 아직 이루어지지 않았기 때문이다. "징표는 있었다. 그러나 그것은 뭐라 해석되고 또 무슨 일이 일어나야만 한다는 건가?"(6. 268)

그는 우선 이 행위를 자신의 연적인 포르투갈 남자를 죽이는 것으로 해석한다. 하지만 이것은 케텐을 다시 예전의 투사로 되돌아가게끔 만들 수도 있다. 옛 정체성을 벗어 던지려 하는 케텐에게 이제 싸움은 무의미한 낯선 행위로 보였고, 이미 약해질 대로 약해진 그에게 칼로 찌를 수 있는 짧은 거리조차도 한없이 멀고 험난한 길처럼 보였다. 그에게 남은 길은 자신의 운명을 신의 판단에 맡기는 일, 즉 인간의 능력으로는 도저히 이룰 수 없는 기적을 통해 사랑으로 이루어진 새로운 정체성을 얻는 것뿐이다. 그는 거의 자살에 가까운 일을 실천한다. 그것은 어릴 적부터 오르고 싶었던 "누구도 오를 수 없는 성 아래의 절벽"(6. 268)을 기어오르는 것이었다. 따라서 이것은 케텐의 '자기해체 Selbstauflösung', '자아상실 Ichlosigkeit' 그리고 자기본질의 변형을 위한 시도로 해석된다.

케텐 영주는 이 암벽 타기를 통해 신의 심판을 받으며, 그 결과는 그에게 유리한 쪽으로 내려졌다. 이것은 죽음을 극복한 부활, 즉 옛날 북구의 정체성을 극복하고 새로운 정체성을 획득하는 것을 의미한다. 그는 암벽 오르기에 성공하자마자 포르투갈 남자의 행방을 찾는다. 하지만 이 남자는 달이 뜨자마자 이미 성을 떠나버렸다. 그는 아내를 의심하며 그녀의 방을 들렀지만, 그녀는 그가 떠날 때의 옷차림 그대로 남편을 맞이했다. 그 어떤 것도 증명되지도 해결되지도 않았지만 둘은 서로에게 아무것도 묻지 않았다. 이로써 그는 부인과의 친밀한 대화를 방해했던 외적 장애물을 완전히 제거하고, 부인과 합일을 이룬다.

> "신이 인간이 될 수 있다면, 고양이도 될 수 있어요"라고 포르투갈 연인이 말했다. 신성모독이라고 그녀의 입을 손으로 막아야 했지만, 그중 어떤 한마디도 이 담 밖으로 새어나가지 않을 것을 두 사람은 알고 있었다.(6. 270)

『사랑의 완성』의 첫 장면을 연상시키는 이 장면에서 우리는 외부 세계로부터 완전히 독립된 둘만의 순수한 공간에서 두 사람이 합일을 이루고 있음을 엿볼 수 있다. 이곳은 둘만의 친밀한 대화가 담 밖으로 새어나가면 세상에 의해 금방 세속화될 위험에 처할 정도로 초월적인 순수 공간이다. 따라서 여기는 남구와 북구의 갈등이 극복되고 모든 것이 조화롭게 합일을 이루는 유토피아[84)]다. 여기서 케텐은 자기 부족이 강요했던 운명을 극복하고 남구를 향한 문지방을 넘었으며, 포르투갈 연인도 남구 문화의 영향권을 뚫고 나와 북구의 기사를 진심으로 받아들인다.

5. 기억과 정체성: 『통카』

무질에게 자아의 위기는 어떤 한 개인이 과거에 직접 경험한 일에 대해 더 이상 전통적인 방식으로 이야기할 수 없게 되었다는 점과 연관된다. 『지빠귀』에서 아쯔바이는 자신이 이야기해 준 세 번의 체험이 어떤 의미를 지니고 있는지에 대해 다음과 같이 말한다.

> 만약 내가 그 의미를 알았다고 한다면 너에게 이 이야기를 해줄 필요가 없었을 거야. 하지만 그것은 네가 소곤소곤 속삭이는 작은 소리나 물결이 살랑이는 소리를 들을 때 그것을 구분해 낼 수 없는 것과 같은 거야.(7. 562)

우리는 이것을 흔히 '전통 화자의 위기'라고 부르는데, 이것이 찾아오게 된 이유를 아도르노 Th. W. Adorno는 지금까지 화자의 활동을 허락해 주었던, 그 자체로 지속적이며 분명하게 표현될 수 있는 삶과 체험의 동일성이 와해되었기 때문이라고 본다.[85] 여기서 '표현될 수 있는 삶과 체험의 동일성'은 화자가 기억을 통해 자신의 과거 행적을 분명하게 재현해 냄으로써 '과거의 나'와 '지금의 나' 사이의 동일성을 보증해 줌을 의미한다. 그러므로 기억은 끊임없이 변하는 한 인간의 삶 속에서 불변의 자아 정체성을 구성해 주는 기능을 한다. 이런 의미에서 칼 아이블은 자아가 기억의 사슬을 통해 구성된다면, 기억의 질서와 연속성은 정체성을 위해서는 없어서는 안 될 요소라고 본다.[86]

이런 측면에서 퇴를레스와 통카의 남자친구인 화학자는 서로 공통점을 갖는 인물이다. 두 사람 모두 기억을 통해 과거 체험, 즉 바지니 체험과 통카 체험을 전통적인 방식으로 서사하는 데 어려움을 느끼기 때문이다. 이것은 후에 울리히를 통해 한 번 더 강조되는데, 울리히 역시 자신의 과거를 "서사의 실"을 따라 연속적으로 배치하는 것은 불가능함을 토로한다. 무질에 따르면 개인과 자아가 해체되고 분열되는 시대에 개인의 정체성에 기초한 전통적 서사는 더 이상 불가능하다. 그에게 '기억'과 '회상'은 논리 정연한 질서 속에 동질적으로 존재하는 것이 아니라 논리적으로 설명되지 않고, 사실과도 무관하며, 오성의 입장에서는 매우 혼란스럽고 우연적인 것이다. 따라서 무질에게 기억은 그의 정체성을 보장해 주는 것이 아니라 자아가 더 이상 구원될 수 없을 정도로 해체되어 있음을 확인해 줄 따름이다. 바지니 사건을 경험했을 때 퇴를레스가 보인 반응처럼 통카에 대한 기억을 통해 화학자는 기억의 연속성과 질서를 위해 싸우지만 결국 혼란에 빠지고 만다.

> 어떤 울타리 옆이다. 새 한 마리가 노래했다. 태양은 벌써 숲 뒤 어디론가 사라졌다. 새 소리가 그쳤다. 저녁이었다. [……] 얼마나 세세한 제각각의 정경들인가. 이런 가지각색의 개별성들이 한 인간에게 들어붙어 떨어질 줄 모른다면 그건 그냥 넘길 수 있는 사소한 일일까? 가시덩굴처럼 말이다. 통카가 그런 경우이다. 무한성은 가끔 방울져 흐른다.(6. 270)

그의 기억 속에 남아 있는 통카는 개별적인 체험들이 무질서하게 뒤엉켜 있는 덩굴이다. 따라서 이런 개별적인 것만을 눈으로 보고, 이것을 포괄할 수 있는 질서나 개념을 찾지 못하는 한, 그의 자아 역시 으깨어진 죽처럼 개별 요소들로 해체될 운명에 처하게 될 것이다. 이런 맥락에서 무질의 주인공이 가진 특징은 '정체성'의 위기이며, 그 원인은 세계가 현실 영역과 초월적 영역으로 균열이 생겼기 때문이다. 서로 대립되는 영역들의 병존, 즉 동일한 개인이 양립 불가능한 가치와 이념들을 동시에 체험하고 받아들일 수밖에 없는 이율배반적 상황은 무질의 남자 주인공들이 공통적으로 경험하는 상황이다. 그들에게 세계는 오성으로 파악되는 부분과 그렇지 않은 부분으로 분리되며, 이것은 그들의 자아균열을 야기한다.[87]

따라서 이들이 이 위기를 극복할 수 있는 방법은 이 균열을 없애는 것이다. 그러므로 훗날 기억을 통해 통카를 재생시키려고 하는 화학자의 노력은 한 때 "열에서 이탈한 사건"을 다시 질서 속으로 되돌려 놓음으로써 자신의 정체성을 확립하기 위한 것이다. 하지만 화학자가 기억을 통해 아내에 대한 의혹을 해명하려고 하는 순간 그녀는 더욱 알 수 없는 존재로 변하고 만다.

> 이런 저런 방법으로 접근을 해봐도 결국 그가 부딪히는 것은 언제나 투명하게 잡히지 않는 그녀의 정신이었다.(6. 274)

과학의 시각에서 보면 통카의 임신과 성병은 그녀의 간통사실을 분명하게 증명해 준다. 수태의 시점으로 예상되는 그날 그는 집을 떠나 있었고, 성병에 걸리지도 않았기 때문이다. 따라서 그는 통카와 연관된 개별 현상들을 정조와 간통이라는 대립 개념으로 파악할 수 있고, 이를 통해 그녀의 대한 기억에 명확함을 부여할 수 있었을 것이다. 그런데 무엇 때문에 화학자는 이 명확성을 확신하지 못할까?

어린 시절 그는 자신이 "모험과 해방이라는 마법의 정원에 있는 기사 Ritter in einem Zaubergarten der Abenteuer und Befreiungen"라고 여길 정도로 낭만적 이상으로 가득찬 소년이었다. 사회화 과정 이전의 동심의 세계는 바로 동화의 세계다. 이 시기는 합리적 이성보다는 동화세계의 신비함이 지배하며, 누구나 신과 요정의 존재에 대해 의심하지 않는다. 하지만 사회화 과정, 즉 교육을 받으면서 인간은 점점 합리화되며, 더 이상 동화의 꿈같은 세계를 믿지 않는다.

> 이들은 모두 다리 한가운데 양철 예수상이 걸려 있는 십자가 앞에서 모자를 벗었다. 겨울날 다리 옆에서 이를 바라보고 있는 어린 소년만이 모자를 벗지 않으려 했다. 신을 믿기에는 이미 약을 대로 약았기 때문이다. 그때 그는 갑자기 외투 단추를 채울 수 없었다.(6. 300)

이성의 지배는 단추 구멍에 단추를 채울 수 없을 정도로 얼어붙은 손가락처럼, 부드럽고 유연했던 소년의 정신을 딱딱하게 굳게 만들었다. 소년의 이런 경직된 태도는 어머니와 휘아친트 아저씨의 불륜관계로 인해 더욱 확고해진다. 휘아친트 아저씨는 재정고문관이면서 동시에 넓은 독자층을 가진 소설가였으며, 역사와 철학에 박식한 교양 있는 지식인이었다. 그는 부모님의 친구였지만, 아버지가 병석에 누운 뒤로 어머니에게 애정을 품어왔다. 어머니와 아저씨는 겉으로는 정신적 교류를 나누고 있다고 자처했지만, 소년의 눈에 비친 그들의 관계는 부도덕하고 부적절한 것이었다. 사실상 이들의 관계는 정조의 의무와 사랑의 열정 사이에서 왔다갔다하는 위선적인 것이었다.

이 때문에 소년은 이들을 "정신의 페스트 die geistige Pest"라고 여기며, 이들의 삶의 태도, 즉 공허한 이상주의에 반대하는 방향으로 자신의 삶을 설계했다. 그는 휘아친트 아저씨의 사이비 이상주의에 저항하기 위해 이성적이며 과학적인 삶의 엄격함을 신봉한다. 이에 따라 그는 모든 현상을 개별 부분으로 해체하여 분석함으로써 분명한 해답을 얻을 수 있는 화학을 공부하게 되며, 분명하게 해결할 수 없는 문제에 대해서는 귀를 닫았다.

> 그는 그러한 토론에 대해 거의 증오심을 품을 정도로 적대시했고,

> 차갑고 메마르고 환상에 가까웠지만 활시위를 당기듯 팽팽히 긴장된 새로운 엔지니어 정신에 열광한 젊은이였다.(6. 283)

그는 감정의 파괴를 옹호하고 시(詩), 선(善), 덕(德), 그리고 단순함을 거부했다. 이로써 그의 자아는 화학으로 대표되는 과학적 합리성에 그 근거를 두게 되며, 그는 이것을 자신의 본질적 특성으로 여길 정도로 완전히 동화된다. 따라서 그의 자아가 존재하는 곳은 합리적 영역이다. 모든 것을 과학적으로 체계화할 수 있고, 법칙과 규칙 속에서 요약 가능한 것으로 보는 이 영역은 굳게 확정된 개념에 의해 지배된다. 하지만 논리적 일관성을 요구하는 개념은 사물의 동일성만 중요시한 나머지 개별 사물들 속에 포함되어 있는 특수성을 무시하거나 무자비하게 가두어 버린다. 이 때문에 개념 속에 포착된 대상은 말린 오징어처럼 모든 특성을 상실하고 앙상하게 메마른 모습으로만 존재한다.[88] 따라서 합리주의의 신봉자인 무질의 남자 주인공들은 단순히 연산 작업만을 하거나 몰취미하고 메마르며 창조성이 없는 사람이 될 위험이 있다.

> 계산자를 가지고 있는 사람은 누군가가 엄청난 주장을 하고 감정을 토로하면 "잠깐만요, 우리 우선 오차한계와 가장 높은 확률을 먼저 따져봅시다"라고 말한다.(1. 37)

이들의 합리적이고 경제적이며, 정확한 것을 중시하는 태도는 통제 불가능한 것, 이리저리 흩어져 도무지 하나로 모을 수 없는 것, 감정적인 것, 불분명한 것을 거부하며, 종교적, 철학적, 시적 감정으로 영혼을 살찌우는 사람들을 거부한다.(1. 46) 이들에게 정확하게 산다는 것은 말할 수 없는 것에 대해서는 침묵하는 것이고, 특수한 것을 요구하지 않으며, 두 팔을 쭉 펴고 창조의 파도를 타고 고양되는 묘사하기 힘든 감정을 무시하고 살아가는 것이다. 단적으로 말해 그들에게 가장 중요한 것은 감정 없이 살아가는 것이다.(1. 246) 합리주의가 지배하는 시대에는 우유 속에서 부서지는 식빵 같은 감정보다는 과학적 사유의 '냉철함'과 '메마름'이 중시된다. 이 때문에 통카의 연인은 냉정하면서도 메마르고, 활시위를 당긴 것처럼 긴장된 엔지니어 정신[89]에 광적으로 빠져든다. 그러므로 그는 공허한 이상주의가 지배하는 지난 이천 년간의 역사에 종지부를 찍고 새 시대를 연 새로운 인간의 특성을 구현한 남자, 즉 냉정함을 특징으로 하는 '실증주의적 과학자'가 된다. 실증주의자의 금욕적 태도는 실증할 수 없는 것에 대해 언급하는 것을 엄격하게 금지한다.

이런 그에게 통카는 이 세상에는 실증될 수 없고, 말로 언급할 수 없는 신비한 사건이 존재할 수 있음을 가르쳐 준다. 왜냐하면 그녀는 분명하게 존재하고 있음에도 말로 설명할 수 없는 '다른상태'를 구현하고 있기 때문이다. 그녀는 과학의 합리성 속에 자기 정체성의 뿌리를 두고 있었던 화학자에게 이 세상에는 이성에 의해서는 부정되지만 감정적으로 받아들일 수 있는 일들이 얼마든지 있다는 사실을 깨닫게 해준다. 통카 체험을 통해 그는 지금까지 자신을 일방적으로 제한해왔던 울타리를 벗어나 새로운 차원의 삶을 진지하게 받아들인다. 즉 통카로 인해 삶 자체는 두 가지 의미를 가지는 매우 모호한 것이기 때문에, 삶을 명확하게 해석하기 위해서는 합리적인 인식만으로는 불완전하며, 감정의 도움이 필요하다는 사실을 알게 된다. 그 결과 그의 세계는 서로 합일될 수 없는 두 부분으로 쪼개진다. 이로써 화학자의 삶은 울리히와 마찬가지로 두 그루의 나무로 갈라진다. 지금까지 그의 삶을 지배해왔던 것이 과학의 나무였다고 한다면, 통카 체험을 계기로 그의 내면에서는 그동안 억압당해 왔던 '신비주의의 나무'가 자라게 된다.

> 그의 내면에 숨어 있던 그림자 인간, 비현실적 특성이 가끔 말을 향해 달려왔으며, 모든 것을 완전히 다른 가치에 따라 평가해야 한다는 인식이 솟아오르려 했다.(6. 301)

그러므로 통카는 『세 여인』의 다른 여주인공들과 마찬가지로 획일적이며 경직된 틀 속에 갇혀 있는 남자주인공의 정체성을 불확실하게 만들어 위기에 빠뜨리고, 지금까지 그가 의식하지 못하거나 억압했던 자신의 또 다른 본질을 받아들이게끔 변화시키는 기능을 한다.

카이저/빌킨스는 통카를 이해하는 핵심은 오성적 사유라는 우회로를 거치지 않고 직접적으로 이루어지는 또 다른 체험가능성을 인정하는 것으로 본다.[90] 따라서 화학자가 통카의 삶을 명확하게 해명하려고 할수록 그녀가 더 모호하게 느껴지는 것은 당연하다. 그녀는 화학자가 해명의 도구로 사용하는 오성과 개념으로는 도저히 파악될 수 없는 존재이기 때문이다. 그가 맨 먼저 기억해낸 그녀의 이미지는 '개별성 Einzelheit'과 '무한성 Unendlichkeit'이었다. 그의 기억 속에 그녀는 공기와 바람처럼 그 어느 것에 의해서도 제한될 수 없는 존재이며, 이리저리 흩어져 있어 혼란스럽고, 다의미적이며, 동화처럼 비현실적이고, 삶의 여러 모순과 긴장이 흐르고 있는 존재다. 이 때문에 통카는 이율배반적 모호성을 지닌 여인, 풀 수 없는 수수께끼 같은 여인으로 이해된다. 그녀는 우둔함과 현명함, 고결함과 추잡함, 현실과 동화, 진실과 거짓 사이의 경계선에 위치하고 있어서 화학자가 그녀에 대한 판단을 내릴 때 개념의 한계에 부딪칠 수밖에 없다. 그녀의 이런 특성을 그는 "한 여름에 외롭게 떨어지는 눈송이"에 비유한다.

> 그런 사람, 즉 한 여름에 외롭게 떨어지는 눈송이는 현실인가 아니면 상상인가? 좋은 것인가 아니면 가치 없거나 나쁜 것인가? 그곳에

> 서 개념들은 더 이상 지탱할 수 없는 한계에 이른 것같이 느껴졌다.(6. 280)

통카를 상징하는 메타포인 '한 여름에 내리는 눈송이'는 사랑스러움, 순결, 기적, 고립, 그리고 연관성의 상실을 의미한다.[91] 이것은 또 합리적인 정의 너머에 존재하는 진실을 상징하며, 성녀 마리아의 전설을 상징한다.[92] 따라서 화자는 '눈송이'라는 메타포를 통해 통카를 신성하게 만듦으로써 그녀를 합리적인 방법으로는 추적할 수 없는 신비의 여인으로 만든다.

언어신비주의적인 측면에서 이 메타포를 보자면, 눈송이는 '완전한 특수성'을 암시한다.[93] 따라서 그녀의 성격은 모든 범주로부터 완전히 벗어나 있는 다른상태라고 말할 수 있다. 이 신비주의적 다른상태는 개인에게는 무한한 의미를 가짐에도 불구하고, 객관적이며 공적인 영역에서는 거의 느낄 수 없을 정도로 애매모호하고 불확실한 것일 수밖에 없으며, 이 때문에 개념언어가 의미를 부여하는 공적 영역에서는 표현될 수 없다. 이에 관해 비트겐슈타인은 "말할 수 없는 것에 대해서는 침묵해야 한다 Wovon man nicht sprechen kann, darüber muß man schweigen"고 주장한다. 그에 의하면 언어는 보편적으로 검증 가능한 사실이나 그것들의 연관관계만을 말할 수 있을 따름이다. 이것 밖에 있는 대상에 대해서는 이야기할 수 없다. 하지만 비트겐슈타인은 자신이 '신비적인 것 das Mystische'이라고 명명한 '말할 수 없는 것 das Unsagbare'이 무의미하다고 주장하지는 않는다.[94]

> 6. 54: 나를 이해하는 사람은, 그가 내 명제를 통해-내 명제를 딛고-내 명제를 넘어섰을 때, 종국적으로 그것들이 무의미함을 인식하게 된다. (그는 사다리를 딛고 올라간 후에는 그 사다리를 내던져버려야 한다.) 그는 이 명제를 극복해야 한다. 그래야만 그는 세계를 올바

로 보게 된다.[95)]

여기서 알 수 있는 것처럼, 세계에 대한 올바른 이해는 언어의 극복을 통해서만 가능하다. 따라서 '말할 수 없는 것'은 우리들이 일상적으로 사용하는 논리적 언어보다 더 풍부하고 무한한 의미를 가지고 있다. 단지 이 의미는 정의할 수 없기 때문에 침묵 속에 덮여 있을 따름이다. 그러므로 통카의 침묵은 자신의 간통 사실을 간접적으로 시인하는 것이 아니라, 자신만 알고 있는 진실을 일상적 언어로 표현할 수 없기 때문이다. 그녀는 일상의 언어로 말하지 않고, '전체의 언어 Sprach der Ganzen'[96)](6. 276)로만 말할 수 있을 따름이다. 화학자가 사용하는 일상의 언어가 개인의 주관적 감정은 무시하고 보편적인 의미만을 전달하는 개념어[97)]라고 한다면, 통카가 사용하는 전체의 언어는 개인의 특수한 감정까지 낱낱이 전달하는 '영혼의 언어'[98)]다. 따라서 그녀는 노래, 몸짓, 시선, 인상을 통해서 의사를 표현한다. 그녀의 침묵은 말을 하지 않는 것이 아니라 일상의 언어체계와는 완전히 다른 방식으로 자기 의사를 전달하는 것이다. 즉 그녀는 이성의 우회로를 거치는 간접적인 방식이 아니라, 상대방의 감정에 직접 호소하여 그의 공감을 얻는 방식으로 의사소통한다.

> [……] 그간 줄곧 그의 오성의 확신 옆에는 또 다른 직접적인 증거가 있었는데, 그것은 바로 통카의 얼굴이었다.(6. 289)

거듭되는 화학자의 추궁에 통카는 침묵으로 일관하며 얼굴로만 말한다. 이것은 신비적인 것, 즉 심오한 의미를 지닌 진리는 말할 수 없는 것이며, 단지 "보여줄 수 zeigen sich" 있을 따름이라는 비트겐슈타인의 주장과 일치한다. 따라서 이제 통카에 대한 판단은 전적으로 화학자의 몫이다. 왜냐하면 그녀는 스스로 자신을 변호하고 해명할 수 없기 때문이다. 하지만 통카의 부정을 입증해 주는 객관적 증거는 너무 분명했다. 수태가 예상되는 시점에 자신이 집을 비웠고, 자신이 걸리지 않은 성병[99]에 그녀가 감염되었다는 사실은 그녀의 간통을 의심하기에 충분했다.(6. 288) 하지만 그를 혼란에 빠뜨린 것은 오성의 확실성 옆에서 자신의 결백을 믿어달라고 호소하는 통카의 순수한 얼굴이었다. 이 때문에 그는 여러 의사를 찾아가 '처녀수태'의 가능성에 대해 질문한다. 하지만 의학적 확률을 중시하는 의사들은 이에 회의적 반응을 보인다.

> 그것은 인간이 판단을 내리는 데 필요한 확률 밖의 문제입니다. 학자도 인간입니다. 학자는 의학적 확률이 전혀 없는 것을 수용하느니 차라리 인간의 실수를 원인으로 받아들이지요. 자연에는 예외가 드문 법이니까요.(6. 289)

이들은 처녀수태의 가능성을 배제할 만한 분명한 법칙은 제시하지 않고 단지 "그런 일은 아직 한 번도 일어나지 않았기" 때문에 불가능하다는 주장을 편다. 앞에서도 언급한 바와 같이 이것은 현대과학이 반복적으로 관찰되는 것만 다루며, 통카의 임신처럼 딱 한 번만 발생한 특수한 사건에 대해서는 그 존재 가능성을 부정하는 경향을 보여준다. 이에 따르면 그녀의 임신은 자연법칙에서 벗어난 동화적 사건이며 마리아의 처녀 수태처럼 현실에서 불가능한 '신화'이며 '기적'이다. 이제 그에게 남은 선택은 그녀에게 파렴치한 세속적인 죄를 선고하든지 아니면 신비스러운 일이 일어났을 가능성을 인정하는 것이다.

> 통카는 아득한 동화의 세계로 밀려났다. 그것은 그리스도와 성모 마리아의 세계였고, 또 본디오 빌라도의 세계였다.(6. 289)

이로써 통카에 대한 화학자의 판단은 종교적 콘텍스트로 들어서게 되며 이로 인해 합리주의에 뿌리를 두고 있는 화학자의 정체성은 불확실해진다. 이 때문에 통카로 인해 남자 주인공이 느끼고 있는 혼란은 '믿음'과 '자연과학'의 딜레마로 볼 수 있다.[100] 화학자에게 문제가 되는 것은, 마리아의 처녀 수태와 같은 '너무나 분명한 믿음의 내용'이 기술적 합리성이 지배하는 우리 시대의 지식과 조화를 이룰 수 없다는 것이다. 에리히 하인텔 Erich Heintel에 따르면, 세상에는 두 가지 정신상태가 존재한다. 그중 하나는 정확하게 존재하는 것에 만족하고 사실에 근거하여 사건을 파악하는 것이고, 다른 하나는 이에 만족하지 않고 항상 전체를 고려하고, 초현실적이며 영원한 진리로부터 자신의 인식을 유도하는 것이다. 후자가 신의 천지창조를 믿고, 신과 인간의 직접적인 접촉을 확신하는 신화적 사고방식(Mythos)이라면, 전자는 인간 세계에 신과 같은 초월적 존재가 개입하는 것을 부정하며, 인간 세계는 독립적인 원칙에 따라 발전해 왔으며, 이 원칙은 경험적으로 검증 가능한 것으로 보는 이성적 사고방식(Logos)이다.

발터 조켈은 클라이스트의 『O 후작부인 Marquise von O』, 키에르케고르의 『아브라함 Abraham』 그리고 『통카』를 비교하면서 세 작품의 공통점을 비합리적이며 부조리한 믿음을 위해 인간의 오성을 포기하도록 강요하는 것으로 본다. 다시 말해 세 작품은 부조리한 상황에 빠진 한 인간의 진실한 인간성을 믿을 것인지 아니면 자연법칙을 믿을 것인지 선택하라고 강요한다. 우리가 오성과 경험을 믿는다면, O 후작부인과 아브라함 그리고 통카가 구현하고 있는 진실성과 인간적 순진무구함에 대한 신뢰를 포기해야 되며, 반대로 우리가 그들의 말을 신뢰한다면, 현상세계의 합리성과 설명 가능성, 그리고 오성을 믿는 것을 포기해야 한다.

오성적으로 보면, 아들 이삭 Isaak을 죽여 제물로 바치라는 신의 요구는 인륜에 반하는 것이기 때문에 아브라함이 이 명령에 따르는 것은 엄청난 도덕적 타락으로 보인다. 반면 아브라함이 도덕과 오성에 맞는 결정을 내리고 신의 명령을 거부한다면, 그것은 신을 배반하는 것이고 그에게 찾아온 은밀한 '부름'을 무시하는 것이 될 것이다. 이로써 아브라함의 믿음은 도덕이나 이성을 통해 이해되는 모든 행위방식을 뛰어넘는다. 이 때문에 그의 행위는 그 어느 누구에게도 이해받을 수 없는데, 그것은 아브라함에게 내려진 신의 명령은 신이 아브라함이라는 특별한 존재에게만 은밀하게 말한 '직접적 진리'이기 때문이다. 이런 '직접성 Unmittelbarkeit'에서 우리는 아브라함의 믿음에 깃들어 있는 진리의 초월적 성격을 엿볼 수 있다.[101] 마리아 역시 아브라함과 마찬가지로 신의 특별한 은총으로 인해 발생한 자신의 임신을 그 어느 누구에게도 믿게 만들 수 없다. 이 때문에 통카의 남자친구가 빠진 상황은 마리아의 수태로 인해 그녀의 남편 요셉이 빠진 상황과 동일한 것이다.

> 그녀는 의학적, 철학적 근거로 자신을 변호할 수 없으며, 자신의 진실한 됨됨이만이 그녀의 진실성을 변호해 줄 수 있었다.(6. 295)

통카의 인간성이 진실하다는 것에 대한 믿음과 세속적인 현실을 다루는 과학적 지식 사이의 대립으로 인해, 화학자의 기억 속에 존재하는 통카는 가시덩굴처럼 얽혀 더욱 모호해지며, 이로 인해 그의 자아는 위기에 빠진다. 그가 혼란에 빠진 이유는 그녀 인격의 진실성을 믿을지 아니면 유기체의 생식에 대한 자연과학적 법칙을 믿을 것인지 결정하지 못했기 때문이다.

> 의사들의 진단 결과 그는 아무 이상 없었다. 그러므로 은밀한 관계가 숨어 있을 가능성이 그를 통카에게 얽혀들게 만들었다. 그저 통카

를 믿기만 하면 되는데 그러자니 그가 병이 났던 것이다.(6. 303f)

계몽주의 이전 인류 역사가 말해주듯 기적이나 신의 존재처럼 논리적으로 증명될 수 없는 사건들은 그냥 믿을 수밖에 없다. 하지만 그냥 믿으라는 강요는 사랑에 빠진 연인들처럼 맹목적인 사람들보다는 과학을 신봉하는 사람들에게는 훨씬 더 받아들이기 힘든 것이다. 화학자는 통카를 완전히 믿지 못했다. 왜냐하면 그는 아브라함과는 달리 자신이 아니라 타인에게 벌어진 일을 믿어야만 했기 때문이다. 따라서 그의 믿음은 모험일 수밖에 없다. 왜냐하면 이것은 항상 속을 가능성을 포함하고 있기 때문이다.

> [……] 그는 그런 시험은 단지 자기가 바보같이 속았다는 99퍼센트의 확률을 부정하고 억지로 통카를 믿을 것이냐 아니냐 하는 질문에 지나지 않는다고 말해야만 했다.(6. 298)

오성의 희생과 자신이 사기당할 가능성이 있다는 위험성 속에서 화학자는 모험을 회피하는 시민계급의 보수적 성향을 드러낸다. 그는 결코 '보편성', 즉 객관적 사실에 근거하여 작동되는 오성을 희생시킬 준비가 되어 있지 않았기 때문이다. 비록 그가 오래전부터 그녀의 진실함을 믿고 있었음에도 병석에 있는 통카에게 "너를 믿는다"라는 말을 하지 못한 이유는 객관적 확신이 들지 않기 때문이다. 이런 면에서 그는 객관적 증거를 중시하는 현대 합리주의적 인간의 전형이다. 따라서 무질이 이 소설을 통해 보여주는 것은 '현대인과 믿음의 관계'라는 발터 조켈의 주장은 타당하다.[102] 이와 연관하여 레나테 호만 Renate Homann도 통카의 특성을 '반시대성 Unzeitgemäßigkeit'으로 규정한다.[103] 그녀에 따르면 통카가 화학자의 신뢰를 받지 못한 이유는 엔지니어 정신이 지배하는 시대에 임신했기 때문이다.[104] 만약 그녀가 합리주의가 지배하기 이전, 즉 아직도 사람들이 신화를 믿고 있었던 시대에 처녀수태를 했다면, 그것은 충분히 실현 가능한 것으로 간주되었고, 그녀는 고귀하고 신비로운 존재로 존경을 받을 수 있었을지도 모른다.

> 그러나 어쩌면 다른 시대였더라면 가능할 수도 있겠다고 그는 혼자 말을 했다. [……] 다른 시대였다면 아마 통카는 군주가 구혼을 한다 해도 그리 대수롭지 않게 여겨질 정도로 유명한 처녀가 되었을 것이다. 그러나 오늘날엔 어떤가?(6. 304)

통카의 아기가 치명적인 질병으로 태어나지 못한다는 상황은 여기서 매우 중요한 의미를 지닌다. 이천년 전에는 마리아의 몸으로부터 예수 그리스도의 탄생이라는 기적이 가능했지만, 현대의 질병은 통카의 몸에서 기적이 일어나지 못하게 한다. 여기서 그 질병이란 바로 로고스의 지배이며, 이 때문에 통카는 "반쯤 태어나다만 신화 ein halbgeborener Mythos"로 남을 수밖에 없다. 그녀의 삶은 믿음의 능력을 상실한 시대에 무조건 믿을 것을 요구한다. 그러므로 화학자가 사랑의 완성을 위해 통카를 맹목적으로 믿는 것은 현실을 부정하고 과학자인 자기 정체성을 포기하는 것을 의미한다. 하지만 발명에 성공하여 출세하겠다는 세속적 야망이 너무 강했기 때문에 그는 통카에 대한 완전한 믿음을 거절한다.

> 그러나 널 믿어라는 말만큼은 하지 못했다 [……] 그렇게 하지 않았다는 것이 그를 치유시켜 지상에 묶어둔 것이다.(6. 304)

그럼에도 통카의 임신이 그의 사유와 행동방식을 변화시킨 것은 분명하다. 왜냐하면 미신과 같은 비합리적 요소들이 그의 일상에서 점점 더 넓은 공간을 차지하기 시작했기 때문이다. 복권을 사고 수염을 깍지 않는 미신적 행동은 화학자로 하여금 자신이 근거 없는 어떤 힘에 의존하고 있다고 느끼게 했는데, 이것은 그의 합리주의적 정체성을 위협할 정도로 강력한 느낌이었다. 이로 인해 그는 미신을 믿으며 과학연구를 하는 남자, 즉 '믿지 않지만 믿는 남자 Der ungläubige Gläubige'가 된다.

> 그 결과 그는 정말이지 미신적 인간이 되었다. 저녁에 통카를 데리고 오는 그의 내면에 자리잡은 인간은 미신적으로 된 반면, 또 다른 모습의 한 인간은 학자처럼 연구에 몰두했다.(6. 294)

지킬 박사와 하이드처럼 자아가 분열된 그는 통카가 어떤 사람이고 자기에게 어떤 의미가 있는 존재인지 분명한 결정을 내리지 못한다. 이를 통해 그는 한 사물에 대해 평가를 내릴 때 사물 자체보다는 사물에 대한 믿음이 우선시되어야 한다는 사실을 인식하게 된다.

> 한 인간을 불신해 보라. 그러면 아무리 명백한 정절의 표시라 하더라도 그대로 부정의 표시로 돼버린다. 하지만 한 인간을 믿어보라. 그러면 움직일 수 없는 부정의 증거가 있다 하더라도 그 증거조차 어른한테 쫓겨나 울고 있는 아이처럼 억울하게 오해받은 정절의 표시라고 덮어두게 된다. 그 자체로만 해석될 수 있는 것은 아무것도 없다. 하나는 또 다른 어떤 것에 달려 있어 전체를 믿든지 아니면 불신해야 하며, 그것을 사랑하든지 아니면 기만으로 간주하든지 해야 한다.(6. 296)

객관적으로 보았을 때 통카를 무조건 믿을 경우 그가 속을 확률은 99퍼센트이다. 하지만 확률은 아무것도 확정해 주지 않으며, 단지 '입장'의 문제일 따름이다. 인간은 자신의 입장을 자의적으로 규정할 수 있다. 그는 중요한 사항을 무시하고 보잘것없는 내용을 중시할 수도 있다. 즉 자기 판단에 따라 보편적 견해를 중시하거나 소수의 판단을 중시할 수 있다. 문제는 확률이 아니라 믿음이다. 이성의 확신 옆에는 결백을 주장하는 통카의 순진무구한 얼굴이 있었던 것처럼, 통카의 판단을 이성적 확률이 아니라 통카에 대한 믿음으로부터 출발하면 어떤 결과가 나왔을까? "혹시 진리의 실마리를 따라가지 않고 다른 것을 통해 세상을 걸어갈 수 없을까?"(6. 298)

이로써 설명 불가능한 통카의 임신은 그로 하여금 세계를 신비주의적 믿음의 시각으로 바라볼 수 있게 해 준다. 이제 그에게는 세계의 합리적 질서를 대신하여 '선합리적 믿음 Vorrationale Glaube'이 들어서게 된다. 따라서 통카의 임신은 아득히 멀리 떨어진 동화의 공간에서나 있을 법한 사건이 아니라 '다른상태'로서 화학자의 시민적 삶과 함께 병존하고 있는 현실로 받아들여진다: "그는 발끝에서 머리끝까지 통카를 느꼈고, 그녀의 삶 전체를 느꼈다."(6. 306)

그에게 통카의 죽음은 그녀가 그의 삶에 던져주고 있는 의미에 대해 성찰할 수 있는 기회를 마련해 준다. 이 소설의 주인공은 통카가 아니라 통카의 삶을 회상하고 있는 화학자이다. 통카는 합리성에 갇혀 있는 그의 자아를 해방시키기 위해 초월적 공간에서 온 사절(使節)이다. 그녀로 인해 그는 전인(全人)의 총체적 감정으로 다른 사람을 판단할 수 없는 자신의 무능력을 인식하고, 자신의 과학적, 오성적, 객관적 사고방식을 대신하여 믿음과 신뢰를 통해 상대방을 대하는 좀 더 나은 인간으로 변신한다. 이로써 통카에 대한 기억은 합리주의에 갇혀 있는 자아를 해체하고, 합리주의와 신비주의 전체를 고려하는 새로운 자아를 구성하게 만든다.

6. 신비체험과 자기변신: 『지빠귀』

무질은 『지빠귀』를 1928년 문학잡지 <디 노이에 룬트샤우>에 처음 발표하고 1935년 산문집 『생전유고 Nachlass Zu Lebzeifen』에 이것을 다시 수록한다. 원래 '유고'는 작가가 사망한 후 그를 기억하기 위해 그가 남긴 원고들을 묶어 내놓은 책이라는 점에서 이 산문집의 제목이 『생전유고』였다는 것은 많은 것을 시사한다. 무질은 살아 있는 동안에 유고를 내야 할 정도로 당대의 독서대중으로부터 철저하게 외면당한 '죽은 작가'였다.

무질의 삶에서 최고의 아이러니는, 그가 생전에는 거의 무명작가로 묻혀 있다가 사후에야 비로소 현대소설의 거장으로 추앙받으며 화려하게 부활했다는 것이다.[105]이 책의 운명은 무질의 이런 삶을 단적으로 보여주고 있다. 『생전유고』는 그가 경제적 곤궁을 벗어나기 위해 예전에 잡지나 신문에 발표했던 짧은 산문이나 에세이를 급히 긁어모아 급조한 책[106]이며, 『지빠귀』는 이 책의 제일 마지막 부분에 수록된 작품이다. 그러므로 애초에 그는 이 소설이 대중적 성공을 거둘 것이라고 기대하지 않았다. 하지만 이 상황은 1960년대 초반부터 반전되어 이 텍스트는 독일 명작소설집 및 교과서에 여러 번 수록되었으며 오늘날까지 백만 부 이상 팔린 무질 텍스트 중 가장 많이 읽힌 소설로 기록된다.

이처럼 사후에 재평가된 무질이 생전에 무명작가로 묻혀 있을 수밖에 없었던 이유는 그의 모든 텍스트가 독자의 이해에 저항[107]하기 때문이다. 이미 소설집 『합일』 이후로 무질의 소설은 외적 현실을 그대로 모방하는 전통적 서사기법의 한계를 극복하고, 어둡고 무질서하며, 다층적이고 복잡하며, 시시각각 변하는 인간의 모순된 내면

세계를 정확하게 묘사하는 새로운 서사방식을 실험한다. 우리는 그의 실험정신을 『지빠귀』에서도 찾아볼 수 있는데, 독일어 14쪽 분량의 이 단편소설은 짧은 도입부 Einleitungskapitel와 겉으로 봐서는 서로 어떤 연관성도 없어 보이는 주인공의 세번의 신비체험 이야기로 이루어져 있다. 따라서 전통 소설 독법에 익숙한 독자들은 서로 무관해 보이는 개별 에피소드로 와해되어 있어 하나의 완결된 의미 단위로 받아들일 수 없는 이 텍스트에 대해 고개를 흔들 수밖에 없다. 이 소설에서 화자가 들려주는 세개의 에피소드는 그 의미가 불확실한 암호이며, 이 때문에 독자의 독서행위는 세개의 각각 다른 암호를 짜 맞추어 하나의 완전한 그림을 완성하는 퍼즐게임과 같다.

이 소설의 이해를 위해 독자들이 풀어야 할 숙제는 대략 두 가지다. 그중 하나는 서로 다른 이야기처럼 보이는 세개의 에피소드들을 묶어주는 하나의 공통된 의미를 찾아내는 것이다. 이것은 '다른상태'라는 신비체험과 연관되며, 우리는 '지빠귀'라는 기호를 통해 이 수수께끼를 풀어볼 것이다. 다른 하나는 첫 번째 것과 밀접하게 연관되어 있는 것으로 보편적인 이해가능성으로부터 벗어나 있는, 직접적이며, 일회적이고 비합리적인 신비체험의 서사가능성에 대한 문제이다. 소설의 끝부분에서 세 이야기의 공통된 의미를 묻는 친구의 질문에 주인공은 자포자기의 심정으로 "내가 그 의미를 알았다면, 너에게 이 이야기를 해 줄 필요도 없었을 거야"(5. 562)라고 대답한다. 이 소설의 전체 구조를 보면 주인공이자 화자가 우선 첫 번째 문제를 지각한 독자에게 열린 결말, 비전통적인 줄거리와 형식을 통해 '낯설음의 체험 Verfremdungs－Erlebnis'[108]을 만들어내고 이를 통해 두 번째 문제에 대해 주목하게 만든다. 그것은 바로 문학적 진술의 의미에 대한 문제이자, 화자가 느끼는 언어적 위기의 문제이기도 하다.

『지빠귀』가 무질 문학에서 중요한 위치를 차지하는 이유는, 이 작품이 초기 『퇴를레스의 혼란』(1906) 이후 무질이 천착했던 자아분열과 정체성의 혼란에 대한 성찰을 심화 발전시키고 있을 뿐 아니라, 후에 『특성없는 남자』에서 다룰 '다른상태'라는 테마를 선취하고 있기 때문이다. 무질 소설의 기본구조는 대체로 합리주의만을 신봉하는 한 남자가 생의 전환기에서 이성으로 해명되지 않는 불합리한 사건을 체험함으로써 정체성의 혼란에 빠지며, 이로 인한 자아의 위기를 이성의 영역 밖에 있는 비합리적 '다른 세계'를 받아들임으로써 극복하려 시도한다. 『지빠귀』는 한때 합리주의와 유물론을 신봉했던 주인공 아쯔바이(A2)[109]가 친구 아아인스(A1)에게 자신이 겪었던 불가사의한 경험을 이야기해 주는 형식으로 이루어져 있다.

우리가 이 소설의 서로 다른 세 이야기를 하나의 의미로 연결하기 위해서는 우선 세 에피소드에 공통적으로 나타나고 있는 요소를 찾아야 한다. 한눈에 알 수 있는 것은 이것들이 한 사람의 체험이며, 이 사람이 친구에게 이야기를 해주고 있는 화자라는 것과 세 이야기 모두 '새'라는 라이트모티브 Leitmotiv와 연관되어 있다는 것이다. 소설을 시작하자마자 겉화자 Rahmenerzähler는 이 이야기를 전해 줄 속화자 Binnenerzähler를 소개하면서 그가 어떤 사람인가가 이 소설의 의미해석에 꼭 필요함을 암시한다. 도입부에서 겉화자가 강조하고 있는 것은 이 이야기의 주인공이자 속화자인 A2의 종교적 철학적 전사(前史)이다. A2는 기숙학교에 다녔던 시절 이미 예배시간에 교회탑 난간에 올라가 공중 곡예묘기를 보이며 신에 도전했을 뿐만 아니라 대학시절에는 신과 영혼을 부정하며, 인간을 오로지 생리학적 혹은 경제적 메커니즘에 따라 살아가는 존재로만 파악하는 유물론적 인간관에 심취했었다. 그가 이처럼 "신에 대해 도전"하게 된 것은 인간의 감정, 도덕, 그리고 사람들이 경배하고 신성시하는 숭고한 것들을 모두 무시하며 모든 것을 오로지 유물론적으로만 파악하는 과학적 사유에 경도되어 있었기 때문이다. 이 때문에 그 당시 그의 외모는 근육질의 몸매와 번쩍이는 눈 그리고 "신비주의자의 부드러움보다는 사냥감을 몰고 있는 맹수의 번뜩이는 이빨"을 연상시키는 크고 딱딱한 치아를 가지고 있었다. 하지만 겉화자는 A2가 세 번의 신비체험을 마친 후 친구에게 이 이야기를 해 줄 시점에 그의 외모의 변화를 묘사하면서 소설의 도입부를 끝맺는다.

> 그는, 부드러운 끝이 뒤집어진 채 벽에 기대어 있는 예리하고 성마르며 홀쭉한 말채찍을 떠올리게 했다.(7. 550)

청년시절 그가 근육으로 다져진 곧고 건장한 몸을 가졌다면, 이제 그는 부드럽고 연약한 몸으로 변해 있다. 무질에게 다른상태는 이처럼 경직된 사유에 매몰된 한 인간이 지금까지 믿고 있었던 것과는 질적으로 전혀 다른 체험을 하는 것을 전제로 한다. 이것은 필연적으로 그의 내면세계를 변화시켜 기존의 그와는 전혀 다른 인간으로 변신하게 만든다. 그리고 이 과정에서 그의 몸의 변화도 동시에 일어난다. 그러므로 이 소설에서 나타난 주인공의 몸의 변화는 그가 지금껏 합리주의에 경도되어 있었던 것과는 대조적으로 신비주의자의 유연하고 부드러운 사유방식을 받아들이게 되었음을 암시한다. "뒤집어진 말채찍"처럼 그의 내면세계가 완전히 전도되었다는 것은 그가 친구에게 이야기를 털어놓을 때의 몸자세에서도 암시된다. 그는 반은 곧은 자세로, 그리고 나머지 반은 거의 넘어질듯 주저앉은 자세로 이야기하면서도 매우 편안해한다. 합리주의와 유물론적 사고방식에 확신을 가지고 신에 대해 도전했던 학창시절 그의 몸은 교회탑 난간에서 목숨을 걸고 물구나무서기를 할 정도로 대담하고 강인했으며, 곧은 자세로 무게중심을 잘 잡았다면, 세 번의 기이한 체험으로 자신의 확신에 큰 혼란을 겪은 후 그는 모든 것을 다 받아들일 수 있을 것 같은 엉거주춤한 자세를 더 좋아한다. 하지만 이 변화는 그냥 이루어지는 것이 아니라 화학적 변용을 위한 촉매를 필요로 한다. 여기서 그 기능을 하는 것이 바로 지빠귀다.

무질에 따르면, 인간은 변화를 위해 태어난 존재이며, 끊임없는 변화과정, 영원한 부유상태에서만 참된 자유와 고유한 실존을 경험할 수 있다. 무질의 역설은 인간은 끊임없는 자기 부정을 통해서만 참된 자기를 만날 수 있다는 것이다. 그러므로 무질 문학의 핵심 테마는 인간의 변신 Metamorphose이며, 이것을 가능케 하는 것이 다른상태 체험이다. 우리는 지금까지 경험해 왔던 것과는 질적으로 전혀 다른 세계를 체험할 때만 변화한다. 여기서 주의할 것은 이 다른 세계가 우리와 전혀 다른 공간에 있는 것이 아니라는 점이다. 예를 들어 성충동 Libido처럼 우리가 늘 경험하고 있지만 의식(초자아)의 검열로 인해 내면 깊숙한 곳(무의식)에 억압되어 있는 원초적 본능도 분명히 다른 세계이다. 다른상태는 이처럼 규범 현실에 의해 억압되고 망각된 인간의 고향이자 근원상태를 의미한다. 이 때문에 무질은 다른상태를 잠에서 깨어난 상태라고 본다. 그것은 다른상태 체험을 통해 우리는 의식에 의해 잠든 인간의 고유한 본성을 다시 일깨우기 때문이다. 이 소설에서 지빠귀는 주인공을 의식에 의해 억압되어 망각의 그늘 속에 잠자고 있었던 다른상태로 초대한다.

주인공의 첫 번째 신비체험은 대도시 베를린의 주택가에서 시작된다.

> 두 채, 세 채 또는 네 채의 집들이 서로 뒷벽을 보여주며 몰려 있는 베를린의 저택들이야말로 세상에서 가장 특별한 곳이지.(7. 550)

화자가 자세히 묘사하고 있는 베를린의 집들은 겉으로 보기엔 자기 나름의 고유한 특징을 가지고 인간적인 냄새를 풍기기까지 한다. 앞뒤의 집들은 서로에게 엉덩이를 보여줄 정도로 친밀하고, 부엌과 침실은 정원마당을 내다보며 함께 휴식을 취할 정도로 가까운 정을 나누고 산다. 하지만 이 집에 사는 인간들의 삶은 비인간적이다. 왜냐하면 이들이 이 집들을 규정하는 것이 아니라, 이 집들이 인간의 삶을 미리 규정해 놓고 있기 때문이다.

> 왜냐하면 이 건물에는 모든 침실들이 동일한 위치에 있으며, 창문 벽, 욕실 벽, 장롱 벽 등이 침대가 놓일 자리를 거의 오십 센티미터의 오차범위 안에서 정확하게 정해주고 있기 때문이야. [……] 이 집들에서는 사랑도, 잠도, 생명의 탄생도, 소화도, 예기치 않은 재회도, 근심으로 가득찬 밤이나 즐거운 밤조차도 자판기 속에 차곡차곡 쌓여 올려진 빵들처럼 위아래로 포개져 있지.(7. 550)

무질이 『특성없는 남자』에서 "카카니엔 Kakanien"이라 불린 "초아메리카적 대도시" 빈을 다루었다면, 『지빠귀』에서 그의 관심은 자본주의와 기술의 총화인 대도시 베를린과 이곳에 살고 있는 개인의 갈등이었다. 아파트(공동주택), 기성복, 자판기로 대변되는 도시인의 삶의 방식은 붕어빵처럼 모든 것이 획일화되고, 이 과정에서 개인의 고유한 본성이나 특수한 개성은 평균적인 틀에 맞추어 철저하게 잘려나간다. 이것은 도시인의 주거 양식에서도 드러나는데 똑같이 설계된 공동주택은 개인의 이동의 자유를 오십 센티미터의 오차범위로 제한하고 있으며, 모든 가구는 복제된 것처럼 똑같이 규격화되어 있다. 이처럼 도시는 개인의 자유를 제한하는 곳으로서 개인의 특성이 보편 규범이라는 틀 속으로 편입되기를 강요한다. 이 상황에서 개인의 운명은, 그가 이 집으로 이사 들어오는 순간 이미 정해져 버린다. 이로써 그는 말린 생선처럼 겉으로는 인간의 형태를 갖추고 있지만 내면적으로는 말라 죽은 존재로 살아갈 수밖에 없다.

이처럼 개인의 특수성보다는 보편적 규범이나 표준이 중시되는 사회에서 개인은 예전에 누렸던 세계의 지배자 자리에서 내려와 개별적 특성은 무시당한 채 사회가 부여한 제한된 기능만을 담당하는 꿀벌국가의 구성원으로 강등되거나 A1과 A2처럼 더 이상 이름을 가질 수 없는 익명의 대중, 즉 '특성없는 남자'로 추락한다. 왜냐하면 도시를 지배하는 합법칙성과 계산가능성은 개인의 고유한 체험인 탄생, 사랑, 슬픔, 기쁨조차도 획일적으로 똑같이 만들어 버리기 때문이다. 누구나 똑같은 곳에서 똑같은 방식으로 태어나고, 비슷한 주거형태에서 비슷한 음식을 먹으며 동일한 스타일의 옷을 입고 살다가 똑같은 방식으로 세상을 떠나는 사회에서는 더 이상 고유명사로 불리는 개인의 존재는 불가능하다.

『특성없는 남자』에서 무질은 자신의 특성을 잊고 미리 주어진 일정한 규범이나 틀에 매여 살아가는 도시인의 공허한 삶을 "그와 동일한 일이 일어나다"라는 표현으로 풍자한다. 현대 대중 사회의 익명적 인간으로 전락한 A2 역시 똑같은 일상만 반복되는 자신의 삶을 "내일 아침도 평상시와 다름없는 하루가 되겠지"라고 푸념하며 매일 잠자리에 들고, 기적의 새를 경험한 후에는 "평소에 절대로 일어날 수 없는 일이 어째서 지금 일어나면 안 되는가?"며 반문한다. 그는 자신의 내면세계를 사막처럼 불모의 땅으로 만드는 "대량성과 황량함의 정신 Geist der Massenhaftigkeit und Öde"이 인간의 삶을 무의미하게 만들며, 영적이며 정신적인 삶을 죽이고 있다고 본다. 그러므로 모든 특수하고 예외적인 삶과 계산 불가능한 체험을 살육하는 도시는 그에게 "시카고의 도살장 Schlachthaus in Chikago"과 다름없다.

이 상황에서 A2가 느끼는 '탈출욕망'은 자신에게 허구적 삶을 강요하는 폭압적 현실을 벗어나 자아의 순수한 근원으로 되돌아가려는 회귀본능과 연관된다. 하지만 사회라는 단단한 울타리 속에 갇힌 인간은 결코 이런 근원을 발견할 수 없다. 인간은 태어나면서부터 사회에 편입되며, 사회가 요구하는 행위원칙을 무의식적으로 받아들여 자기행위를 규정하는 준거틀로 삼기 때문이다. 다시 말해 인간들은 자기 행위를 규제할 틀인 문화의 영향력을 태어나면서부터 받기 때문에 너무 쉽게 자아의 근원과 문화의 근원을 일치시킨다. 그 결과 문화가 강요하는 틀을 자신의 일부로 만들어버린 인간은 자기 행위, 생각, 언어가 이 틀에 의존하고 있음을 깨닫지 못하고 문화가 강요하는 상을 자신의 참된 모습으로 알고, 이 허상을 자기 삶의 공허한 버팀목으로 삼는다. 그러므로 사회 속의 개인은 특성없는 인간이며, 그의 행위는 엄격한 의미에서 그 자신의 행위가 아니라 그 뒤에서 개인의 삶을 조정하고 간섭하는 추상적이며 비인간적인 존재의 행위이다. 무질은 이런 의미에서 "특성없는 남자는 남자 없는 특성으로 이루어져 있다"(1. 148)고 주장한다.

무질은 대도시 베를린을 수백만 톤의 돌로 지어진 바위산이며, 그 안에 들어가면 인간의 감정도 얼어 죽게 만드는 살벌한 달풍경으로 묘사한다. 하지만 도시의 건축물뿐 아니라 도시의 모든 제도들 역시 마찬가지다. 기존의 것은 대부분 사람들에게 자연스럽게 받아들여지며, 아무도 이것을 뒤집어 보려고 하지 않는다. 그러므로 자아의 고유한 실존이 가능한 곳으로 탈출하기 위해서 A2에게 제일 먼저 요구되는 것은 사회에 의해 제도화된 우리 시각을 뒤집는 것이다. 이것은 지금까지 현실과 초현실, 현실감각과 가능감각, 규범상태와 다른상태, 합리주의와 신비주의를 엄격하게 나누어왔던 경계를 해체하고, 대립관계에 있는 두 요소를 서로 교통할 수 있게 만드는 것을 의미한다. 그러므로 A2에게는 그동안 이성에 의해 비현실적인 것으로 간주되었던 자기만의 특수한 신비체험조차도 이제 더 이상 실현 불가능한 일이 아니라, 기회가 오면 언제든지 현실화될 수 있는 '가능현실 mögliche Wirklichkeit', '제2의 현실 die zweite Wirklichkeit'이 된다. 무질은 이처럼 현실세계뿐만 아니라 '가능현실'까지도 중시할 줄 아는 인간을 '가능인간 Möglichkeitsmensch'이라 부르는데, 이런 의미에서 A2는 가능인간이다. 왜냐하면 울리히가 라인스도르프 백작의 저택 창가에서 현실의 역겨움을 느끼는 순간 극장의 회전무대처럼 현실과 그 뒤에 숨어 있는 제2의 현실이 뒤바뀌는 체험을 한 것처럼 A2 역시 오월의 이른 새벽 창가에 서서 기존의 현실과 전혀 다른 새로운 세계체험이 다가오고 있음을 예감하며 밖을 내다보고 있기 때문이다.

여기서 주인공이 창가에 서서 어둠과 낯선 세계를 쳐다보는 것은 무질 주인공의 전형적인 제스처다.[110] 이 소설에서 창문은 세 에피소드 모두에 등장하며, 제한된 현실과 무한성을 가르는 벽이자 주인공이 초자연적인 것으로부터 날아온 부름을 듣는 곳이기도 하다.[111] 다른 의미로 창문은 비합리적인 것이 '커튼과 덧창문 사이 좁은 틈을 비집고' 합리적 공간으로 침입해 들어오는 통로다.

모든 개별적 차이를 없애버리는 대도시의 '대량성 Massenhaftigkeit', 이 비인간적인 환경에서 A2는 자주 어머니를 떠올리며 "부모님이 너에게 생명을 선물했어 Sie haben dir das Leben geschenkt."라는 생각을 한다. 이것은 몇 줄 아래 "지금 너는 네 삶을 구입했어 Jetzt hast du dein Leben gekauft"라는 문장과 대조를 이루며, 그의 삶이 두 측면으로 나뉘어 첨예하게 대립하고 있음을 암시한다. 무질이 이미 에세이 「시인의 인식에 관한 스케치」(1918)에서 삶을 합리적 영역 Ratioid과 비합리적 영역 Nicht-Ratioid으로 나누어진 것으로 설명한 것처럼, 이 두 문장을 통해 우리는 A2의 삶이 완전히 정리되어 있고 계산 가능한 합리적 측면과 모든 것이 불분명하고 계산 불가능한 비합리적 측면으로 나뉘어 있음을 알 수 있다. 여기서 중요한 것은 첫 번째 문장이 그에게 계속 영향을 미치며 그의 사유방식의 중요 토대가 된다는 것이다.

> 나는 이 상투적인 문장이 내가 예전에 파묻어 버렸던 불규칙성과 계산 불가능성이라는 보물을 감추고 있다고 믿었다.(7. 551)

그는 자기 삶의 토대는 규칙성과 계산 가능성 밖에 있다는 것, 자아의 고유한 삶(실존)은 '구매', 즉 사람의 생명을 사고파는 보험 회사원처럼 교환행위에 의해 사물화되었다는 것, 그리고 이 사물화에 저항하는 것만이 자신만의 고유한 실존을 가능하게 할 것이라고 믿는다.[112] 그러므로 지빠귀의 노래는 단순히 구매로 이루어진 삶의 공간을 떠나 자신의 근원을 찾아 떠나라는 신호로 해석된다. 요약하자면 합리성과 익명성이 지배하는 이 황무지에서 삶의 근본 토대는 불규칙성과 계산 불가능성에 있다는 것과 부모님이 그에게 생명을 선물했다는 것이 구매된 삶의 현실 뒤에 숨어 있는 삶의 비밀이라는 것을 의식함으로써 그는 질서정연한 세계로부터 탈출해 신비롭고 기적 같은 동화체험을 하고 싶다는 욕망을 느낀다. 그러므로 "그리고 때마침 밤꾀꼬리 새와 관련된 사건이 일어난 거야 Und dann kam eben die Geschichte mit der Nachtigall"라는 문장은 이제 A2가 하게 될 체험의 성격을 규정해 준다. 그는 꿈과 깨어남의 경계상태에서 "무언가 가까이 다가오는 소리"를 듣는다. 그리고 이 소리는 "돌고래가 솟구쳐 오르는 소리", "불꽃놀이를 할 때 폭죽이 터지는 소리" 그리고 "저 멀리 깊숙이 가라앉는 은색별" 등 신비롭고 동화 같은 표현으로 그에게 마법을 건다. 이 순간 그는 자신의 변화를 체험한다.

> 내 생각에 그것은 무언가가 나를 뒤집어 놓은 것 같은 상태였다고 할 수 있어.(7.552)

그의 내면과 외면이 뒤집어진 양말처럼 전도되는 체험은 시공간의 변화를 야기한다. 시간은 열병에 걸린 사람의 맥박처럼 빨리 흐르고, 밝은 빛 속에서 타자와 구분되는 개별자로 분명히 존재했던 그의 외면이 안으로 들어오고, 어둡지만 무한히 충만되었던 그의 내면이 밖으로 나오면서, 그가 있던 방은 텅 빈 것이 아니라 꽉 찬 곳으로 변했고, 밤처럼 어둡지만 투명하고 분명히 느낄 수 있는 공간으로 변한다. 우베 바우어 Uwe Baur에 따르면, 이와 같은 전도체험 Inversionserlebnis은 항상 특수한 물체감각과 연관된다. 이것은 "바위산"과 "하얀 아침이슬이 얇은 띠처럼 그 틈새를 비집고 스며들었다"처럼 딱딱함이 부드러움으로 변화되는 체험을 통해 표현된다. 앞에서 A2의 신체변화에서 이미 살펴보았지만, 무질 주인공에게 신비체험은 반드시 '신체의 유연함'을 동반한다.

이 신비체험이 건 마법은 그가 잠에서 깨어나 이 새가 밤꾀꼬리가 아니라 매우 흔한 지빠귀임을 깨달았을 때도 풀리지 않는다. 왜냐하면 현실에서 동화 같은 예외적인 일이 일어나기를 바랐던 소망은 그에게 연상 작용을 일으켜 지빠귀의 노래를 듣고도 동화세계에 나오는 마법의 새의 노래를 들었다고 믿게 만들었기 때문이다. 그러므로 이제 그에게 이 새가 실제로 밤꾀꼬리인지 아니면 지빠귀인지는 중요하지 않다. 중요한 것은 그의 연상이 창조한 산물이며, 그는 이것을 믿고 기적 같은 일이 일어났다고 믿는 것이다. 그리고 이 새가 자신을 신비적 마술 세계와 친숙했던 유년시절로 데리고 갈 초대장을 가지고 온 "천상의 새 Himmelvogel"라고 여겼을 때 그는 주저없이 이 새를 따라 떠나겠다고 결심한다.

안녕, 내 사랑! 안녕, 내 사랑 내 집 내 도시!(7.552)

이로써 지빠귀는 탈출과 떠남의 신호로 해석될 수 있다. 즉 이것은 도시와 집이 상징하는 시공간적 제한과 부인으로 상징되는 사회적 관습이라는 제약으로부터 무한한 자유를 열어줄 다른 세계로 탈출하라는 신호 Signal다. 이와 연관하여 지빠귀는 영적인 경직상태, 즉 전승된 사유도식으로부터 해방되고자 하는 한 개인이 자신을 독립적 존재로 의식하는 것을 의미하기도 한다.[113] 왜냐하면 그의 탈출은 자기 내면에 억압된 자기 근원을 찾아 지금까지 자신을 규정해 왔던 모든 것을 버리고 떠나는 것을 의미하기 때문이다. 그는 이 탈출을 통해 대중성과 익명성으로부터 해방된다. 이것은 지금까지 살아왔던 삶과는 전혀 다른 방향으로 걸어가는 것이며, 지금껏 그를 제한해 왔던 기존의 가치가 그가 원하는 대로 모두 전도됨을 의미한다. A2가 갑자기 이유 없이 부인을 떠나는 행위도 이를 통해 이해된다. 부인과의 이별은 지금까지 자신을 둘러싸고 있었던 세계, 이제 단번에 낯설게 변해버린 그의 예전 삶과의 관계단절을 암시한다. 이것은 그동안 타성에 젖어 일상화된 아내에 대한 감정이 변했기 때문이다. 제도의 강요에 의해 의무적으로 느끼는 부인에 대한 애정은 이제 그에게 낯설고 거짓된 것처럼 보이며, 죽은 것처럼 깊은 잠에 빠진 그녀에게 더 이상 영혼을 불어넣어 줄 수 없었다. 이제 그녀는 숲 속에 쓰러져 있는 나무토막처럼 그와 어떤 영혼의 교감도 나눌 수 없는 존재로 변했다. 이 상황에서 부인은 그만의 고유하고 참된 실존을 가로막는 장애물일 따름이다. 여기서 무질 주인공의 공통된 특징이 나타나는데, 그것은 절대적 고독을 통해서, 즉 자신을 얽어매고 있는 현실(애인)과 분리됨으로써 주인공이 자신만의 고유한 실존을 체험한다는 것이다. A2는 『사랑의 완성』에서 클라우디네처럼, 그리고 소령부인과의 사랑을 피해 섬으로 도망간 울리히처럼 자기감정의 자유만을 좇아 모든 것을 버리고 아무도 모르는 곳으로 탈출한다.

하지만 이에 대한 대가로 지불해야 할 것은 부인에 대한 배반이다. 자유를 위해 아무 이유 없이 부인을 버리는 행위는 도덕적 비난을 피할 수 없다. 하지만 A2에게 이런 비난은 전혀 문제될 게 없다. 왜냐하면 그가 밤꾀꼬리를 따라 부인을 떠나는 순간, 그는 통상적인 도덕, 즉 인간의 행위나 태도를 규제하는 관습을 무의미한 것으로 간주하기 때문이다. 그에게 도덕은 개인을 제한된 현실에 잡아두기 위해 입힌 억압복 Zwangsjacke일 따름이다. 그는 결혼이라는 관습의 굴레 때문에 자신이 새로 찾게 된 참된 자유를 제한받게 할 수 없었다.[114] 무질에 따르면 참된 자유는 선악의 경계 너머에 존재하며, 이곳에서만 진정한 자아를 발견할 수 있다. 다른상태란 도덕에 의해 규정된 자아의 개체성을 극복하고 보편적인 존재로 고양된 상태를 의미한다. 도덕의 무거운 갑옷을 벗고 한 없이 가벼운 마음으로 선악의 경계를 부유할 때만 개인은 이 다른상태로 올라갈 수 있다.

무질의 실제 전쟁체험을 바탕으로 쓴 두 번째 이야기는 남티롤 전선의 유혈이 낭자한 전초기지에서 A2가 적기에서 날아온 화살이 자신에게 명중될 것 같다는 예감을 하는 순간, 죽음의 공포보다는 내면의 평화와 자유를 느끼는 설명하기 어려운 체험을 다루고 있다. 얼핏 이것은 첫 번째 이야기와 아무 연관이 없어 보인다. 첫 이야기가 대도시 베를린에서 5월의 이른 새벽에 일어난 사건이라면, 이것은 낙엽이 떨어지는 10월 남티롤의 산악지대의 전쟁터에서 일어났으며, 전자가 외부적으로 안정되어 보이는 삶과 내면적 불확실성 사이의 모순을 다루고 있다면, 후자는 외부적 불확실성, 즉 주인공이 항상 생명의 위협을 느끼는 상황과 내면의 평화 사이의 대립을 다루고 있다.

하지만 이런 불일치에도 불구하고 이 두 이야기는 구조적으로 서로 연결된다. 첫째, 전자에서 주인공이 대도시의 대량성과 황량함의 정신으로 인해 개인의 고유성을 상실하고 살아간다면, 후자에서 그는 익명성을 특징으로 하는 군인으로 생사의 경계선을 넘나들고 있다. 『남자는 남자다』에서 브레히트가 풍자한 것처럼, 군인은 더 이상 분리할 수 없는 자신만의 고유한 개체성을 자기에게 부여된 임무와 기능으로 맞바꾸는 특성없는 남자다. 그러므로 군번으로 대체되는 그의 존재는 현대인의 인간소외와 사물화의 전형이며, 이것은 이 이야기에서 전사자의 숫자를 보험회사의 직원들처럼 획일적으로 파악하는 장교들의 태도에서 극명하게 드러난다. 하지만 이처럼 인간의 개성을 무시하는 태도는 주인공에게서도 찾아볼 수 있다. 그 역시 본능적으로 전투에서 살아남을 확률을 계산하며, 자기 존재를 계산 가능성과 생존확률 속에 가두어 버리기 때문이다. 둘째, 전자에서 지빠귀가 자신에게 허구적 삶을 강요하는 현실을 탈출하여 전혀 다른 세계로 들어가 보라고 유혹하는 신호로 해석된다면, 여기서는 동화 같은 기적의 새는 등장하지 않지만, 그 대신 적군의 비행기가 "죽음의 새"라 불리며 등장하고 지빠귀와 마찬가지로 주인공을 현실의 구속으로부터 해방시키는 "화려하고 검은 마법의 새"로 변신한다. 셋째, 전자와 마찬가지로 후자에서도 시각보다는 청각적인 측면이 강조된다. 전자에서 A2가 지빠귀가 부르는 노래를 초현실 세계로 들어오라는 신호로 여겼다면, 후자에서도 자신에게 날아오는 화살소리를 "모차르트의 음악"처럼 아름다운 노래로 듣고, 초월적 존재와의 만남을 암시하는 신호로 해석한다. 특히 첫 번째 이야기에서 A2가 새벽에 창가에서 혼자 새의 노래를 들었던 것처럼, 여기서도 "복음을 기다리는 사도"처럼 일렬로 죽 늘어서 있었던 동료들 중 유일하게 주인공만 "이 미세한 소리 feines Gesang"를 들었다는 점에서, A2는 자신만이 세속적인 세계를 넘어 자유와 해방의 절대적인 존재를 만날 '선택받은 존재'라고 여긴다. 이 점에서 두 번째 이야기에서는 주인공의 탈출 목표, 즉 다른 상태가 첫 번째 이야기에서보다 구체적으로 암시되고 있다고 볼 수 있다. 그것은 종교적 의미에서의 절대자와의 만남이다.

이 에피소드에서도 새와 연관된 신비체험을 통해 A2는 자신을 둘러싸고 있는 경직된 세계로부터 분리됨을 경험한다. 그는 내면의 자유를 얻기 위해, 그리고 자기 자신과 하나됨을 느끼기 위해, 안정되고 확실한 삶과 부인으로 대표되는 관습적 삶을 탈출한다. 하지만 이런 공통점 속에서도 대립성이 발견되는데, 그것은 절대적 존재로부터 선택받음이 전자와는 달리 죽음을 위해 선택받았다는 사실이다. 전자가 새의 부름을 통해 도시의 억압으로부터 자신의 개체성을 살리기 위해 탈출했다고 한다면, 후자는 죽음을 통해 이처럼 살고 싶다는 욕구와 부담으로부터 완전한 자유를 누린다.

따라서 이 이야기에서는 삶을 위한 완전한 해방으로서 죽음[115)]이라는 역설이 대단히 중요하다. 첫 에피소드에서 주인공이 아무 이유 없이 부인을 떠난 것이 이해할 수 없는 사건이었다면, 여기서의 패러독스는 자기 생명을 노리고 날아오는 화살 소리를 듣고도 행복을 느낀다는 것이다. 우리는 무질의 소설에서 이런 역설적 상황을 자주 만난다. 예를 들면 남편에 대한 정조의 의무를 저버리고 다른 남자와 간통을 저지름으로써 남편과의 진정한 사랑의 합일을 시도하는 『사랑의 완성』의 줄거리가 그것이다. 참된 자아를 찾기 위해 부인을 배신하는 A2, 자신의 고유성을 되찾아 참된 개체로 다시 남편과 재합일하기 위해 남편의 믿음을 저버리는 클라우디네, 이 두 사람이 각각 배우자를 떠나는 것은 결혼과 도덕이라는 사회적 관습에 의해 규정된 허구적 자아상을 해체하고, 참되고 고유한 자기상을 되찾으려는 현대인의 모험적 탈출욕구의 표현이다. 무질은 이것을 "자아라는 갑옷을 벗어버리는 것 Entpanzerung des Ich"이라고 부르는데, 그에 따르면 도덕과 관습에 기초한 자아는 자아의 근원상과 일치하지 않기 때문에, 참된 자아를 찾기 위해 우리는 자기 몸을 감싸고 있는 허구적 자아의 갑옷을 벗어버릴 수밖에 없다. 그에게 자기찾기 Selbstsucht란 허구적 자아를 해체하는 것에서부터 시작된다. 『사랑의 완성』에서 무질은 도덕과 관습을 자아의 고유한 실존을 가로막는 장애물이라 여기고, 진정한 자아해방을 위해 도덕의 경계를 넘는 것까지 허용했다. 하지만 『지빠귀』의 두 번째 이야기에서는 여기서 한 발 더 나아가 자아해체의 한 방법으로 '죽음'까지도 받아들인다. A2는 매일 실려 오는 부상자와 전사자를 보면서 자기 주위에 죽음의 그림자가 짙게 드리워져 있음을 직감한다. 하지만 그는 이 상황에서 극도의 공포감과 불안감을 느끼기보다는 그 어느 때보다 평온한 내면의 자유를 느낀다. 그 이유는 이를 통해 그가 "자기존재의 주인 Sultan seiner Existenz"(8.241)이 될 수 있으리라 믿었기 때문이다.

이것은 전쟁터의 이미지와 어울리지 않게 주변경치를 평온하고 아름답게 묘사하게 만든다. 그는 푸른 밤하늘을 금종이로 꾸미고 있는 듯한 수많은 별들과 처녀허리처럼 가느다란 몸으로 밤하늘을 헤엄쳐 다니는 초승달이 연출한 대자연의 낭만적 유혹을 이기지 못하고 목숨을 걸고 진지를 기어가며 산책한다. 여기서 우리는 죽음과 미와 행복이 서로 결합되어 있는 그의 독특한 내면체험을 만나게 되는데, 그것은 그가 주변의 경치에서 느끼고 있는 아름다움을 생명이 위험하지 않은 상황에서는 결코 느낄 수 없는 특별하고 절대적인 미로 여기고 있기 때문이다.[116] 그가 죽음의 공포를 극복하고 자신을 "죽음의 새의 날개 죽지에 붙어 있는 깃털"과 쉽게 동일시할 수 있었던 것도 자기해체를 통해 자기존재의 주인으로 다시 부활할 수 있다는 확신을 가지고 있었기 때문이다.

이런 분위기에서 주인공은 하늘에서 날아오는 소리를 듣게 되는데, 절대적 위험이 다가오고 있음을 암시하는 이 소리는 그가 “지금까지 한 번도 기대해보지 못한 행복한 경험”, 즉 현실을 초월하여 초감각적인 것과 만나는 매우 특별한 경험으로 그를 초대한다. 그는 이 화살이 자신을 맞힐 것 같다는 예감을 받고도, 그것을 죽음의 신호가 아니라 새로운 삶의 신호로 해석한다. 왜냐하면 그때 그는 삶과 이별을 준비해야 하는 두려움 대신에 “생명의 빛”을 보았으며, 이 빛이 죽음의 화살을 영접하기 위해 자기 몸을 빠져나가고 있다고 생각했기 때문이다. 이 순간 그는 자기 인생에서 중요한 변화가 일어나리라는 것을 확신한다. 왜냐하면 여덟 살 때부터 신을 믿지 않았던 그가 이 죽음의 화살을 신으로 간주했기 때문이다.

> 내가 말하고 싶은 것은 몇 분 안에 내 몸 근처로 신이 가까이 다가올 것이라는 것을 확실히 느낄 수 있었다는 거야.(7.556)

이로써 화살은 우리가 볼 수 없는 형이상학적 세계로 들어오라는 신호로 해석될 수 있다.[117] A2는 자기 몸에서 생명의 빛이 빠져나가는 상상을 통해 이미 이런 능력을 갖추게 된다. 왜냐하면 이때 순간적이나마 그는 자기 몸을 빠져나와 아무 것에도 얽매이지 않은 해방의 상태, 자아와 비아의 갈등이 없는 탈경계의 상태, 그리고 이 속에서 자신의 전 존재와 하나가 되는 다른상태를 경험하기 때문이다. 그가 날아오는 화살로 인해 죽음의 공포를 느끼면서도 행복할 수 있었던 것은, 스스로 죽음을 받아들임으로써 죽음의 공포를 극복했고, 또 죽음의 새의 깃털에서 새로운 자아가 탄생할 것이라는 것을 확신했기 때문이다. 그러므로 여기서 죽음은 역설적으로 새롭게 선물받은 삶을 의미한다. 왜냐하면 그는 “일초를 다시 몇 분의 일로 나눈 짧은 시간"에 규칙을 벗어난 계산할 수 없는 힘의 도움을 받아 목숨을 구할 수 있었기 때문이다. 정해진 궤도를 날아온 화살은 인과율의 법칙을 벗어나 그를 피해 옆으로 빗나가 땅속 깊이 박혀버렸다. 그리고 그는 이것을 신의 선물로 해석하고 뜨거운 감사의 마음을 갖는다.

> 이 순간 뜨거운 감사의 마음이 내 몸에 넘쳐흘렀으며 [……] 만약 그때 누군가가 신이 내 몸속으로 들어왔다고 말했어도 나는 그를 비웃지 못했을 거야.(7.557)

이로써 그는 의식에 의존해 모든 것을 합리적으로 성찰하는 '생각하는 인간'에서 불합리한 것도 신뢰하는 '믿는 인간'으로 변할 수 있게 되었다. 이로써 다시 화살은 "죽음의 새"라는 상징과 연결되어 종교적 의미로도 해석될 수 있다. 하지만 한 번의 특별한 경험으로 신을 믿기에 그는 너무 합리적인 인간이었다. 반복된 사건만을 믿는 합리적 인식태도를 아직 버리지 못한 그는 이 특수한 체험을 한 번 더 분명하게 체험하기를 소망한다.

세 번째 이야기에서 다루는 신비체험은 주인공을 위해 죽음을 선택한 어머니 이야기다. 앞의 두 이야기를 통해 드러난 것처럼 A2는 변화를 통해서만 자신의 고유한 자아를 만날 수 있다. 세 번째 이야기에서 그의 이런 변화를 가로막고 있는 것은 어머니다. 왜냐하면 그녀는 소년시절에 각인된 그의 모습을 마치 "출생증명서"처럼 불변의 것으로 여기며 지금까지 그대로 간직하고 있었기 때문이다. "저금통장"처럼 자신을 일정한 틀에 가두어 모아두는 체계나, 유기체인 인간의 변화가능성을 인정하지 않고 예전에 있었던 하나의 고정된 상으로 규정해 버리는 것을 혐오한 그는 어머니의 이런 행위를 자기 삶을 지배하려는 "사자의 본성"으로 여기며 묘한 반감을 느꼈다. 그는 이런 어머니를 함께 서 있으면 대상을 “찌그러져 보이게 만드는 거울”처럼 자신을 늘 불안하게 만드는 존재라고 여겼다. 이 때문에 그는 젊은 시절 집을 떠나 어머니와 소원한 관계를 유지하고 살았다.

비행기에서 쏜 화살이 빗나간 사건이 있은 후 그는 러시아에서 잠시 지내다가 독일로 돌아와 사업을 벌였지만 경제적으로 매우 힘든 시기를 겪었다. 그 당시 어머니는 자식을 도울 수만 있다면 기꺼이 죽어 유산이라도 물려주고 싶다는 내용의 편지를 보냈지만, A2는 이것을 과장된 수사(修辭)로 꾸며진 무의미한 편지로 치부했다. 하지만 이 편지를 받은 지 얼마 되지 않아 어머니가 병에 걸렸으며, 곧 돌아가셨다. 그리고 어머니는 그때까지 건강했던 아버지마저 자기 곁으로 모셔갔다.

우연의 일치라고 치부하고 그냥 넘어갈 수도 있을 것 같은 이 사건에서 A2는 왠지 자기 때문에 어머니가 돌아가셨다는 생각을 지우지 못한다. 그리고 그는 여기서 인간행위를 규정해 주는 눈에 보이지 않는 불가사의한 힘이 숨어 있다고 믿는다. 흔히 우리는 의지가 인간행위를 결정해 준다고 믿는다. 그리고 이것을 근거로 계몽주의 이후 합리화된 인간은 자신을 자기 삶의 주인이라 자부해 왔다. 하지만 이 사건에서 A2가 발견한 놀라운 사실은 인간 행위가 자기 의지에 반해 얼마든지 일어날 수 있다는 것이다. 왜냐하면 그는 어머니가 자식을 위해 죽을 정도로 희생적인 분이 아니라는 것을 잘 알고 있었기 때문이다. 병중에도 그녀는 자신이 일찍 죽어야 한다는 사실에 격렬히 분개했으며, 그 누구보다도 강렬한 삶의 욕구와 의지를 보였다. 그러므로 어머니의 죽음은 그녀가 “또 다른 의지”, 즉 그녀가 의식하지 못했던 의지, 화자가 도입부에서 언급한 “인간 내면에 깊숙이 자리잡고 있는 자아의 층위”에서 내려진 의지를 따른 것으로 해석된다. 이 결정은 의식세계에서 의지에 의해 내려진 것보다 더 깊고 근원적인 곳에서 내려진 것이다. 여기서 중요한 것은 어머니의 죽음을 통해 A2가 인간의 행위결정의 문제에서 지금까지 이성적 의지에 고착된 편협한 시각을 버리고 또 다른 결정방식의 존재를 인정하는 열린 인간으로 변하게 되었다는 것이다. 지금까지 그가 의식과 경험을 통해서만 만들어진 '의지', '생각', '감정'이 인간행위를 규정한다고 믿는 경직된 인간이었다면, 이제 그는 이것은 아주 제한된 범위에서만 우리 행위를 지배하며, 인간 운명이 걸린 결정적 시점에서 내려지는 "근원적 결정"은 의식과 경험을 초월한 미지의 공간에서 의식뿐 아니라 인간 몸 전체가 모두 참여하는 가운데 내려진다고 믿는 유연하고 개방적인 인간으로 변한다. 예전에는 이성과 의지가 인간을 움직이는 추동력이라고 보았다면, 이제 그는 인간이 온몸으로 내리는 근원적 결정 속에 인간을 움직이는 "궁극적 힘과 진실성"이 있다는 것을 알게 된다.

이처럼 그의 변신은 '구매되는 삶'을 지배하는 사유방식, 즉 논리적이며 경험으로 검증 가능한 것만을 믿는 경직된 태도를 '선물받은 삶'에서 통용되는 신비적 믿음의 빛으로 녹임으로써 시작된다.

> 나는 한눈에 알아볼 수 있을 정도로 완전히 변해버렸어. 나를 둘러싸고 있는 딱딱한 것이 순간적으로 녹아 없어져 버렸어. 내가 여기서 말할 수 있는 것은 그 순간 내가 처해 있었던 상황은 내가 집을 떠났던 그날 밤 뜬 눈으로 보냈던 상황과 또 하늘로부터 노래하는 화살을 기다리고 있었던 때의 상황과 아주 유사했다는 것뿐이네.(7.559f.)

이번 체험 역시 A2는 지빠귀가 날아왔던 그날 밤의 상태와 유사함을 강조한다. 이로써 지빠귀는 이 소설의 각각 다른 이야기들을 빈틈없이 하나로 연결시켜 주는 라이트모티브로 기능한다. 따라서 A2는 동일한 테마를 세개의 각각 다른 속이야기 Binnengeschichte로 변주해서 들려주고 있는 것이다. 이 때문에 길베르트 라이스 Gilbert Reis는 이 소설을 '변형반복의 기법 Technik der variierende Wiederholung'으로 구성된 것으로 본다.118) 즉 A2는 자신이 경험한 세 번의 신비체험 속에 숨겨진 공통된 의미를 조화와 모순이 결합된 서사기법을 통해 반복적으로 드러내고 있는 것이다.

무질이 지빠귀라는 기호를 통해 암시하고 있는 이 소설의 중심테마는 '합리 이전의 존재방식 Vorrationale Daseinsform'으로의 회귀다. 그는 합리주의적 규범성에 의해 왜곡된 현재의 자아는 자신이 '다른 상태'라고 부르는 합리주의 이전 시대의 존재 상태로 돌아가야만 구원받을 수 있다고 강조한다. 이에 따르면 이 소설은 첫 에피소드에서 주인공이 관습적 현실의 무의미한 공간을 탈출하는 것으로 시작해서 세 번째 이야기에서 자아의 고유한 근원으로 돌아가는 탈출과 회귀의 순환구조를 이루고 있다. 그러므로 A2가 유년시절을 보낸 방으로 되돌아오는 것은 자아의 고유한 근원으로 회귀하는 것이다. 무질은 이미 초기 에세이 「새로운 미학의 징후 Ansätze zu neuer Ästhetik」(1925)에서 합리적 규범이 지배하는 '규범현실'에서 우리는 자신의 고유한 삶을 영위할 수 없으며, 이성의 강요를 벗어나 세계와 직접적이며 자유롭게 교류할 수 있는 '다른 현실'에서만 자아의 고유한 실존을 체험할 수 있다고 보았다. 이 때문에 그에게는 우리가 불변의 현실로 받아들이는 '규범현실'보다 동화, 신화, 꿈처럼 이성에 의해 마법적, 허구적 현실로 취급받는 '다른 현실'이 존재론적으로 더 참된 가치를 지닌다. 그것은 이 다른상태에서만 우리가 '신비적 참여 mystische Partizipation'를 통해 이성이 갈라놓은 모든 이분법적 경계를 허물고 하나의 우주로 통합되는 인류의 근원적이고 아직 변조되지 않은 삶의 상태를 경험할 수 있기 때문이다. 그러므로 다른 상태란 삶과 죽음, 감각과 초감각, 합리와 비합리, 인간과 자연, 인간과 동물의 모든 차이와 구분이 없었던 태초의 근원적 통일의 유토피아다. 여기서 A2가 지빠귀를 "천상의 새 Himmelsvogel"로 부르는 이유가 분명히 드러난다. 하지만 실낙원 이후 인류가 이 근원세계로 되돌아가는 것은 불가능하다. 그러나 무질은 아이들이 세계와 소통하는 방식 kindliche Weltbezug, 즉 그 어느 것에 의해서도 규정되지 않은 아이의 소박한 사고방식이 창조한 마법의 세계에서 다른상태의 유토피아로 들어갈 수 있는 문을 발견한다.

이 에피소드에는 동화적 모티브들이 많이 등장한다. 이미 첫 번째 이야기에서 밤꾀꼬리의 노래를 비유하기 위해 이용했던 돌고래 모티브는 여기서 옛날 자기 방의 램프를 매달고 있는 돌고래 장식으로 다시 등장한다. 이 방으로 돌아온 A2가 제일 먼저 한 것은 어릴 때 본 동화책을 다시 읽는 것이다. 그는 다락방에서 이 책들을 모아둔 상자를 발견하고, 책을 하나씩 꺼내 "위험한 암초를 헤쳐 나가는 해적들처럼" 책 내용을 하나씩 자기 것으로 만들었다. 여기서 이 동화책 속에 들어 있는 내용은 그가 그토록 찾고자 했던 "불규칙성과 계산 불가능성이라는 보물"이며, 합리성에 찌든 어른들은 오직 이 방법을 통해서만 이 보물에 접근할 수 있다. 그 이유는 어린이들의 동화적 세계관은 현실법칙의 효력을 중지시키기고 상상력의 날개를 통해 마술의 세계를 자유롭게 넘나들기 때문이다.

> 이제 다시 나는 그곳에 앉아 여러 시간을 보내며 다리가 땅에 닿지 않는 어린아이처럼 책을 읽었어. [……] 하지만 유년시절, 두 발 끝이 허공에 뜬 상태로 아주 불안했을 때, 그리고 나중에 집게처럼 힘세고 딱딱한 손이 아니라 아직 프란넬 천처럼 부드러운 두 손을 가지고 있었을 때, 우리는 책 앞에 앉아 있으면 작은 종이배를 타고 폭포를 건너 온 세상을 돌아다니는 것만 같았지(7.561)

성인이 된 그는 이제 유년시절에 읽었던 책에 기대어서만, 거의 잊고 있었던 그리고 한 없이 깊게 숨어 있었던 자신의 근원으로 되돌아 갈 수 있게 된다. 여기서 아이들의 “프란넬 같은 부드러운 손”이나 “두 발이 땅에 닿지 않는 상태”와 무질의 다른상태의 공통점이 드러난다. “집게처럼 힘세고 딱딱한” 어른들의 손은 물건을 확실하게 잡을 수 있겠지만, 정신적으로는 개념의 틀에 매여 대상과 멀리 떨어진 채 경직된 관계를 맺는 반면, 아이들의 부드러운 손은 이성의 매개 없이 세계와 직접 접촉할 수 있다. 이처럼 대상을 보다 가깝게 접근할 수 있다는 것은 모든 것을 멀리서 관조하며 엄격하게 구분하는 경직된 개념체계 너머에 존재하는 것까지 파악할 수 있게 해준다. 그러므로 성인들에게 숨겨진 사물의 비밀도 아이들은 쉽게 풀 수 있다. 아이는 직접성, 즉 이성의 매개를 거치지 않고 진리에 접근하는 ‘초합리적 사고능력’을 지니고 있다. 이 때문에 무질에게 아이는 ‘그와 동일한 일이 일어나다’의 세계 밖에 존재한다. 아이들은 사물을 경직된 개념 체계로부터 해방시켜 좀 더 유연하게 받아들이며, 그것들이 환상의 유희공간에서 자유롭게 뛰어놀도록 만든다. 동시에 이것들은 아이들에게 전혀 낯설지 않다. 그것은 사물들이 아이들의 내면에 들어가 있고, 아이들이 사물들 속에 들어가 있기 때문이다.

> 아주 어린 시절을 회상해 보면, 그 당시에는 내면과 외부세계가 아직 분리되지 않았다고 말할 수 있을 것 같아. 내가 무언가를 향해 기어가면, 그것도 양 날개를 달고 내게 다가왔거든 [……] 우리는 우리 자신을 소유하지도 않았지. 원래 우리와 우리의 개인적 상태는 아직 세계의 상태와 구분되지 않았지.(3.902)

나와 세계를 가르는 경계가 해체되어 자아와 세계가 하나로 결합된 상태, 나중에 무질이 ‘신비적 합일 unio mystica’이라는 개념으로 정리한 이 다른상태에서만 인간은 자신의 고유한 자아를 만날 수 있다. 하지만 이미 합리화된 어른들은 오로지 유년기로 돌아가야만 이에 도달할 수 있다. 왜냐하면 성인들의 현실을 지배하고 있는 내면과 외부의 구분은 아이들의 유연한 상상력을 통해서만 해소되기 때문이다. 어른들처럼 두 발이 땅에 닿으면 폭풍우를 피해 닻을 내린 배처럼 안정감을 찾을 수 있겠지만, 정신적으로 그는 한 곳에 고착되며, 이곳에서 통용되는 습관이 미리 설정해 놓은 울타리를 벗어나기 어렵다. 만약 그가 울타리를 벗어나 자유를 얻으려면, 그는 목숨을 걸고 폭풍우와 싸울 각오를 해야 한다. 무질은 이처럼 생명의 위협이 주는 공포가 드넓은 바다로 나가고자 하는 인간들의 용기를 꺾어 버리며, 그들을 습관의 노예로, 경직된 인간으로 고착시킨다고 본다. 반면에 공중에 뜬 상태로 두 발이 땅에 닿지 않는 아이는 겉으로는 매우 불안해 보이지만, 정신적으로 그는 허공에 뜬 부유 상태의 자유를 마음껏 누릴 수 있다. 이 상태의 장점은 우선 인간을 한 군데 잡아두는 것이 아니라 마음껏 운동하게 하고, 자유롭게 변신하게 한다는 것이다. 그러므로 A2가 발이 땅에 닿지 않는 자세로 다시 회귀했다는 것은, 그가 영적 경직상태로부터 해방되어 변화된 현실체험을 받아들일 수 있게 되었다는 것을 의미한다. 이것은 그가 지금까지 자신이 사물과 맺고 있었던 관계를 완전히 뒤집는 '다른 시각'을 가지고 새롭게 세계를 보게 됨을 의미한다. 이로써 그는 습관적 체험과 다른 기이한 체험을 받아들일 준비를 마친다.

여기서 '기이한 체험'이란 지빠귀가 다시 날아와 그에게 말을 걸고, 자신이 그를 위해 죽은 어머니라고 주장한 것이다. 이 새가 어린 시절 A2가 직접 길렀지만 언젠가 도망쳤다가 이제 다시 돌아와서 그의 엄마라고 말하는 것이 암시하는 것처럼 지빠귀는 그의 내면에 숨어 있는 유년시절의 근원상으로 돌아가고자 하는 소망이자 대도시의 합리적 문명에 묻혀 잠시 잊어버렸다가 이제 다시 찾게 된 자신의 근원이다. 이로써 어머니와 유년시절 그리고 지빠귀는 동일한 의미관계를 형성한다. 그것은 이것들 모두 기이한 체험을 통해 주인공으로 하여금 자신의 근원적 자아로 되돌아오게 만들기 때문이다. 여기서 중요한 것은 '기이한 체험'과 '시각의 변화'가 근원적 자아로 돌아가려는 그의 시도에 반드시 필요하다는 것이다. 왜냐하면 자신의 원상은 다른 공간에 있는 것이 아니라 늘 현실공간에 함께 있었지만, 그의 습관적 태도가 지금까지 이 원상을 찾으려는 노력을 막고 있었기 때문이다. 그러므로 그가 유년시절에 읽었던 책을 다시 읽는 것은 낙원으로의 회귀를 의미한다기보다는, 가장 밑에 있는 것을 가장 위로 올려 보내는 시각의 전도를 의미한다. 여기서 가장 밑에 있는 것이란 '잊혀진 것', '무의식으로 추방된 것', 즉 그가 그동안 습관적 의식에 밀려 깊숙이 숨겨두고 잊어버렸던 <불규칙성과 계산 불가능성>이라는 보물을 의미한다.

아쯔바이는 소설의 마지막 부분에서 다음과 같은 고백으로 이제 소설의 결말을 기대하고 있었던 독자들을 당황하게 만든다.

> 나는 이 이야기를 어떻게 끝내야 할지 모르겠어. [……] 세 이야기는 그냥 그렇게 일어났을 뿐이야. 만약 내가 그 의미를 알았다면 네게 이 이야기를 해 줄 필요도 없었을 거야.(7.562)

이야기의 결말부에 화자가 이야기를 어떻게 종결해야 할지를 모르겠다고 고백한 이유는 지금까지 그가 털어놓았던 체험이 그에게 그만큼 불확실했기 때문이다. 이는 두 번째 에피소드 말미에 그가 이런 종류의 신비체험을 한 번 더 해보고 싶다는 소망을 털어놓은 것에서도 알 수 있다. 하지만 그 다음 이야기의 초반부에 화자가 보고

하고 있는 것처럼, 이번에도 그는 예전보다 더 불확실해 보이며, 이 때문에 그는 이 체험을 친구에게 더욱더 해주고자 한다. 여기서 우리가 알 수 있는 것은 그가 '이야기함', 즉 '서사'를 통해 자신의 신비체험을 좀 더 분명하게 만들기를 바라고 있다는 것이다.

문제는 그가 자기 체험을 분명하게 이야기할 수 없다는 데 있다. 그 이유는 주체, 즉 화자의 위기와 체험의 전달매체인 언어의 위기를 들 수 있다. 이 소설의 특징은 통상 우리가 '전통적 화자'라고 부르는, 소설의 내용과 그 의미 연관관계를 모두 파악하고 있는 전지적 화자가 존재하지 않는다는 것이다. 이 때문에 그는 세 이야기의 의미를 묻는 A1의 질문에 "그것은 그냥 그렇게 일어났을 뿐이야"라고 대답할 수밖에 없었다. 왜냐하면 그가 한 세 번의 신비체험은 그 어떤 의미연관관계도 없으며, 우연적이고, 일어나긴 했지만 그 사건들은 명료한 합법칙성이나 인과관계에 따라 일어나지 않으며, 공통된 의미를 만들어내지 않기 때문이다. 전통적으로 서사란 과거의 이야기를 명쾌하게 해석하여, 그것이 진리임을 확신시키는 기능을 했다면, 이 소설에서 화자의 기능은 거꾸로 현실에서 벌어진 사건의 해석 불가능함을 눈으로 볼 수 있게 만들어 현실의 의미를 열어두는 데 있다.

화자의 위기는 이미 이 소설의 처음 시작부분에서부터 암시된다. 소설의 겉 화자는 이 소설에서 '누가 이야기를 하느냐'가 대단히 중요하다고 강조하고 있음에도 불구하고, 이 화자가 자기 체험에서부터 참된 의미를 만들 수 있는 능력이 있는지를 의심한다. 왜냐하면 그는 속화자에게서 그의 서사능력의 기초가 되는 '현재의 자아'와 '과거의 자아'의 동일성에 의문을 제기하기 때문이다.

세월과 함께 우리는 머리끝에서부터 발끝까지 그리고 살갗에 난 솜

털부터 마음속까지 변한다.(7.548)

한 인간이 시간의 흐름과 함께 철저하게 변한다면, 그리고 그가 지금 '나'라고 부르는 존재도 엄밀히 따지면 과거의 '나'와 다른 존재이고, 미래의 '나'의 모습에서 보자면 타인이 될 가능성이 있다고 본다면, A2의 자아체험 Icherfahrung의 진실성은 충분히 의문시될 수 있다. 즉 A2가 한 체험의 연속성과 동질성이 존재하지 않는다면, 내가 어린 시절 또는 예전에 체험했던 것은 또 다른 자아체험이며, 이 자아는 현재의 자아와 어떤 필연적 연관성도 없다. 그러므로 그가 한 이야기의 의미는 그의 자아의 변화와 함께 언제든지 변할 수 있는 유동적이며 불확실한 것이다. 그럼에도 그가 이처럼 이야기하려고 시도하는 것은 그 의미가 불확실하고 이해하기 힘든 체험을 언어로 번역해 보려는 시도다. 즉 지빠귀의 노래, 하늘에서 떨어지는 화살, 그리고 어머니의 원치 않은 죽음처럼 낯설지만 분명히 자기 삶의 일부를 이루고 있는 초월적 체험을 언어를 통해 자기에게 이해시켜 보려는 시도다. 왜냐하면 이것을 통해 그는 자신에게 확고하고 완전한 의미를 부여할 수 있고, 이를 토대로 잠시 혼란스럽게 분열된 자아 정체성을 다시 되찾을 수 있으리라 생각했기 때문이다.

하지만 언어를 통해 비합리적 체험을 합리적으로 파악해 보려는 시도는 실패할 수밖에 없다. 그것은 언어의 한계를 넘어서는 일이기 때문이다. 『언어철학 논고』에서 비트겐슈타인이 "말할 수 없는 것에 대해 침묵할 것"을 요구했을 때, 그는 분명히 언어의 한계를 합리적, 객관적 영역으로 제한한다. 이 점에서 A2가 한 신비체험은 언어로 표현할 수 있는 경계 너머에 존재한다. 그럼에도 불구하고 그가 언어를 통해 객관화해보려고 시도한다면, 그것은 언어라는 가방에 들어갈 수 없는 이질적 체험을 억지로 집어넣으려는 시도와 다르지 않다. 그 결과 이 체험은 원래의 고유한 형태를 알아 볼 수 없을 정도로 심하게 왜곡될 것이다. 『퇴를레스의 혼란』에서 이미 무질은 신비주의자 메테를링크의 글을 통해 이러한 언어의 한계를 설명하고 있다.

> 우리는 무언가를 입 밖으로 내자마자 바로 그 원래의 가치를 잃어버리고 마는 이상한 경험을 하게 된다. 우린 분명히 저 바다 심연으로 들어갔다고 생각했는데, 다시 위로 올라와 보면, 우리의 창백한 손가락 끝에 묻은 물방울은 더 이상 원래 바다의 것이 아니라는 사실을 깨닫는다. 우린 신비한 보물로 가득찬 보물동굴을 찾았다고 생각하지만, 다시 햇빛으로 나오면, 우리가 가져온 것이 한낱 위조보석이나 유리조각에 불과하다는 것을 알게 된다.(6.7)

A2가 지빠귀를 잡아 새장에 가둔 것은 이처럼 자신의 신비체험을 언어의 감옥 속에 가둔 것과 다름없다. 하지만 그 새가 더 이상 말을 하지 않고, 그냥 평범한 새로 다시 변해버렸다는 것에서 알 수 있듯이 이 체험을 언어로 객관화하면 상투적이며 획일화된 표현으로 변질된다. 더욱이 그 이후로 주인공이 지빠귀와 연관된 어떤 신비체험도 하지 못하며, 지빠귀를 돌보는 일은 습관이 돼버렸다는 점에서 우리가 언어로 지칭하는 순간 그 대상은 '습관적인 것'으로 변질된다는 사실을 알 수 있다.

우리가 A2의 신비체험을 자아를 잊어버리고 현실을 초월하는 엑스터시 체험이라 부른다면, 이 엑스터시란 보고, 생각하고, 체험하는 습관으로부터 빠져나오는 것인 동시에 말하기 습관으로부터 빠져나온 것을 의미한다. 하지만 A2는 이 체험을 자기는 물론이고 타인에게 명확히 하기 위해서는 언어를 필요로 한다. 이 때문에 그는 지속적으로 자신을 오해하게 만들 위험에 빠진다. 그 위험이란 우리의 말이 습관적 메커니즘 속에서만 작용하기 때문에 우리의 의사가 습관화된 도식에 의해 잘못 이해될 위험을 말한다. 이 때문에 울리히는 신의 창조에 대해 “신은 결코 글자 그대로 말하지 않는다”라고 말한다. 따라서 A2가 지빠귀를 어머니처럼 생각했다는 말을 글자 그대로 받아들이면 이 이야기는 부조리해진다. 그는 의식적으로 기호와 그 의미의 불일치성을 드러내 보임으로써 언어가 대상을 소유하고 우상을 만드는 것을 피한다. 하지만 이로써 그는 자기 체험을 객관화하여 소유할 가능성까지 포기해야 한다. 그것은 언어를 통한 파악을 벗어나 있는데, 그는 소설의 맨 마지막 부분에서 이것을 “네가 소곤소곤 속삭이는 작은 나무 소리나 물결이 살랑거리는 소리를 들을 때처럼 이 이야기들은 그 의미를 구분해 낼 수 없는 것들이야”라고 설명한다.

하지만 이로써 이런 신비체험을 전달하려는 무질의 시도가 실패했다고 본다면, 그것은 너무 성급한 판단이다. 왜냐하면 이 소설에 숨어 있는 무질의 의도는 서사의 포기, 즉 언어로 표현할 수 없는 영역이 존재하고 있음을 분명히 보여줌으로써 자신의 신비체험의 실재성을 증명해 내는 것이기 때문이다. 즉 그는 A2로 하여금 친구 A1에게 자신이 한 체험 세계가 어떻게 존재하는지를 객관적으로 설명하지 않고 그것이 존재하고 있다는 사실만을 보여줌으로써 이 체험을 객관화하려고 했다. 비트겐슈타인에 따르면, 신비적인 것, 즉 심오한 의미를 지닌 진리는 말할 수 있는 것이 아니라 “보여줄 수 있을” 따름이다. 이 때문에 A2는 언어화될 수 있는 현실을 모두 부정하며, 이를 통해 우리가 진리라 믿는 현실의 허구성과 과장성을 폭로하고, 동시에 현실이 언제든지 재해석될 수 있는 기호이자 메타포임을 보여준다.

이로써 그는 우리가 말로 언급한 것 그 자체가 아니라, 그 뒤에 숨어 있는 의미가능성에 관심을 가지게 되는데, 그것은 기호의 자명한 구조 속에 드러나는 게 아니라, 기호부여와 철회의 과정에서 부유하며 계속 다르게 말함으로써, 즉 그것이 다른 것이라고 끊임없이 말하는 의미교체의 과정에서 그 의미를 획득한다. 그러므로 A2는 세 번째 이야기를 끝낼 수 없다. 그것은 이 이야기에서 그가 찾고자 하는 의미는 기호부여와 철회가 영원히 반복되는 과정에서만 얻을 수 있기 때문이다. 이 과정은 결코 멈추어지거나 특정한 결과를 만들어 내지 않는다. 그러므로 이 소설은 일종의 내면적 단편으로 끝날 수 밖에 없다. 그것은 이 소설이 하나의 과정이 시작되는 첫 단계만을 보여 줄 뿐, 그것이 끝나는 지점은 보여줄 수 없기 때문이다. 따라서 이 작품은 '유고'로 출판될 수밖에 없다. 그것은 작가의 죽음만이 이 과정을 중단시킬 수 있기 때문이다. 결과적으로 무질은 이처럼 영원히 끝날 수 없는 이야기를 통해 자기가 체험한 비합리적 영역의 무한성을 객관적으로 보여주려 했다.

V 특성없는 남자

1. 특성없음

1) 전통적 주체개념 비판

폰타나 O. M. Fontana와의 인터뷰에서 무질은 "현대인의 삶의 의미 Sinnfrage der Existenz des modernen Menschen"(7. 950)에 대해 문제를 제기하고 철학적으로 그 해결방법을 찾아보기 위해 『특성없는 남자』를 썼다고 밝힌다. 이와 연관하여 에리히 하인텔도 이 소설의 의도를 전쟁 이전에 시민계급이 품고 있었던 부주의하고 태만한 자만심에 저항하기 위해서라고 말한다. 여기서 자만심이란 근대 이후 시민계급의 사상적 토대가 되었던 '개인주의' 이데올로기[119]가 이미 위기에 처했음에도 이 속에서 여전히 안전한 피난처를 구할 수 있다고 믿었던 당시 시민계급의 나태한 의식 상태를 말한다. 무질은 이런 자만심에 동의하지 않으며, 이 구시대적 이데올로기를 통해 실현되는 삶에 대해 더 이상 어떤 내적 연관성도 느끼지도 못했다. 그래서 그는 시대착오적 개인주의 이데올로기가 지배하는 삶과 그 어떤 '내면적 동일성 die innere Identifikation'도 느끼지 못하는 사람을 '특성없는 남자'라고 정의했다.

세기말 사회 전 분야가 급변하는 상황에서 위기에 빠진 것은 변화를 거부하면서 전통 이데올로기를 고집했던 보수적 시민계급이었다. 이미 헤겔이 근대를 '주체성 Subjektivität'[120]의 시대로 규정한 것처럼 이들의 사상적 토대는 개인주의 또는 주관주의였다. 시민계급에게 주체란 영원히 파괴되지 않는 본질이자 실체이며 사유를 통해서 자기 내면에서 세계를 통일, 정립하는 존재, 자유의지에 따라 행위하는 자율적 존재, 변화하면서도 항상 그대로 머무르는 특성의 담지자이며, 타자적 대중과는 분명하게 구분되는 독립된 '사적 개인'이다.

데카르트의 주체는 끊임없이 변화를 거듭하는 세계를 떠받쳐줄 실체를 필요로 하는 서양 논리학과 형이상학의 요구에 의해 탄생했다. 모든 것이 파편처럼 조각조각 흩어져 변화만 계속 거듭한다면, 무엇이 진리인지 가늠해줄 기준이 없을 것이다. 참된 것이 없는 세상은 결국 존재론적으로 아무것도 없는 '무'의 상태와 다름없기 때문에, 철학은 변화하는 것 가운데 불변하는 실체를 요청하지 않을 수 없다. 이 상황에서 데카르트에게는 주체만이 유일하게 진리의 기준이 될 수 있었다. 왜냐하면 주체(내)가 변화하는 허구라고 가정한다면 주체(내)가 인지한 모든 세계도 허구일 수밖에 없기 때문이다.[121] 내가 사유하고 있고, 이를 전제로 내가 존재한다는 사실만은 의심할 여지가 없다는 그의 확신은 주체를 존재하고 있는 것 배후에서 모든 존재를 지탱해 주는 실체로 만들었다.

여기서 실체란 스스로 자신을 규정하는 존재, 자신을 어떤 다른 것에도 의존하지 않는 존재이며, 이 실체로부터 세계에서 변화하는 객체가 탄생한다. 그러므로 데카르트의 '주체이론'은 주체와 객체의 엄격한 분리를 전제로 하는 이원론에 기초한다. 이것은 인간(주체)과 세계(객체)의 관계를 새롭게 정립했는데, 이제 세계는 인간과 동등한 신의 피조물이 아니라, 주체가 임의대로 창조할 수 있는 대상에 지나지 않게 되었다. 즉 사물의 의미는 인간에 의해 표상되고 짜 맞추어지는 가운데 비로소 확인될 수 있었다.[122] 이처럼 근대의 주체는 형이상학적 '절대성', '동일성', '총체성', '자율성'의 특권을 가진 '세계의 중심'이었다.

하지만 "자아의 시대(자유주의)는 무덤으로 보내야만 한다"(Tb. 823)는 무질의 말을 통해 보듯, 전통적 주체, 개인 개념은 1880년세대[123]인 무질에게는 반시대적인 것처럼 보였다. 왜냐하면 산업혁명 이후부터 일차 세계대전 이전까지 유럽은 개인의 개별적 가치보다는 집단의 평균가치가 중시되는 사회였기 때문이다.

> 하지만 가장 중요한 사실은 우리들의 개인적이며 개별적인 운동은 여기서 전혀 문제시되지 않는다는 점이다. 우리들은 보수 또는 진보, 높게 또는 심오하게 생각하고 행동할 수 있다. [……] 하지만 이 모든 것은 평균값에 비하면 전혀 중요하지 않으며, 신과 세계에 문제되는 것은 평균값이지 우리가 아니다!(2. 491)

그는 '전통적인 인간관'이 위기에 처했음을 "오랫동안 인간을 세상 만물의 중심으로 간주해왔던 인간중심적 태도의 해체가 드디어 자아 자체에까지 도달한 것 같다"(1. 150)고 고백한다. 주체의 위기를 '주관성이 세계의 중심에서 추방된 것 Dezentrierung von Subjektivität'[124] 으로 진단하는 무질의 이런 태도에 큰 영향을 미친 사람은 니체와 마흐 E. Mach였다.

니체가 무질에게 끼친 가장 큰 영향은 전통적 주체 개념의 사망선고였다. '신은 죽었다'라는 니체의 선언은 곧 전통 주체의 사망선고였다. 왜냐하면 이 선언의 의미는 현상의 배후에서 대상을 규정하는 모든 형이상학적 실체에 대한 사망선고였기 때문이다.[125] 니체에 따르면 주체는 인과율에 대한 잘못된 믿음에 근거하고 있는 허구이다. 그는 주체가 세계의 중심이라는 가정은 주어(Ich)를 술어의 제약조건으로 믿는 논리학자들의 잘못된 미신에 근거하고 있다고 본다.[126] 우리 행위는 반드시 그 원인, 즉 주체가 있어야 한다는 것은, 술어는 자신을 제약하는 주어를 필요로 한다는 문법적 요구와 마찬가지로 형이상학적 미신에 속한다. 이것은 사유작용(ich denke)이 있을 때, 이 행위에는 반드시 사유작용의 주체(Ich)가 있어야 하며, 이때 주체(주어)는 그 자체로 어떤 다른 것에 의존하지 않으면서 행위

(술어)의 특성을 담지하고 있는 실체여야 한다고 믿게 만들었다. 하지만 무질이 살았던 시대상황, 즉 내 생각이 결코 나만의 고유한 생각이 아니고, '내'가 항상 '주변'에 의해 규정당하는 상황에서 배후에서 사유 행위를 제약하는 불변의 '주체'는 더 이상 설 자리가 없었다.

하지만 '주체의 죽음'을 선언함으로써 니체가 주체의 존재를 완전히 부정한 것이라고 보기는 힘들다. 왜냐하면 그가 부정한 전통 주체는 실체인 주체, 즉 고정된 주체, 유일한 주체, 지속적 통일성을 갖춘 주체이기 때문이다. 그 대신 '넘어가는 인간 Übermensch' 개념에서도 알 수 있는 것처럼, 니체는 다수로 존재하고 끊임없이 변화하는 창조적 주체에 대해서는 유효성을 인정한다.127) 니체 철학의 혁명성은 안정된 실체라는 전통적 주체를 해체하고, 주체에서 '비실체성', '불안정성', '창조성', '복수성'을 찾아냈다는 것이다.

이런 의미에서 '특성없는 남자' 울리히는 현대인의 '비실체성 Insubstantialität'과 '불안정성 Instabilität'을 상징한다. 항상 변화하는 세계에 적응하며 살아야 하는 그에게 자아는 고정되고 확실한 것이 아니라 언제든지 변화 가능한 것이다. 그에게 자아란 매우 잠정적이고 가변적이다.(8. 1393) 이처럼 주체가 더 이상 고유한 '실체'가 아니라고 판명된다면, 이것과 연관된 불변의 특성도 더 이상 주체에게 부여할 수 없다. 무질에게 실체의 상실은 곧 '특성의 상실 Eigenschaftlosigkeit'을 의미한다.128)

실체로서 주체는 에른스트 마흐에 의해 급진적으로 해체된다. 형이상학적 원칙을 배제한 채 삶 그 자체에서 인간을 파악하려 했던 '생철학'의 영향을 받은 마흐의 '경험비판주의 Empiriokritizismus'는 과학적으로 파악 가능한 대상만 철학에서 다룰 것을 요구한다. 이런 실증주의적 태도는 지각하고 있는 현실의 배후에 대해서 질문하지 않으며, 있는 그대로의 자연성만을 탐구할 것을 요구한다. 그러므로 경험으로 증명할 수 없는 실체, 주체, 의식 등 형이상학적 개념은 쓸모없는 것이며 우리가 지각할 수 있는 '감정 Empfindung'만 세계 인식의 기초가 된다.

> 세계가 단지 우리 감정만으로 구성되어 있다는 것은 옳다. 우리가 알고 있는 것은 감정에 관한 것뿐이다. 감정을 산출하는 핵심을 가정하는 것은 [……] 불필요하며 아무 쓸모없다.[129)]

마흐는 감정개념을 통해 심리적인 것과 물리적인 것의 통일을 추구한다. 칸트에게 있어서 심리적인 것과 물리적인 것은 철저하게 구분되는 것이었다. 즉 물리적 세계는 자아 밖에 존재하면서 시간과 공간의 제약 속에서 변화를 겪는 데 반해, 심리적 세계는 인간 주체의 내면세계로서 바깥 세계의 물리적 대상들을 종합, 정리, 표상해낸 세계다. 칸트는 물리적 세계를 객체로, 심리적인 세계를 주체로 엄격하게 구분함으로써 변화가 심한 물리적 세계를 인간 내면으로부터 분리해 내고, 이를 통해 자아의 보편성, 연속성, 동일성을 보장하려고 했다. 하지만 마흐의 눈에는 물리적인 것과 심리적인 것은 그 경계가 불분명할 정도로 구분되지 않으며 서로 연관되어 있다. 일반적으로 우리는 의지와 신체를 '자아'라고 부르고, 물체를 자아로부터 독립된 것으로 또 독자적으로 자아에 맞서 있는 것으로 규정한다. 하지만 조금만 주목해 보면 물체의 독립성은 무너진다. 예를 들어 하얀 구슬이 바닥에 떨어지면 소리가 난다. 이 사태만 보면 물체는 그 구성요소들(색, 소리, 시간, 공간)끼리만 서로 연관성을 가지며 우리 신체와 전혀 무관한 것처럼 보인다. 하지만 우리가 눈을 감으면 구슬이 보이지 않고, 귀를 막으면 구슬이 떨어지는 소리를 듣지 못하는 것처럼 물체의 구성요소들은 서로 간에만 연관성을 가지는 게 아니라 우리 신체의 구성요소와도 연관관계를 가진다. 이런 한에서 우리는 물체를 감정이라 부르고, 이 경우에 있어서 내적 세계와 외적 세계, 물질세계와 정신세계 사이에는 그 어떤 균열도 존재하지 않는다. 마흐에 의하면 우리가 녹색의 나무를 직접 보는 것과 그것을 머리에서 표상하는 것은 서로 다른 것이다. 후자는 전자보다 훨씬 덜 분명하고 희미한 형상일 것이다. 하지만 이 경우에 있어서도 직접 본 나무(물체)와 표상된 나무(심리적 거울)는 그 결합방식만 다를 뿐 그 구성요소(색, 소리, 공간, 시간, 운동감각)는 동일하다. 둘은 '구성분자 Element'들의 결합방식에서 차이 날 따름이다. 즉 물리적 세계와 심리적 세계는 동일한 형태의 구성요소들이 어떨 때는 약하게, 또 어떨 때는 견고하게 결합되어 있다. 우리는 이런 구성분자들을 일반적으로 감정이라 부른다. 그리고 근본적으로 동일한 이 '감정복합체'로부터 물체와 자아를 구분하는 것은 불가능하다.

이로써 칸트 철학의 대전제는 부정된다. 주체와 객체는 서로 분명하게 구분되는 것이 아니라 밀접하게 연관되어 있고, 주체는 외부 경험 세계로부터 끊임없이 영향을 받으며 변한다.

> 자아는 결코 불변하며 분명하고 예리하게 경계 구분되는 통일체가 아니다. 중요한 것은 불변성이나 다른 것과 분명하게 구분되는 성질을 가지고 있다거나 예리하게 경계 구분된다는 데 있는 것이 아니다. 왜냐하면 이 모든 구성분자들은 개인의 삶 속에서 스스로 변화하며, 더욱이 이런 변화는 개인에 의해서 추구되기 때문이다.[130]

이에 따르면, 중요한 것은 자아가 아니라 구성분자다. 자아는 이 '구성분자들의 연관체 Zusammenhang der Elemente'[131]일 따름이다. 자아는 본질적인 것이 아니며 구성분자들이 자아를 형성한다. 이로써 더 이상 분리될 수 없는 실체라는 원자론적 주체개념은 해체된다. 마흐에게 '물체', '자아', '영혼', '질료' 등과 같은 개념은 분석적 추상화과정을 통해 '분자'로 해체된다. 그는 더 이상 분해할 수 없는 경험이나 체험의 가장 단순한 구성요소를 '구성분자 Element'라고 부른다. 하지만 이 구성분자들은 칸트의 물 자체처럼 형이상학적 공간에서 순수하고 고립적으로 존재하는 것이 아니라 다른 구성분자들과 상호 의존관계를 맺으며 '복합체 Komplex'를 구성한다.[132] 주체는 이 구성분자들이 다양한 연관관계를 맺으며 조합된 복합체이며, 이것들이 상호간 어떤 의존관계를 맺느냐에 따라 그 '특성 Eigenschaft'이 변할 수 있다. 그러므로 이 복합체로부터 그 어떤 것도 절대적이며 영속적으로 존재하지 않고, 모든 것은 변한다. 이에 따라 구성분자들이 특성이며, 그 자체로 실체개념의 궁극적 구성요소가 된다. 마흐에 따르면 자아는 '실제적 통일체 eine reale Einheit'가 아니라, 다양하게 배열될 수 있는 특성들을 하나로 통일시키기 위해 만들어 놓은 상징적 암호[133]일 따름이다. 따라서 그에게 자아란 단지 실용적인 목적만을 위해 존재하는 통일체이다. 고립된 사물이 없는 것처럼 '고립된 자아'도 있을 수 없다.[134] 다양한 경험을 하는 자아의 의식은 독립적 '불변상수 Konstante'가 아니라 경험의 복잡한 구조에 의존한다. 이로써 자아는 '열려 있고 offen' '가변적인 variable' 존재로 밀려난다. 이것이 의미하는 것은 자아가 더 이상 '궁극적 근거'가 아니라는 것이며, 따라서 자아는 '근원자 Urheber'도, 자신만의 고유한 감정의 소유자도 아니다. 왜냐하면 선험적으로 주어진 자아라는 실체는 존재하지 않으며, 경험적 자아의 확실성도 요구할 수 없기 때문이다.[135] 이를 근거로 마흐는 "자아는 더 이상 구원될 수 없음 Das Ich ist unrettbar"을 확신한다.

무질은 1908년 베를린 대학에서 에른스트 마흐에 관한 논문 『마흐의 이론에 관한 평가 Beitrag zur Beurteilung der Lehren Machs』로 박사학위를 취득한다. 물론 이 논문에서 무질은 인간의 영적 영역을 계산 가능한 법칙으로 소급하려는 마흐의 실증주의가 근거가 박약함을 증명했지만, 마흐와 같은 출발점에서 주체를 바라보고 있다. 그것은 자아는 불변의 실체가 아니라 감정으로부터 생성된 것이며, 이 감정에 반응하여 변한다는 것이다. 무질의 이런 입장은 『퇴를레스의 혼란』에서 자아를 "감정의 다발 Bündel von Empfindung"로 규정하는 것에서부터 시작하여 『특성없는 남자』에 이르기까지 계속된다.[136)]

> 내 감정은 안에서 그리고 외부에서 형성된다. 그것은 내, 외적으로 변화하며 내면으로부터 그리고 외부로부터 나를 변화시킨다. 그것은 내면으로부터 직접적으로 세계를 변화시키고, 외부로부터도 [……] 간접적으로 변화시킨다.(4. 1161)

여기서 감정은 자신을 구성하는 분자들 사이의 복잡한 상관적 의존성을 토대로 변화한다. 무질은 더 이상 구분가능하고 파괴할 수 없는 '인성 Persönlichkeit'을 믿지 않는다. 개인은 바람에 물결이 움직이듯이 미세한 외부 충격에 의해서도 자신의 모습을 바꿀 수 있다. 왜냐하면 감정복합체를 구성하는 분자들은 외부에서 주어진 것이며, 이 상황에서 그는 외부에서 주어진 우연한 자극을 무기력하게 받아들일 수밖에 없기 때문이다. 따라서 개인의 성격이나 특성은 자기에게 속한 것이 아니라 외부에서 강요되는 '인간 외적 힘 das Unpersöhnliche'들이 작용한 결과이다. 이로써 개인은 인간 외적인 요소로 해체된다.

> [……] 이 땅의 거주민들은 최소한 9가지 성격을 가지고 있는데, 그것은 직업, 민족, 국가, 계급, 지리, 성별, 의식, 무의식 그리고 아마 하나 더 사적인 성격일 것이다. 그는 이 모든 것을 자체 내 합일시키

고 있지만, 그것들이 그를 해체시킨다.(1. 34)

개인은 이제 전인으로서 세계를 마주 대하지 않으며, 인간의 특성은 인간 외부에서 배양되기 때문에 총체적 존재로서의 인간, 완전한 가치를 지닌 독립적 개인은 더 이상 존재하지 않는다. 이제 개인은 외부세계를 마음대로 정립하는 주인이 아니라, 비록 그것이 자신의 내면적 가치체계나 성향과 모순될지라도 외부세계의 법칙과 관습에 적응할 것을 강요받는다. 인간 외적인 것이 인간을 규정하고 있는 상황에서 성격이나 특성은 허구적 가면이며, 그 껍데기를 한 꺼풀씩 벗겨내면 인간에게 남는 것은 아무것도 없을 것이다.[137)]

> 기질이니 성격이니 하는 것은 완전히 겉껍데기에만 존재한다. [……] 좀 더 깊이 들어가 보면 인간은 무로 해체된다. [……] 그곳에서는 개인을 형성할 능력도 성향도 가지지 않는 보편적 관계, 생각들만 존재한다.(8. 1314)

울리히는 밤길을 걷다가 자신의 의지와는 상관없이 시비에 말려들어 싸움을 벌이게 된다. 이 일로 인해 경찰서에 연행되어 심문을 받는데, 이 과정에서 그는 자신만의 고유한 특성이 자신으로부터 떨어져 나가고, 자아가 자기 외적이며 보편적인 구성요소로 해체되는 '탈개인화 Depersonalisierung' 과정을 경험한다.

> 그는 자신의 유, 무죄에 대해서 말하기 전에 이미 자신을 비인간적이며 보편적인 구성요소로 분해하는 기계 속으로 빠져들고 있다고 생각했다. 표현능력은 떨어지지만 세상에서 가장 풍부한 감정을 담고 있는 두 단어인 그의 이름은 여기서 전혀 아무것도 말해주지 않았다. [……] 그의 얼굴은 단지 몽타주로만 간주되었다. [……] 즉 그의 눈은

> 회색 눈이며, 수백만 개의 눈 중 관공서에서 허락한 4개의 눈 가운데 하나였으며, 그의 머리카락은 갈색이고, 외모는 키가 크며, 얼굴은 달걀모양이다. 비록 그것과는 다른 의견을 가지고 있었음에도 그는 그것들 이외의 특별한 특징을 갖지 못했다.(1. 159)

그를 더욱 놀라게 만든 것은 자신이 이 심문과정을 거치는 동안 '통계적 탈마법화 statische Entzauberung des Individuums'[138]를 통해 그 어떤 고유하고 분명한 내용도 갖지 않는 추상화, 보편화된 인간으로 해체, 재구성되어 부활한다는 것이다. 이 때문에 울리히는 개인에 대한 신뢰를 포기한다. 그에게 개인은 특성없는 존재일 따름이다. 고유한 체험이나 특성은 더 이상 존재하지 않는다. 왜냐하면 한때 일회적 고유성을 소유하고 있었던 개인은 이제 "인성의 법칙 Gesetz der Persönlichkeit"(1. 215)을 통해 보편적 존재로 환원되기 때문이다. 이제 개인은 형이상학적 연구대상에서 과학적 연구대상으로 추락한다.

> 우리는 자아의 합법칙적 생성변화를 이해하는 법을, 주변 환경이 자아에게 미치는 영향을, 자아의 구성유형을, 절정의 순간에 자아가 사라진다는 사실을, 한마디로 자아의 형성과 행위를 규제하는 규칙을 배울 거예요. 인성의 법칙이라는 말을 한번 생각해 보세요, 누이 [……] 법칙이란 세상에서 가장 비인간적인 것이기 때문에, 인간은 곧 인간 외적인 것들이 만나는 상상의 장소 이상이 아니게 될 것이니까요.(2. 474)

"자아의 합법칙적 생성변화"라는 표현은 자아가 인간들 사이에 존재하는 인간 외적 구조에 의존하고 있음을 보여준다. 특히 "인간은 인간 외적인 것들이 만나는 상상의 장소"라는 말은 이제 자아가 고정불변한 것이 아니라 비아와의 관계 속에서만 특성을 가지는 비본질적 존재로 떨어졌음을 의미한다. 이로써 인간의 고유성은 인간들 사이의 관계나 이 관계에서 그가 맡고 있는 기능으로 해체된다.

> 돌은 담장 속에 박혀 있을 때 행복하고 또 물방울은 여러 가지 힘과 전체의 긴장이 관통하고 있는 강물 속에 들어가 있을 때 행복하다. 사실상 [……] 개인의 행복도 이런 한에서만 이루어진다. 인간이 자기 스스로 행하고 느끼는 것은, 이를 위해 반드시 그가 전제해야만 하는 것, 즉 다른 사람들이 그를 위해 일반적으로 행하고 느끼는 것에 비하면 극히 미미한 것이다. 그 누구도 자신만의 균형감각만으로 살아가지 않으며, 각자는 자신을 둘러싸고 있는 계층의 균형감각에 의존한다.(2. 523f)

오늘날 인간의 특성은 인간 사이의 관계에 의존하고 있는데, 자아는 자신이 맺고 있는 여러 관계를 통해, 타자에 대한 무한한 기억을 통해, 특히 자신을 타자와 연결시켜 주는 기대를 통해 규정된다.[139) 우리가 개인적 특성이라고 간주하는 것도 대부분 '타자의 특성'이다. 끊임없이 타자와 비교하며 살아가는 우리는 이 타자의 영향에서 벗어날 수 없기 때문이다. 그러므로 개인의 특성이나 운명처럼 보이는 것도 타자와의 교류를 통해 일어난 우연한 사건, 우발적 사건의 결과물일 따름이다.

이런 점에서 울리히의 정체성은 그만의 고유한 특성과 주변 환경과의 상호작용의 결과물로 볼 수 있다.[140) 울리히의 특성은 이 상호작용의 결과에 따라 얼마든지 변할 수 있으며, 항상 전이과정에 있는데 그것은 외부 환경은 언제나 변하며, 이의 영향을 받는 울리히의 특성 역시 항상 변화과정에 있을 수밖에 없기 때문이다. 이로써 특성없는 남자는 항상 전이과정에 있는 인간이다. 따라서 그에게 한 가지 고정된 특성을 부여함으로써 그의 본질을 파악하려는 시도는 실패할 수밖에 없다.

> 그에게는 어떤 이름도 부여하지 못한다. [……] 대부분의 다른 사람들과 마찬가지로 특성없는 남자가 어떤 모습인가에 대해 말하는 것은 어렵지 않다. 그에게는 아주 이따금씩 희미한 불빛이 비칠 따름이다. 이것은 해답을 수정처럼 투명하게 비추려 하지만 항상 다시 뒤로 사라지고 마는 희미한 빛과 같다.(5. 1830)

자아가 '상대 Du'와의 관계에 따라 변하고, 매 상황마다, 매 순간마다 우연한 상황에 의해 '또 다른 자아'가 나올 수 있는 상태에서 '고유한 자아 das eigene Ich'에 대해서 분명하게 정의내리는 것은 불가능하다.

무질은 이런 현실인식을 작품에 그대로 반영하는데, 그는 자신의 소설 주인공들이 타인과의 우연한 만남을 통해 이전까지 확고한 것으로 믿었던 그들의 자아를 해체하고 다시 새롭게 조립하여 새로운 인간으로 부활하는 과정을 그린다. 예를 들면 무질의 남자주인공은 전혀 다른 특성을 지닌 여자주인공을 만나 영향을 받는다. 이로 인해 그들은 기존의 정체성에 불확실성을 느끼고, 이를 계기로 새로운 인간으로 다시 태어나는 경험을 한다. 이처럼 무질 소설의 가장 큰 특징은 '고유한 자아', '고유한 특성'에 대한 의심이다. 그에게 전통주체가 정체성을 가진 '특성있는 인간'이었다면, 현대인은 자아의 고유성을 상실한 채 자신을 개방할 수밖에 없는 '특성없는 인간'[141]이다.

2) 자율주체의 소멸: 모오스부르거

형이상학적 실체로서의 주체의 해체는 그의 행위를 규정하는 도덕의 위기와 직접 연결된다. 소크라테스가 사유와 존재를 동일시하고 도덕과 인식을 결합시킨 후 서양 도덕체계는 형이상학적 실체를 통해 합법성을 공인받아 왔다. 하지만 근대 이후 확립된 경험주의적 태도는 경험을 통해 검증할 수 없는 가상계의 실체에 끊임없이 의심의 눈길을 보냈으며, 특히 산업혁명 이후 서구 사회를 지배한 자연과학적, 기계적 세계관은 초월적 실체에 기초한 일체의 규범을 부정했다.

> 신식 터보 발전기와 증기기관의 여러 장치가 작동하는 것을 눈으로 보고 있는 상황에서 벨베데르의 아폴로상은 여전히 사용가치가 있을까? 선과 악이 불변 가치가 아니라 기능가치라는 상황에서, 즉 한 사람이 한 일이 선이냐가 역사적인 상황에 따라 결정되고, 그 사람이 선한 인간인가가 그의 특성을 평가하는 심리 공학적 기술에 달려 있는 상황에서, 무엇이 선이고 악인가를 따졌던 지난 천 년간의 논쟁이 과연 누구를 매료시키겠는가?(1. 37)

기병과 우마차가 달리던 길에 철도를 놓고, 베틀 소리 대신 공장의 기계음이 우리 귀를 괴롭히기 시작한 시대를 살았던 무질은 이것을 현대화의 충격체험으로 받아들였으며, 이로 인해 형이상학적 실체에 근거한 전통적 진, 선, 미의 규범이 이제 종말을 고했다고 본다.

18세기 인간은 무제약적 존재로 간주되었으며, 그의 내면에는 법칙으로 파악할 수 없는 무한한 영혼이 존재했다.[142] 개인은 모두 일반 법칙으로 환원될 수 없는 무한한 영혼의 소유자이기 때문에 타인과 분명히 구분되는 개체, 주체로 존재할 수 있었다. 하지만 '인성의 법칙'이라는 표현에서도 알 수 있는 것처럼 다윈 이후 인간의 무한한 영혼이 가진 비밀은 과학, 기술에 의해 법칙으로 환원되고 만다. 무질은 인간을 유형화, 법칙화하려는 심리학, 사회학, 생리학적 시도가 결국 인간 영혼에 감춰진 비밀을 푸는 '탈마법화 Entzauberung'의 작업은 되겠지만, 이로 인해 결국 영혼은 사라지고, 개인은 해체될 것이라고 본다.

> 예컨대 영혼을 생물학과 심리학으로 완전히 파악하고 다룰 줄 아는 법을 배우게 되자마자, 인간은 그때도 여전히 영혼을 가질 것이라고 생각할 수 있을까?(1. 215)

전통적으로 선, 악의 특성은 인간 내면세계에 존재하는 것으로 보았는데, 그것은 사유가 존재를 규정한다는 전제 아래 전통 윤리학에서 의식이 인간 행위를 통제할 수 있다고 보았기 때문이다.(1. 117) 하지만 생리학의 조건반사 실험이 보여주듯, 현대의 경험과학은 인간 행위의 원인이 주체의 내면에 존재하는 것이 아니라 외부환경이 가하는 자극에 대한 무의식적이며 조건반사적 반응임을 밝혀냈다. 즉 행위는 실천이성에 의해 시작되는 자유로운 활동이 아니라, 외부자극에서 출발한 충동에 생리학, 심리학, 사회학적으로 의존하고 있다는 것이다. 『특성없는 남자』에서 다루는 사건들, 즉 매춘, 간통, 광기의 발작은 모두 외부에서 가해진 충동이 인간 내면의 실천이성을 제압하고 이루어진다. 이것은 곧 전통적인 인간 중심적 태도의 해체와 인간의 행위주권의 박탈을 의미한다. 무질에 따르면, 인간 존재의 대전제 '나는 생각한다'조차도 부정된다. 생각은 더 이상 주체에 의해서 이루어지는 것이 아니라 저절로, 즉 자동적으로 이루어진다.

> 우리는 생각들이 자신의 유발자를 기다리지 않고 저절로 이루어지고 있다는 다소 황당한 감정을 분명히 느낄 수 있다.(1. 112)

무질은 설사 인간이 도덕적 사유를 통해 이 충동을 극복한다 할지라도, 그것은 인간 외적인 것, 즉 사회적 규범이나 관습이라는 벽을 넘을 수 없기 때문에, 인간의 주체적 사유는 불가능하다고 본다. 무질은 소설 제29장 <규범적 의식상태의 설명과 중단>에서 이 문제를 다루는데, 인간은 젊은 시절 세상을 향해 참신하고 다양한 생각들을 끊임없이 내놓지만, 사회 규범과 일치하는 것들만 다시 되돌아와 그의 의식을 가득 채우며, 나머지 것들은 허공으로 흩어지거나 사라진다. 이로 인해 인간은 나이가 들수록 규범적 인간, 습관적 인간으로 변한다.

> 시간이 지남에 따라 습관적이고 비개인적 생각들이 저절로 강해지고, 특별한 생각들은 사라지게 되어 거의 모든 사람들이 기계적 메커니즘에 따른 확실성을 가진 채 점점 더 평균적인 인간이 된다면, 우리들 앞에 수천 가지 가능성이 놓여 있음에도 습관적인 인간은 왜 습관적인 인간이 되는가 하는 문제가 해명되기 때문이다.(1. 117)

더 이상 개인의 주체적 사유가 불가능하고, 모든 것이 객관 규범에 예속되어 있기 때문에, 오늘날 사람들은 객관정신이 개인의 특성보다 훨씬 근원적이라고 믿는다. 옛날 사람들은 인간에게는 '초개인적인 것 das Überpersönliche'이 들어 있어 인간의 사유행위를 지배한다고 생각했다. 하지만 무질은 오늘날 사유는 그 유발자와는 상관없이 '인간 외적인 것 das Unpersönliche'들이 모여 자동적으로 이루어지는 복잡한 활동으로 본다. 즉 사유는 자아가 아니라 무의식과 인간 외적인 것에 의해 야기된 것이다. 따라서 사유는 자유로운 자의식의 표현이라기보다는 '소외의식'의 표현이며, 사회적 관습의 산물이다.[143)]

지금까지 사람들은 자기 행위를 통해서만 자신을 인식한다고 믿어왔다. 하지만 행위가 의식을 통하지 않고 무의식과 익명의 메커니즘으로부터 나온다면, 우리 행위는 '나의 행위 ich handle'가 아니라 '그것의 행위 es handelt'가 될 것이다. 소설 제7장 <졸도한 상태에서 울리히는 새로운 애인을 끌어 들인다 In einem Zustand von Schwäche zieht sich Ulrich eine neue Geliebte zu>에서 무질은 울리히의 싸움

체험을 통해 행위 순간에는 행위의식이 작용할 수 없다는 것을 보여주며, 이를 근거로 행위는 행위주체의 의지와는 무관하게, 즉 자동적으로 일어날 수밖에 없다고 본다.

> 이 체험의 매력은 아주 짧은 시간 동안 [……] 의식을 통해 통제하는 것이 불가능할 정도로 매우 많으며 서로 상이하고 힘이 가득 실려있으면서도 정확하게 서로 연관된 운동들이 이루어져야 한다는 데 있다.(1. 28)

상대방과 치고받는 싸움은 짧은 시간에 승패가 결정 나기 때문에 행위는 의식의 통제권 밖에서 조건반사적으로 이루어질 수밖에 없다. 무질은 운동선수의 예를 들면서, 권투선수는 시합 전에 연습을 하지만, 그 목적은 근육과 신경이 예상되는 상황에 적절하게 반응하게 하기 위해서이지, 의지, 의도 그리고 의식을 단련하기 위한 것이 아니라고 말한다. 시합장에서 권투선수에게 필요한 것은 근육과 신경이지 '자아'가 아니기 때문이다.(1. 28)

따라서 울리히에게 이 체험은 의식주체의 해체와 추방을 의미한다. 주체의 행위는 의식과는 상관없이 근육과 신경의 반응 메커니즘에 의해 자동적으로 이루어지거나, 사회적 규범에 따라 관습적으로 이루어질 따름이다. 이로써 행위는 의식에 의해 조정되고, 선, 악은 자아의 선의지에 의해 결정된다는 전통 윤리학의 대전제는 위기를 맞는다.

이것은 강간 살인범 모오스부르거의 재판과 연관해서 매우 중요한 의미를 지닌다. 창녀 살해 혐의로 법정에 선 피고인 크리스티안 모오스부르거 Christian Moosbrugger는 34세의 기골이 장대한 목수이며, 순진한 얼굴과는 어울리지 않게 이미 유사한 살인과 폭행 등의 전과가 있는 인물이다. 신문 기사에 따르면, 그는 밤새도록 술을 마시고 새벽에 집으로 돌아가던 중 강가에서 몸을 파는 소녀를 만나 공원으로 유인해 잔인하게 살해한 혐의를 받고 있다.

이 재판의 쟁점은 사실관계의 확인이 아니라 범행 순간의 그의 정신상태다. 왜냐하면 한 인간이 저지른 행위에 대해서 우리가 죄를 묻고 그에 상응한 처벌을 할 수 있기 위해 반드시 전제되어야 할 것은 그의 행위가 천재지변처럼 자연의 필연성에 의해서 어쩔 수 없이 이루어진 것이 아니라 자신의 자유의지에 의해서 이루어졌다는 것이 증명되어야 하기 때문이다. 즉 행위의 순간에 범죄자가 명확한 의식을 가진 상태에서 상대방에 해를 입히겠다는 의지와 의도가 있음이 입증되어야 한다. 무질은 소설 제74장 <1797년 VS 기원전 4세기. 울리히가 아버지의 편지를 받다 Das 4. Jahrhundert v. Chr. gegen das Jahr 1797. Ulrich erhält abermals einen Brief seines Vaters>에서 '책임무능력 Unzurechnungsfähigkeit'이라는 법률 개념을 설명하는데, 이것은 범죄자가 책임능력이 떨어질 경우, 그의 형사상 책임을 면제시켜야 한다는 개념이다.[144]

여기서 우리는 계몽주의적 인간관을 읽을 수 있는데, 그것은 인간은 자유의지를 갖고 있으며, 이 때문에 한 개인이 원하는 행위는 항상 그의 사유와 결합된 행위이며, 결코 본능에 따른 행위가 아니라는 것이다. 요약하면 우리가 한 인간에게 죄를 물을 수 있는 것은 인간이 자유로운 존재이기 때문이다. 여기서 '자유롭다'는 의미는 그가 의식적으로 모든 것을 선택할 수 있다는 것이다. 따라서 그는 자신이 '의식적으로 선택한 행위 act of conscious choice'의 원인이 되며, 이 때문에 행위에 대해 책임을 져야 한다. 이와 반대로 자유롭지 못한 상황, 즉 동물적 본능이나 충동에 의해 사유가 방해받고 있는 상황에서 이루어진 행위는 의지가 작동하지 못했기 때문에 행위의 원인은 그 자신이 아니며, 따라서 그 행위에 대해서 책임을 물을 수 없다.

> 욕구란 결코 우연한 것이 아니며, 우리 자아에서 필연적으로 파생된 자기규정이다. 그러므로 의지는 사유를 통해 규정된다. 그리고 사유가 제대로 작동되지 않는다면, 의지는 더 이상 의지가 아니며, 그런 사람은 오직 자신의 열망의 본성으로 인해서만 행위하는 것이다.(1. 317f)

무질은 소설 제60장 <논리와 윤리의 나라로 소풍 Ausflug ins logisch-sittliche Reich>에서 인간의 '책임능력 Zurechnungsfähigkeit'은 인간을 처벌 가능한 존재로 만들며, 이때 이 '처벌가능성 Strafbarkeit'은 그를 동물과 구분시켜 주는 특성이라고 본다. 그는 기마대에 소속된 말(馬)과 이 말을 타는 기병의 예를 통해 이것을 설명한다. 기마대에서 말이 타려 할 때마다 미친 듯이 날뛰면, 그 말에게 세심한 주의를 기울여 돌보며 최고의 기사와 최고의 사료, 최고의 인내심을 갖고 말을 다룬다. 반면 기마대의 기병이 범죄를 저지르면 그를 수갑을 채워 벼룩이 날뛰는 감옥에 쳐 넣고 먹을 것을 빼앗아버린다.(1. 242)

이렇게 차별대우를 할 수 있는 근거는 말은 단지 동물적 경험세계에 속하는 반면, 기병은 논리적-윤리적 세계에 속하기 때문이다. 칸트의 정의에 따르면 전자는 외적 자연의 물리적 강요가 지배하는 세계인 반면, 후자는 자유가 지배하는 곳이다. 따라서 인간의 자유의지와 책임능력은 그를 동물과 구분시켜 주는 중요한 특성이다. 왜냐하면 책임능력이란 그에게 강요되는 필연성과는 상관없이 스스로의 힘으로 특정한 목적을 위해 헌신할 수 있는 능력을 가진 인간의 상태를 지칭하기 때문이다.

이 때문에 행위의 순간 범인이 자유로운 상태였는가는 책임능력을 따지는 데 중요하다. 인간은 자기의지를 선택할 때만 자유롭다. 그러므로 판사가 모오스부르거에게 "범행 당시에 의식이 흐려졌거나 나가 있었는지"(5. 1702)를 묻는 것은 당연해 보인다. 하지만 사람들이 거친 물살을 빠져나오기 위해 헤엄칠 때처럼 이 행위의 순간에는 그

어떤 의식도 존재하지 않기 때문에 무질은 이것을 완전히 잘못된 질문이라고 본다.(1. 251f)

이 때문에 모오스부르거는 자신의 행위를 자기가 한 것으로 느끼지 않고 번개처럼 자기에게 다가온 것으로 여긴다. 그에게 이것은 자기의식과 무관하게 "자신의 사지와 생각들이 모여 자동적으로 일어난 유희 ein automatisches Spiel seiner Glieder und Gedanken"일 따름이다. 따라서 '행위의식'이 없는 상태에서 이루어진 그의 살인은 남자 없는 특성의 세계에서 행위의 주체 없이 일어난 사건이다. 이 상황에서 행위자는 결코 자기 행위의 주연배우가 아니라 관객에 불과할 따름이다.

행위의 순간 행위의식이 존재하지 않음을 보여주기 위해 화자는 모오스부르거가 창녀를 살해하는 과정을 자세히 전달하고 있다. 밤새 술을 마신 그는 어두운 길을 따라 집으로 갔다. 인적이 드문 새벽 변두리의 음산한 거리에는 금방 누군가 튀어나올 것처럼 두려운 정적만 흐르고 있었다. 오로지 높이 뜬 달빛만이 그에게 안도감을 주었지만, 그의 공포를 완전히 해소시켜 주지는 못했다. 철교를 건너려고 몸을 돌리려는 순간 다리 아래쪽 풀밭에서 몸을 파는 소녀가 말을 걸어왔다. 그녀를 뿌리치려고 발걸음을 재촉했지만 그녀는 집으로 데려가 달라고 간청하며 계속 그의 뒤를 쫓아왔다. 그가 큰 걸음으로 걸으면, 그녀는 옆에서 달렸고, 그가 멈춰서면, 그림자처럼 그녀도 섰다. 이 때문에 그는 자신이 그녀를 자기 뒤쪽으로 빨아들이고 있다고 생각했다. 그는 그녀를 쫓아버리기 위해 몸을 돌려 두 번씩이나 그녀의 얼굴에 침을 뱉었지만 별 소용없었다. 지금까지의 사건 진행과정에서 우리는 그가 의식을 가진 채 현재 벌어지고 있는 상황에 대해 정상적인 사리판단을 하고 있음을 알 수 있다.

하지만 이미 술에 취해 있었고, 어두운 길을 지나오면서 공포에 젖어 있던 그가 공원에 진입하는 순간 그는 마음의 평정을 잃어버린다. 그곳에서 그는 이 근처에 창녀의 뒤를 봐주는 놈이 숨어 있을 것이라고 확신한다. 통상 창녀들 뒤에는 이런 남자들이 있으며, 그렇지 않다면 자기가 싫어하는데도 계속 따라올 이유가 없기 때문이다. 그 순간 그는 그림자가 움직이는 것을 본 것 같았으며, 누군가가 자신을 치려고 나무를 꺾는 소리를 들은 것만 같았다. 자신의 돈을 털기 위해 이 여자가 공원 으슥한 곳에 공범을 숨겨두었으며, 이제 그놈이 나타날 것 같다는 생각이 들자 그는 더욱 두려워지기 시작했다.(1. 73)

더 어두운 길로 접어들자 그의 이마에는 식은땀이 흘렀으며 온몸은 떨렸다. 그녀가 무엇을 하려고 하는지를 기다려야 하는 긴장감이 그를 심한 공포로 몰아넣었다. 이 상태에서 그녀가 무엇을 하든지 간에 그것은 그에게 최악의 공포가 될 것이다. 그는 이 공포를 자신의 손과 발을 묶고 있는 포승줄처럼 느꼈으며, 자신이 이것으로부터 탈출할 수 없을 것이라고 확신하기에 이른다.

> 그때 그는 자신이 그녀로부터 탈출할 수 없음을 알았다. 왜냐하면 그녀를 자기 뒤로 잡아당기는 사람은 바로 자신이었기 때문이었다. 그의 목은 울먹일 때 나오는 구역질로 가득찼다. 그는 걸어갔고, 바로 반걸음 뒤에서 따라오는 존재도 다시 그였다.(1. 74)

필립 페인 Philip Payne은 이것을 '밀실공포 claustrophobic'로 인해 모오스부르거의 건강한 의식이 마비된 것으로 본다.[145] 극도의 공포는 그녀와 그를 동일한 존재로 보는 연상 작용을 일으킨다. '그의 반걸음 뒤에 따라오는 것 das, halb hinter ihm'에서 'das'는 '그 여자'를 사물화하여 받는 대명사이며, 'er'로 표현되는 모오스부르거는 보어, 즉 '여자-주어'의 술어이다. 이것은 다음 문장을 이해하는 데 중요한 열쇠가 된다.

> 옛날에도 그는 다리에 박힌 커다란 나무 조각을 혼자 칼로 뽑아낸 적이 있다. 그는 의사를 기다리기에는 너무 성급한 성격이었기 때문이었다.(1. 74)

사물을 받는 대명사 'das'로 표현된 그녀는 이제 그의 몸에 박힌 '나무 조각'처럼 보이며, 급한 그의 성격은 의사를 기다리지 않고 혼자 이 조각을 제거하기 위해 칼을 들게 만든다: "그는 그녀를 자기 몸 안으로부터 완전히 빼낼 때까지 그녀를 찌른다 stach so lange auf sie ein, bis er sie ganz von sich losgetrennt hatte."(1. 74)

지금까지 살펴본 것처럼 살인의 순간 그 행위를 자극한 것은 정체가 불분명한 '연상'이었기 때문에 그의 살인은 의식적 선택에 의한 행위, 치밀한 계획에 의해 피해자를 선택하고 죽인 행위라기보다는 이성적으로 극복할 수 없는 공포, 의식이 마비된 상태에서 알 수 없고 통제할 수 없는 힘에 의해 저질러진 것이다. 때문에 그가 이 공포로부터 벗어나 마음의 평정을 되찾았을 때 왜 이 소녀를 죽였는지를 몰랐던 것이다.

따라서 제3자인 판사에게 이 사건은 매우 특별한 사건일 수밖에 없었다. 왜냐하면 법률은 정상인과 정신병자를 엄격하게 나누어 재판하는 이분법적 구조[146]를 갖고 있지만, 모오스부르거는 반은 건강하고 반은 정신병자인 제3의 경우, 즉 정상적인 인간이 특별한 자극에 의해 광인으로 돌변한 경우이기 때문이다. 따라서 그에게 모오스부르거의 행위는 "이해할 수 없는 것으로 짜여진 그물 das aus Unverständnis geflochten Netz" 같았다. 판사에게 이 사건은 서로 무관하며, 모오스부르거뿐 아니라 그 외부 어딘가에 있을 다른 원인들에 의해 이루어진 우연한 사건처럼 보였다.(1. 75) 앞서 말한 바와 같이 전통 윤리관에서 범인에게 죄를 물을 수 있는 근거는 행위와 행위자의 동일성, 즉 행위자가 행위의 원인이자 주체이기 때문이다. 하지만 이처럼 행위의 원인이 주체 바깥 어디에도 존재할 수 있고 새들이 가까이 날아들 듯 갑자기 외부에서 다가온 것이라면, 인간이 자기 행위의 원인이라고 말할 수 없을 것이다.

무질은 이미 자신의 박사학위 논문에서 행위의 인과성 개념에 반대했고, 이것을 대신하여 '기능개념'을 사용할 것을 주장했으며, 에세이 「도덕의 양화가능성 Quantificierbarkeit der Moral」(1910 / 11)에서도 그는 '자아가 행위의 원인이다'라는 주장이 근거가 박약함을 지적했다. 뿐만 아니라 '불충분이유율'[147]개념을 통해서 무질이 의도하고자 했던 것도 자아와 자아의 행위 사이에는 어떤 인과성도 존재하지 않는다는 것, 행위가 더 이상 인간에게 매여 있지 않다는 것이었다. 울리히에 따르면, 행위와 행위자는 동일하지도 않고, 인간이 자기 행위의 근원(Ur－Sache)도 아니다.

> 우리는 그때 첫발걸음이 어디서 이루어졌는지 말할 수 없다. 왜냐하면 그것은 상호간에 기능적으로 의존하기 때문이다. [……] 하지만 우리는 지금도 여전히 우리를 둘러싸고 있는 감정의 역장 속에서 원인, 즉 사건의 근원이 되는 것을 선호한다. 비록 우리들 중 어떤 사람은 다른 사람들의 행위를 따라하고 있음에도 그것이 자신의 자발적 행위인 것처럼 말하고 다니니 말이다.(2. 473)

이것은 '인간은 자신의 주인인가?'라는 해묵은 신학적 논쟁을 떠올리게 만든다. 하지만 이에 대해 울리히는 그것은 이미 극복된 구시대의 문제이기 때문에, 신학자들이나 아직도 여전히 마녀사냥을 하려드는 법률가들을 제외하고는 그 누구의 관심도 끌 수 없을 것이라고 말한다. 심리학의 발전이 인간의 자율성을 점점 축소시키고, 과학기술이 인간 영혼이 가진 신비를 풀며 인간을 감싸고 있는 아우라를 걷어내는 시대에 사건은 더 이상 인간에게서 나오지 않는다. 그러므로 소설의 1장 '교통사고 에피소드'에서 사람들이 보여준 태도, 즉 사건을 인간이 원인이 되는 도덕적 문제로 보기보다는 "제동거리"처럼 인간외부에서 이미 결정된 "기술적 문제"로 보려는 태도는 당연한 것인지 모른다. 이와 마찬가지로 모오스부르거 사건도 죄 개념을 자율적 행위의식 속에서 근거지울 수 없기에 전통적인 죄, 무죄 개념은 구시대적인 것이 되었음을 보여주고 있다.

> 예전 사람들이 현대인들보다 훨씬 더 양심적이었다. [……] 이와 반대로 오늘날 책임은 그 중점을 인간에 두지 않고 사건들의 연관관계 속에 둔다. [……] 개인적 책임에 실린 우호적인 무게중심은 가능한 의미들의 상투적 공식체계 속으로 해체될 것이다.(1. 150)

마녀사냥의 예에서도 알 수 있듯 과거에 우리들은 흑사병이나 천재지변과 같은 사건의 원인과 책임을 인간에게 돌렸다. 하지만 현대인은 전염병과 자연재해의 원인을 과학기술적으로 해명하고 있으며, 인간에게 일어나는 모든 사건들은 인간과는 전혀 무관하게 이미 결정되어 있다는 기술-결정론적 태도를 취한다. 결정론적 태도가 지배하는 사회에서는 인간행위의 가치는 인간에 있는 것이 아니라 사건들의 연관관계 속에 존재하며, 상황에 따라 언제든지 변화 가능하다.

> 하나의 행위 또는 한 가지 특성의 가치, 더군다나 이것들의 본질이나 본성은 그것들을 둘러싸고 있는 상황이나, 이것들이 추구하는 목적에 의존하는 것처럼 보인다. 한 마디로 말해 이것들은 어떨 때는 이런 특성을 가지고, 또 어떨 때는 저런 특성을 가지는, 그것들이 속한 전체에 의존한다. [……] 모든 도덕적 사건들은 역장 속에서 이루어졌다. [……] 그것들은 원자가 여러 가지 과학적 결합가능성을 지니고 있듯이

> 선과 악을 포함하고 있다. [……] 그에게 나름대로의 의미를 가진 모든 도덕적 사건들은 다른 것들에 의존하고 있는 기능처럼 보였다.(1. 250f)

이로써 독자적인 의미로 존재하는 선, 악 개념은 사라진다. 이것들은 항상 체계와의 연관성 속에서만 선, 악의 특성을 부여받는다. 무질은 '살인하지 말라'는 도덕률을 통해 이 세상에는 독자적인 의미는 더 이상 존재하지 않음을 설명한다. 즉 똑같은 살인행위라 할지라도 어떤 경우에는 파렴치한 범죄행위가 되지만, 또 어떤 경우에는 영웅적 살인행위가 된다. 또 살인자가 잔인하게 살인을 범했을 때 우리는 그의 냉혹함에 대해 야만적이라고 비난하지만, 수천 명의 부하의 목숨을 책임지는 장군이나 냉철한 의사결정이 중요한 직업을 가진 사람에게는 이런 냉혹함이 미덕이 되기도 한다. 따라서 한 개인의 특성은 독립적으로 존재하는 것이 아니라 원자가 여러 가지 결합가능성을 지닌 것처럼 하나의 역장 Kraftfeld 속에서 그 구성분자들이 어떻게 배열 Konstellation되느냐에 달려 있다. 그러므로 울리히에게 도덕적 가치는 정언명령에 근거한 절대적인 것이 아니라 상황에 따라 언제든지 변할 수 있는 것일 수밖에 없다.(3. 748) 그에게는 동일한 행위라 할지라도 연관관계에 따라 선도, 악도 될 수 있다. 무질은 이미 에세이 「도덕의 생산성 Moralische Fruchtbarkeit」(1913)에서 악은 선의 반대 또는 선의 '부재 Abwesenheit'가 아니며 선과 악은 나란히 존재하는 현상임을 주장한 바 있다. 그에게 이것을 둘로 나누는 형이상학적 도덕관은 과학적이지 않다. 무질에 따르면, 우리가 도둑을 벌하기 위해 필요한 것은 정언명령이라는 궁극적 이유가 아니라 '현재적 이유'이다. 한 인간의 잘못된 행위는 그때 그 순간, 그때 그 상황, 그때 그 결정의 잘못일 따름이다. 따라서 인간의 행위에 대한 해명을 위해 중요한 것은 항상 인간의 상황의존성이다.[148] 이로써 선악은 더 이상 영속적, 보편적, 비역사적 불변가치일 수 없게 된다. 왜냐하면 상황과 관점에 따라 선악의 본질은 언제나 변화 가능한 것이 되었기 때문이다.

> 이런 인식은 도덕규범을 더 이상 확고부동하게 안정된 규정으로 보지 않고 매 순간 자신을 개선하라고 요구하는 유동적 균형체로 보게 만들었다.(1. 252)

울리히가 자기 삶에 대해서 이야기하고자 했을 때, 그는 실험결과를 얻기 위해 미리 조건을 부여하는 것처럼 어떤 유보조건을 달지 않고는 아무 말도 할 수 없다는 것을 알게 된다. 한 인간의 행위와 행위의 내용은 그 다음에 이어질 행위의 연쇄 속에서 그것이 차지하는 위치에 따라 평가되기 때문이다. 이로써 칸트에게 정언명령이었던 도덕은 무질에게는 일정한 목적이나 조건하에서만 정당한 행위지침으로 간주되는 '가언명령'으로 변한다. 인간의 행위가 영웅의 행위인지, 범죄자의 행위인지를 결정하는 것은 인간 자신의 고유한 특성이 아니라 외부상황이다. 이런 의미에서 "오늘날 존재하지 않는 것은 행위하는 인간이 아니라 인간의 행위다 Es fehlt heute nicht an Tatmenschen, sondern an Menschentaten"(5. 1856)라는 무질의 주장은 타당성을 갖는다. 행위 원인과 책임이 더 이상 인간에게 주어져 있지 않은 상황에서 누가 자신의 행위가 자신에게 속한 것이라고 주장할 수 있겠는가? 그러므로 현대인의 행위는 '그와 동일한 일이 일어나다'의 세계에 속해 있으며, 인간의 모든 성격은 불확실하고, 잠정적이며, 가변적이다. 그러므로 현대인의 도덕은 선, 악의 특성을 분명하게 부여할 수 없는 '특성없는 도덕'이다. 여기서 우리는 사람들이 울리히에게 가지고 있는 불만, 즉 그는 왜 불평만 늘어놓고 행위하지 않는가 하는 문제도 적절히 해명할 수 있을 것이다. 특성없는 남자는 행위를 위한 확실한 아르키메데스의 점을 찾지 못했기 때문에 행위 할 수 없는 인간이다.

이처럼 이성에 근거한 자율주체의 해체는 인간행위의 궁극적 지향점의 해체로 이어지며, 이것은 끝없는 미로 속에서 방황하는 현대의 오디세이, 특성없는 인간을 탄생시켰다.

3) 특성없는 남자: 울리히

자율주체의 사망선고는 소설에 세계의 구원이라는 중요한 사명을 안겼다. 무질이 한 때 『특성없는 남자』의 제목을 '구원자 Erlöser'[149]로 정했다는 점에서도 알 수 있는 바와 같이, 그에게 소설은 현대사회에서 주체가 느끼는 실존의 위기, 즉 특성상실의 위기와 구원의 문제에 해답을 주어야 했다.

무질이 본 현대사회는 합리주의 사회, 즉 기술-과학적 사유와 돈의 경제가 지배하는 사회였다. 무질은 갈릴레이가 자연과학이 확인한 사실의 틀 안에서 성경을 해석할 것을 요구한 다음 인류의 역사는 서서히 '믿음'의 시대에서 '사실'의 시대로 변해왔다고 본다.(8. 1364) 전자가 종교적 권위에 대한 믿음이 경험적 사실을 지배한 시대였다면, 사실의 시대는 과학-기술이 신을 추방한 시대를 의미한다. 이것은 인류의 인식수준을 현저히 발전시켰지만, 이로 인해 신적 대상 주변을 맴돌고 있었던 아우라는 걷히게 된다. 즉 인식수준의 발전은 인간에게 더 이상 도달할 수 없는 존재는 없으며, 아무리 멀리 떨어져 있는 존재라 할지라도 충분히 가깝게 느끼게 해주었다. 이제 인간에게는 이성으로 파악 못할 신비한 존재는 있을 수 없으며, 이로 인해 신에 대해 인간이 품고 있었던 경외감은 사라진다.

무질이 사실의 시대와 과학에 대해 비판하고 있는 것은, 이것이 감정을 배제하는 메마른 사고방식(Nüchternheit), 실증주의적 태도, 역학적, 통계적, 유물론적 해석에 치우쳐 인간의 가슴을 철저하게 무시했기 때문이다. 그가 경계한 것은 보편성을 추구하는 과학의 합목적적 논리가 자신만의 고유한 실존을 추구하는 개인의 내면세계까지 무분별하게 침투하는 것이다. 인간의 내면세계는 법칙으로 환원될 수 없는 무한히 자유롭고 특수한 세계이다. 하지만 과학은 안정된 현실을 구성하기 위해 인간 내면의 특수성을 보편 속으로 환원 해체시켜 버리는 폭력을 범한다.

모든 것을 자로 재고, 저울에 달아 수량화하는 과학의 환원주의적 방법론은 자본주의적 교류형식에도 그대로 적용된다. 왜냐하면 자본주의에서도 모든 대상은 상품이며, 이것은 곧 돈으로 수량화되기 때문이다. 이로써 현대성의 공간에서 '과학-기술'과 '자본주의'는 합리주의라는 공통분모를 통해 하나로 통합된다. 이렇게 통합된 과학-기술과 자본주의는 합리성, 실용성이라는 가치를 통해 전통사회의 가치와 단절을 시도한다.

전통사회가 '신분'과 '종교'에 의해 조직되었다면, 현대사회는 '돈'을 통해 인간관계를 조직한다. 인간의 삶은 재화획득의 과정이기 때문에 소유와 인간존재는 불가분의 관계다.[150] 문제는 자본주의 사회에 와서 소유는 생존에 필요한 필수 재화를 공급한다는 원래의 기능을 뛰어넘어 인간의 계급을 결정해 주는 결정적 요소가 되었다는 것이다. 전통사회가 신의 권위를 빌려 확립한 신분제에 의해 조직된 사회였다면, 현대사회는 합리성을 무기로 비합리적인 권위를 몰아내고, 소유라는 합리적 기재에 기초해 재구성된 사회다.

무질은 자연과학과 자본주의의 폭력적 환원주의를 다윈의 '진화론'과 연결하여 새로운 사회조직론을 만들어낸다.[151] 생존투쟁에서 승리한 자만이 지배자가 되는 자본주의 사회에서는 자본의 양에 따라 사회적 지위가 결정된다. 무질에게 돈은 세계의 지배자이며, 인간의 고유한 본성을 하나의 가치로 획일화하는 정신의 폭력이고, 자본주의는 인간 생존의 가장 확실한 특성인 '자아추구'의 욕구를 돈의 서열에 따라 합리적으로 관리하는 체제다.(8. 1387)

> 돈은 폭력과 마찬가지로 인간관계를 다루는 확실한 수단이 아닙니까? [……] 그것은 정신화된 폭력이고, 잘 다듬어 고도로 발전시켜 창조적으로 만든 폭력의 특수한 형식입니다. [……] 돈을 벌 수 있는 능력에 따라 서열을 매겨 자아추구 욕구를 조직화한 체제인 자본주의는 세상에서 가장 위대하고 인간적인 질서입니다.(2. 508)

아른하임[152)]은 부는 인간을 규정하는 확실한 성격특성이며, 돈은 피 속의 체액처럼 우리 몸을 순환하고 있기에 돈에 대한 욕망을 느끼는 것은 우리가 숨 쉴 공기를 필요로 하는 것처럼 당연한 것으로 느낀다.

자본주의 사회에서 돈의 마술적 위력은 물질적 재화에만 국한된 것이 아니라, 위대함, 명예, 양심, 도덕, 특성, 지적능력 등과 같은 정신적 가치에까지 뻗친다. 명예와 타인의 정신적 능력까지 돈으로 살 수 있는 곳은 정신을 산업화할 수 있는 사회다. 아른하임은 이것을 '정신산업 Großindustrie des Geistes'(2. 429)이라고 부르는데, 이것은 산업이 정신의 영역에 침투하여 공적인 양심까지 지배하게 만들었다. 정신이 산업화된 세계에서 가장 중요한 것은 효율성, 도구적 합리성이며, 이 사회를 지배하는 규칙은 도덕률이 아니라 수요-공급의 법칙이다. 이 법칙은 서로 자유롭게 결합하면서 한 개인의 내면세계에 들어 있는 고유한 특성을 교환가치로 환원시킨다. 이 때문에 자본사회에서 개인은 "내용이 텅 빈 껍데기"로만 살아갈 것을 강요받는다.

> 영화, 극장, 춤 무대, 콘서트, 자동차, 비행기에서 [······] 계속 거대한 겉껍데기만 형성된다. [······] 반면에 내면은 형체도 없고, 안개가 자욱하며, 압박받은 채 뒤로 밀려나 있다.(2. 408)

무질은 이처럼 인간 내면세계가 몰락하는 상황을 '이념 지배 시대의 몰락'으로 규정한다. 그에 따르면, 정신이 상품으로 둔갑하고, 사상가의 역할을 수요와 공급 법칙에 따라 행동하는 장사꾼이 대신하는 시대에는, 인간 내면세계를 대표하는 이상이나 인간 두뇌는 세계의 중심에서 주변부로 밀려날 수밖에 없다.

현대화의 부산물인 도시화와 '대중'의 등장은 주체의 해체에 결정적인 영향을 미친다. 뉴욕, 파리, 런던, 베를린 등 대도시의 등장은 개인의 자율적, 자주적 삶을 가능케 했던 자급자족의 농업사회를 노동분업을 통해 서로 의지하지 않고서는 살 수 없는 대도시 중심의 사회로 바꾸어 놓았다. 이처럼 농촌에서 도시로의 전환은 곧 인간관계가 내면적, 영적으로 맺어지는 공동체에서 개인의 사적 목적이나 유용성에 의해 맺어지는 이익사회로의 전환을 의미한다.[153] 이 속에서 개인은 자신의 고유한 특성을 존중받을 수 없으며, 단지 대중 속에 익명적 존재로 추상화된 채 살아갈 수밖에 없다.

> 시골에서는 신들이 여전히 사람들을 찾아오며, 그곳에서 사람들은 누군가이며, 무언가를 체험한다고 생각했지만 수천 가지 체험이 존재하는 도시에서 사람들은 더 이상 이 체험을 자신과 연관 짓지 못한다. 그러므로 악명 높은 삶의 추상화가 시작된다.(3. 649)

무질은 현대인을 '개미집 Ameisenbau' 속에서 개성을 무시한 채 일정한 기능만 담당하도록 강요받는 익명의 대중으로 보았으며, 이런 대중으로 구성된 현대국가를 '꿀벌국가 Bienenstaat'라고 부른다.

따라서 대중의 등장은 '개인의 소외', '개인에 의존하고 있는 문화의 종말'과 집단주의 사회로의 이행을 의미한다.

무질에게 중요한 것은 집단주의 사회에서 개인의 고유성을 구원하는 것이다. 여기서 문제는 합리화된 현대사회가 개인에게 끊임없이 특성상실을 강요하는 상황에서 어떻게 개인이 소외를 극복하고 자기만의 고유한 존재의미를 확보할 수 있을까 하는 점이다. 현대사회에서 특성은 결코 개인의 고유한 개성의 표현이 아니며 완전히 개인 밖에 존재한다. 울리히는 이처럼 외부의 이름 모를 어떤 것(Es)이 자아를 규정하도록 내버려두지 않기 위해, 즉 자기 고유성을 구원하기 위해 '중요한 남자 ein bedeutender Mann'가 되고자 한다.[154)]

그 첫 번째 시도로 그는 군인이라는 직업을 선택한다. 폭력을 통해 세계의 지배자가 된 영웅들을 동경했던 어린 시절 울리히는 나폴레옹을 중요한 남자로 여겼다. 선생님이 그가 유럽에서 가장 강한 권력을 누렸던 군주라고 가르쳤기 때문이다. 당시 그는 절대권력이 남에게 예속되지 않을 권리, 타인이 내 운명을 규정하지 못하게 할 권리를 자신에게 부여할 것이며, 이를 통해 스스로 의미를 부여하는 인간이 될 것이라고 여겼다. 이 때문에 그는 나폴레옹처럼 군인이 되기를 원했으며, 세계를 뒤흔드는 모험의 무대에 주인공으로 나서, 현실의 질병을 치료하는 구원자가 되고 싶었다. 하지만 더 이상 영웅과 천재를 허용하지 않는 집단주의 사회에서 그의 영웅적 소망은 낭만주의적 이데올로기처럼 반시대적이었으며, 계급이라는 사회적 장애물에 부딪쳐 꿈을 접어야 했다.

아버지 세대가 이루어 놓은 산업문명의 수혜자인 울리히는 과학적 사고방식에 친숙했으면서도, 구시대의 질서에 안주하려는 양면성을 갖고 있었다. 그가 중요한 인간이 되기 위해 최초로 선택한 직업이 기병장교였다는 것은, 아버지 시대의 가치를 따라 배웠기 때문이다.

하지만 이것이 자기 시대에는 무의미하다는 것을 알게 되었을 때 그는 미련 없이 말을 갈아탄다. 그는 기병장교에서 전보다 열 배나 빨리 달릴 수 있는 말을 만드는 엔지니어가 된다. 그가 이 직업을 선택한 이유는 첫 번째 꿈의 좌절과 무관치 않다. 장교의 꿈을 좌절시킨 신분제도는 인간관계를 불합리하게 조직하는 제도였다. 전통적으로 귀족들이 누린 특권은 신에 의해 부여된 권리로 정당화되어 왔기 때문에 수백 년 동안 존속될 수 있었다. 하지만 과학, 기술적 사유는 증명할 수 없는 존재에 의해 정당화되는 제도를 의문시함으로써 그동안 인간을 구속해 왔던 비합리적 제도와 이데올로기를 비판한다.

> 기술적 입장에서 바라본다면, 이 세상은 그저 웃길 따름이고, 모든 인간관계가 실용적이지도 않으며, 그 방법에 있어서도 극히 비경제적이고 부정확하다.(1. 37)

이로써 울리히는 기술의 발전 속도를 따라오지 못하는 전통사회를 비판하면서, 미래주의자들의 기술숭배 사상을 그대로 받아들인다. 그가 엔지니어라는 직업을 선택한 이유는 엔지니어들이 인간관계의 합리화, 수량화를 상징하는 계산자 Rechenschieber를 통해 모든 불합리한 제도의 권위를 의심하고, 실험과 분석을 통해 허구성을 벗겨냄으로써 새 질서와 인간관계를 창조할 수 있을 것이라고 믿었기 때문이다. 이 무렵 그에게는 오로지 기술적 사유만이 세계를 합리적으로 개선할 수 있는 수단이었으며, 이 때문에 엔지니어는 가장 진보적인 역사의식을 가진 자들만의 진취적인 직업처럼 보였다. 엔지니어는 미래의 예언자이자, 기술적 사유를 통해 새로운 세계를 창조하는 새 시대의 구원자였다.

하지만 엔지니어들의 실제 삶은 울리히가 이 직업에 대해 가지고 있었던 이미지와 맞지 않았다. 엔지니어에 대해 품고 있었던 진취적,

도전적 인상은 첫 출근하는 날, 동료들의 구태의연하고 관습적인 삶의 태도를 확인하는 순간 깨진다. 그들은 똑같이 구식 디자인의 양복을 입었고, 똑같은 위치에 한 치의 오차 없이 동일한 방향으로 흘러내리는 줄시계를 차고 다녔으며, 똑같은 장신구를 하고 다녔다. 여기서 그가 발견한 것은 기술의 '냉철한 개혁성향'과 일터에서 보여준 엔지니어들의 '구태의연한 생활방식' 사이의 차이였다. 그의 눈에 비친 엔지니어들은 자신들이 가진 무한한 가능성을 무시당한 채 오로지 한 가지 영역에서만 일할 것을 강요당하는 노동자였다. 그들은 자기 직업 외의 다른 분야에 대해서는 결코 이야기하려 들지 않았으며, 설사 이야기할지라도, 자신하고는 무관한 듯 피상적이며 어색하게 말했다. 즉 그들은 기술의 본질적 의미, 기술이 인간에게 어떤 의미가 있는지 전혀 생각하지 않았으며, 오직 기술의 순수 외형적 발전만을 추구했고, 이에 자부심을 느끼고 있었다.

> 그들의 냉철한 사유방식을 기계가 아니라 자신에게 적용해 보라는 제안에 대해 그들은 해머를 원래 용도와는 다르게 살인무기로 사용하라는 요구와 마찬가지로 부당한 것으로 느꼈다.(1. 38)

따라서 무질에게 엔지니어는 냉철한 사유능력을 기계 대신 자신에게 적용할 만큼 성장하지 못한 인간이며, 이와 같은 '자기성찰'의 금지는 엔지니어에게 외부에서 설정된 한계를 부여하는 것이었다. 이렇게 해서 울리히의 두 번째 시도 역시 곧 막을 내리고 만다.

울리히는 세 번째 직업이자 중요한 남자가 되기 위한 마지막 시도로 수학자의 길을 선택한다. 겉으로 보면 엔지니어와 수학자는 서로 비슷한데 그는 왜 수학자가 되려고 했을까? 그것은 수학에 대한 엔지니어들의 생각과 그의 입장이 달랐기 때문이다. 그에게 수학은 합리적 과학일 뿐만 아니라 인간의 근원 꿈을 현실로 바꾸는 마술이자 종교이며 의식(儀式)이다. 그에 따르면, 오늘날 수학을 통해 태어난 기술은 옛날 사람들의 신화적 환상으로부터 나온 것이기 때문에, 수학은 인류의 신화와 동화 단계에서의 사유형식이다. 따라서 수학 속에는 칼처럼 차갑고 예리한 합리적 사유형식뿐 아니라 인류의 꿈과 영혼의 활동을 허용하는 신비적 사유원칙이 함께 들어 있다. 그는 이처럼 수학 속에 들어 있는 합리적인 측면과 비합리적인 측면을 하나의 전체로 바라보았지만, 수학을 '직업으로서의 학문'155)으로 여기는 엔지니어의 입장은 이와 달랐다. 직업으로서의 학문이란 곧 분업화된 과학으로서 수학을 의미하며, 이것은 곧 생산수단으로 변질된 수학을 의미한다. 이 때문에 수학은 제품의 생산에만 응용될 뿐 인간의 근원 꿈과 영혼 세계에 대해서는 철저하게 외면한다. 이로 인해 수학은 인간의 내면세계와 영혼을 황폐화시킨 주범으로 비판받게 된다.

> 이 보고에 따르면, 인간 내면이 무미건조해졌다는 것, 개별사항에 대해서는 예리한 감각을 갖게 되었지만, 전체적인 것에 대해서는 무관심하게 되었다는 예리함과 무관심의 이 엄청난 혼합, 개별성이라는 황무지에 인간이 홀로 버려지게 되었다는 것, 인간의 불안, 악의, 비할 바 없을 정도로 무관심한 가슴, 돈에 대한 욕망, 냉정함, 폭력성 같은 우리 시대를 특징짓는 현상들은 논리적으로 예리한 사유가 우리 영혼에 끼친 엄청난 손실의 결과물일 따름이다. (1. 40)

울리히는 이 원인을 정확성을 중시하는 자연과학의 어머니인 수학이 인간 내면에 존재하는 사랑, 믿음, 선 등을 몰아냈기 때문이라고 본다. 이 때문에 수학은 독가스와 전투기를 발명하여 인류 문명의 위기를 자초했다.

하지만 그가 수학을 좋아하는 이유는 엔지니어와는 다르다. 그는 과학을 과학적으로 사랑했기보다는 인간적으로 사랑했다.(1. 40) 다시 말해 그는 직업으로서의 학문인 수학을 사랑한 것이 아니라, 과학이 인간관계를 변화시킬 수 있다는 인간적인 이유 때문에 사랑한 것이다. 직업으로서의 학문인 수학이 칼처럼 차갑고 예리한 사유능력을 기계에만 적용하고, 인간 영혼이나 사적 세계에 적용하지 못한 반면, 그는 수학의 이 냉철한 사유능력을 옛날 형이상학적, 도덕적 관념들을 검증하는 데 이용하여, 그것들을 뿌리까지 변화시킬 수 있을 것이라고 기대했다.

> 수학에는 새로운 사유원칙, 즉 정신이 있으며, 그 시대의 근원 그리고 그 시대의 엄청난 변화의 근원이 자리잡고 있다.(1. 39)

수학의 논리를 정신적, 도덕적 가치나 관념 쪽으로 팽창시킴으로써 세계를 새롭게 조직할 수 있을 것이라는 가능성은, 과학 활동을 통해 삶의 근원에서 흘러나오는 물을 마셔보려고 한 그에게는 매우 매력적인 것이었다. 그는 직업으로서의 학문인 수학보다는 삶을 해명하는 학문으로서 수학을, 가설을 세우고 진리를 찾는 대신 실험과 실천을 행하는 과학을, 세상을 변혁시키려는 과학의 용기를 사랑했다.

> 자기 신도들에게 도둑질하라, 살인하라, 간음하라고 말할 수 있을 것 같은 남자는 아직 이 세상에 없다. [……] 하지만 과학에서는 몇 년 전까지 오류라 여겨진 것이 갑자기 (기존의) 모든 견해를 뒤집어버리거나, 별로 주목을 끌지 못해 무시되었던 생각이 새로운 사유영역의 지배자가 되는 일이 일어난다. 그곳에서는 이런 사건들은 단순히 전복만을 의미할 뿐만 아니라 마치 하늘 높이 오르는 사다리처럼 끝없이 과학을 발전시킨다.(1. 40)

울리히는 사람들이 젊었을 때엔 세상이 변해야 한다는 것에 찬성하면서도 나이가 들면 보수적인 태도를 취하는 이유를, 도덕적 타성에 젖어 새로운 것과 결합하는 능력이 떨어졌기 때문이라고 본다. 그로 하여금 수학자가 되게 한 것은 '변화를 사랑하고', '다르게 사유하는 능력'이 동화뿐만 아니라 과학을 통해서도 생길 수 있다고 믿었기 때문이다. 그는 사람들이 이것을 모르고 있기 때문에 변혁이 불가능할 따름이지, 그들을 새롭게 생각하도록 가르칠 수만 있다면, 그들도 완전히 다르게 생각할 수 있으리라 여겼다.

하지만 그의 수학자로서의 삶도 그리 오래 갈 수 없었다. 왜냐하면 수학자의 실제 삶 역시 그가 기대한 인상과는 달랐기 때문이다. 즉 그가 수학자에 대해 기대했던 것은 '삶 Leben'과 '사유 Denken'의 일치[156]였으나, 선입견 없고 냉철한 수학자의 사유는 실제로는 '삶'의 문제를 회피하는 대가로 얻어진 것이기 때문이다. 따라서 군인과 엔지니어 그리고 수학은 그의 삶에 어떤 고유한 의미도 부여해 줄 수 없었다.

어느 날 그는 신문에서 '천재적인 경주마 Ein geniales Rennpferd'[157]에 관한 기사를 읽고 자신이 특성없는 남자임을 인식하고 수학자의 꿈을 접는다. 왜냐하면 이것은 천재와 인간의 위대함에 대한 전통적 개념을 추방시켰기 때문이다. 원래 천재란 위대한 정신의 소유자에게만 붙일 수 있는 특성이었지만, 이 기사를 통해 그는 경주용 말이나, 체스 선수권자, 권투 선수에게까지 이런 명칭을 부여할 수 있음을 알게 된다. 여기서 그를 당황하게 만든 것은 더 이상 말(馬)과 인간의 고유한 특성을 구분할 수 없다는 것이며, 어떤 대상의 '특성'이나 '의미'는 그것에 내재된 고유한 자질이라기보다 외부에서 규정된다는 것이다. 이것은 결정적으로 그로 하여금 중요한 남자가 되려는 시도를 포기하게 만드는데, 그 이유는 대중적 여론에 의해 경주마가 천재가 되고 자기보다 월등한 존재가 되는 세상에서 자기 고유성을 찾아내어 지키려 하는 노력은 우스꽝스러운 것이기 때문이다.

오늘날 천재는 기존의 규범이나 규칙을 무시하고 스스로 규칙을 창조하는 '정신적 인간'에게 바치는 명예로운 호칭이 아니라, 대중이 요구하는 기호에 영합하거나 사회의 지배적 규범에 완전히 순응하는 노예적 존재에 따라 붙는 수식어가 되었다. 여기서 울리히는 다시 주체가 '그와 동일한 일이 일어나다'의 세계에서 특성을 상실할 수밖에 없다는 확신을 하게 된다.

> 이 특성들은 법칙, 프로이센 정신, 독일의 질서, 유용성, 광범위하게 분화된 과학 옆에서는 어떤 역할도 하지 못한다. [……] 정신의 무기력함, 선험적인 것.(Tb. 547)

장교, 엔지니어, 수학자 등의 직업을 거치며 중요한 남자가 되고자 노력했던 울리히가 특성없는 남자가 될 수밖에 없다고 생각한 이유는 여기에 있다. 자신의 고유성을 의미하는 특성이 외적인 규범에 의해 규정되며, 이 과정에서 인간 내면세계를 대표하는 정신은 아무 역할도 못하기 때문이다. 나의 특성이란 것은 외부세계의 보편적 연관관계에 의해 언제든지 해체될 수 있는 나약한 것이다. 또한 우리가 '나만의 고유성'이라고 믿는 것도 사회가 부여한 규범에 순응한 결과 획득한 것이기 때문에 실제로 그것은 '나의 부재', '나의 소외'만을 의미할 따름이다. 이런 상황에서 우리는 누구나 자신의 타자이며, 그 누구도 자기 자신이 될 수 없다.

하지만 대부분의 사람들은 이것을 의식하지 못하며, 사회가 부여한 특성을 자신의 고유한 특성이라고 믿고 특성없는 남자로 살아간다. 정신적 인간 울리히는 이 특성의 허구성을 간파하고, 이 소외상태를 극복하기 위해, 즉 소외로부터 인간의 고유성을 구원하기 위해 스스로 특성없는 남자가 된다. 즉 그는 특성없는 남자로 살지 않기 위해 자신을 특성없는 남자로 만들어 버린다. 전자가 무의식적, 수동적 자기부정으로 만들어진 존재라면, 후자는 의식적, 능동적 자기부정으로 탄생한 존재이며, 전자가 타자가 부여해 준 의미를 무비판적으로 받아들이는 남자라면, 후자는 이 의미를 부정하는 가운데 스스로 새로운 의미생산에 참여하려 애쓰는 남자다. 울리히는 외부에서 강요된 사회 규범에 적응하며 사는 것을 원치 않았다. 이것은 개인의 고유성을 보편성 속에 해체시킴으로써 자신만의 고유한 체험상태로부터 자신을 멀어지게 만들 것임을 알았기 때문이다. 그는 삶의 방관자, 즉 자기 삶의 내용에 무관심한 사람이 되는 것을 원하지 않았다. 그는 어떻게 해서든지 그 삶에 직접 참여하여 자신만의 고유한 의미를 만들어내고자 했다.

하지만 개인은 항상 사회적 영향 속에 존재하기 때문에, 개인이 만들어낸 의미는 사회에 의해 변질될 수밖에 없다. 따라서 고유한 의미, 고유한 존재란 사회에 의해 규정되기 이전의 '잠재태'와 '가능성'의 형태로만 보존될 수 있다. 인간은 하나로 정의할 수 없는 무한한 가능성의 존재이기 때문에 고유성은 무한한 가능성 속에 존재한다. 하지만 사회는 이처럼 '전체'로서의 인간이 소유한 무한한 가능성을 끊임없이 억압하며, 인간을 하나의 역할, 하나의 특성으로만 규정함으로써 인간 존재의 고유성을 침해한다. 여기서 우리는 울리히가 장교, 엔지니어, 수학자로 이어지는 직업을 모두 포기한 이유를 알 수 있다. 그것은 직업이 그의 고유성을 구원해 줄 수 없기 때문이다. 직업은 그에게 일정한 특성만 계속 재생할 것을 강요할 뿐 나머지 가능성을 위축시킨다. 따라서 그는 삶에 직접 참여하는 과정에서 자신에게 가능한 여러 가지 역할(가능성) 가운데 하나로 자신을 해체시키는 것을 피하기 위해 직업을 포기한다. 그는 역할 선택의 무제한적 자유를 통해 자기가 가진 여러 가능성의 충만함을 보존하기 위해 “삶으로부터 일 년의 휴가”를 떠나기로 결심한다.

> 아주 예리하게 그는 자신에게 필요 없는 돈 버는 일을 제외하고, 자기 시대에 유익한 모든 능력과 특성을 자신이 갖고 있음을 깨달았다. 그러나 그것을 적용해 볼 가능성이 없다는 것도 역시 깨달았다. [……] 그는 자신의 능력을 적절하게 적용하기 위해 삶으로부터 일 년의 휴가를 얻기로 결심했다.(1. 47)

‘삶으로부터의 휴가’는 처음부터 오직 하나만의 목적을 가졌다. 그것은 자신의 고유성을 구하고 파괴된 정체성을 회복하는 것이다. 이를 위해 그는 “수없이 많은 개울물에 씻겨나간 작은 통 eine kleine von diesen vielen Rinnsalen ausgewaschene Mulde”처럼 기존의 물을 버리고 언제나 새로운 물을 받아들일 수 있고, 이를 통해 모든 것을 다 담을 수 있는 ‘가능인간 Möglichkeitsmensch’으로 남기를 원했다. 이 때문에 그는 한 가지 특성으로 자신을 가득 채우는 것을 원하지 않았는데, 이것은 카카니엔 사람들이 가진 열 번째 성격과 동일하다.

> 이 때문에 이 땅의 거주민들은 열 번째 성격을 가지게 되는데, 그것은 아직 채워지지 않은 공간에 대한 수동적 환상 이외에 아무것도 아니다. 이 열 번째 성격은 사람들에게 모든 것을 허락해 주지만 단 한 가지만은 허락하지 않는데, 그것은 최소한 아홉 개의 성격이 행한 것, 그것들로 인해 일어난 것을 진지하게 여기는 것이다. 달리 말하면 자신을 가득 채워야 한다는 것이다.(1. 34)

주체의 위기에서 개인을 구원하는 방법에 있어서 무질은 매우 독특한 길을 걷는다. 오늘날 개인의 정체성이 타인에 의해 결정된다는 현실인식에 있어서 무질은 다른 작가들과 동일한 입장을 취하지만, 그 해결 방법에 있어서 그는 이 낯선 규정에 저항하지 않고 자신을 맡김으로써 문제를 해결하려고 한다. 이런 면에서 특성없는 남자는 자발적 소외를 통해 인간을 소외시키는 폭력을 극복할 수 있으리라는 희망 속에서 '스스로 소외된 남자 der freiwillige Entfremdete'다.

현대인은 자신이 '정체성 있는 개인'이라는 허위의식 속에서 '자신의 고유성'을 도둑맞고 있다. 즉 현대인은 주관적으로 정체성이라는 허상 속에서 살아가지만, 객관적으로는 특성없이 살아간다. 이에 반해 울리히는 자신의 '고유성'을 구원하기 위해 이제 일반화되어 버린 '비동일성 Nichtidentität'을 의식적으로 받아들인다. 그는 소외로부터 빠져나오기 위해 소외를 자기 실존의 본질로 받아들인다. 이처럼 그는 '자기파괴'를 통해 자기 정체성에 가해지는 위협에 대항할 수 있는 저항력을 찾는다. 이것은 "너는 누구냐?"라고 묻는 외눈박이 괴물 폴리페오스 Polyphem의 질문에 오디세이가 '아무도 아니다 Niemand'라고 대답하며 자기를 부정함으로써 목숨을 구한 것처럼 폭력을 피하기 위해 기만을 시도한 것으로 볼 수 있다. 즉 그는 오디세이가 목숨을 구하기 위해 자신을 부정한 것처럼, 자신을 획일적 주체로 묶어놓는 특성을 부인하고, 스스로 무정형한 것 das Amorphe으로 만듦으로써 자신의 삶을 구원하려 했다.[158]

2. 현실과 유토피아

중요한 인간이 되기 위해 세 번이나 직업을 바꾼 울리히가 '천재적인 경주마'에 관한 신문기사를 읽고 특성없는 남자가 되기로 결심한 것처럼, 무질 역시 사회적 지위가 보장된 직업을 포기하고 작가의 길을 선택했다. 왜 그런 선택을 했을까라는 질문에 무질은 "오직 한 가지 질문만 실제로 생각할 가치가 있다. 그것은 바로 올바른 삶에 대한 질문이다"(1. 255)라고 대답한다.

'올바른 삶 das rechte Leben'에 대한 질문은 이 소설의 근본문제이며, 그의 성찰의 기본테제다. 이 때문에 울리히가 1년간 얻게 되는 '삶으로부터의 휴가'는 단순히 현실도피로 해석되어서는 안 된다. 그는 이 휴가를 그동안 일상에 묻혀 잊고 살아왔던 올바른 삶에 대한 탐색을 다시 시작하기 위해 현실과 멀리 떨어져 객관적으로 성찰할 기회로 삼기 때문이다. 그는 이 기간 동안 자신의 '삶의 문제', 즉 "자신과 적대 관계에 있는 현실에 어떻게 대응할까?"(7. 940)라는 실존적 고민을 한다.

작가의 이런 의도는 소설의 구성에도 그대로 반영되는데, 전체 3부로 구성되어 있는 이 소설은 19장으로 구성된 제1부 <일종의 서론 Eine Art Einleitung>, 104장으로 구성된 제2부 <그와 동일한 일이 일어나다 Seinesgleichen geschieht>, 그리고 마지막 제3부 <천년제국으로 (범죄자) Ins Tausendjährige Reich (Die Verbrecher)>로 이루어져 있다. 일종의 서론 기능을 하는 제1부에서 주인공 울리히가 카카니엔 Kakanien[159]의 부조리하고 무질서한 현실을 어떻게 정리할 수 있을까를 성찰했다면, 사실상 이 소설이 처음 시작되는 제2부 첫 장 <현실접촉 Berührung der Wirklichkeit>에서 그는 자기 의지와 무관하게 끌려간 평행운동 Pararellaktion[160]을 통해 현실과 접촉하게 되며, 삶을 구속하는 현실에 대해 문제를 제기한다. 그리고 미완성으로 끝난 3부에서는 현실이 개인의 특성을 해체시켜 특성없는 인간을 탄생시켰다는 어두운 현실인식을 토대로 새로운 현실의 가능성, 즉 다른상태의 유토피아를 설계한다.

울리히가 현실에 대해 품고 있는 기본적인 문제의식은 인간은 더 이상 자기 자신에 대한 주인이 아니라는 것이다.(2. 474) 근대 이후 인간은 자신과 세계의 중심이자 주인이었다. 하지만 카카니엔의 무질서한 현실과 이 상태를 구원하기 위해 조직된 평행운동을 직접 경험한 다음 울리히가 얻은 확신은, 얼마 전까지 세계의 주인이자 출발점이었던 개인에게는 어떤 이름 모를 틀이 미리 주어져 있다는 것, 개인은 기성복을 입을 때처럼 자기 몸을 이 틀에 맞추어야 한다는 것이다. 무질이 '그와 동일한 일이 일어나다'라는 표현으로 정리하고 있는 현실세계는 몇 줄의 질서로 잘 정리된 공간이다. 하지만 빵틀 Kuchenform로 비유되고 있는 이 질서는 자유로운 영혼을 가진 인간의 삶을 담아내기에는 너무 불완전하다. 법이나 도덕처럼 인간 행위를 규제하는 질서는 공리주의적 목적을 위해 만들어진 것이며, 이 목적을 기준으로 여러 사건과 사실들을 일렬로 정렬시킨다. 이 때문에 현실은 창조적 개인의 총체적 삶을 모두 받아들이지 않으며, 목적이나 열에서 이탈한 행위나 사건은 추방해 버린다. 현실은 무한한 영혼을 통해 영위되는 인간 삶의 전체성을 자신의 틀에 맞춰 잘라버리는 프로쿠루테스의 침대 Prokrutesbett다. 울리히로 하여금 현실과 거리를 두게 만든 결정적인 동기는 날아다니는 곤충을 붙잡아 바늘로 찔러놓은 곤충채집함처럼 현실이 자신을 언제라도 붙잡아 고착화시킬 수 있다는 공포심 때문이다. 파리잡이 끈끈이처럼 현실은 끊임없이 달아나려고 애쓰는 개인을 질서 속에 붙잡아 놓고 현 상태가 유일하고, 필연적이며, 완전한 것이라고 믿도록 강요한다. 이런 현실에서 영위되는 개인의 삶은 '존재론적 고유성을 상실한 삶', '위선을 강요받는 삶' 그리고 자유로운 정신의 생기발랄함과 무한한 가능성을 포기해야 하는 '죽어 있는 사유의 삶'이다. 이처럼 울리히에게 삶의 문제는 현실과 삶의 고유성 사이의 반목이며, 그가 찾으려고 하는 "올바른 삶의 법칙 Gesetz des rechten Lebens"(3. 825)은 이 대립을 해소시킬 수 있는 것이라야 했다.

이와 연관하여 레나테 폰 하이데브란트 Renate von Heydebrand는 올바른 삶에 대한 연구의 전제조건은 우리가 세계를 잘 알고 있는 것, 만족할 만한 것, 확실하고 완결된 것으로 볼 것이 아니라 덜 연구되고, 불충분하며, 변화 가능한 것으로 간주하는 것이라고 본다.[161] 소설 35장 울리히와 레오 피셸의 대화를 통해 입증된 바와 같이, 현실은 인간내면의 깊은 심연에서 필연적으로 형성된 것이 아니라 '불충분 이유율 der unzureichende Grund'에 따라 우연하고 불완전하게 구성된 것이기 때문에 언제든 변화가능하다. 따라서 연구자는 너무 성급하게 자신을 믿으라고 유혹하는 사실 Tatsache에 대해 자유로운 태도를 취하고, 세계에 대한 고정된 상 Bild을 항상 수정하며, 세계 그 자체를 변화시킬 마음의 준비를 하고 있어야 한다.

무질의 유토피아 개념은 이런 연구 태도에서 나온다. 전통적인 유토피아 개념[162]이 현실과는 시, 공간적으로 멀리 떨어진 구체적 이상향을 제시한 것이라면, 무질의 유토피아는 미완의 계획 Entwurf, 가능성 Möglichkeit, 잠재태 Potentialität로서만 존재한다. 그의 유토피아는 인간 영혼의 무한한 가능성을 한 가지 틀 안에 고착화하는 현실과는 다른상태를 꿈꾸고 있기 때문이다. 울리히가 "우리가 전체로서 꿈꿀 수 있다면, 모오스부르거와 같은 사람도 생길 수 있을 것"(1. 76)이라고 주장한 것은 여기서 매우 중요한 의미를 가진다.[163]

현실은 특정한 목표를 위해 존재 Dasein를 규정하며, 이 때문에 모든 현존재 Seiende를 받아들일 수 없다. 이에 비해 유토피아는 '전존재'를 고려할 수 있다. 즉 인간 영혼의 무한한 가능성을 '전체'로서 실현할 수 있는 곳이 바로 유토피아다. 하지만 영혼은 고착화를 거부하는 자유로운 존재이기 때문에 이 유토피아는 순간적으로만 실현될 수 있을 따름이다. 그러므로 유토피아는 기존 현실에 대한 끊임없는 부정이자, 새로운 현실에 대한 지속적 탐색이며 실험이다.

울리히에게 유토피아는 어디에도 고착되지 않는 부유상태, 언제든지 다음 상태로 변화할 준비를 하고 있는 과도기적 상태, 전 상태에서 다음 상태로 변하기 전의 잠정적 상태를 의미한다. 이 때문에 그에게 유토피아는 실현될 수 있지만, 마찬가지로 실현될 수 없는 계획이자 가능성으로 언제나 잠재태로만 머문다.

1) 현실: 그와 동일한 일이 일어나다

자신을 포획, 해체하려는 현실에 맞서 울리히가 먼저 취한 행동은 현실과 거리두기다. 물론 이것은 단순한 현실도피가 아니라 '총체적 실존'이라는 삶의 문제를 해결하기 위해 삶과 현실로부터 떨어져 객관적으로 성찰하기 위한 것이다. 이 소설에서 울리히가 처음 등장하는 장면은 이와 연관하여 많은 것을 시사해 준다. 소설 2장 <특성없는 남자의 집과 방 Haus und Wohnung des Mannes ohne Eigenschaften>에서 그는 울타리 속 깊이 숨어 있는 자기 방 창가에서 지나가는 행인과 자동차를 관찰한다. 그는 시계를 들고 일정 시간 동안 지나가는 자동차의 수를 측정하다가 이내 이 실험의 무의미함을 깨닫고 바로 중단한다. 실험 도중 그는 시간의 이해가 그것에 관여하고 있는 인간의 주관적 체험과 분리될 수 없다면, 시간의 이해는 순전히 양적인 것으로만 재단되어서는 안 된다고 생각했기 때문이다. 여기서 그는 현실과 떨어져 삶과 현실을 사유하려는 시도의 문제점을 직시하게 된다. 문제는 자신의 고유한 삶의 문제를 사유를 통해 해결하려는 데 있다. 우리 사유가 객관이라는 이상을 위해 구체적이며 주관적인 체험과 욕망을 배제하거나, 이것들의 존재정당성을 부인한다면, 사유 그 자체는 '나' 밖에 있는 타자에 의해 규정되는 것이며, 이로 인해 우리는 다시 한 번 타자에 의해 포획되고 자신으로부터 소외되는 것이다.(1. 112)

이 때문에 울리히는 현실로 되돌아갈 필요성을 느낀다. 그것은 현실참여를 통해 얻은 구체적, 개별적 경험을 바탕으로 한 현실파악이 자신의 삶의 문제 해결에 매우 긴요하다고 판단했기 때문이다. 따라서 이 복귀는 예전처럼 일상에 묻혀 자신이 처한 위기상황을 인식하지 못한 채 현실에 적응하며 안일하게 살기 위함이 아니라, 결여체험 Mangelerfahrung과 소외의식을 통해 지금까지의 삶과 현실을 비판적으로 재조명해보고, 이를 토대로 올바른 삶의 원칙을 찾아보기 위한 것이다.

이를 위해 그는 슈탈부르크 Stallburg 백작을 만나 빈의 상류층 인사들과 교제해 보라는 아버지의 뜻을 받아들인다. 슈탈부르크 백작은 그를 다시 라인스도르프 Leinsdorf 백작이 주도하고 있는 평행운동에 추천하는데, 이 운동은 울리히가 현실과 접촉하게 되는 출입구가 된다. 이 문을 통해 그가 직접 대면하게 된 현실이 바로 카카니엔이다. 전통사회에서 현대사회로의 전환에 있어서 가장 큰 특징은 가톨릭교회의 보편정신을 중심으로 통일되었던 사회가 해체되면서 다원화된 것이다. 울리히가 접촉하게 될 세기전환기의 카카니엔의 현실 역시 이처럼 여러 영역으로 엄격히 나누어져 있다. 현대 산업사회의 전통적인 모델인 카카니엔은 예를 들어 '일하는 장소'와 '휴식을 취하는 장소', '긴장을 요구하는 영역'과 '기분전환을 하는 영역'(1. 31) 등 인간 활동의 여러 영역들이 시공간적으로 엄격하게 구분되어 있을 뿐 아니라 서로 긴장관계를 형성하고 있다.

> 외과의사들은 [……] 자연과학이 오늘날 우리가 그것으로부터 기대할 만한 것을 갖고 있지 않다고 주장한다. 이에 반해 자연과학자와 현실에 대해 대화를 나누면, 그는 [……] 연극은 너무 지겹고, 재미있고 흥미를 끄는 소설이 없다고 불평한다. 그리고 작가들과 이야기해 보면, 이 사람은 이 세상에는 믿음이 없다고 이야기한다. [……] 화가들과 이야기해 보면, [……] 그는 문학과 철학이 황폐화된 시대에 최고의 작품을 그릴 수 없다고 주장할 것이다.(1. 232f)

인간 활동의 모든 영역은 다른 영역과 자신을 구분하고, 이를 통해 자신의 의미를 끄집어냄으로써 현실성을 획득한다. 따라서 엄격한 경계획정과 다른 영역에 대한 불신은 자기 영역의 고유성과 자율성을 확보하여 자신만의 고유한 의미(현실)를 획득하기 위한 필수조건이다. '초월적 보호처를 상실한 상태 transzendentale Obdachlosigkeit'에 처한 현대사회에서 가장 두려운 것은 각각의 사회 하부영역들이 자기에게만 만족하고 보편적인 토대－보편이념, 윤리, 가치－에 대해서는 회의하고 불만을 품는 것이다. 이에 대해 아른하임은 "모순 없이 믿을 수 있는 위대한 사상이란 오늘날 더 이상 존재하지 않는다. 왜냐하면 회의적인 현 상황은 더 이상 신도, 휴머니즘도 믿지 않기 때문"(2. 432)이라고 말한다. 별이 빛나는 창공을 보고 자신의 길을 찾아갈 수 있었고 또 별빛이 그 길을 훤히 밝혀주던 시절 인류가 행복했던 이유는 개인과 사회를 하나로 통합할 수 있는 보편이념이 존재했고, 이것이 인간행위의 분명한 척도를 제시해 주었기 때문이다. 하지만 『통카』에서 사람들이 더 이상 신을 믿지 않는 것처럼,

이 척도를 제공해 주는 구심점이 사라지자 가치의 등가성이 현대사회를 혼란에 빠뜨린다. 이것은 모든 것을 빨아들이는 블랙홀처럼 다양한 이념들을 현실로 끌어들이고, 이로 인해 현실은 개인주의와 집단주의, 사회주의와 자본주의, 제국주의와 평화주의, 합리주의와 미신이 혼재하며 대립하는 이념의 전쟁터가 된다.164)

예를 들어 평행운동에 참여하고 있는 군인 슈툼 G. Stum은 현대 중부 유럽의 이념사를 이런 전쟁의 역사로 본다.(2. 373) 특이한 점은 이 전쟁에 참전한 사상가들이 전투에 필요한 군인이나 물자들을 자기 병참기지에서만 조달하는 것이 아니라, 적의 창고에서도 조달하고, 계속 전선을 변화시키며 갑자기 이유 없이 총구를 거꾸로 돌려 자기 기지를 공격하는 일도 심심치 않게 일어난다는 것이다. 이에 덧붙여 울리히는 하나의 이념이 왜곡되는 과정을 상세히 설명한다. 그에 따르면, 누군가 하나의 이념을 제시하면, 이것은 곧바로 찬성과 반대로 나누어지는 분해과정에 접어든다. 찬성하는 사람들이 자신의 입맛에 맞게 이것을 해석, 왜곡하여 산산조각 낸 다음에, 이에 반대하는 사람들도 이 이념의 약점을 공격한다. 이 과정이 몇 번 반복되면, 얼마 가지 않아 모든 이념은 원래의 형태를 잃어버리고 아포리즘의 저장고로 전락하고 만다. 그리고 친구와 적이 함께 이 창고를 이용한다. 그 결과 다의미성 Vieldeutigkeit이 현실을 지배한다. 그는 이 세상에는 '부정 Nein'과 연결되지 않는 '긍정 Ja'은 없다고 강조한다.

> 당신은 세상에서 가장 멋진 이념들 중 스무 개를 꼽을 수 있고, 당신이 원한다면, 이와 반대되는 이념도 스무 개 꼽을 수 있다.(2. 380)

이처럼 이념은 중단 없이 서로 싸우고 왔다갔다하면서 같은 이념이 한 번은 이쪽 진영에서, 다른 한 번은 저쪽 진영에서 사용되기도 한다. 한마디로 말해 이념 전쟁을 치르고 있는 사상가들에게는 정리된 병참계획이나 명확한 전투지역을 설정해 놓은 분계선 따위는 존재하지 않는다. 무질은 오랫동안 이 이념들 사이를 헤매다 보면 성병에 걸린 것처럼 불결하고 무기력한 느낌이 든다고 말한다. 이 때문에 슈툼은 "내 머릿속에 더 높은 질서가 없이는 더 이상 살아갈 수 없다"(2. 375)고 고백한다.

따라서 그의 삶을 구원할 수 있는 유일한 길은, 이처럼 혼란스럽게 뒤엉킨 다양한 이념들을 통일시킬 수 있는 완전한 정신을 찾는 것이다. 여기서 평행운동의 목표는 분명히 드러난다. 그것은 카카니엔을 하나로 묶을 수 있는 공동의 이념을 찾아내어 혼란에 빠진 이 사회를 구원하는 것이다. 그러므로 평행운동에서 가장 중요한 것은 '모든 것을 포괄할 수 있는 원칙과 기준'이다. 이에 관해 울리히의 아버지는 아들에게 다음과 같이 말한다.

> 세계는 사분오열되어 있다. [……] 이 상황에서 우리 임무는 하나의 진리, 정당한 의지를 확정하는 것, [……] 과학적 관찰의 분명한 형식 속에 그것이 자리하도록 감독하는 것이다.(2. 316)

교회가 영향력을 상실한 이래 현실에 질서를 부여할 수 있는 권위를 획득한 것은 합리주의와 과학적 사유방식이었다. 그 옛날 수학의 천재들이 책상머리에서 삼각형의 공식과 같은 세계의 일반법칙을 발견할 수 있었던 것은 과학적 사유방식 덕분이었다. 보편진리를 추구하는 과학적 사유방식의 본질은 현실의 모든 개별자들을 인과율에 따라 법칙으로 환원시키는 데 있다. 무질은 여기서 과학의 공격성과 폭력성을 발견한다. 모든 존재는 보편성과 함께 어느 것과도 비교할 수 없는 특수성도 갖고 있다. 한 개체의 특수성은 다른 것과 일치되지 않는 특별한 '어떤 것'이다. 하지만 과학은 진리를 얻기 위해 개체의 특수성을 공격 점령한다. 왜냐하면 진리는 이미 오래전부터 개별성과 투쟁해 왔으며, 이것으로부터 그 존재 근거를 하나씩 강탈해 왔기 때문이다. 이 때문에 무질은 "모든 것이 합리화되면 우리에게는 아무것도 남지 않을 것"(2. 572)이라고 단언한다.

울리히의 '경찰서 체험'을 통해 무질이 암시한 것은, 현대사회에서 개체는 자신의 특수성이나 고유한 의미를 통해 파악되는 것이 아니라 외견상 선험적으로 주어진 것처럼 보이는 틀을 자기 존재의 전제조건으로 삼는다는 것이다. 개체 자체는 존재하지 않고, 항상 '그와 동일하게 만드는 것'만 존재한다. 울리히는 이 '그와 동일하게 만드는 것'을 '빵틀'로 비유하는데, 개인의 고유한 삶과는 무관한 이것은 만나는 개체마다 자신의 틀에 맞춰 눌러서 모두 '그와 동일한 것'으로 변형시키기 때문이다. 현대사회가 외견상 질서정연하고 안정된 것처럼 보이는 것도 이 빵틀이 고유성에 근거하고 있는 특수한 개체를 보편질서에 편입하도록 강요하기 때문이다. 이렇게 짜여진 질서 속에서는 어떤 놀라운 일이나 열에서 이탈한 사건도 용납되지 않으며, 현실을 지배하는 것은 오로지 '그와 동일한 일이 일어나다'의 원칙뿐이다.

이처럼 일차원적 사회에서 자의식을 가진 개인인 울리히는 '문제적 인간'일 수밖에 없다. 그는 끊임없이 외부 현실과 자기 내면의 자아 사이의 모순과 대립만을 느낄 따름이다. 그는 현실적 삶에서 항상 '(자기) 밖에 위치한 äußerlich' 존재라고 느낀다. 그의 이런 고립감은, 자아가 더 이상 '그와 동일한 일이 일어나다'의 세계 속으로 들어가 그곳에 '내면적 innerlich'으로 참여하는 것을 거부하기 때문이다.[165] 이 때문에 울리히는 자아의 분열을 경험한다. 어느 날 저녁 산책길에서 울리히는 문득 자기 옆에 또 다른 울리히가 걸어가고 있음을 깨닫는다.(1. 155) 여기서 화자는 두 명의 울리히를 상세하게 구분하고 있는데, 첫 번째 울리히가 사회규범에 내면적으로 동의하지 않음에도 묵묵히 규범이 지배하는 현실에 순응하며 살아가는 인간이라면, 두 번째 울리히는 이 규범과의 갈등으로 분노와 고통을 느끼면서 현실에 대항하려고 주먹을 불끈 쥐고 있는 울리히였다. 여기서 화자는 이 두 번째 울리히가 활동하는 영역이 그의 고유한 자아가 뿌리 내리고 있는 영역임을 분명히 한다. 그것은 이곳이 눈에 보이지는 않지만, 그의 자의식으로 가득찬 공간이기 때문이다. 그가 현실과 충돌하고 불신하는 가장 큰 이유는 자신의 고유성으로 충만된 이 공간을 규범현실 속으로 들여보낼 수 없기 때문이다. 중요한 인간이 되기 위한 세 번의 시도에서 드러난 것처럼, 그는 규범현실 속에서도 계속 자기 본질에 접근하고, 삶에 능동적으로 참여해 보려고 시도하지만 번번이 실패한다. 이 때문에 그에게 규범현실은 '비실제적 unwirklich'인 것으로 보인다. 왜냐하면 규범현실은 한 타스의 빵틀(591)로 구성된 '그와 동일한 일이 일어나다'의 현실이기 때문이다.

이와 연관하여 무질의 에세이 「새로운 미학의 징후들」(1925)은 매우 중요한 의미를 지닌다. 이 에세이에서 무질은 현실을 '규범현실 normale Wirklichkeit'과 '다른 현실 andere Wirklichkeit'로 구분하는데, 전자가 경험과 법칙을 통해 접근 가능한 '합리적 영역'인 반면, 후자는 오로지 "직감의 명징성 Evidenz der Intuition"(8. 1019)을 통해서만 접근 가능한 '비합리적 영역'이다. 무질에 따르면, '규범현실'과 '다른 현실'이 서로 구분되는 것은 이것들이 완전히 대립적인 구조를 가지고 있기 때문이 아니다. 왜냐하면 이 두 현실은 사실상 변증법적 연관관계로 결합되어 있기 때문이다. 오히려 그것은 이것들의 '존재론적 가치'[166]가 다르기 때문이다. 왜냐하면 그에게 있어 규범현실이 '고유하지 않은 존재의 영역'인 반면, 다른 현실은 '고유하고 실제적인 현실체험의 공간'이기 때문이다.

> 이 세계에는 참되지도, 주목할 필요도 없고, 개인적으로 중요하지도 않은 언급들이 가장 고유하고 근원적인 언급들보다 더 강하게 반향되고 있다는 뼈아픈 추측이 있다. 이것들이 미인가? －사람들은 생각했다－그래 좋다. 하지만 그것이 나의 미인가? 내가 알고 있는 진리는 나의 진리인가? 목적, 의견, 현실, 모든 유혹적인 것이 [……] 그것이 도대체 실제적 현실인가?(1. 129)

여기서 울리히가 던지고 있는 질문은 내가 보고 있는 현실이 진짜 나의 현실인가, 자신의 경험과 체험에 대해 우리는 과연 얼마나 개인적 소유권을 주장할 수 있을까이다. 인용문의 끝부분에서 의문시되고 있는 '실제적 현실 wirkliche Wirklichkeit'은 여기서 두 가지 의미를 갖는다. 하나는 규범현실이 '비실제적 unwirklich'이고, '고유하지도 않다 uneigentlich'는 것이며, 다른 하나는 규범현실, 즉 '드러나 있는 현실 dargebotene Wirklichkeit' 뒤편에 또 하나의 '완전히 다른 현실', 즉 '실제적이고 고유한 현실'이 숨어 있을 가능성이다. 규범현실이 참되지도 필연적이지도 않다면, 그것은 우연적이고 불완전한 것이라서 완전한 현실에 도달할 때까지 항상 변화 가능할 것이기 때문이다.

요약하면 울리히는 '그와 동일한 일이 일어나다'의 세계에 붙어 있는 이 '비인간적 성격 das Inhumane'으로 인해 규범현실에 대해 체념적 태도를 취하며, 사이비 형이상학을 근거로 설계된 '현실의 상 Status der Wirklichkeit'에 의문을 가지게 된다.

2) 가능성과 유토피아

규범현실이 지배하는 카카니엔에서 개인의 고유한 삶은 존재하지 않는다. 이곳 사람들은 가슴에서 우러나오는 진솔한 마음으로 무언가를 행할 수 없다. 이것은 자연히 카카니엔 사람들로 하여금 실제로 생활하고 있는 것과 다르게 느끼고, 실제로 생각하고 있는 것과 다르게 행동하게 만든다.

> 우리가 말한 모든 것과 일치하는 것은 아무것도 없다! [……] 우리가 양심적으로 말할 수 있는 원칙은 있다. 하지만 아무도 그것을 글자 그대로 받아들이지 않는다. 만약 그렇게 한다면, 우리는 지옥 불에 떨어질 것이기 때문이다.(3. 748)

무질은 카카니엔이 이런 상황에 빠진 이유를 규범의식이 지배하기 때문이라고 본다. 규범의식이란 개인의 특성이나 주관성을 객관이라는 틀 속에 가두거나, 주관보다 객관적인 것을 더 근원적인 것이라고 보는 태도, 그리고 수많은 가능성을 지닌 인간들이 있음에도 습관적인 틀에 매인 사람만을 정상적인 인간으로 간주하는 태도를 말한다.

이처럼 개인의 특수성을 추방하는 규범의식은 사람들에게 이중적인 삶을 살도록 강요한다. 왜냐하면 개인의 본성은 규범의식에 의해 감시, 억압당하고 있긴 하지만, 그 내면에 무의식의 상태로 분명히 존재하기 때문이다.[167] 평소 두 눈 멀쩡히 뜨고는 파리 한 마리도 제대로 못 잡는 인간이 법정의 십자가 앞에서 버젓이 사형선고를 내리는 것처럼, 카카니엔 사람들은 항상 공적인 삶과 사적인 삶, 외적인 삶과 내면의 삶의 분리를 강요받고 있다고 느낀다.

이것이 가장 뚜렷하게 드러나는 곳은 도덕의 영역이다. 세기 전환기 카카니엔 사회를 잘 보여주는 특징은 엄격한 도덕률과 자유분방한 사람 사이에 존재하는 괴리다.[168] 무질은 이런 현상이 일어나는 원인을 전통가치와 새로운 삶의 방식 사이의 과도기적 혼란 때문이라고 본다. 자본주의적 합리성에 대한 신념이 있음에도 귀족회의에서는 삶이 기독교적 원칙을 충실히 따라야 한다고 역설하는 라인스도르프의 이중적 태도에서도 알 수 있는 것처럼, 이것은 가치관의 혼란, 즉 사회 전체가 전통가치에 의해 여전히 지배되고 있지만, 실생활에서는 새로운 삶의 질서가 엄존하는 상황에서, 전통가치를 부정하려는 세력과 이를 수호하려는 세력 사이의 갈등으로 인해 발생한 혼란이다. 이 사회를 지배하고 있는 것은 가치의 양가성 Ambivalenz[169]이다.

이 시대의 질병은 "나무로 된 철 hölzernes Eisen"이나 "각진 원 ein eckiger Kreis"(1. 55)처럼 그동안 대상을 엄격하게 구분해 주었던 경계가 해체되었기 때문에 생겼다. 이것은 현실을 가르는 경계를 어렴풋하게 만들어 서로 융합시켰을 뿐만 아니라 '선한 악 das gute Böse'처럼 도덕의 가치조차도 그 경계를 허물어버림으로써 인간행위를 혼란에 빠지게 했다. 울리히의 친구 발터가 "유럽은 더 이상 구원될 수 없을 정도로 타락했다"(1. 61)고 본 이유도 사회가 가치의 양가성이 초래한 수많은 가치와 이데올로기의 난립에 적극적으로 대응할 이념을 찾지 못해 방임했기 때문이다.

그러므로 평행운동이 "공동이념 gemeinsame Idee"(1. 178)을 찾는 이유는 결국 혼란스럽게 뒤엉킨 다양한 정신들을 통일시킬 수 있는 완전한 정신을 찾아 몰락의 위기에 빠진 세계를 구원하기 위한 것이다. 현재 카카니엔에서 가장 큰 문제는 모든 것을 포괄할 수 있는 원칙과 기준, 즉 예/아니오를 결정해 줄 통일적 힘을 가진 이념이 없다는 것이다. 그러므로 이 사회를 구원할 수 있는 힘은 “전체성 Gesamtheit”(1. 179)에서 나온다.

디오티마가 프로이센 출신의 사업가 아른하임을 평행운동의 지도자로 추천한 이유도 바로 여기에 있는데, 그는 평행운동이 찾고 있는 “전체성의 비밀”(1. 194)을 이미 소유하고 있었기 때문이다. 1권 47장의 제목 <모든 분리된 것들이 아른하임 한 개인에게 들어 있다 Was alle getrennt sind, ist Arnheim in einer Person>에서 보듯이, 그는 5개 국어를 구사하며, 철학, 경제, 음악, 분자물리학, 신비주의, 심지어 비둘기사냥 등 모든 것에 정통했다. 그는 현대적인 빌라와 오래된 성(城)도 갖고 있고, 영화와 바로크 예술에도 관심이 있으며, 사회주의자와 노동자와 교류하면서도 황제와 대토지 소유자와도 교분이 있다. 그러므로 그는 귀족과 시민, 자연과학자와 인문과학자 등 모든 계층의 사람들과 교류할 수 있는 “흥미로운 개성을 가진 인간”(1. 190)이다. 그가 이렇게 다양한 분야의 전문가들과 친해질 수 있었던 것은, 자기영역에 대해서만 알고 있는 전문가들에게 그들이 모르는 다른 세계와 그들 세계의 연관성을 쉽게 설명해 낼 수 있었기 때문이다. 전문가 사회에서 그는 각 전문분야의 활동을 통합할 수 있는 전체성의 힘을 소유하고 있는 인물이었다.

아른하임은 이처럼 특이한 개성을 지닌 인물이기 때문에, 가능인간 울리히와는 달리 ‘현실인간 Mann der Wirklichkeit’이라는 별명으로 불린다. 두 사람은 특성의 유무에 따라 구분될 뿐만 아니라 현실에 대한 명확한 입장 차이를 통해서도 구분된다. 첫 만남에서부터 둘은 격렬한 논쟁을 벌인다. 이 논쟁의 쟁점은 “세계사에서 비이성적인 일이 일어나는가?”(1. 174)였다. 현실을 불충분 이유율, 즉 우연에 의해 구성된 것으로 보고 삶을 무질서하다고 간주하는 울리히와 달리, 아른하임에게 삶과 현실은 이성을 통해 정연하게 조직되어 있다. 무질은 이 논쟁의 승패를 한 사람이 상대방을 논리적으로 설득하는 추상적 형식이 아니라, 아른하임의 직접적인 체험을 통해 자신의 오류를 인정하는 형식으로 구체적으로 암시한다.

아른하임은 『빌헬름 마이스터의 편력시대 Wilhelm Meisters Wanderjahre』에서 괴테가 준 교훈 "행동하기 위해 사유하고, 사유하기 위해 행동하라"170)를 삶의 모토로 삼고 있다. 그에게 '사유=행동'이라는 공식은 삶의 절대법칙이다. 여기서 삶이 사유 가능한 것이 되기 위해서는 삶과 현실이 질서정연하게 통일되어 있어야 한다. 사업가로서 그가 거둔 성공의 출발점은 이처럼 현실이 논리정연하고 계산 가능한 것이라는 확신이다.

하지만 이런 확신은 그가 신처럼 떠받드는 아버지 사무엘 아른하임 Samuel Arnheim에 의해 흔들리게 된다. 이미 아버지에게서 사업을 물려받았지만, 아른하임은 회사의 운명이 걸린 중요한 결정은 항상 아버지에게 맡긴다. 그런데 아버지는 이때 회사 경영에 필요한 전문지식을 갖춘 참모들의 합리적 조언을 거부하고 항상 자신의 '직감'에 의지해 독단적인 결정을 내린다. 문제는 그의 결정이 항상 옳았다는 것이다.

> 그것은 대략 노련한 사냥꾼이나 등산안내인이 기상학 회의를 들어야 하는데도 자신이 앓고 있는 류머티스의 예보에 따라 결정을 내리는 것과 같았다. 이것은 하나도 이상할 게 없다. 왜냐하면 류머티스는 많은 문제에 있어서 과학보다 더 확실한 것이기 때문이다.(2. 542)

무질은 이처럼 오성에 입각하여 현실을 파악하지 않고 직감에 의해 파악하는 사람을 '현실인간'과 구분하여 '리얼리스트 Realist'라고 부른다. 리얼리스트가 현실인간과 다른 점은 오성에 의해 정리된 질서가 '전체 현실'을 포괄하고 있음에 의문을 제기한다는 것이다. 반복된 경험을 통해 그들은 현실에는 합리적으로 설명할 수 없고, 말로 설명할 수 없는 특별한 사실들이 숨어 있다는 것을 알고 있다. 때문에 그들은 이 현실의 질서가 완전한 것이 아니라 무언가 빠져 있다고 생각한다. 그들은 수학자들이 나눗셈에서 소수점 이하의 숫자에 대해서 무시하는 것, 즉 너무 복잡해서 현실의 질서 속으로 편입될 수 없는 이 나머지의 중요성을 알고 있으며, 계산 불가능한 이 잔재를 항상 고려하고 있다.

아른하임을 더욱 혼란스럽게 만든 것은 울리히의 사촌이자 외무부 관리 투찌 Tuzzi의 부인인 에멜린다 투찌였다. 울리히는 그녀의 별명을 '유명한 사랑의 여신'의 이름을 따서 디오티마 Diotima라고 불렀다. 우리는 이미 소설 1장 화자의 보고를 통해 아른하임과 디오티마의 관계를 눈치 챌 수 있었다. 평행운동에 관여하면서 아른하임은 디오티마를 향한 사랑의 감정을 숨길 수 없게 된다. 이것은 그의 마음을 불편하게 만들었는데, 그 이유는 이것이 "생각하는 사람은 동시에 장사하는 사람도 되어야 한다"(2. 382)는 그의 삶의 철학을 뒤흔들어 놓았기 때문이다. 부와 명예를 동시에 누리고 있는 그가 불륜이라는 도덕적 멍에를 감수하면서 평범한 관리의 부인을 사랑한다는 것은 장사꾼의 입장에서는 분명히 비합리적인 결정이다. 그렇다면 그가 왜 이런 손해 보는 장사를 하려 했을까? 돈으로 얼마든지 여자를 살 수 있었기에 사랑을 믿지 않았던 그로 하여금 마치 마술에 걸린 것처럼 한 여인에게 빠지게 만든 것은 무엇일까? 무질은 이것을 '영혼 Seele'의 힘 때문이라고 본다. 디오티마 앞에서 아른하임의 명예욕은 침묵했으며, 현실의 이해관계는 그로부터 아득히 멀리 떨어져 있는 듯했다. 그리고 이 순간 그는 자신의 참된 모습을 발견한다.

아른하임은 '일기예보보다 정확한 등산안내인의 류머티스', '전문가의 조언보다 더 정확한 아버지의 직감', '장사꾼에게 밑지는 장사를 하게 하는 힘' 등 비교적 자주 경험하지만 합리적으로 설명할 수 없는 어떤 '힘'을 설명하기 위해 '영혼'이라는 단어를 사용한다. 무질에 의하면, 이것은 살아가면서 그 정확한 이름을 찾지 못해 긴급하게 그 이름이 필요한 어떤 것에 임시로 부여하는 이름이다. 즉 영혼은 어떤 다른 적절한 이름을 찾지 못한 대상을 표현하기 위해 사용하는 대단히 모호하고 부정확한 개념이다.

> 이 세상에는 겉으로 보기엔 모든 것이 완전하고, 이성적이며, 그 자체로 완결된 것처럼 보이지만, 이것은 단지 반쪽짜리 인식일 뿐이라는 어떤 모호한 감정이 동반되어 있다. [……] 모든 것이 충만되어 있는 것 뒤편의 어둡고 단절된 공간에 대한 이 끔찍한 느낌, 모든 것이 하나의 전체로 꽉 차 있음에도 항상 빠져 있는 이 반쪽에서 우리가 영혼이라고 부르는 것을 발견한다.(1. 184)

따라서 영혼은 이성의 질서 밖에 존재하기 때문에 우리가 말로 표현할 수 없는 어떤 세계가 존재한다는 사실을 암시한다. 디오티마와의 사랑을 통해 아른하임은 생생하게 기억되는 말들의 깊은 곳에는 기억될 수 없어 침묵하고 있는 삶의 진실이 숨어 있으며, 이것은 너무 특수하고 고유하기 때문에 보편적 이성의 체계인 언어로는 파악할 수 없다는 것을 깨닫는다. 디오티마는 아른하임에게 다음과 같이 말한다.

> 두 사람 사이의 참된 진실은 말로 표현될 수 없습니다. 우리가 말하자마자 (진실로 통하는) 문들은 모두 닫힐 것입니다. 말은 더 이상 실제적 진실을 전달하는 구실을 하지 못합니다. 말하는 시간에는 우리는 살아 있는 게 아니에요.(2. 504)

무질은 여기서 '나의 언어가 곧 나의 세계'라는 비트겐슈타인의 언어철학 테제를 반박한다. 그에게 언어는 세계를 있는 그대로 그려주는 매체가 아니다. 그는 90장에서 언어를 통해 세계에 질서를 부여하려는 것은 "반쪽짜리 현명함 Halbklugheit"이라고 폄하한다. 언어의 본질인 개념체계는 '다수를 차지하는 큰 부분 ein Teil des Großen'을 '전체 das Ganze'라고 간주하고, 동일하지 않은 것들을 동일한 개념 속에 포함시킴으로써 살아 있는 개체의 특수성을 담아낼 수 없기 때문이다. 그에 따르면 언어란 바람의 신, 아이올리스 Aeolus의 바람을 담아 넣으려고 준비한 자루처럼 알맹이 없는 껍데기와 같다. 언어는 사물의 고유한 생명력을 담아낼 수 없으며, 다만 실재하지 않는 상상의 관계 속으로 이 사물들을 강제로 던져 넣는다. 그에게 언어란 개체의 살아 있는 특수성을 눌러 동일한 형태로 찍어내는 빵틀과 같으며, 언어가 전달하는 현실은 '그와 동일한 일이 일어나다'의 현실이다. 이 때문에 언어를 통해 정리된 현실은 결코 "완전하며, 전체적이고, 보편적인 질서"가 아니라 이빨 빠진 원처럼 항상 뭔가 누락된 불완전한 것이다.

이에 반해 무질이 요구한 '나머지 반쪽의 현명함'이 찾고 있는 '또 다른 반쪽 현실'은 뭐라 이름붙일 수 없을 정도로 불분명하지만, 항상 새롭게 변화, 성장하는 개체의 생명력이 살아 숨 쉬는 곳이다. 현실은 대낮처럼 밝고 자명한 길을 가는 이성이라는 반쪽과 꿈처럼 어둡고 불분명한 길을 가는 영혼이라는 반쪽으로 구성되어 있으며, '완전한 현실'은 이 두 쪽을 종합할 때만 도달가능하다.

하지만 영혼의 시대가 종말을 고하고 찾아온 문명의 시대에는 삶이 오성에 의해 지배되며, 이것은 영혼으로 가득찬 인간으로 하여금 자신의 참된 본질로 고양될 수 있는 자유를 박탈한다. 이 때문에 울리히는 118장에서 니체를 인용해 "세상에서 가장 작은 피조물조차 생명력이 억제되어 있고, 그 나머지도 역시 생명력을 결여하고 있다"고 지적한다. 그에게 오성이 지배하는 현실은 죽음처럼 차갑고, 시체처럼 경직되어 있다. 울리히는 자신이 살고 있는 대도시 풍경을 "환상이 떠나버린 돌로 만든 작은 성냥갑"(1. 34)이라 묘사한다. 개인의 주관성과 특성을 배제하는 현실, 즉 개념화된 현실은 그에게 '미라'와 같고 삶을 석화시키며, 개인의 살아 있는 사유를 방해한다. 울리히는 얼음처럼 차고 돌처럼 딱딱한 도시의 거리에서 심장이 뛰고 있음을 느끼면서 어느 곳에서도 고착되지 않는 '자유로운 영혼'이 되고자 하지만 현실은 이를 허용하지 않는다. 이 때문에 그는 자신과 현실 사이에 메울 수 없는 큰 틈이 있음을 확신한다.

이것은 120장에서 이루어진 울리히의 공간전도 체험에 결정적인 영향을 미친다. 그는 라인스도르프의 대저택 창문을 통해 평행운동에 반대하는 시위대를 보게 된다. 시위대는 평행운동에 반대하는 구호를 토해냈지만 울리히는 이것을 더 이상 자기 삶과 조화를 이룰 수 없는 개인의 울부짖음으로 듣고 삶에 역겨움을 느낀다. 이 순간 그는 "나는 더 이상 이런 삶을 함께 할 수 없다"고 결심한다. 이 때문에 그는 지금 현존하는 공간 외에도 숨겨진 제2의 공간이 있을 수 있으며, 우리는 현실공간을 빠져나와 이곳으로 들어가야 한다고 생각한다.

> [……] 우리가 살고 있는 이 상태는 균열이 있어, 이 틈을 통해 불가능한 상태가 보이지. [……] 모든 사람들은 당연히 자신의 삶이 질서정연하기를 바란다. 하지만 그럴 수 있는 사람은 아무도 없다. [……] 너는 게으름과 습관 때문에 이 틈을 바라보지 못하거나 어떤 나쁜 일로 인해 그곳에서 고개를 돌리게 된다고 말했지. [……] 우리는 이 구멍을 통해 밖으로 나가야 해!(2. 659)

이때 그는 자신이 있는 공간이 극장의 회전무대처럼 뒤에 숨어 있는 공간으로 전도되는 체험을 한다. 현실이 우리가 지각하는 공간과, 이 공간 뒤에 숨어 있는 또 다른 공간으로 나누어져 있다는 충격체험으로 울리히는 현실이 완전하다는 믿음을 버린다. 이제 그에게 현실은 더 이상 한 치의 의심도 없이 받아들일 수 있고 궁극적으로 주어진 자명한 것이 아니며, 신에 의해 보증된 현실 die garantierte Realität[171])도 아니다.

하지만 그의 이런 생각과는 달리 그가 경험한 현실은 언제나 완전한 것처럼 행동한다. 그의 정신이 참을 수 없는 것은 현실의 이런 과장되고 부정확한 태도이다.

> 정신은 마치 자신이 영원히 확고한 것처럼 행동하는 모든 것을 죽음처럼 증오한다. [……] 그것은 어떤 것도 확실한 것으로 간주하지 않는다.(1. 154)

현실개념의 변천사를 연구한 한스 블루멘베르크 Hans Blumenberg에 따르면, 근대 현실 개념은 플라톤 이래 중세 스토아학파에 이르기까지 받아들여졌던 '궁극적 현실' 개념을 부정하고 '스스로 구성되는 컨텍스트로서의 현실 Wirklichkeit als sich konstituierender Kontext'만을 인정한다. 현실은 궁극적, 절대적인 것이 아니라 항상 새롭게 변하는 것이며, 미래를 향해 열려 있는 수많은 가능성일 따름이다. 이것은 궁극적이며 불변상수로서의 현실을 부정하는 대신, 다양한 주체들의 원근법적 입장 perspektivische Position을 반영하며, 간주관성 Intersubjektivität을 통해 완성되는 현실체험을 보증해 준다. 이것은 완전하며 세계의 모든 측면을 포괄하는 '전체로서의 현실' 개념 대신 '세계의 부분적 체험가능성'만 받아들이고, 이 때문에 다른 체험 컨텍스트와 결부된 세계를 배척할 수 없다는 사실을 우리에게 환기

시킨다.

이처럼 현실은 불변의 상태개념이 아니라, 개인별로 상이하며, 심지어 한 개인에게서도 상황에 따라 언제든지 변화 가능한 '존재가능태'이자 '잠재태'이다. 무질에 따르면, 자아와 현실의 변화가능성 속에서만 개인의 고유한 실존은 가능하다. 왜냐하면 개인은 변화를 위해 태어난 존재이고, 인간 영혼은 어느 한군데 고착되는 것을 거부하며 자유롭게 날아다니는 나비이기 때문이다.

하지만 울리히가 경험한 현실은 끊임없이 개인이 '그와 동일한 일이 일어나다' 속으로 편입되기를 강요한다. 그가 삶으로부터 휴가를 얻은 이유도 이처럼 현실에 의해 자아가 고착될 수 있으리라는 두려움 때문이다. 여기서 고착화는 아직 완성되지 않는 자아, 즉 무한한 변화가능성을 가진 유기체의 생기발랄함과 풍요로움을 포기하고 빵틀 속으로 들어가 미라처럼 살아가는 것을 의미한다. 그러므로 주어진 역할을 기계적으로 반복하는 규범현실에서 삶은 그에게 무의미하기 때문에 삶과 현실에 대해 방관자적, 수동적인 태도를 취한다. 하지만 이것은 자신에 대한 절망과 피곤한 삶에 지쳐 현실과 타협한 발터의 수동성과 분명히 다르다. 울리히는 자신의 수동성을 "능동적 수동주의 aktiver Passivismus"(2. 368)라고 부르고, 이것을 탈옥을 기다리고 있는 죄수에 비유한다. 이처럼 그의 수동성은 체념적이라기보다는 '내면에 긴장이 존재하는 수동성', 즉 어떤 삶의 의미도 찾지 못한 상태에서 올바른 삶의 의미를 발견할 때까지 자신의 행위를 유보하는 삶의 태도를 의미한다.

울리히와 발터를 구분해 주는 것은 바로 잠재적 에너지, 즉 운동선수가 매일매일의 훈련을 통해 비축해 둔 '활동성 Aktivität'이다.[172] 이 때문에 특성없는 남자는 삶에 대해 '아니요 Nein'라고 말하지 않고 '아직 아니요 Noch nicht'라고 말하며 말을 절약해 둔다. 울리히는 발터처럼 현실에 적응하며 사는 것이 유용한 것이지만 '올바른 삶'은 아니라는 것을 알고 있기 때문에, 특정한 세계에서 특정한 인간으로 살 것이 아니라 변화하는 세계에서 변화하는 인간으로 살 길을 택한다. 이것만이 그에게 고유한 삶을 보장해 주기 때문이다.

하지만 현실은 그가 현실의 틀을 벗어나 잠재태로 살아가는 것을 용납하지 않는다. 그가 생각하는 현실은 발 아래 견고한 지반을 갖는 확실한 것이 아니라 매 순간 기존의 현실과 다가올 현실 사이를 떠다니는 부유물일 따름이다. 하지만 그가 살고 있는 규범현실은 이 과도기적 상태의 순간적 현존재를 바구니 속에 넣고 뚜껑을 덮으라고 요구한다. 이것은 너무 집요하게 계속되는 강요라서, 잠깐 동안의 휴가만으로는 이로부터 벗어날 수 없다. 때문에 그는 "현실의 철폐 Abschaffung der Wirklichkeit"(1. 289)를 요구한다: "우리는 비현실을 되찾아 와야 합니다. 현실은 더 이상 의미가 없으니까요!"(2. 575)

이 요구는 현실에 대한 패러다임의 전환을 의미한다. 지금까지 현실은 신에 의한 천지창조, 즉 형이상학적 세계원칙에 따라 이루어진 것이다. 그러므로 현실은 우리 의지와 무관하게 주어진 것, 우리보다 먼저 존재한 것 Präexistenz으로 운명처럼 받아들여야 하는 것이었다. 하지만 세계의 형이상학적 토대를 허물어 버린 니체 이후로 세계는 인간의 수중에 떨어지며, 인간에 의해 만들어진다. 이로 인해 '기획 Entwurf', '정립 Setzung', '창조 Herstellung' 등의 개념이 세계와 인간 사이의 관계를 설명하는 새로운 범주가 되었다. 지금까지 현실이 확정적이며 일정한 것이었다면, 이제 이것은 인간에 의해 얼마든지 바뀔 수 있는 것으로 변했다. 세계는 변화가능성 Veränderlichkeit과 창조가능성 Herstellbarkeit이라는 특성을 가지게 되었다.

이런 맥락에서 위르겐 H. 페터젠 Jürgen H. Petersen은 지금까지의 세계는 "그러하고 다를 수 없는 so-und-nicht-anders" 것이었다면,

오늘날의 세계는 "그러하거나 다를 수도 있는 so-oder-auch-anders" 것으로 변했다고 말한다.[173] 20세기에 접어들면서 비약적으로 발전한 과학기술은 세계의 외관을 계속 변화시켰다. 한번 만들어진 것의 생명 주기도 점점 짧아져 순식간에 새로운 것으로 대체된다. 이로 인해 인간의 산물인 세계는 '일시성'과 '그러하거나 다를 수도 있다'는 특성을 취할 수밖에 없다. 그는 이것을 세계의 '개방성 Offenheit' 또는 '가능성'이라는 개념으로 파악하고 있는데, 빠르게 변하는 세계의 존재형식은 잠재태 또는 가능태로만 설명 가능하기 때문이다.[174]

세계가 자신의 규정적 성격을 상실했다는 것을 아는 순간, 세계는 모든 가능성의 총괄체가 되고, 모든 사물들이 변화될 수 있는 한, 현실은 '가설'로 추락한다. 그것은 실험조건을 바꾸면 그 결과가 바뀌는 가설처럼, 현실도 외적인 조건에 따라 얼마든지 변할 수 있기 때문이다.

> 어떤 사물, 자아, 형식, 원칙도 확실하지 않다. 모든 것은 보이지 않지만 쉬지 않고 진행되는 변화 속에서 파악된다. 미래에 관해 우리에게 남아 있는 것은 확실한 것이라기보다는 불확실한 것이다. 현재는 우리가 아직 빠져나가지 못한 가설일 따름이다.(1. 250)

무질은 세계의 구조를 현실과 가능성의 연관성으로 파악한다. 그러므로 『특성없는 남자』 제4장 <현실감각이 있다면, 가능감각도 있어야 한다 wenn es Wirklichkeitssinn gibt, muß es auch Möglichkeitssinn geben>는 이 소설에서 매우 중요한 위치를 차지한다.[175] 울리히의 두 가지 주장, 즉 '현실의 철폐'와 '비현실의 점령'은 동일한 출발점을 갖는다. 그것은 지금까지 현실을 감싸던 아우라의 해체이며, 이로 인해 현실의 신성불가침성은 사라지고, 대신 여러 다른 현실의 가능성들이 대두된다. 현재의 현실은 순간적인 것이며, 언제나 다른 현실에 의해 교체될 수 있다. 무질은 지금 체험하고 있는 현실 아래 잠자고 있는 현실, 즉 아직 깨어나지 않은 현실의 가능성을 신중하게 여길 줄 아는 예민한 감각을 '가능감각 Möglichkeitssinn'이라 부른다.

> 가능감각은 존재할 가능성이 있는 모든 상황을 사유할 줄 아는 능력, 현존하는 것을 지금 존재하지 않는 것보다 중요하게 생각하지 않는 능력이라고 정의내릴 수 있다.(1. 16)

이에 따르면, 가능감각은 '다르게 생각할 수 있는 능력' 또는 '존재할 가능성이 있는 모든 것을 생각할 수 있는 능력'이다.[176] 가능감각을 가진 사람은 여기에 이런저런 일이 '일어났으며', '일어날 것이며', '일어나야 한다'고 말하는 대신 '일어날 가능성이 있을 거야', '일어날지도 몰라', '그것은 다르게 될 수도 있을 걸'이라며 접속법을 사용하여 말한다. 그러므로 가능인간은 "안개와 상상, 몽상, 그리고 접속법으로 짜여진 그물망" 속에서 살아간다. 우리는 이런 사람을 흔히 현실도피적인 환상가, 몽유병자, 몽상가로 취급한다. 하지만 무질은 이런 비판을 단호히 거부한다. 가능인간이 꿈꾸는 가능성은 황당하고 무의미한 것이 아니라 '아직 깨어나지 않은 신의 의도 die noch erwachten Absichten Gottes[177]'이자 '아직 태어나지 않은 현실 noch nicht geborne Wirklichkeit'이기 때문에, 그들은 당연히 현실감각을 가지고 있다. 단지 이것은 '가능현실 mögliche Wirklichkeit'[178]에 대한 감각이며, 나무만 보는 게 아니라 숲 전체를 보는 '현실감각'이다. 따라서 그들은 '현실'을 혐오하는 것이 아니라 단지 그것을 언젠가 완수해야 할 '과제나 고안물 Aufgabe und Erfindung'로 간주할 따름이다.

현존하지 않는 것을 현존하는 것만큼 중시하고, 현실을 과제나 기획으로 간주한다는 점에서 가능감각은 유토피아와 연결된다. 화자는 61장에서 유토피아를 '가능성'이라고 정의한다.

> '가능성은 현실이 아니다'라는 말 속에는 가능성이 현재 얽혀 있는 상황이 그 가능성으로 하여금 현실이 되는 것을 방해하고 있음만을 의미할 따름이다. [……] 우리가 그 가능성을, 그것을 구속하고 있는 것으로부터 풀어주고, 그것의 발전을 허락할 때, 유토피아가 생긴다.(1. 246)

무질은 유토피아 개념을 통해 가능성 사유를 체계화한다. 울리히는 『특성없는 남자』에서 여러 유토피아에 대해 성찰하는데, 이것들의 공통기초가 바로 가능감각이다.[179] 그러므로 무질은 유토피아 개념을 우리에게 친숙한 의미로 사용하지 않는다. 전통적으로 유토피아는 도덕적이고 정의로운 곳, 영원한 행복과 평화가 깃든 인본주의적 이상향으로서 불완전한 우리 현실의 모범이 되는 곳이자 인간행위의 규범을 제공해 주는 장소였다. 하지만 무질은 이런 유토피아는 오늘날 불가능하다고 본다. 과거 인간 행위의 규범이 될 만한 절대적 원칙이 있다는 신념이 있었던 시절 유토피아는 인간 삶을 절대적으로 규정해 줄 이상향으로서 충분히 존재할 수 있었다. 하지만 자신을 지탱해 줄 뿌리가 뽑힌 현대인, 그리하여 오디세이처럼 정처없이 부유하는 삶을 살아갈 운명을 타고난 현대인에게는 자기 정체성을 확고하게 규정하는 상(像)이나, 삶을 지도해 줄 절대적 이상은 존재하지 않는다. 현대인은 오디세이처럼 자신의 고향이자 뿌리를 찾아 각자의 파라다이스로 귀환하려고 하지만, 그곳은 더 이상 없다. 현대인에게 유토피아는 이 무의미한 여행을 마치고 닻을 내릴 목적지가 아니라, 존재하지 않는 이상향을 찾아 부조리한 여행을 계속 진행해야 할 방향 Richtung으로서만 존재한다.[180] 게롤프 예슬 Gerolf Jäßl에 따르면, 인간의 전체적인 삶을 다 포괄할 수 있다는 확신만이 유토피아를 목적이나 이상적인 상 Idealbild으로 정립할 수 있다. 하지만 이런 확신은 역사가 끝나는 순간에만 비로소 가능하다. 그러므로 유토피아는 하나의 방향, 즉 아직 알지 못하는 목표를 향해 길을 잡아나가는 지향 Ausrichtung으로만 존재할 수 있다.[181] 요약하자면, 현대인에게 유토피아는 구체적 현실로 존재하는 것이 아니라, 그 실현과는 상관없이 우리 의식 속에 이념이나 가능성의 형태로만 존재하는 '어떤 것'이다.

무질은 구체적 현실을 지칭하는 '유토피아'라는 개념 대신 "의식적 유토피아주의 bewußter Utopismus"(1. 16)라는 추상적 개념을 사용한다. 그에게 유토피아는 정지할 수 없는 여행, 구체적 형상으로 고착될 수 없는 부유상태, 그리고 끊임없는 자기부정과 변화로 이루어진 불완전한 연속체다. 이런 의미에서 무질은 "현실은 유토피아적 본성이 있다"(1. 336)고 주장한다. 왜냐하면 현실은 우리가 아직 빠져나가지 못한 가설이기 때문이다. 무질의 유토피아 개념의 중요한 특징은 현실과 유토피아 사이에 존재하는 위계구조를 해체시키고, 현실과 유토피아가 서로 다른 차원에 존재하는 것이 아니라 둘을 동일하게 본 것이다.

유토피아에 대한 이런 재해석은, 모든 존재는 필연적인 것이 아니라 우연히 존재하는 것이라는 그의 확신에서 비롯된다. 우연하고 불확실하다는 점에서 그에게 현실은 유토피아일 수밖에 없다. 그것은 우리가 현실을 고정시키는 데 사용하는 범주들이 그 자체로 유토피아적 본성, 즉 매우 불완전한 성질을 가지고 있기 때문이다. 무질에 따르면 인간은 참된 현실을 체험할 수 없으며, 다만 무한히 많은 선례를 통해 현실에 대한 표상을 바꿀 수 있을 뿐이다. 그러므로 표면상 선험적으로 주어진 것처럼 보여도 현실은 경험을 통해 주어진 불완전한 것이다.

이로써 그에게 남은 과제는 유토피아를 '실현'하는 것이 아니라 유토피아를 올바르게 '구성'하는 것이다. 그것은 현실을 형이상학적 선험성의 관점에서 살펴보는 것이 아니라 역사적이며 인간적인 관점에서 파악하는 것에서 출발한다. 이를 위해 그는 '유토피아적 실존 utopische Existenz'을 요구한다. 전통 유토피아 개념과 이것이 제공하는 행위원칙이 시대착오적인 것으로 입증된 이상, 이 규범의 요구는 인간을 참된 이상향으로 인도할 수 없으며, 오히려 인간 행위를 불필요하게 제한하는 억압복으로 기능할 따름이다. 따라서 인간으로 하여금 이 근거 없는 억압으로부터 벗어나 자유롭게 부유하는 삶을 보장해 주는 것이 올바른 것이다.

유토피아적 실존이란 '불확실성', '유기성'(遺棄性), '부유성', '삶의 불완전성' 등이 인간의 가장 본질적 특성임을 인정하고, 지금까지 성급하게 받아들였던 삶의 제약조건이나 이상들을 불 속에 던져버리는 삶의 방식을 의미한다. 인간은 오로지 유토피아적 실존, 즉 다의미적이고 개방적인 실존을 통해서만 자신의 참된 자아에 도달할 수 있다. 하지만 자신을 너무 성급하게 한 가지 특성으로 고정시키는 것은 인간을 허위 속으로 깊게 밀어 넣는 것이다. 이 점에서 울리히의 특성상실은 유토피아적 실존을 구현하기 위한 중요한 실험이다. 왜냐하면 특성의 소유는 현실화를 전제로 하는 반면, 특성상실은 한 가지 특성을 통해 현실에 고착되는 것을 거부하고 무제한적 존재로 부유하는 유토피아적 실존의 실현가능성을 타진해 보는 실험이기 때문이다. 그러므로 무질에게 유토피아는 현실감각을 거부하고 가능감각을 통해 살아가는 삶의 방식이다.

> [……] 자신에게 어떤 현실감각도 부여하지 않는 사람은 부지불식간에 자신이 어느 날 특성없는 남자로 보임을 경험할 수 있다.(1. 18)

특정한 가치나 특성을 구체화함으로써 인간의 본질적 고유성과 그의 실존의 해석불가능성 그리고 무제한성을 박탈한다면, 그것은 인간에 대한 중대한 범죄다. 아무런 전제조건 없이 모든 현실화를 거부하는 태도만이 인간으로 하여금 자기에게 잠재되어 있는 무한한 가능성을 위해 자신을 개방할 수 있게 만든다. 그러므로 유토피아적 실존이야말로 인간의 올바른 삶의 법칙이다.

3) 정확성의 유토피아

소설 2부와 3부에서 묘사된 울리히와 아가테의 행위는 전통 도덕의 관점에서 부도덕 unmoralisch하고 비도덕 amoralisch적이다. 그들은 부친의 시신에 스타킹을 집어넣고, 훈장을 바꿔치기하며, 아가테의 남편 하가우어에게 유산이 돌아가는 것을 막기 위해 유서를 변조하고, 심지어는 근친상간의 욕망까지 드러낸다. 이것들은 모두 도덕적 금기와 실정법에 대한 도전이다. 소설 3부의 제목이 암시하는 바와 같이, 이것은 무질의 유토피아는 현실규범으로부터 자유로운 곳임을 암시한다.

하지만 도덕을 향한 오누이의 이런 도발은 역설적으로 울리히의 엄격한 도덕의식에서 나온 것이다. 그는 그것이 무엇인지도 모르고 그것이 진짜 있기나 한 것인지 확신도 없지만 "올바른 삶에 대한 법칙"(3. 825)을 찾는 도덕적 성찰을 중지하지 않는다. 그 이유를 그는 도덕이 인간실존을 위한 필수불가결한 조건이기 때문이라고 밝힌다.[182)]

여기서 문제는 부도덕한 행동과 도덕적인 성찰 사이의 양립 불가능해 보이는 모순을 어떻게 화해시킬 것인가 하는 점이다. 무질은 현실규범에 대한 도전과 전복을 '도덕'을 변화시켜 구원하는 방향으로 진행시킴으로써 이 모순을 극복하고자 한다. 현실규범에 대한 도전은 새로운 가능성을 찾기 위한 실험의 전제조건으로, 절대화된 도덕범주에 대해 의문을 제기하거나 상대화한다. 달리 말해 이것은 가능감각이 현실을 향해 달려드는 도전이다. 울리히에게 올바른 삶이 나비의 자유로운 날개짓처럼 자신에게 부여된 무한한 가능성을 마음껏 향유하며 사는 것이라면, 가능감각은 유토피아의 도덕과 연결된다. 가능감각, 즉 상상을 통해 현실의 울타리를 폭파하는 능력은 그에게 문밖에 펼쳐진 무한한 우주를 유영할 수 있게 하기 때문이다. 이런 의미에서 도덕은 "가능성의 무한한 전체"이며, "환상"(3. 1028)이다.

가능감각은 지금까지 고정되어 있고 폐쇄되어 있으며 항상 감금되었던 도덕적 환상을 해방시킨다. 그러므로 규범인간들에게 도덕적으로 선한 것도 가능인간에게는 악한 것이 될 수 있고, 규범인간들이 도덕적으로 금기시하는 것도 가능인간에게는 허용될 수 있다. 이런 의미에서 가능인간들은 비도덕적 몽상가이며, 선악을 바꿔 행할 수 있다. 그들에게 현재의 규범은 무의미하기 때문이다.

하지만 이로써 가능감각은 '현실의 의미'를 절대화하는 오류는 피할 수 있지만, 역설적으로 이것은 도덕법칙으로서 가능감각이 현실에 영향을 미치기 위해서 반드시 극복해야 할 약점이기도 하다. 도덕이란 인간의 행위규범이자 실천의 지침이고 판단의 척도다. 이것은 '정언명령'처럼 확고한 원칙에 의해 정당화되어야 하지만, 가능감각은 이 불변의 원칙을 공격 해체한다.[183] 그러므로 가능감각이 현실에 부여하고 있는 의미는 보편타당성을 요구할 수 없다. 가능감각은 주관적이며, 자의적이고, 내용상 불분명하고, 객관적으로 아무 원칙도 만들어내지 못하기 때문이다.

정확성의 유토피아는 가능감각과 이에 근거한 가능인간의 행위원칙에 객관적 근거를 제공하려는 사유실험이다. 도덕원칙의 객관성을 확보하는 전통적인 방법은 정언명령처럼 의심할 수 없는 절대불변의 원칙을 전제로 인간의 행위규범을 세우는 것이다. 즉 전통도덕은 인간의 모든 행위를 몇 개의 원칙적 계율로 환원시키는 연역적 방법에 기초한다. 연역적 도덕의 특징은 복잡한 인간행위를 몇 개의 짧은 문장으로 정확하게 규격화한다는 것이다. 무질은 전통도덕의 이런 효율성, 경제성을 "세 편의 논문의 이상 Das Ideal der drei Abhandlungen"(1. 244)이라고 정의한다. 이것은 인간이 자신이 일생 동안 한 일을 3편의 논문이나 3편의 시(詩)로 축약할 수 있다고 생각하는 것이다. 하지만 상황과 경험을 무시한 채 검증되지 않는 원칙에서 출발하여 대상을 파악하는 연역법은 절대성을 강조한 나머지 상황의 변화에 적절하게 대응하지 못하는 경직성을 드러낸다. 서양도덕의 경직성은 도덕이 연역의 원칙에 기반을 두기 때문이며, 바로 이것이 삶과 가치의 이율배반을 야기한다. 무질은 카카니엔 사람들의 행위와 사유를 특징짓는 혼란과 부정확성의 원인이 여기에 있다고 본다.

모오스부르거 재판은 연역적 도덕의 경직성을 단적으로 드러내는 좋은 예이다. 법의 논리를 삶의 세계로부터 분리시켜 순수한 공간에 두려 하는 법학자들의 태도는 울리히의 아버지를 통해 구체적으로 드러난다. 법률가들은 인간행위를 준법과 위법의 이분법으로 엄격하게 가르며, 이 둘 사이에 있을지 모를 제3의 가능성은 전혀 고려하지 않는다. 하지만 이것은 일상의 체험과는 다르다. 그 예가 모오스부르거이며, 그는 살인과 정당방위, 책임능력과 책임무능력 사이에 존재하는 경계인이다. 따라서 그는 법의 안정성을 해치는 교란자다. 그를 감옥에 가두는 것도, 석방하는 것도, 정신병원에 입원시키는 것도 모두 그 근거가 불충분하기 때문이다. 이 애매한 상황에서 법은 자신의 이분법적 체계의 안정성을 위해 모오스부르거에게 사형판결을 내린다. 그러므로 그는 경직된 법 논리의 희생자이기도 하다.

무질은 여기서 전통 도덕의 부정확성과 자의성을 본다. 왜냐하면 선과 악 그리고 광기와 건강함 사이에는 어떤 확실하고 정확한 경계선도 그을 수 없기 때문이다.(5. 1744) 그러므로 행위의 내용을 무시하고 형식논리만을 따지는 칸트의 의무윤리는 그에게는 도덕적 악이다.

무질은 전통 도덕의 연역성에 반대하여 귀납적 도덕을 시험한다. 이것은 도덕 체계를 귀납적으로 구성하는 것을 의미한다. 인간행위의 판단은 경험 전체를 귀납적으로 종합할 때만 정당화될 수 있다. 따라서 도덕은 현실상황과 개인의 삶을 온전히 고려해야 한다. 귀납적 도덕은 분명하고 절대적으로 규정할 수 있는 행위규칙이 아니라 단지 불분명하고 상대적이며, 기능적으로 규정되는 규칙일 따름이다. 이 때문에 울리히에게는 원칙적으로 허락되거나 금지된 규칙은 없다. 모든 행위는 상황과 연관관계, 즉 콘텍스트에 따라 판단된다. 아가테의 유서변조도 이런 시각에서만 설명된다.

> 사건들 그 자체가 무엇이 중요한가! 중요한 것은 우리가 그 사건을 관찰하는 데 이용하는 표상의 체계이며, 그 사건들과 연결되어 있는 개인의 체계다.(3. 684)

무질은 전통도덕의 한계를, 그것이 삶을 고려하지 않는 '원칙'에 근거하기 때문이라고 본다. 연역적 도덕의 원칙에서 우리는 항상 더 이상 나갈 수 없는 한 지점, 즉 신(神)을 만나게 된다. 이것은 칸트가 자신의 도덕론의 기초를 닦기 위해 '선험적 요청'의 형식으로 가정한 대전제이다. 문제는 우리가 경험을 통해 검증할 수 없는 이 전제에 대해 이의제기를 할 수 없다는 것이다. 전통 도덕은 이 점에서 부정확하고 비과학적이다. 무질은 현재의 도덕적 혼란은 바로 연역적 도덕의 비합리성에서 비롯되었다고 본다. 따라서 오늘날 윤리학이 유효한 의미를 얻기 위해서는 경험과학의 방법론을 삶의 문제에 적용하여 인간행위를 과학적으로 분석해야 한다. 도덕의 정당성은 오로지 합리성에 의존함으로써 보장받을 수 있다.

> 우리가 인간의 일을 과학적 방식에 따라 처리하지 않는다면, 극도로 비합리적으로 다루게 될 것이라는 생각이 든다.(1. 245)

윤리는 과학화되어야 한다. 울리히의 정확성의 요구는 과학적 윤리학을 요구한다. 무질은 에른스트 마흐로부터 과학적 윤리학의 단초를 발견한다. 선입견과 권위가 아니라 사실의 관찰에 근거하여 세계를 파악하는 경험과학의 방법은 물론 갈릴레이에게서 출발한다. 하지만 마흐는 이 방법을 자연연구에서 인간과 인간행위에 대한 연구로 전용시켰다. 그는 불변의 도덕원칙과 사실의 차이를 직시하고 변화와 수정을 향한 불굴의 의지만이 전통적 사유습관에 얽매이는 것을 방지해 준다고 강조했다.

무질은 사실의 경험을 무시한 채 형이상학적 도덕률을 절대시하는 것을 전통 도덕의 근원악으로 본다. 그는 경험을 존중하고, 경험의 관찰[184]로부터 법칙을 만들고, 새로운 경험을 통해 이 법칙을 검증, 수정하는 귀납적 태도를 통해, 변화된 사실에 변화된 도덕으로 적응할 것을 주문한다. 그는 "옛날 도덕의 우둔함은 타성에 젖어 있지만, 새로운 도덕은 행동의 도덕, 영웅주의 도덕, 그리고 변화의 도덕"(1. 41)이어야 한다고 강조한다.

그는 자신의 이런 계획을 '정확성의 유토피아 Utopie der Exaktheit'(1. 254)개념으로 요약한다. 가능감각의 소유자 울리히가 정확성을 추구하는 과학자와 공유하고 있는 것은 현실의 변화가능성을 열어두는 것이며, 세계를 실험대상으로 삼는다는 것이다. 그에게 정확성의 유토피아는 곧 실험을 의미한다.

> 유토피아란 실험을 의미한다. 여기서는 한 요소의 가능한 변화와, 우리가 삶이라고 부르는 복잡한 현상에서 이 변화가 야기할지도 모를 작용들이 관찰된다.(1. 246)

무질에게 정확성[185])이란 삶이라는 복잡한 현상 속에서 모든 것은 항상 변화할 수 있다는 것을 의미한다. 이 변화는 정확성과 불명확성의 역설적 결합을 이루는 새로운 인간을 요구하는데, 무질은 이런 인간의 전형을 '수학적 인간'이라 본다. 그는 에세이 「수학적 인간」(1913)과 『특성없는 남자』 1권 11장에서 수학적 인간을 모든 것을 다 포괄할 수 있는 정신적 인간의 전형으로 다루고 있다. 여기서 그의 관심은 끊임없이 변하는 사유과정에 있지 완결되고 확정된 사유의 결과에 있는 것은 아니다. 이 점에서 울리히와 수학적 인간의 사유방식은 일치한다. 무질은 수학에서 심오한 변화능력과, 아직 이용되고 있지 않으며 지금까지 엔지니어들에게 무시당했던 가능성을 발견한다. 그에게 수학적 인간이란 수학에 의해 변화되는 인간, 과학정신을 자신에게 적용할 수 있는 모험가, 자신을 실험하면서 변화를 위해 스스로를 위험에 빠뜨릴 수 있는 용기를 가진 청년이다. 울리히가 의미를 찾기 위해 부단히 자기 정체성과 직업을 포기한 것처럼, 수학적 인간도 좀 더 정확한 의미에 도달하기 위해 자신을 끊임없이 부정하는 위험한 모험을 감행한다.

이런 의미에서 수학적 인간은 미래지향적 돌연변이이자 새로운 정신을 가진 종족이다. 이들은 냉정하고 분명하며 정확성의 충동을 가지고 있으면서도, 여태껏 합리주의에 의해 홀대받았던 영혼의 영역에 대해서도 정확성의 파토스를 가지고 구원해 보고자 노력한다.

> 가장 정확하고 가장 위대하게 행동하라는 요구가 지성의 영역에서 열정의 영역으로 넘어갈 때, [……] 열정은 사라지고, 그 대신 도덕을

> 타오르게 한 최초의 불과 같은 것이 등장하는 희한한 결과가 일어난다. 이것이 바로 정확성의 유토피아다.(1. 247)

이로써 전통적으로 이성보다는 영혼, 이론보다는 실천의 영역으로 분류되었던 도덕도 과학적 객관성을 획득하게 된다. 이를 위해 정확성의 인간은 모든 것을 선입견 없이 받아들여야 하며, 특히 감정의 자극을 철저하게 무시하는 냉정한 관찰 태도를 요구받는다. 왜냐하면 정확하게 산다는 것은 말할 수 없는 것에 대해 침묵하는 것이며, 특히 말로 표현할 수 없는 감정을 느낄 때 아무 감정 없이 머무는 것이기 때문이다.(1. 246)

이런 실증적, 즉물적 관찰태도는 어린 시절 자기 방 창가에서 정원을 관찰할 때부터 무질에게 매우 친숙한 것이었다. 하지만 이것은 실증주의자의 메마른 관찰태도와는 분명히 다르다. 무질은 유년시절이 너무 고독했으며, 멜랑콜리한 분위기가 자기 방을 지배했다고 회고한다. 원만치 못했던 그의 가족사는 어린 시절 그를 하루 종일 방에 갇혀 지내게 했으며, 그는 창가에 서 정원을 관찰하는 것을 좋아했다. 하지만 고독과 멜랑콜리는 그를 내면세계로 침잠하게 만들었고, 주변 세계를 온통 환상세계의 마법이 지배하게 만들었다.

이 유년기 체험은 기억의 수면 아래 숨어 있으면서 이후 그의 세계체험에 부단히 영향을 미친다. 그는 대상을 향해 정확한 관찰자의 시선을 날리지만, 그것은 이중적 윤곽 doppelte Kontur으로 그의 내면에 박힌다. 빌프리트 베르크한 Wilfried Berghahn은 이런 의미에서 무질은 겉으로 드러난 사실의 딱딱한 표면만을 보는 것이 아니라, 그 밑에 살아 숨 쉬고 있는 것을 들으려 했다고 말한다.[186] 그는 정원의 자갈길과 이 위를 이리저리 나뒹구는 수많은 낙엽만을 본 것이 아니라, 이 낙엽더미가 숨 쉬고 천천히 움직이면서 자기 내면으로 들어와 영혼을 충만시키는 체험까지 한다. 그는 세계를 오성을 통해 접근할 뿐만 아니라 세계와 영적인 관계도 맺는다. 대상을 관찰하는 그의 시선은 대상의 표면에만 머무르지 않고, 그 뒤에 숨어 있는 잠재적 가능성까지 파고든다. 그는 실증주의자의 "현학적 정확성 die pedantische Genauigkeit"보다는 아직 현실화되지 않은 것까지 파악하려는 "환상적 정확성 die phantastische Genauigkeit"(1. 247)을 더 중시한다. 그러므로 그는 대상의 표면에만 머무는 실증주의자와 다를 뿐만 아니라, 대상을 무시하고 내면세계에만 침잠하는 낭만주의자와도 구분된다.

'환상적 정확성'이라는 개념을 통해 무질은 실증주의자의 천박함과 낭만주의자의 자의성을 극복하려고 시도한다. 숫자와 척도에 의지하는 실증주의자의 정확성은 즉물적이지만 경직되어 있고, 내면의 영혼에 의지하는 낭만주의자의 환상은 심오하지만 무책임하다. 그러므로 그는 이들에게 반쪽의 정확성만 인정하며, 이 둘을 종합할 때만 완전한 정확성에 도달할 수 있다고 믿는다.

정확성과 영혼의 합일을 요구하는 무질의 이런 태도는 '비판적 실증주의'라고 볼 수 있는데, 그것은 무질이 과학적 정확성에 도달하기 위해서는 환상과 내면의 참여 die innere Beteiligung가 중요하다는 사실을 인식하고 있기 때문이다. 오랫동안 풀지 못했던 수학문제를 어느 날 우연히 떠오른 생각에 의해 해결하는 울리히의 체험을 통해 무질이 강조하고자 한 것은 과학연구에 환상이나 직관 그리고 우연한 착상이 미치는 영향이다. 여기서 우리는 에머슨 Ralph Waldo Emerson의 영향을 확인할 수 있는데, 그는 자연의 비밀을 푸는 데 있어서 중요한 것은 과학적 지식이 아니라 예감과 꿈이라고 주장한다. 그는 철저하게 지식과 예감을 대립적으로 보았으며, 지식보다는 신성에 대한 믿음과 직관을 더 중시했다. 무질은 과학에 미치는 예감과 직관의 영향력을 인정하면서도 에머슨과는 다른 길을 가는데,

그것은 그가 지식과 예감을 대립적으로 보는 것이 아니라 상호보완 관계로 보기 때문이다. 그는 항상 현상에서 출발하여 현상의 심연에 도달하려고 시도하며, 과학적 방법이 한계를 드러내기 시작하기 전까지는 결코 영혼과 환상에 의지하지 않는다.

울리히는 그동안 계산자를 통해 과학이 거둔 빛나는 성공에 비해 수백 년 뒤떨어져 있는 도덕의 후진성은 우리가 경험과학의 방법론을 중요한 삶의 문제에 적용하거나 정확한 과학의 방법에 따라 합리적으로 행위 한다면 충분히 만회할 수 있다고 보았다. 하지만 그는 현실적으로 과학의 정확성 속에서 자신의 고유한 특성이 신음하고 있는 소리를 들어야만 했다. 왜냐하면 과학이 제공한 설명들, 즉 인간 내면에서 우러나오는 감정과 인간의 유일무이한 개별성을 무시한 객관적 설명에서 그는 자기 심장이 도려내지는 아픔을 느꼈기 때문이다. 여기서 그는 합리적 설명은 개인의 감정을 무시하기 때문에 폭넓고 추상적인 현실인식은 늘일 수 있을지 모르겠지만 구체적이며 심오한 현실인식은 약화시킨다는 결론에 도달한다. 결국 과학은 삶의 욕구와 사유의 욕구 사이의 모순의 제거라는 울리히의 목표와는 거리가 먼 것이었다.

정확성의 유토피아가 실패할 수밖에 없는 이유는 올바른 삶의 법칙을 찾는 실험에서 과학적 사유가 자신을 제한적 구성적 수단으로 보지 않고 총체적인 목적으로 오해하고 있기 때문이다. 인간 행위는 결코 오성에만 엄격하게 기초하고 있지 않기 때문에 과학적 사유만으로 인간 행위는 정당화될 수 없다. 그러므로 그것은 도덕적으로 완전한 가치를 주장할 수 없다. 왜냐하면 인간 행위는 합리성에 의해서만 정당성을 부여받지 않기 때문이다. 인간 행위의 정당성을 보장받기 위해서는 오히려 설명되지 않은 '믿음'이 일부분 필요하다. 하지만 과학은 이 '믿음'을 비합리적이라는 딱지를 붙여 의미의 세계로부터 추방해 버린다.

울리히의 "정확한 삶의 유토피아 Utopie des exakten Lebens"(1. 244)가 실패할 수밖에 없는 결정적 이유는 과학의 정확성이, 우리가 모든 일을 결정하는 데 있어서 감정에 의존하는 경우가 이성에 의존하는 경우보다 훨씬 더 많다는 사실을 무시하기 때문이다. 이 때문에 과학과 이성이 지배하는 영역은 극단적으로 제한될 수밖에 없다. 무질에 따르면 인간행위의 동력원은 지성이 아니라 감정이기 때문이다.(5. 1878)

4) 모티베이션에 따른 삶의 유토피아

수학자인 울리히에게 가장 뼈아픈 인식은 세계를 마법으로부터 구해준 과학이 인간 감정을 철저하게 배제하는 냉정한 태도를 보인다는 것이다. 인간을 80～90%의 물로 이루어진 존재로 설명하고, 출생과 사망이라는 신비로운 현상을 딱딱한 그래프로 도식화하는 과학의 이런 무미건조한 태도는 인간의 영혼을 질식시킬 것처럼 보였다. 과학의 정확성은 다양한 특성을 가진 대상들을 추상적 사실관계로 환원할 수 있을 때만 가능하다. 여기서 주체는 철저하게 자신을 부인해야 하며, 자신의 사적 체험과 감정까지도 완전히 배제해야 한다. 과학의 이런 '탈주관적 인식개념 entsubjektiver Erkenntnisbegriff'[187]이 지식과 삶, 이론과 실천 사이의 필연적 연관관계를 약화시켜 지식의 확대가 인간 삶의 여러 문제를 해결하는 데 큰 도움을 주지 못하는 결과를 초래했다.

도덕의 문제에서 과학이 안고 있는 큰 문제는, 마땅히 해야 할 당위가 존재하는 것, 즉 경험적 사실과 결코 논리적 의존관계에 있지 않다는 데 있다. 그러므로 과학성은 원칙적으로 비도덕적이다. 그것은 72장에서 화자가 강조한 것처럼, 과학은 도덕적 숙고보다는 경제성과 효율성을 따지기 때문이다. 하지만 인간은 '양심'을 의식하는 동안에만 도덕의 토대에 접근할 수 있다. 도덕적 행위는 우리가 믿는 양심으로부터 나오는 것이지, 결코 우리가 알고 있는 지식으로부터 나오는 것은 아니다. 정확성의 유토피아가 실패한 이유는 인간행위를 결정해 주는 것은 이성보다 감성이라는 사실을 간과했기 때문이다. 이런 사실을 고려한 것이 바로 '모티베이션에 따른 삶의 유토피아 Utopie des motivierten Lebens'(5. 1914)다.

1900년대 초반 '발레리-체험 Valerie-Erlebenis'[188]과 니체와 에머슨의 저작을 탐독한 경험은 청년 무질로 하여금 '다른 삶'과 '새로운 윤리'의 가능성에 대해 성찰하게 만들었으며, 이 성찰의 결실이 바로 '모티베이션에 따른 삶 das motivierte Leben'이라는 개념이다. 후에 『특성없는 남자』에서 무질은 이 시기 자신이 예감한 '다른 삶'을 아가테의 삶을 통해 형상화하는데, 1932년에 구상한 4개의 소설계획 가운데 제50장 <기록 Eine Eintragung>에서 그는 아가테의 삶의 방식이 '습관적 삶'과는 분명히 다르게 구성되어 있다는 것을 강조하기 위해 최초로 '모티베이션 Motivation'이라는 개념을 사용한다.

> 습관적인 삶에서 우리는 모티베이션에 따라 행위하지 않고, 필연성에 따라, 즉 원인과 결과의 사슬에 매여 행동한다.(4. 1421)

무질은 인과성에 근거한 세계질서를 대체하기 위해 모티베이션 개념을 만들었다.[189] 이것은 인과관계의 강요를 통해 인간행위를 통제하는 것이 아니라, 인간 내면에서 직접 나오는 행위요구이며, 이 점에서 모티베이션은 영적인 성격을 지닌다. 따라서 그가 요구한 '모티베이션에 따른 삶의 원칙 Prinzip des motivierten Lebens' 역시 영적으로 무가치한 것, 즉 인과적이거나 메커니즘적인 것이 인간행위를 규정하는 것을 철저하게 거부한다.

영적인 요구가 인간 내면에서 우러나온 것이라면, 인과관계의 필연성은 개인의 고유성을 무시한 채 외부에서 획일적으로 주어진 것이다. 무질이 오누이에게 이 원칙을 요구한 것은 필연성을 강요하는 인과관계가 인간으로 하여금 자신의 내적 본질에 다가서는 것을 방해하기 때문이다.

> 이 무언가가 우리로 하여금 자신의 내면과 무관한 삶을 살도록 만든다. [……] 이것이 오로지 그와 동일한 일만 항상 일어나도록 만드는 원인이다.(4. 1424)

여기서 울리히는 자신의 내면과 무관하고, 무의미하게 반복되는 '그와 동일한 일이 일어나다'의 삶만을 유발시키는 이 '무언가 Etwas'에 대해 다음과 같이 설명한다.

> 이 무언가는 우리가 항상 의미의 상태에서 그 자체로 무의미한 것으로 나간다는 것이다. [……] 우리는 의미가 충만한 상태에서 필연성과 궁핍의 상태로, 삶의 상태에서 죽음의 상태로 들어간다.(4. 1424)

살아 있는 상태에서 죽음의 세계로 들어가게 만든다는 점에서 이것은 어린 퇴를레스로 하여금 삶이 무의미해 보이도록 만든 '죽어 있는 사유'와 동일하다. 무질은 의미와 무의미, 살아 있는 사유와 죽어 있는 사유를 구분함으로써 자신이 추구하는 '모티베이션에 따라 이루어지는 삶'이 무엇인지를 인식한다.

단지 생각하기만 하는 사유와 인간 전체를 움직이게 만드는 사유는

> 분명하게 구분할 수 있다. [……] 우리는 인간 전체를 움직이게 하는 것만을 말하고자 한다.(4. 1421)

'모티베이션에 따른 삶의 유토피아'라고 정리한 무질의 삶의 과제는 의미와 살아 있는 사유를 체험하는 것을 목표로 하며, 이것의 판단 기준은 한 인간을 전체적으로 움직이게 하는 것이다. 결국 모티베이션이란 우리를 자발적으로 움직이게 하는 힘이며, 모티베이션이 가진 윤리적 힘은 바로 이 운동 속에 숨어 있다. 왜냐하면 이것은 우리를 무의미하게 반복되는 운동의 순환 속으로 보내는 것이 아니라, 인간 본질의 중심에 가까이 도달할 수 있게 만들기 때문이다.

> 우리는 우리 본질의 중심에 도달했다는, 비밀로 가득찬 중심에 도착했다는 감정을 동반했다.(4. 1423)

모티베이션을 '자아체험 Icherlebnisse'과 연관 짓는 데 있어 무질에게 결정적으로 영향을 미친 사람은 테오도르 립스 Theodor Lipps였다. 그에 따르면, 자아체험은 인과관계와 무관하다. 인과관계는 오로지 오성에만 의지하지만, 자아체험은 오성의 매개를 거치지 않는 직접적인 체험이기 때문이다. 그는 자아체험은 객관적으로 외부에서 파악할 수 없다고 보는데, 그 이유는 이 체험은 오로지 '체험됨 그 자체'에 본질을 두지만, 인과성은 항상 객관적으로 주어진 것이나 파악 가능한 것과 연관되기 때문이다. 이 때문에 그는 자아체험을 모티베이션과 연관 짓는데, 모티베이션이란 주어진 것을 객관적으로 파악하는 인과성과는 달리 '내적으로 연관된 것들을 직접적으로 체험하는 것 das unmittelbare Erleben innerer Beziehungen'을 의미한다.

그러므로 무질의 모티베이션 개념은 개인의 살아 있는 자아체험을 보편규범 속으로 강제로 귀속시키는 전통 도덕에 대한 비판에서 나온 것이다. 전통 도덕이 영적인 삶의 여러 현상들을 인과관계를 통해 몇 개의 원칙으로 환원시킴으로써 개인의 살아 있는 체험에 폭력을 행사하는 반면, 모티베이션에 기초를 둔 새로운 도덕은 근원적이며, 삶 그 자체에서 주어진 연관관계를 있는 그대로 직접 체험하게 한다. 그것은 '모티베이션에 따른 삶'이란 살아 있는 개인의 고유하고 특수한 삶이므로 객관적으로 해명될 수 없고, 다만 체험될 수 있을 따름이기 때문이다.[190)]

'모티베이션에 따른 삶의 원칙'은 보편법칙으로서의 도덕에 반대하며, 개인의 삶과 개인성을 반영하는 새로운 행위규범을 요구한다. '너의 행위의 준칙이 언제나 동시에 보편적 입법의 원칙으로서 타당할 수 있도록 행동하라'는 실천이성의 명령처럼, 전통 도덕은 보편타당성과 논리적 필연성을 전제로 한다. 전통 도덕은 외부에서 개인에게 명령하는 형식을 취하는데, 이것은 다수가 동의하는 보편규범을 개인에게 강요함으로써 인간의 살아 있는 개성을 획일화한다. 이로써 도덕은 논리, 즉 법칙의 보편성을 위해 삶에 폭력을 행사한다. 왜냐하면 논리는 개념에 의해 규정되는 행위를 당위의 대상으로 만들지, 삶의 여러 제약조건 속에서 이루어진 행위를 당위의 대상으로 삼지는 않기 때문이다.

따라서 전통 도덕은 대단히 형식주의적이다. 이것은 삶의 내용을 철저히 무시하는 개념체계로부터 인간 행위를 규정하지, 살아 있는 개인의 생생한 삶이나 그만의 특수성은 전혀 고려하지 않는다. 이 결과 삶과 이 삶의 올바른 규칙을 정한 도덕이 서로 모순관계에 빠진다. 오늘날 삶과 도덕이 위기에 빠진 것은 도덕이 현실과 삶의 구체적 내용, 즉 개인의 개별성과 개별 행위의 다양성, 현실제약성 등을 총체적으로 고려하지 않았기 때문이다. 무질은 이 위기의 해소 가능성을 삶과 도덕의 재합일 속에서 찾는다. 그는 도덕이 삶의 외부에서 개인에게 강요되어서는 안 되며 삶의 고유한 발전과정에서 도출되어야 한다고 본다. 그에게 새로운 도덕은 우리 삶 그 자체이며, 삶에 의해 제약되고 만들어져야 한다.

삶의 역동성에 기반을 둔 새로운 도덕의 구성이라는 무질의 구상에는 니체가 큰 영향을 미쳤다. 무질에게 끼친 그의 영향은 도덕의 역동성이다. 이것은 그에게 '가능성의 사유'를 가르쳐 주었으며, 무질은 니체가 개척한 가능성의 길을 끝까지 달려가 주관성과 객관성 사이 중간 영역에서 새로운 가치를 창조했다.[191] 무질에게 도덕의 역동성은 선과 악을 엄격하게 가르는 것보다 더 중요하다. 그것은 도덕이 영원한 것이 아니라면 항상 다시 바뀌어야 하는 것이기 때문이다.

> 확실한 것은 아무것도 없다. 모든 약속은 깨졌고, 모든 목표는 매순간 다른 목표를 위해 포기된다. 도덕은 최소한의 구속력도 없다. 존재하는 것은 창조적 도덕의 원칙들이다.(Tb. 772)

새로운 도덕을 창조한다는 점에서 니체에게는 악 das Böse조차도 긍정적인 의미를 지닌다. 악이 갖는 긍정적 의미는 기존의 도덕을 부정하는 파괴적 힘에서 나온다. 니체는 새로운 도덕을 요구하기 전에 도덕의 자기지양이 선행되어야 한다고 본다. 그에 따르면 새로운 도덕의 설계는 기존 도덕에서의 해방으로부터 시작된다. 이 점에서 도덕적으로 살기 위해서 도덕으로부터 해방되어야 한다는 무질의 역설은 니체의 유산이다. 새로운 도덕은 창조적 도덕이며, 이것은 선악의 경계를 넘어 스스로 자기 행위의 규범을 설정하고, 개인의 고유성과 삶의 내용을 총체적으로 고려해야 한다.

니체가 전통도덕을 해체한 것은, 이를 통해 개인이 자기 본질로 귀환할 수 있기 때문이다. 다시 말해 그는 자기에게 오기 위해 도덕을 지양한 것이다. 살아 있는 주체의 역동적 삶은 결코 한군데 머무르지 않으며, 주체 역시 계속적인 변신의 과정에 있다. 이 때문에 무질은 도덕을 "균형을 유지하기 위해 끊임없이 스스로 움직여야 하는 것"(Tb. 650)이라 정의한다. 우리가 자전거를 타고 목적지에 도달할 수 있기 위해서는 페달을 계속 밟아 균형을 유지해야 하듯, 도덕 역시 인간 삶이 끝나는 순간까지 계속 움직여야 한다. 하지만 이 운동은 무의미하고 공허한 회전운동이 아니라 개인의 성숙을 동반함과 동시에 '고양'을 의미한다. 왜냐하면 이를 통해 개인이 자기 본질로 한 걸음 더 다가서기 때문이다.

'운동'과 '고양'이란 지점에서 니체의 역동적 도덕과 무질의 '모티베이션에 따른 삶의 원칙'은 서로 만난다. 역동적 도덕의 목적이 계속적인 운동을 통해 창조적 균형을 유지하는 것이라면, 이것은 무질의 '바로 다음 발걸음의 도덕'의 목적과 동일한 것이다. 왜냐하면 이 도덕은 인간으로 하여금 새로운 방향으로 자유롭게 움직이게 하지만, 자신이 다음에 디디게 될 걸음을 통해 다시 균형을 잡으면서 항상 앞으로 전진할 수 있게 하기 때문이다. 이 점에서 무질의 '바로 다음 발걸음의 도덕 Moral des nächsten Schritts'(3. 740)은 고양하고 있는 인간의 도덕이다. 이때 이 '고양'은 윤리적 인간으로 하여금 자신에게 의미 있는 것만을 선택하게 하고, 자신을 정신적으로나 영적으로 성장시킬 수 있는 행위만을 하도록 자극하는 모티베이션이다.[192]

정확성의 유토피아에서 무질은 도덕을 과학적 정확성에 입각하여 분석하려 시도했다면, 모티베이션에 따른 삶의 유토피아에서 도덕은 우리 영혼을 자극하는 감정과 모티베이션으로 분석된다. 이 유토피아에서 도덕은 '규범의 준수'와 '법칙에 대한 존중'이 아니라 '감정적인 태도'에 근거한다. 즉 도덕에서 중요한 것은 행위자의 선의지가 아니라, 특정행위가 그것을 행한 사람의 마음에 일으킨 감정의 강도이다. 그러므로 하나의 행위가 도덕이 되는 경우는 그것이 행위자를 감동시킬 때(4. 1421)이다.

아가테의 유서변조[193]를 예로 들면, 재혼한 남편 하가우어와 함께한 지난 결혼생활은 매우 안정되고 질서정연한 것이었지만 아무 감정도 없는 무미건조한 삶의 연속이었다. 이 삶은 그녀에게 무의미하고 비본질적인 것이었기에, 그녀는 새 의미를 찾고 싶다는 강렬한 감정의 자극을 받는다. 즉 하가우어에 의해 훼손된 삶의 의미를 복원시키겠다는 충동에 따라 유서를 변조하는 모험을 감행하는 동안, 이 행위는 "모티베이션에 따라 이루어지는 삶의 근원"(5. 1926)에서 직접 나온 것이다. 이때 그녀는 선/악이라는 도덕의 울타리를 넘어 좀 더 심오하고 근원적인 곳으로 들어갈 것을 결심하는데, 이곳에서는 모든 것이 새로운 연관관계를 맺는다. 즉 선과 악은 미리 규정된 규범에 의해 결정되는 것이 아니라 감정의 고양과 추락에 의해 항상 다시 규정된다.

모티베이션에 따른 삶의 유토피아에서는 선한 행위와 본질적으로 선한 것, 즉 규범적 선은 서로 필연적 관계에 있지 않으며, 상황에 따라 서로 모순될 수도 있다. 미리 규정된 삶을 위해 존재의 의미를 찾는 일을 포기하는 것은 아가테와 울리히에게는 무가치해 보이며, 그들에게 중요한 것은 선, 악의 저편에 존재하는 새로운 가치와 의미를 찾아 역동적으로 움직이는 창조적 삶이다. 그들은 이 역동적 삶을 통해 자신의 내면 한가운데 다가서려 시도한다. 결코 파괴될 수 없는 내면성이 지배하는 곳에서는 일상의 모든 규범들은 작동을 멈춘다. 무질은 이런 이상적 상태를 "자기 내면 한 가운데 있는 상태 Mitten-innen-Sein"(3. 908)라 부르고, 이것이 바로 자신을 감동시킨 강력한 체험이라 말한다. 그러므로 '모티브 Motiv'란 "의미의 상태로 들어오게끔 In den Zustand der Bedeutung kommen" 자극하는 것이며, '모티베이션에 따른 삶'이란 지금 존재하고 있는 상태를 확정된 의미로 고정시키는 데 반대하며, 항상 새로운 의미를 찾아 가능성의 극단까지 여행을 떠나는 모험적 삶을 의미한다.

> 이제 나는 모티브가 무엇인지 말할 수 있을 것 같다. 모티브는 나를 의미에서 의미로 이끄는 것이다.(4. 1425)

다시 말해 모티베이션에 따른 삶의 유토피아란 자신이 부여한 의미나 가치에 따라 행위하는 삶이며, '그와 동일한 일이 일어나는' 삶, 즉 외부에서 강요된 인과관계로부터 해방된 삶을 의미한다. 이것은 고정된 척도 없이 양심에 따라 자유롭게 부유하는 삶이며 창조적인 삶이라 할 수 있는데, 자기 내면에서 부여한 의미나 가치에 따른 행위는 항상 새로운 도덕을 창조할 수 있기 때문이다.

하지만 이 유토피아에 따라 자기 삶을 영위하려는 사람은 곧 혼란에 빠진다. 그것은 모티베이션에 따른 삶의 상태를 자극하는 것은 목적지향적, 계획적 행위로 이어지지 않고 오히려 이것들을 억압하기 때문이다. 우리가 클라리쎄 Clarisse의 예에서 알 수 있는 것처럼 '파괴되지 않는 내면성 unzerstörte Innigkeit', 즉 '자기 내면 한가운데 있는 상태'가 이성과 조화를 이루지 못할 경우, 그것은 인간을 광기와 정신착란으로 몰고 간다. 이 유토피아가 특별히 실패할 수밖에 없는 이유는, 그것이 윤리적 상대주의를 절대화하기 때문이다. 이에 따르면 우리는 살인을 하고도 행복할 수 있고, 살인을 하지 않고도 행복할 수 있다. 그러므로 '모티베이션에 따른 삶의 유토피아'는 도덕이나 인식의 영역의 공격을 받으면 무릎을 꿇을 수밖에 없다.

5) 에세이즘의 유토피아

정확성의 유토피아와 모티베이션에 따른 삶의 유토피아가 개인의 감정과 이성의 조화에 실패했기 때문에 좌초될 수밖에 없었다면, 무질에게 중요한 것은 감정과 영혼 등이 지배하는 주관성과 객관성을 어떻게 화해시킬 수 있느냐이다. 무질은 그 대답으로 "에세이즘의 유토피아 Utopie des Essayismus"(1. 247)를 제시한다. 그는 주관성과 객관성, 감성과 지성, 예술과 과학의 대립 해소 가능성을 에세이즘의 유토피아에서 찾는다. 에세이즘의 토대가 되는 울리히의 문제의식은 다음과 같다.

> 진리를 원하는 남자는 학자가 될 것이고, 자신의 주관성을 활용해 보길 원하는 자는 아마 작가가 될 것이다. 하지만 이 둘 사이에 있는 무언가를 원하는 자는 무엇을 해야 하나?(1. 254)

1911년에서 1914년 사이에 발표된 무질의 에세이를 분석해 보면, 그가 자신의 관심사항인 삶, 윤리, 인간의 문제를 객관적 진리를 요구하는 철학과 증명불가능한 감정이 지배하는 예술 사이에 위치시키고 있음을 알 수 있다. 그는 이 중간영역을 분명하게 설명하기 위해 새로운 연구방법이 필요하다고 보는데, 그것은 과학의 방법이어서는 안 되며, 정확도에서는 과학에 못 미치지만 문학의 직접적인 파악방식을 기대할 수 있는 것이어야 했다.[194] 이 당시 예술가와 학자의 길 사이를 방황할 수밖에 없었던 이유를 청년 무질은 "예술가들은 너무 철학적이지 않고, 철학자들은 너무 인간적이지 않다"(Tb. 149)고 밝힌다. 이런 고민은 1914년에 발표한 「에세이에 관해 Über den Essay」에서 새로운 해결의 실마리를 찾게 되는데, 이 글에서 그는 과학과 문학의 매개 가능성을 에세이에서 발견한다. 여기서 무질은 단지 가볍고, 무책임하게 써 놓은 글을 지칭했던 에세이에 '실험 Versuch'이라는 의미를 추가하여 이것이 단지 자의적인 글이 아니라 과학이 다룰 수 없는 영역의 문제를 가장 엄격하게 실험, 검증할 수 있는 형식임을 강조한다.

> 에세이는 정확하게 작업할 수 있는 곳에서는 다소 태만한 것으로 간주되지만, 정확하게 작업할 수 없는 영역에서는 가장 엄격한 것이다.(8. 1334)

물론 에세이가 영혼의 운동과 성장, 개인의 감정이나 사적 체험, 개인의 내적 상황에 따라 각각 그 의미가 달라질 수 있는 '직관적 인식 das intuitive Erkenntnis'을 소재로 하지만, 그렇다고 엄격한 논리를 포기하지 않는다. 이는 에세이가 자연과학으로부터 형식과 방법(귀납)을 취하며, 허구적 인물을 그려내는 것이 아니라 사유를 연결하는 논리적 사유연결체이기 때문이다. 에세이스트의 이런 태도를 '삶의 문제'에 적용해보려는 성찰의 결과물이 바로 에세이즘의 유토피아[195]다. 그러므로 이것은 과학과 문학의 강요 없는 매개를 목표로 한다. 울리히가 요구하는 것은 진리를 요구할 수 있는 주관적 체험, 즉 개인의 고유한 주관성을 그대로 유지한 채 객관적 진리에 도달하는 체험이다.

개인의 주관적 체험을 중시하는 에세이즘의 태도는 "가설적으로 살자!"(1. 249)라는 표어에서 드러난다. 청년시절 울리히는 이것을, 삶이 불확실하고 세계가 알 수 없는 것이라고 판명된 상황에서 모든 것이 모험인 삶을 살겠다는 청년의 용기를 표현하고 있는 것으로 받아들였다. 삶이 불확실한 이상, 삶은 진리를 추구하는 지식과 거리가 멀어지고, 하나의 가설로 추락하며, 동시에 실험이 된다. 이 실험의 전제는 어떤 원칙도 확실하지 않고 모든 것은 쉼 없이 일어나는 변화과정에 있다는 것이다. 그러므로 울리히는 이 실험을 피할 수 있는 절대적 가치나 입장을 인정하지 않는다.

후에 울리히는 이런 삶의 태도를 매우 불분명한 '가설' 개념 대신에 '에세이' 개념과 연관 짓는데, 이로써 에세이즘은 '반도그마적 태도'와 모든 확정된 의미를 부정하는 '부정의 원칙 ein negatives Prinzip',[196] 여러 의미들 사이의 중간영역에서 진리의 가능성을 엿보는 잠재적 태도로 규정된다. 에세이즘의 잠재성은 무질이 에세이를 '운동하는 정신적 실체 die bewegte geistige Substanz'(Tb. 552)로 정의한 것에서도 드러난다. 이와 마찬가지로 소설에서 울리히도 역시 에세이를 '실험'이라고 번역하는데, 그에게 에세이즘의 유토피아는 '실험과 반증 Versuch und Widerruf'의 원칙에 따라 생성된다. 즉 에세이즘의 유토피아는 아마 내일이면 더 발전된 인식에 의해 지금의 원칙이 포기될지도 모른다는 잠정성의 원칙과 불확실성의 원칙 die Unsicherheit als Prinzip[197]에 기초한다.

유토피아는 가설처럼 인식으로 가는 도상의 정거장이지 최종 목적지인 진리 그 자체는 아니다. 그러므로 이것은 삶의 문제에 대해 '완전한 해답 Totallösung', '확실하고 보증된 결과'가 아니라 '부분적인 해답 Parteilösung'만을 제시해 줄 따름이다. 무질은 에세이를 통해 총체적인 해답, 완전한 진리가 불가능함을 통찰하고, 자연과학의 모델[198]에 따라 정확한 개별 결과물을 얻고, 이것을 통합하는 방법으로 자기 삶을 정확하게 파악해 보려고 시도한다.

> 자기 자신을 절단한 결과로 에세이가 사물을 완전하게 파악하지 않고 여러 방향에서 취하는 것처럼－완전하게 파악된 사물은 단번에 자신의 총체성을 잃고 하나의 개념으로 융합되기 때문에－아마 그도 세계와 고유한 삶을 가장 정확하게 바라보고 다룰 수 있다고 생각했다.(1. 250)

울리히에 따르면, 진리는 보편적 형식이 아니라 개별 형상 속에 존재하며, 생명력을 계속 유지하기 위해서는 개별 형상을 취해야 한다. 여기서 우리는 무질이 형상화하고자 한 에세이주의적 인간, 에세이주의적 태도가 무엇인지 유추할 수 있다. 에세이주의적 인간이란 자신만의 고유한 존재가능성을 중시하고, 완전한 형상을 갖출 미래를 위해 항상 현재로부터 탈주할 마음의 준비를 하는 개방형 인간, 그리고 항상 도상에 머물러 있는 인간이다. 에세이주의적 태도란 살아 있는 사유, 살아 있는 진리를 추구하며, 생명력의 유지를 위해 변화를 두려워하지 않는 태도, 실험을 통해 사유와 감정의 경직성에서 해방되어 자신만의 고유한 삶의 진리를 발견하려는 태도, 삶을 '창조적 생명력', 그리고 합리적으로 고정되거나 개념을 통해 매개될 수 없으며 오로지 고유한 체험과 영감을 통해서만 이해할 수 있는 '마르지 않는 다양성'으로 파악하려는 실존주의적 태도다.[199]

하지만 에세이즘의 유토피아가 가설적 삶에 근거할 때 몇 가지 중요한 문제점이 발생한다. 반도그마적 태도와 실험적 삶이 기존의 경직된 규범을 해체할 수는 있지만, 그 변화가능성으로 인해 새로운 도덕은 보편타당성을 주장할 수 없게 된다. 즉 연역적 원칙의 안정된 질서가 귀납적 원칙으로 대체됨으로 인해 삶의 원칙이 자의성, 무책임성, 반박가능성의 위험에 빠질 수 있다. 이에 관해 쉐러는 무질의 에세이즘은 귀납과 연역의 대립을 극복하고 있다고 반박한다.[200] 무질은 에세이적 태도란 한 가지 원칙에서 도출되거나, 개별적 관찰로부터 결과된 것이 아니며, 오로지 한 가지 관점으로만 제한하는 것은 물론 모든 관점을 다 받아들일 수 있다는 착각도 피한다. 그러므로 에세이주의는 모든 것을 받아들이는 관용적 태도나 자의와는 분명히 구분된다.

> 왜냐하면 에세이는 더 좋은 기회가 오면 진리로 올라서거나 아니면 오류로 인식될 수도 있는 일시적이며 불확실한 확신을 표현해 놓은 것이 아니라, [……] 단호한 사유를 통해 한 인간의 내면적 삶을 형상화해낸 일회적인, 불변의 표현물이다. 에세이가 낯설어하는 것은 우리가 주관성이라 부르는 착상들의 반완결성, 무책임성이다. 에세이적 사유에 적용할 수 있는 개념들은 참과 거짓, 현명함과 우둔함도 아니다. 그럼에도 이 사유는 느슨하거나 말로 표현하기 어려운 것처럼 보이는 게 아니라 엄격한 법칙 속에 있다.(1. 253)

에세이적 사유가 논리적이거나 자연과학의 엄격한 방법론을 따르지 않는 것은 분명하지만, 그렇다고 주관적이거나 자의적인 것도 아니다. 에세이즘에는 엄격한 법칙이 있다. 무질은 그리스도, 석가, 노자, 신비주의자 등 충만된 개인적 삶의 법칙에 따라 산 사람들의 삶에서 이것을 발견한다.

> 그들의 나라는 종교와 과학, 예증과 이론, 지(知)에 대한 사랑과 시(詩) 사이에 있다. 그들은 종교가 있거나 없는 성자이다. 이따금 그들은 모험을 통해 길을 잃은 적도 있는 남자들이다.(1. 254)

'내면적으로 부유하는 삶'을 사는 그들에게 올바른 행위를 결정하는 궁극적 기준은 규범이 아니라 '내면의 목소리', 즉 양심이다. 그들에게 도덕이란 법과 규칙이 아니라 양심을 통해 자극되는 감정이다. 따라서 그들은 "100킬로그램의 도덕으로부터 1밀리그램의 에센스"(1. 253)만을 남긴다. 규범에 얽매이지 않고 양심에 따라 산 그들의 주관적 삶과 가르침은 자의적인 것이 아니라 분명한 객관성을 가진다. 그리고 주관성과 객관성 사이에 자리잡은 이 가르침의 확실성은 사유가 아니라 감정에 의해 보증되며, 비록 내면적이긴 하지만 필연적인 것이다.

울리히는 이것을 일상에서도 신을 영접하는 신비주의자들의 체험을 통해 설명한다. 그에 따르면 이것은 바람이 저 멀리서 신의 소식을 전해오는 것과 같다. 이 바람은 그에게 진리도 거짓도 아니고, 이성적이지도, 비이성적이지도 않다. 하지만 이 바람으로 인해 그의 가슴속에 더 없이 행복한 감정이 생긴다면, 그것으로 그는 신을 영접한 것이다. 울리히는 이런 신비체험을 한 사람은 더 이상 계율을 따르지 않지만, 자기 행동에 대한 도덕적 확신은 결코 그 누구에게도 뒤지지 않을 것이라고 생각한다. 객관적 질서나 규범을 따르지 않으면서도 진리에 접근한다는 점에서 공자, 예수, 석가 그리고 에세이스트는 동일하며, 그들은 시인과 가깝다.

울리히의 이런 입장은 무질이 ‘도덕론자 Moralist’와 ‘윤리론자 Ethiker’를 엄격하게 구분한 것과 동일선상에 있다. 그에 따르면, 새로운 가치를 창조하기 위해 도덕의 경계를 넘어가는 모험을 마다하지 않는 윤리론자는, 이미 인정된 가치를 받아들이며 그것을 체계화하는 도덕론자와는 분명히 구분된다. 보편규범과 도덕에 대한 저항과 새로운 가치의 실험이라는 측면에서 에세이스트와 윤리론자는 친척이며, 미적인 것은 윤리적인 것이다.

윤리적 필연성은 형이상학적 기초에서 나오는 것이 아니라 개인의 삶의 총체성에서 도출되어야 한다는 입장에서 무질은 짐멜 G. Simmel과 같은 입장이다. 짐멜은 윤리는 보편법칙에 근거하여 수많은 개인에게 획일적으로 요구되어서는 안 된다고 말한다. 왜냐하면 개인의 삶의 의미와 고유성은 서로 상이하며, 각 개인의 행위는 그들의 내면세계에서 나오는 것이기 때문이다. 그는 개인의 삶의 영적 세계로부터 나온 행동을 외부에서 주어진 규범을 통해 규정하는 것은 그 행위를 비본질적이며 우연한 것으로 만든다고 주장한다.

이와 마찬가지로 보편적 구속력을 가진 규범이나 규칙이 없는 윤리는 주관적 자의에 빠질 위험이 있다는 지적에 대해 울리히는 단호히 반대한다. 그는 '개별성의 객관성 die Objektivität des Individuellen'을 확신한다. 개인은 아무런 전제조건이 필요 없는 소박한 존재가 아니기 때문에 그의 삶은 역사적 요구의 지배를 받으며, 이것을 독자적으로 가공하여 자신에게 적합한 당위를 만들어 낸다. 그러므로 울리히의 도덕은 삶의 여러 연관관계를 고려하는 살아 있는 법칙이며, 이것이 '에세이즘의 도덕'이다.

무질은 "바로 다음 발걸음의 도덕"(3. 740)[201]이라는 개념으로 이를 정리한다.

> 그는 자신을 다르게 이해하려고 시도한다. 그는 도덕적으로나 지성적으로 금지된 것이라 할지라도 자기 내면을 풍요롭게 해줄 수 있는 것이라면, 그 어떤 것에 대해서도 애착을 가졌으며, 자신이 그 어느 방향으로도 갈 수 있지만, 균형을 유지한 채 바로 다음 발걸음으로, 항상 앞으로 전진하는 행보를 하고 있는 것처럼 느꼈다.(1. 250)

에세이즘적 태도를 취하는 인간, 즉 자기감정에 완전히 사로잡힌 인간은 자신의 모든 행위를 바로 다음 행위의 전 단계로만 느끼는데, 이것은 매번 새로운 체험을 통해 자신의 전 체계를 점검하고, 앞으로 전진하는 과학자의 태도와 다르지 않다. 그에게 중요한 것은 지금 행한 것이 아니라, 그 다음에 그가 행하게 될 것이다. 이처럼 고정된 척도 없이 순간의 자극으로만 살아가는 인간에게는 보편적 규범은 없으며, 그에게 행위를 결정해 주는 것은 감정과 영혼이다.

> 나는 지금 통용되는 근거를 통해 무엇이 선하고 아름다운지 내게 수천 번 증명할 수 있다고 생각한다. 하지만 나는 그것에 관심이 없

> 으며, 그것을 가까이 하는 것이 나를 고양시키는가 아니면 가라앉게 만드는가, 그것만을 유일하게 선악의 지표로 삼을 것이다.(3. 770)

어떤 대상의 자극으로 인해 자기감정이 고양되면, 그것은 진리이고, 감정이 가라앉으면 거짓이 된다. 사람들이 임의적인 진리를 모두 받아들이는 게 아니라 자기 내면에 다가오는 진리만을 받아들인다고 볼 때, 이 선택은 주관적이긴 하지만 자의적인 것은 아니다.

그러나 문제는 '고양과 추락 Steigen und Sinken'의 도덕이 지속될 수 없다는 데 있다. '에세이즘의 유토피아'가 실패할 수밖에 없는 이유는 그것이 지속적인 삶의 감정을 유발할 수 없기 때문이다. 이 때문에 울리히는 '다른상태의 유토피아'에서 순간적인 엑스터시 체험에 지속성을 부여하는 실험을 한다.

3. 다른상태의 유토피아

1) 다른상태

『특성없는 남자』 1권에서 울리히가 주로 현실공간에서 합리적 이성을 통해 자신의 고유성을 구원해보려고 시도했다면, 2권에서는 현실을 벗어난 '다른 세계'에서 자신의 고유성을 찾아 자기와 하나됨 Mit-sich-selbst-Einswerden을 실현하려고 시도한다. 여기서 1권 마지막 장(123장)인 <전도 Umkehrung>는 이 소설의 결정적 전환점이 되는데, 그것은 울리히가 규범현실의 '그와 동일한 일이 일어나다'의 성격을 발견하고 더 이상 이 공간에서 자기 자신을 만날 수 없음을 깨닫기 때문이다.

> 네가 네 자신을 완전히 소유하고 있다고 생각하고 있는 오늘, 원래 너는 누구였느냐고 묻는다면, 너는 이것을 발견하게 될 거야. 너는 물건처럼 항상 밖에서 너를 보게 될 거야. [……] 아무리 관찰해 봐도 기껏해야 네 뒤까지 올 수는 있겠지만, 결코 네 안에 들어가지는 못할 거야.(3. 902)

자아와 세계, 주체와 객체, 내면과 외부를 엄격하게 구분하는 합리적 사고방식이 지배하는 규범현실에서 우리는 정확한 인식을 위해 대상 속에 침잠하여 그것과 하나가 될 수 있는 능력을 가진 '감정'을 철저하게 배제하는 '감정의 중립화'를 요구한다. 이로 인해 우리는 대상을 인식할 때 대상과 일정한 거리를 유지하고, 항상 밖에서 그것을 관찰하며 대상 속으로 들어갈 수 없다. 실천적으로도 우리는 자신보다도 외부에 있는 목적을 위해 행위하도록 자극받기 때문에 주체가 자신에게 다가서는 것은 기대하기 힘들다. 여기서 자신과 만나려는 울리히의 모든 노력은 실패할 수밖에 없으며, 그는 자기로부터 소외되었다는 절망만 느낄 따름이다. 이 상황에서 그가 자아를 만날 수 있는 방법은 두 가지뿐이다. 하나는 "도달 가능한 목표 ein erreichbares Ziel", 즉 다른 사람들처럼 비록 가면이지만 그것이 자신의 고유한 자아라고 믿고 살든지, 아니면 이 사회에서 "실현 불가능한 시도"(2. 653)를 진지하게 고민하는 것이다.

이미 라인스도르프의 집 창가에서 현실의 균열을 경험하고 '제2의 현실 die zweite Wirklichkeit'의 존재를 예감한 울리히에게 이 불가능한 것이란 비합리적이며 신비적인 것이라서 이성이 지배하는 현실에서는 그 실체적 존재가 철저하게 부인되는 '다른상태'다. 무질은 이미 「새로운 미학의 징후들」에서 다른상태가 초월적 공간이 아니라 우리의 규범현실과 공존하고 있지만 그 내면성과 몽환성으로 인해 꿈, 신화, 동화의 세계로 치부되고 있을 따름이라고 주장한 바 있다.(8. 1144) 이에 따르면 다른상태는 그 자체로 유토피아인데, 이것이 현실화, 즉 현실공간에 드러나는 것을 거부하며 항상 잠재태로 존재하기 때문이다. 그에게 다른상태란 단지 이념이며, 규범현실을 예외 없이 초월하는 추상적인 것이다.

하지만 『특성없는 남자』 2권에서 오누이가 벌이는 모험은 이 실현 불가능한 상태를 지상에서 구현해보려는 불가능한 도전이다. 울리히에게 다른상태의 실현가능성을 처음 암시한 인물은 클라리쎄다.

> 나는 그것을 할 수 있어요! 내가 나로부터 빠져나갈 수 있는 날들이 있을 거예요. 그러면 우리는 [……] 때 묻은 껍질을 벗고 있는 사물들 사이에 껍질이 벗겨진 것처럼 있든가 아니면 함께 자란 쌍둥이처럼 존재하는 모든 것과 공기를 통해 결합하게 될 거예요. 이것은 전대미문의 멋진 상태입니다.(2. 659)

애당초 이 소설의 목적이 삶의 문제의 해결이라고 했을 때, 울리히에게 가장 중요한 문제는 자아의 고유성을 잃지 않으면서도 세계와 어울려 사는 것이었다. 다른상태란 바로 이것을 의미하며, 이를 위해 필요한 것은 주체와 객체의 합일, 즉 자아와 세계의 힘의 균형을 잡는 것이다. 일찍이 실러가 천칭접시에 똑같은 무게의 추를 담음으로써 이 균형을 잡으려고 했다면, 무질은 주체와 객체 모두를 비움으로써, 즉 자아와 세계의 경계를 해체함으로써 균형을 유지하려 한다.

무질은 이것을 설명하기 위해 다른상태를 '엑스터시 Ekstase' 개념과 동일시한다. 엑스터시의 순간 우리는 자아와 세계의 경계가 해체되며, 모든 것이 하나가 되는 체험을 하는데, 그는 이 망아의 순간을 자아포기로 본 것이 아니라 자아의 무한한 확장으로 해석한다. 다른상태에서 체험한 엑스터시는 울리히가 자신의 고유한 자아와 만나면서 세계와 합일할 수 있는 유일한 수단이다.

> 그것은 다른 태도야. 나는 다르게 변하며, 이로 인해 나와 결합하고 있는 것도 역시 변하게 되지. [……] 그는 이 고독이 점점 짙어지거나 점점 더 커지는 것을 느꼈다. 그것은 벽을 뚫고 나가 도시로 퍼져나갔다. [……] 그것은 세계로 퍼져나갔다.(2. 664)

여기서 느끼는 고독은 현실공간에서 소외된 자아가 느끼는 고독과는 질적으로 다른 것이다. 후자의 고통이 자기로부터 소외된 자의 고독이라면, 여기서의 고독은 경계의 해체를 통해 자아와 세계가 하나로 존재하는 상태, 즉 모든 것이 하나의 우주로 통합되어 더 이상 타자가 존재하지 않는 총체적 존재가 느끼는 고독이다. 이것은 주체와 세계가 완전히 합일되어, 주체가 대상 속으로 들어가고 대상이 주체 속으로 들어와 완전히 결합을 이룬 채 조용히 멈춰 있는 상태,

시간과 공간, 나와 너의 구분이 완전히 해체된 다른상태의 엑스터시를 체험한 절대적 인간만이 느낄 수 있는 감정이다. 이 고독은 벽을 뚫고 도시로 확산되면서 지금까지 존재하지 않았던 다른 세계를 창조해 나간다.

『특성없는 남자』 2권 1장이 울리히가 기차를 타고 유년시절을 보냈던 고향으로 돌아오는 것으로 시작된다는 것은 매우 의미심장한 것이다. 여기서 기차역은 1권의 공간적 배경을 이루었던 규범현실을 떠나 질적으로 전혀 다른 공간에 도착함을 암시하면서, 1권과는 달리 이제부터는 규범현실과는 질적으로 다른 세계가 펼쳐지고, 주인공이 현실에서 불가능한 신비체험을 하게 될 것임을 암시하기 때문이다.

다른상태와 신비주의의 연관성은 이미 무질의 초기 에세이에서부터 언급된다. 에세이 「메타심리학 주석 Anmerkung zu einer Metapsychik」 (1914)에서 그는 다른상태를 인간이 변화를 경험한 상태, 평소에는 자아가 세계를 점령하지만 여기서는 세계가 자아 속으로 들어와 자아와 혼합되는 상태, 그리고 논리적 개념 너머에 새로운 실존가능성이 있음을 각성한 상태로 정의한다. 이로써 다른상태는 신비주의 체험으로 규정된다.

> 이 체험은 [……] 사랑의 힘과 비슷한 노력, 이름 붙일 수 없는 집중력, 내면의 힘을 모음, 본능의 힘들을 합일시킴으로써 이루어진다. [……] 우리들은 더 이상 우리가 아니지만 처음으로 우리 자신이 된다. 이 순간 깨어나는 영혼은 아무것도 원하지 않고, 아무것도 약속해 주지 않지만 활발하게 움직인다. 이것은 법칙을 필요로 하지 않으며, 이것의 윤리적 원칙은 각성과 고양이다. 윤리적 행위가 아니라 윤리적 상태만 존재한다. 이 상태에서는 비도덕적 행위나 존재는 더 이상 있을 수 없다. [……] 우리는 모든 신비주의자들이 새로운 실존으로 들어

> 가는 것이라고 칭송했던 각성의 상태에 있다.(8. 1017f)

무질의 이런 생각은 「시인의 인식에 관한 스케치 Skizze der Erkenntnis des Dichters」(1918)와 「정신과 체험 Geist und Erfahrung」(1921)을 거치면서 심화되는데, 전자에서는 다른상태가 규범현실과 대등한 위치이자 시인의 고향으로 격상되며, 후자에서는 다른 현실이 규범현실보다 더 고유한 자아체험을 가능케 하기 때문에 존재론적으로 더 근원적이며 더 우월한 위치를 점한다. 하지만 이때까지만 해도 그는 다른상태라는 개념을 직접 사용하지 않았으며, 그의 글에서 다른상태라는 단어가 등장한 것은 1922년에 쓴 일기에서다.(Tb. 615) 여기서 그는 신비주의자 루드비히 클라게스 Ludwig Klages의 『우주창조적 에로스에 관해 Vom kosmogonischen Eros』를 상세히 발췌하고, 여기에다 다른상태라는 제목을 달았다. 여기서 다른상태란 사랑 Eros과 동일시되는데, 진정한 사랑에 빠진 사람은 자신을 잊고 상대방에게로 흘러들어가 합일을 이루기 때문이다. 이것은 엑스터시의 상태이며, 이 때문에 사랑의 상태는 신비적 체험방식과 유사하다.

다른상태의 실현을 다루고 있는 소설 2권의 제목이 '천년왕국'이라는 점은, 이것이 '실낙원'의 신화와 연결되어 다른상태가 인간의 원죄로 인해 쫓겨나온 근원상태임을 암시한다.

> [……] 이것이 뜻하는 바는 언젠가 인간 태도에 있어서 그 근본에 이르기까지 철저한 변화가 있었다는 것이다. [……] 아마 실제로 인식의 과일이 있었을 것이며, 이 과일이 정신의 영역에서 이 변화를 야기했고 인간종족을 근원상태로부터 쫓아내 버렸을 것이다.(3. 874)

2권에서 오누이가 떠나는 모험은 인류의 타락 이전의 근원상태로 되돌아가는 것이다. 이는 곧 낙원에서 추방된 이후 인류가 '아직 의식하지 못하고 있는 것 das-Noch-nicht-bewußte', 즉 현실이 이성의 메커니즘에 의해 작동됨으로 인해 '타자 das Anderssein'[202]로 추방되었던 인간의 고유한 근원을 찾아가는 여행이다. 따라서 다른상태는 인간과 세계가 하나가 되어 살았던 태초의 근원상태이며, 인식의 눈을 뜨기 전 아담과 이브가 향유했던 '근원적 소박성 ursprüngliche Naivität'의 상태를 의미한다. 유년기 체험을 통해 이제 그 흔적만 남기고 있는 이것은 인간이 이성의 강요를 벗어나 자유롭게 있는 그대로 세계를 받아들였던 인류의 '근원체험 Ursprungerlebnis'과 '근원적이며 변조되지 않은 존재체험 originäre unerfälsche Seinerfahrung'이다.

무질의 이런 생각에 영향을 미친 사람은 인류학자 레비-브륄 Lucien Lévy-Bruhl이었다. 세기말 유럽의 인류학과 예술에서 '의식적 원시주의 bewußter Primitivismus'가 유행했다는 사실은 그 자체로 자연과학과 이성에 대한 믿음이 위기에 빠졌다는 병적 징후였다. '원시문화'와 '원시인'에 대한 관심은 이성과 진보라는 가치에 대한 반동으로서 그때까지 우리 의식에서 추방되었던 원시적, 신화적, 신비적 사유방식에 대한 관심을 다시 불러일으켰다. 레비-브륄은 문명인의 논리-개념적 사유와 원시인의 '논리 이전의 사유 das prälogische Denken'를 구분하면서 원시인들이 사유능력이 없었던 것이 아니라 단지 우리와 다른 방식으로 세계를 해석했을 따름이라고 주장했다. 그에 따르면 로고스에 입각한 문명인의 인식의 눈길은 세계의 표면에만 머물지만, 원시인은 보다 초월적이고 심오한 세계와의 연관성을 고려하면서 자기 앞에 일어난 일들을 해석했다. 예를 들어 원시인들에게는 곡물의 성장과 사계절의 순환이 '어떻게' 일어나는가를 밝히는 현상적 원인보다는, 이 사건이 '왜' 일어나는가를 규정하는 개별적이며 일회적인 '제2의 원인'을 해명하는 것이 더 중요했다. 이성의 발달이 미약했던 원시인들이 이 원인을 찾아가는 방법은 대상과 거리를 유지하며 대상 밖에서 객관적으로 분석하는 것이 아니라, 대상에 감정을 이입하거나 세상에서 벌어지는 모든 일은 주체와 대상의 상호작용의 결과로 생각하는 것이다. 그들은 사냥에 실패하거나 가뭄이 들면 자신들이 부정한 짓을 했다고 여기고 정죄의 의식을 치렀다. 레비-브륄은 원시인의 이런 사고방식을 '참여 Partizipation'라고 부르는데, 이것은 모든 현상에 인간이 직접 참여하고 있으며, 주체와 객체는 서로 구분되지 않고 하나로 통일된 것으로 보는 사고방식이다. 이로써 인간은 세계 밖에 존재하는 것이 아니라 '세계 안에 존재 das In-der-Welt-Sein'하게 된다.[203] 원시인들에게는 더 이상 개별존재들 사이의 구분이 없으며, 세계는 하나의 코스모스로 통합되어 있다. 그들에게는 안과 밖, 너와 나의 구분조차 없다. 그것은 나 밖에 존재하는 모든 현상이나 존재는 나와 공동운명체이기 때문이다. 그러므로 '참여'는 자아에게 양가적 의미를 지닌다. 우선 그것은 자아의 확장을 의미한다. 여기서 자아는 더 이상 육체에 갇혀 있지 않고 나무와 동물 그리고 별이 될 수 있기 때문이다. 하지만 다른 한편으로 이것은 토템과 타부의 예에서도 알 수 있는 것처럼 완전히 낯선 힘들이 자아에게 영향력을 행사할 수 있게 되었다는 것을 의미하기도 한다. 원시 신화에서 흔히 볼 수 있는 '변신 Metamorphose' 능력은 우주의 만물이 서로에게 참여하고 있다는 생각에 근거하고 있다. 이로써 신화적 의식을 가진 인간은 더 이상 자신을 주체라고 주장할 수 없을 정도로 우주 Kosmos[204]의 한 부분으로 변한다.

원시인의 사유방식은 무질의 다른상태의 유토피아의 모델이 된다. 그것은 이들의 사유가 모든 것이 둘로 나누어지기 전의 근원상태 Seintotalität를 나타내기 때문이다. 무질은 에세이 「새로운 미학의 징후들」에서 다른상태 개념이 레비-브륄에게서 출발했음을 분명히 밝힌다.

『원시사회의 정신의 기능』이라는 책에서 레비-브륄이 자연민족의 사유에 대해 천재적인 솜씨로 써 놓은 것, 즉 그가 참여라고 부르며 사물에 대한 그들의 특별한 태도를 규정해 놓은 것을 읽어보면 [……] 세계에 대한 다른 태도가 그 속에 핵심으로 숨어 있다.(8. 1141)

원시인의 사유에 대해 레비-브륄이 내린 결론은 '세계에 대해 다른 태도'를 가질 가능성이다. 원시인의 사고방식과 다른상태의 공통점은 둘 다 규범적 현실관계가 중단되며 주체와 객체의 대립이 해소되고 현실이 새롭게 변한다는 것, 그리고 이 새로운 현실은 이성이 아니라 감성에 강력하게 의존하고 있는 '참여'와 '모티베이션'에 기초한다는 것이다.[205] 원시인 특유의 다른 생각과 울리히의 다른 사유의 토대가 되는 것은 감정이다. '참여'는 감정이입을 통해 대상과 자신을 하나로 연결하는데, 다른상태 역시 엑스터시의 고양된 감정을 통해 인간과 인간, 인간과 세계를 서로 연결시킨다. 감정은 자기 껍질을 깨고 외부로 나가 세계와 하나가 되려는 성질을 가지고 있는데, 무질은 이 감정을 '사랑'이라고 보았다. 그에게 사랑은 자기 한계를 넘어 타자에게로 흘러넘치려는 감정, 즉 모든 것을 포괄하고 어떤 방향으로도 구애받지 않은 채 경계를 해체하고 모든 것을 서로 연결하려는 감정이다. 우리는 사랑이라는 감정을 통해 다른상태, 즉 "우리의 본질이 타자 및 사물의 본질과 밀물과 썰물처럼 서로 만나는"(8.1144) 체험을 한다. 이 때문에 경계의 해체를 통해 통일체험을 이루는 것은 다른상태의 본질적 속성에 속한다. 이것은 이미 소설 1권에서부터 '용해상태 Schmelzzustand'로 불리며 이 소설의 중요한 테마가 된다.

[……] 그것은 자아가 무한히 넓은 세계로 들어가고 반대로 무한히 넓은 세계가 자아 속으로 들어와 무엇이 자신의 것이고 무엇이 무한

> 한 것에 속하는지 구분할 수 없는 일종의 용해상태에 있다.(1. 110)

오누이가 다른상태에 대해 토론하는 2권 12장 <성담 Heilige Gespräche>에서 그들은 이와 같은 탈경계의 상태를 "모든 사물과 영혼의 힘들이 부유하면서 통일 Schwebende Einheit aller Dinge und Seelenkräfte"(3. 753)을 이룬 상태라 규정하는데, 이에 따르면 다른상태는 인류문명의 원죄로 인해 우리가 운명적으로 받아들일 수밖에 없는 이원론을 극복하고 삶의 총체성에 도달한 상태다. 이미 1권에서 울리히는 삶의 총체성을 상실한 자기 삶을 두 그루 나무에 비유하며 실낙원 이후 인간의 체험방식이 분명함을 추구하는 지성과 어둡고 불분명함에 기초한 감정으로 엄격하게 분리되어 있음을 밝힌 바 있다. 이 상황에서 총체성을 추구하는 삶은 현실에서 실현 불가능한 도전이다. 하지만 그는 이 상태의 실현가능성을 확신하며, 그 근거로 자신의 유년기 체험을 든다.

> 아주 어린 시절을 회상해 보면, 그 당시에는 내면과 외부세계가 아직 분리되지 않았다고 말할 수 있을 것 같아. 내가 무언가를 향해 기어가면, 그것은 양 날개를 달고 내게 다가왔거든. [……] 우리는 우리 자신을 소유하지도 않았지. 원래 우리와 우리의 개인적 상태는 아직 세계의 상태와 구분되지 않았지.(3. 902)

자아와 세계가 통일을 이루고, 이로 인해 이 둘의 관계가 변화되었다는 점에서 울리히의 유년시절과 다른상태는 동일하다. 드레버만 Ingrid Drevermann에 의하면 다른상태에서는 인간과 사물의 관계가 변한다.[206] 규범상태에서 능동적 주체와 수동적 객체로 엄격하게 구분되었던 둘의 관계는 여기서 둘이 서로 상대방에게 침투하여 혼합됨으로 인해 더 이상 각각의 개별성을 주장하지 못하며, 오히려 유기체처럼 서로 긴밀한 교환관계를 이룬다.

> 개별체들은 우리의 주목을 끌 때 이용했던 이기주의를 더 이상 가지지 않으며, 오히려 그것들은 오누이처럼 그리고 글자 그대로 서로 <내면적>으로 결합되어 있다.(3. 762)

그러므로 다른상태는 자아가 개체성을 극복하고 절대 보편적 존재로 고양된 상태를 말한다. 무질은 다른상태를 “고양된 자들의 본성 Natur des Gesteigerten”(4. 1084)이라고 부르는데, 여기에는 신비주의자 마르틴 부버 Martin Buber의 영향이 크다. 부버는 다른상태, 즉 인간 영혼이 최고로 고양된 상태를 ‘신비적 합일 unio mystica’이라고 부르는데, 이것은 자아가 세계와 하나의 우주로 결합된 상태 universal-kosmische Allverbundenheit[207]를 의미한다. 그에 따르면 신비주의의 근본체험은 자아체험인데, 그것은 신을 통해 세계와 통일을 이루었던 중세 신비주의자들처럼 우리 영혼이 외부 사물들 속으로 들어가 세계와 통일되는 것이 아니라, 자기 내면에서 일어나는 엑스터시를 통해 세계와 결합하기 때문이다. 부버에게 신은 초월적 영역에 존재하는 것이 아니라 세계 속에 보편적으로 내재하고 있으며 인간 속에 들어 있다. 부버는 신과의 신비적 통일을 형이상학적 영역에서 실제 현실 reale Wirklichkeit로 옮겨 놓았다. 그에 따르면 개인은 외부세계에 헌신하는 것이 아니라 자신의 내면에 침잠함으로써 세계와 자신의 통일성을 체험할 수 있다. 그는 자기 내면에서 세계와 자아가 통일될 때만 완전한 자아체험이 가능하다고 본다.

하지만 여기서 주의해야 할 것은 이를 위해서는 자기 내면에서 자신을 포기해야 한다는 점이다. 왜냐하면 세계와의 결합을 위해 자아는 자기 밖으로 Außer-sich-sein 나와야 하기 때문이다. 다른상태의 역설은 자기 내면에서 자신을 지양함으로써 자기에 도달한다는 것이다. 인간은 자신을 망각하는 순간 진정한 자기 모습에 도달할 수 있다.(3. 761)

> 우리는 가끔 보고 듣는 것을 잊어버린다. 그리고 말하는 것도 완전히 사라질 때도 있다. 하지만 바로 그 순간 우리는 일순간이지만 자기 자신에 도달했다고 느낀다.(3. 751)

울리히에게 자의식의 지양은 신비적 합일의 전제조건이다. 왜냐하면 완전한 자기상실성 속에서만 우리는 자신을 밖으로 내보내어 다른 존재와 하나가 될 수 있기 때문이다. 무질에게 진정한 자아는 세계와 완전히 결합된 우주적 존재이며, 이것은 신비적 합일의 상태에서만 가능하다. 그러므로 다른상태는 '자아찾기'와 '자아상실'의 경계를 체험하는 상태를 의미한다. 무질은 우리가 자기와 하나가 되고 자기 본질에 도달하는 상태는 오로지 자아의 해체와 소멸, 그리고 경계해체를 통한 자기상실의 상태에서만 가능하다고 보는데, 그는 이것을 "자아의 탈존 Entwerden des Ich"(3. 750)이라고 규정한다. 이에 따르면 우리는 자아로부터 분리(ent－)되는 순간 비로소 진정한 자아로 변한다(werden). 왜냐하면 우리는 자아를 위해 아무것도 남겨두지 않고 아무것도 열망하지 않는 상태, 그리고 사지가 꼼짝하지 않고 멈춰 있는 명상의 상태에서만 우주적 존재로 고양되어 천년왕국으로 들어갈 수 있기 때문이다. 아가테는 천년왕국으로 들어가기 위해 오빠에게 "오빠가 가진 모든 것을, 신발까지도 불속에 던져버려야 해요, [……] 오빠 자신까지도 알몸으로 불 속에 던져버리세요"(3. 863)라고 요구한다. 이처럼 오누이는 다른상태를 통해 최고의 자아상실의 상태에 도달하려고 시도하는데, 이 상태에서는 "외부와 내면이 마치 세계를 나누고 있었던 쐐기를 빼낸 것처럼 이어진

다."(4. 1144)

지금까지 인간이 자신을 잊고 우주적-보편적 존재로 고양되어 "모든 존재의 근원적 유사성 Urverwandschaft aller Wesen"(2. 386)을 체험할 수 있는 길은 기도와 명상을 통해 신에 귀의하는 것뿐이었다. 중세 신비주의자 마이스터 에케하르트 Meister Eckerhardt에 따르면, 삶의 궁극적 목표는 신과의 지고한 합일이며, 이를 위해 우리는 우선 혼탁한 감각적 세계와 인연을 끊고 초월적 공간에 존재하는 신을 향해 시선을 고정하고, 무아경의 상태에서 섬광처럼 빛을 발하는 신의 은총을 받아야 한다. 그에게 신비체험은 전적으로 신의 특권이며, 신의 은총을 받을 수 없는 사람은 결코 이 상태에 도달할 수 없다.[208]

하지만 도덕의 과학화를 주장했던 무질은 다른상태에서 종교적 의미를 부여하는 것에 단호히 반대한다. 그에게 다른상태에서 체험한 고유한 자아는 매우 불확실하고 문명 이전에 존재했던 인간의 태초의 순수한 자아이며, 이 때문에 다른상태는 종교보다 더 근원적인 것이다.

이처럼 순수하고 근원적인 체험이라는 특징이 다른상태를 심리학과 연결시킨다. 그에게 영혼의 각성은 순수한 내면현상이지 신의 은총과는 무관한 것이다. 무질은 다른상태의 가능성을 신학이 아니라 심리학을 통해 설명함으로써 종교적 신비주의를 세속화하고 과학화한다.[209] 그가 부버의 『엑스터시 고백록 Ekstatische Konfessionen』을 인용하여 다른상태를 설명할 때, 그의 관심은 신비주의에 대한 종교적 해명이 아니라 이 책의 제목이 암시하듯 신비주의자의 삶으로부터 오로지 엑스터시의 순간, 즉 그들의 직접적이며 순수한 체험형식만을 서술하는 것이었다. 이것은 그가 메테를링크를 인용했을 때도 그의 관심은 인간 내면의 파악 불가능한 영혼현상이었지 결코 신과의 종교적 합일이라는 불가사의한 현상은 아니었다는 점과 동일하다.

무질은 클라게스에게서도 다른상태를 설명하기 위한 중요한 이론적 단초를 발견하는데, 그것은 세상만물의 우주적 결합은 신의 은총이 아니라 인간의 사랑 Eros에 의해서 이루어진다는 것이다. 무질은 청년시절 사랑의 열병에 빠진 사람은 누구나 신비주의 문헌을 읽지 않고도 이 상태를 체험할 수 있다고 본다. 사랑이란 평상시와 다른 상태, 자신을 잊고 서로 상대방에게 헌신하는 상태이기 때문이다. 이로써 다른상태는 '사랑의 상태'라는 내면적 현상으로 설명되며, 이것은 곧 다른상태를 심리학적 해명의 대상으로 만든다. 무질은 이처럼 다른상태에 존재하는 형이상학적 요소를 제거하고, 다른상태를 규범에 의해 은폐된 근원체험, 우리가 감정이입이나 기억을 통해서 환기시켜야 할 순수 체험으로 과학화한다.

그에 따르면, 다른상태의 체험은 일회적이며 반복되지 않고 특정한 조건하에서 짧은 시간 동안만 지속되다가 사라지기 때문에, 항상 현실에서 보기 드문 예외적 체험으로 간주되어 왔다. 하지만 이것이 시대와 공간을 뛰어넘어 여러 문화권에서 상이한 형태로 반복적으로 나타나고 있다는 사실은, 이것을 인류의 원형체험으로 보게 만든다. 울리히는 이 체험을 "내면 한가운데 있는 상태 ein Mitten-inne-Sein", "삶의 내면성이 파괴되지 않은 상태 Zustand der unzerstörten Innigkeit des Lebens"(3. 908)로 본다. 이것은 인류의 근원적이며 총체적인 삶의 상태이기 때문에 이성을 통해 설명할 수는 없지만 분명히 존재한다는 사실은 부정할 수 없다.[210] 다만 이성이 지배하는 규범현실에서 이것은 이성의 억압으로 인해 망각된 상태로 있을 뿐 항상 우리 무의식 속에 잠재되어 있다. 다른상태는 의식과 이성의 감시가 소홀해지는 순간을 틈타 언제라도 규범현실들 사이로 얼굴을 불쑥 내밀 수 있는 가능현실이다.

2) 멀어짐의 사랑

울리히는 1권 마지막 부분에서 그동안 까맣게 잊고 있었던 다른 상태의 귀환을 예감하는데, 이것은 그가 “소령부인을 향한 열병 Anfall der Frau Major”(2. 664)이라고 불렀던 것이다. 이미 1권 32장 <잊혀졌지만 정말 중요한 소령부인과의 이야기 Die vergessene, überaus wichtige Geschichte mit der Gattin eines Majors>라는 제목으로 불쑥 나타났다가 사라진 이 에피소드는 청년 장교시절 그가 이룰 수 없는 사랑 때문에 섬으로 도망가 세계와 하나 되었던 체험을 담고 있다. 하지만 그 후 엔지니어와 수학자로 사는 동안 그는 이것을 까맣게 잊고 살았으며, 소설 초반부 보나데아 Bonadea와의 불륜관계로 인해 잠시 이 사건을 한 번 기억했을 따름이다. 그는 1권 마지막 장에서 현실감각의 대표자인 아버지의 사망 소식을 듣는 순간 다시 이 사건을 기억한다.

1권 116장에서 화자가 밝힌 바처럼, 이 이야기는 울리히가 세계와 통일을 이루려 한 최초의 유일한 시도였다. 울리히와 소령부인과의 관계는 처음부터 이루어지기 힘든 것이었다. 그는 그녀가 직속상관의 부인이었다는 점과 나이 차이가 난다는 사실을 극복하기 어려웠고, 이 때문에 그녀를 피해 사람들이 쉽게 찾을 수 없는 섬으로 숨어버린다. 여기서 그는 수려한 자연에 취해 애인을 잊어버리고 주변 환경과 하나가 되는 신비체험을 한다. 바다와 바위 그리고 하늘의 경계가 불분명해지는 섬의 가장자리에 누워 그는 정신과 동물 그리고 무생물의 구분이 사라지고 모든 것이 하나의 전체가 되는 체험을 한다. “사물들 사이의 차이 jede Art Unterschied zwischen den Dingen”는 점점 줄어들고 인간이 구분해 놓은 것에 전혀 개의치 않는 이곳에서 울리히는 자연을 향해 자신을 개방하고 그것과 하나가 된다.

> 그는 세계의 심장 속으로 빠져들어 갔다. 그와 멀리 떨어진 애인 사이의 거리는 제일 가까이에 있는 나무 사이의 거리와 같았다. 세계 속으로 들어와 있다는 느낌은 공간을 초월하여 모든 존재들을 연결시켰으며 [……] 그것들의 모든 관계를 바꾸어 놓았다.(1. 125)

공간이 사라진 것처럼 변해버린 이 꿈같은 상태는 그에게 꿈이 아니라 현실이다. 왜냐하면 그에게 이 상태는 너무 선명했으며 분명한 기억으로 흘러넘치고 있었기 때문이다. 이 상태에서 그의 내면은 인과율이나 육체적 열망에 따라 움직이지 않았다. 모든 것은 전혀 다른 차원에서 새로운 연관관계를 맺으며 끊임없이 외연을 확장해 나가고 있었다. 울리히가 애인에게 보낸 편지에서 써 놓은 것처럼, 여기서 삶은 완전히 변화된 모습을 갖춘다. 모든 것은 분명한 윤곽을 갖지 못하고, 초점을 잃고 희미해져 그 경계가 불분명해졌으며, 이 때문에 완전히 다른 의미를 가지게 되었다.

> 예를 들어 저기 풍뎅이 한 마리가 생각하는 사람의 손을 기어간다고 한다면, 그것은 가까이 다가오는 것도, 지나가는 것도, 멀어지는 것도 아니며, 그것은 풍뎅이도 인간도 아니며, 다만 이루 설명할 수 없을 정도로 가슴을 감동시킨 사건일 따름이다. 비록 일어나긴 했지만, 그것은 사건이 아니라 상태다.(1. 125)

이 상황에서 울리히는 그때까지 잊지 못했던 연인이 지금 무엇을 하고 있을지 그려보려고 했다. 하지만 더 이상 그 모습을 구체적으로 떠올릴 수 없을 정도로 그의 감각은 마비되어 버렸다. 아무리 노력해도 그녀의 구체적인 모습은 "어딘가에 멋진 애인이 그를 위해 존재하고 있다 das Irgendwo－für－ihn－dasein einer großen Geliebten" (1. 126)는 매우 모호하고 추상적인 확신으로 해체되었다. 이로써 그녀는 구체적인 내용을 가진 존재에서 멀리서 그를 끌어당기고 있는 '비인간적인 힘의 중심 unpersönliches Kraftzentrum'으로 '탈개인화 Entpersönlichung'된다. 그녀는 연기와 구름 그리고 공기처럼 이 세상 어느 곳에서도 만날 수 있지만, 구체적 형상을 갖추지 못해 우리가 붙잡거나 소유할 수 없는 추상적 존재로 변해 버렸다. 사랑의 열병이 최고조에 달한 상태에서 쓴 편지에서 그는, 위대한 사랑을 하며 산다는 것은 소유와 내 것이 되었으면 하는 소망과는 거리가 멀다고 쓴다.

울리히는 이 사랑을 '멀어짐의 사랑 Fernliebe'(3. 891)이라고 부르는데, 무질은 이 개념을 클라게스의 '우주창조적 에로스 Eros kosmogonos' 개념과 연결시켜 설명한다.(Tb. 470) 『우주창조적 에로스에 관해』에서 그는 인간의 본능을 '성충동Sexus'과 '에로스 Eros'로 구분하는데, 성충동은 '결핍 Bedürftigkeit'과 '결여 Mangel' 상태에서 출발하여 다른 성(姓)을 육체적으로 소유하고, 이를 통해 순간적으로 욕구를 해소하려는 제한적, 목적지향적 충동이다. 이에 반해 '에로스'는 불완전한 상태에서 생긴 충동 Trieb이 아니라 완전한 상태 ein völliger Zustand이며, 결핍의 상태가 아니라 그 자체로 충만된 상태, 완전한 행복으로 인해 모든 것이 멈춰버린 엑스터시의 상태다. 자연이나 사랑하는 연인을 보았을 때 받은 강렬한 인상에서 시작된다는 점에서 '성충동'과 동일하지만 '에로스'는 성적 합일을 통해 결여된 욕망을 해소하는 '성충동'과는 달리 결코 욕망 실현을 위해 대상(짝)을 필요로 하지 않는다. 왜냐하면 에로스는 완전히 충족된 상태이며, '흘러 넘치고자 하는 충동 Drang des Überströmens', '무한정 헌신하고자 하는 충동 Drang des maßlosen Sichverschenkens'[211]이기 때문이다. 자신을 넘어 타자와 합일을 이룬 상태에서 모든 것이 하나이며 더 이상 타자는 존재하지 않는다.

클라게스는 에로스의 이런 본성을 '우주창조적 kosmogonisch'이라고 부르는데, 그것은 밤과 낮, 하늘과 대지를 서로 연결시켜 우주를 창조한 태초의 신 '에로스 Eros'처럼 인간 본성에도 내면과 외부세계를 막고 있는 둑을 흘러넘쳐 자아와 세계를 하나로 연결시키는 에로스의 본성이 있기 때문이다. 여기서 그는 이 '우주창조적 에로스 kosmogonischer Eros'는 '멀어짐의 사랑 Eros der Ferne'[212]이어야 한다고 주장한다. 왜냐하면 에로스가 대상 Gegenspieler 가까이 있으면 그것을 붙잡아 소유물로 만들 수 있으며, 이것은 다시 세계를 나누고 경계 짓게 됨을 의미하기 때문이다. 소유욕은 에로스를 죽이고 세계와 우주를 파괴할 것이다. 이 때문에 울리히에게 사랑은 소유, 점취와는 무관한 것이어야 했다. 그러므로 소령부인을 품에 안을 가능성이 생기는 순간 그는 도망칠 수밖에 없었다.

> 나는 그녀에게서 수천 킬로미터 달아났다. 내가 그녀를 실제로 포옹할 가능성을 느낄 때마다 나는 개가 달을 보고 짖어대는 것처럼 그녀를 향해 짖어댔다.(3. 764)

소령부인은 원래 재능 있는 피아니스트였지만 가족의 뜻에 따라 꿈을 접고 결혼한 여인이었다. 울리히는 그녀의 피아노 치는 모습에 반해 사랑에 빠진다. 기품 있고 우아했으며, 더구나 자기 상관의 부인이었던 그녀는 처음부터 그가 감히 접근하기 어려운 여인이었다. 하지만 그 당시 젊은 장교들 사이에 이처럼 실현 불가능한 사랑을 나누고자 하는 열망은 절대 부끄러운 일이 아니었으며, 오히려 자신의 신분을 규정해 주는 '개념' 같은 것이었다: "울리히는 처음부터 이 여인의 감각적 현존이 아니라 그녀라는 개념에 빠졌다."(1. 123) 하지만 모든 개념이 그렇듯 그의 사랑도 자기 내면의 소망을 투사한 것이기에 이렇다 할 체험내용도 없이 공허한 것이었다. 이 때문에 울리히는 1권 113장에서 게르다 Gerda와 한스 Hans에게 이 이야기를 해주면서 "그 당시 나는 나를 사랑하는 열병에 빠졌었고 나의 변화된 상태에 빠졌었지 이 여인에게 빠졌던 것은 아니다"(2. 550)라고 고백한다. 처음부터 이 사랑은 실현될 수 없는 '순수함'을 전제로 하기 때문에, 둘의 사랑이 결실을 맺을 가능성은 이 상태를 유지하는 데 가장 큰 걸림돌이다. 때문에 울리히는 사랑이 결실을 맺기 직전에 자신의 실현될 수 없는 순수한 열망, 내용 없는 열망을 그대로 보존하기 위해 도망갈 수밖에 없었다. '멀어짐' 자체가 곧 그의 '연인'이었기 때문이다.

3) 오누이사랑

클라우스 레르만 Klaus Laerman은 소령부인이 '가까이 할 수 없는 여인'이라는 점을 들어 울리히의 '멀어짐의 사랑'을 억압된 근친상간적 소망을 대리보충하는 존재로 해석한다.[213] 울리히와 소령부인과의 관계를 외디푸스 콤플렉스의 관점에서 해석한 울프 아이젤레 Ulf Eisele[214]와 나르시시즘적인 관점에서 접근하는 쉐러 H. R. Schärer도 이 해석에 동의하고 있는데, 이들은 소령부인의 나이가 그보다 훨씬 많으며, 그가 아주 어린 나이에 어머니를 잃었다는(1. 14) 사실에 주목하고 있다. 그러므로 소령부인은 수면 아래 잠겨 있는 울리히의 억압된 본능을 밝게 비춰주는 "조명설비의 발전기 versenkter Dynamo seiner Erleuchtungsanlage"(1. 126)다. 그들의 가설에 따르면 어머니의 사랑을 받지 못했던 울리히가 어머니를 향한 열망을 소령부인에게 투사하여 그녀에게 빠진 것이며, 이 때문에 소령부인은 울리히에게 결여되어 있었던 어머니 상을 대리보충해 주는 '이상화된 어머니 die idealisierte Elternimago'[215]다. 이것은 그로 하여금 그녀에게 다가서려는 열망을 불타오르게 함과 동시에 둘의 관계에 중대한 장애가 된다. 왜냐하면 이것은 근친상간의 타부와 연결되어 그로 하여금 여인에게서 멀어지도록, 그리고 거세공포를 통해 그녀를 향한 리비도를 무의식 속에 숨겨둘 것을 강요하기 때문이다. 프로이트는 이런 유의 사랑에 빠진 사람들이 처한 곤경을 "그들이 사랑하는 곳에서는 그들은 열망하지 않으며, 그들이 열망하는 곳에서 그들은 사랑할 수 없다"고 설명한다.[216] 이에 따르면 울리히는 사랑의 관계에서 애정과 욕정을 매개시킬 수 없는 남자다: "원칙적으로 나는 내가 좋아하지 않는 연인을 항상 찾았다."(3. 899) 그는 자신이 사랑하지 않는 여자들에게 변태적 욕정을 느끼며 육체적 관계를 맺는 반면, 정말 애정을 느끼는 여인은 스스로 멀리하며 성욕을 느끼지 않은 사랑만을 갈구한다.[217]

울리히는 2권 22장에서 이것을 다시 "세라피온의 사랑 seraphische Liebe"(3. 878)이라 부르며, 사회적 관습이나 성욕과 같은 방해물로부터 자유로운 사랑이라 규정한다. 실제로 그는 2권 28장에서 같은 전차에 동승한 12살짜리 소녀에게 2~3시간 동안 깊은 사랑에 빠지는 경험을 한다.(4. 1338) 이것은 그의 사랑이 극복불가능한 장애물이 있을 경우에만 실현될 수 있다는 사실을 다시 한 번 보여준다. 소령부인과의 사랑에서 근친상간의 장애가 있었다면, 세라피온의 사랑에서는 상대가 "나이 어린 소녀 ein junges Mädchen"(3. 943)라는 사실이 그의 사랑을 도달불가능하게 막았다. 관능의 대상이 이처럼 유아화됨으로써, 즉 순진하고 성적으로 미성숙하며 방어능력이 없는 소녀를 성적 열망의 대상으로 삼는 것은 초자아에 의해 강력하게 억압되기 마련이다. 그로 하여금 이 여자아이에게 빠지게 만든 것은 바로 이 '도달불가능성 Unerreichbarkeit'이다. 이로 인해 그의 실제적 합일 소망과 소유충동은 깨지고, 그의 애정은 동경상태로 머물면서

“짝이 없는 사랑 Liebe ohne Gegenspieler”(3. 877), 소유하지 않는 사랑, 성욕 없는 사랑의 상태를 계속 유지할 수 있기 때문이다.

하지만 이 도달불가능성이 주는 매혹적 자극 속에 우리는 울리히의 근친상간적 성향이 변화되고 있음을 감지할 수 있다. 같은 장에서 울리히는 아가테에게 이 12살짜리 소녀와의 사랑에 대해 “어릴 때 나는 어린 소녀를 양자로 키워 그녀와 결혼하고자 한 적이 있다”(3. 943)고 고백한다. 그러므로 이 소녀와의 사랑은 성인이 된 울리히가 어린 시절 꿈을 실현한 것이다. 여기서 중요한 것은, 억압되고 전이되긴 했지만 뚜렷이 확인되는 울리히의 근친상간적 소망이 어머니로부터 누이로 전환되고 있다는 것이다. 이것은 울리히가 유고에서 이 소녀와의 사랑을 “오누이사랑의 전 단계 Vorstufe der Geschwisterliebe”(4. 1339)로, 1권 전체를 누이동생과의 사랑을 위한 예고로 간주하고 있다는 것에서 확인된다.

H. R. 쉐러에 따르면, 이 근친상간적 소망은 울리히의 나르시시즘적 인격장애의 중요한 증상이며, 이 병의 원인은 유년시절 어머니와 연관된 심리적 외상 때문이다. 프로이트에 의하면, 유아는 엄마와의 합일을 통해 행복을 느끼며, 엄마라는 거울을 통해 자기 정체성을 확립한다. 하지만 울리히의 엄마는 그가 어렸을 때(5~8세) 세상을 떠났으며, 엄마가 떠나버렸다는 사실, 엄마에게 버림받았다는 사실은 그로 하여금 정상적인 인격발달에 장애를 줄 정도로 심한 쇼크였다. 엄마와 완전한 통일을 이루었을 때 행복감은 이처럼 갑작스러운 이별로 인해 사라지며, 그 이후로 그의 삶은 근원적 통일성의 결여로 인한 고통의 연속이었다.[218] 울리히는 1권 122장 <집으로 오는 길 Heimweg>에서 유년시절 찍은 사진에서 자신을 품에 안은 어머니가 행복한 미소를 짓고 있는 모습을 발견한다. 하지만 그는 이 사진에서 끔찍한 공포를 느끼는데, 그것은 어머니의 사랑을 받지 못한 나

르치스적 상처 때문이다. 울리히는 어머니의 모습에서 자기 자신을 발견하려고 했으나 어머니의 부재만을 확인할 따름이다. 그는 어머니라는 거울 없이 홀로 고독하게 살아왔으며, 커가면서 이 거울을 찾으려고 애써보지만 헛된 노력으로 끝났다. 이 때문에 어머니의 사망은 그의 정체성에 나르치스적 결핍을 야기하고, 그는 어린 시절 "자신의 연약하고 공허한 얼굴 sein weiches leeres Kindergesicht"에서 매우 취약한 자아 fragiles Selbst와 자기상실 Selbstverlust의 위험만을 본다.[219)]

그러므로 그가 소령부인을 가까이 할 수 없었던 것은 외디푸스적 공포 때문이라기보다는 자아상실에 대한 나르치스적 공포 때문이다. 울리히는 어머니와의 분리로 인해 생긴 병을 치유하기 위해 끊임없이 누군가를 사랑하고자 하는 열망이 있다. 하지만 다른 한편으로 그는 자신의 자아가 아직 불완전하고 취약하다는 사실을 알고 있기 때문에, 이것을 보호하기 위해 나르치스의 장벽 뒤로 도망가고자 하는 욕망도 동시에 가지고 있다. 소년 울리히는 일생 동안 어머니를 대신할, 어머니의 이미지를 구현하고 있는 여인을 만나 그녀와 합일을 이루려는 소망을 가지고 있지만, 동시에 이것을 격렬하게 거부하고자 하는 소망도 가지고 있다. 왜냐하면 그가 찾은 여인은 이상화된 어머니이지, 자신과 동일시되는 참된 어머니는 아니기 때문이다. 그러므로 그는 실제세계에서 이 연인과 합일을 이루는 것을 두려워한다. 그것은 이 합일 속에 자기상실의 위험이 도사리고 있기 때문이다.

소설 2권은 오누이의 만남으로 시작된다. 1권 마지막 2장에서 이미 이 만남은 준비되었다. 1권 122장에서 울리히는 아른하임과의 대화를 마치고 귀가하던 중 자기 내면이 분열되어 있음을 인식하고, 이 분열을 해소하기 위해서 자기에게 뭔가 불가능한 일이 벌어질 것임을 예감한다. 이 예감은 누이와의 만남으로 실현된다. 이 만남은 그의 삶의 새로운 전기가 되는데, 그것은 그가 소령부인과의 사랑 이후에 중단했던 자기 본질의 다른 반쪽을 찾으려는 시도를 다시 시작할 수 있게 되었기 때문이다. 여기서 울리히의 사랑의 대상이자, 그로 하여금 자신에게 떨어져 나가 있었던 반쪽을 찾아 완전한 합일의 다른상태로 들어가게 만들어 줄 상대가 누이동생이라는 사실은 그의 나르시시즘적 인격장애로 충분히 설명된다.

그는 자신과 똑같은 사람을 사랑할 수 없다. 왜냐하면 그는 자신의 불완전한 자아를 사랑할 수 없기 때문이다.(3. 899) 그리고 그는 자신과 똑같은 사람만 사랑할 수 있다. 그것은 그가 자아상실의 위험으로부터 자신을 지키기 위해 타인을 사랑할 수 없기 때문이다. 울리히가 오누이사랑을 통해 진정한 자아에 도달할 수밖에 없는 이유는 여기에 있다. 오로지 아가테만이 이 곤경에서 그를 구원할 수 있기 때문이다. 그에게 아가테는 누이이자 여인이고, 친구이자 낯선 이인 "마술적 인물 Zaubergestalt"이다. 울리히는 아가테를 객체로 감지하면서도 동시에 자신의 고유한 자아로 체험한다. 정신분석학에서는 이것을 '전이 Übertragung'[220]라는 개념으로 규정하는데, 전이를 옛날(주로 유년시절)에 맺었던 대상과의 관계가 현재의 인간에게 위치 이동한 것으로 본다면, 이것은 유년기 울리히가 엄마와 맺었던 관계가 현재 아가테에게 자리바꿈한 것으로 해석할 수 있다.

오직 아가테만이 울리히의 사랑의 파트너가 될 수 있는 이유는 이처럼 그에게 아가테는 '자신이 아니지만 자신이기도 한 존재'이기 때문이다: "그때 처음 그는 꿈만 같지만 누이가 자기 자신의 반복이자 변형일지도 모른다는 생각을 했다."(3. 694) 무질은 1926년 이 소설의 제목을 '쌍둥이 누이 Zwillingsschwester'라고 정한 적이 있는데, 이와 같은 사랑은 남매나 쌍둥이 사이에서만 가능하다고 보았기 때문이다. 이 당시 폰타나와의 인터뷰에서 그는 쌍둥이 누이는 생물학적으로 아주 드문 경우지만, 우리들 마음에 정신적 유토피아로서, 우리 자신에 대한 확고한 이념으로 살아 있다고 말했다.(7. 940) 물론 이 당시 울리히의 나이가 32세이고, 아가테의 나이가 27세인 점을 감안할 때, 생물학적으로 둘은 쌍둥이일 수가 없다. 하지만 무질이 그리고자 한 남매는 육체적 동일성이 아니라 정신적 동질성을 갖춘 실존적 쌍둥이다. 그는 육체적 합일이 아니라 영적으로 자아와 타자가 하나가 되는 '오누이사랑'을 통해 '모든 것이 하나로 통일된 상태 All-Eins-Sein'에 도달하고자 했다. 그러므로 무질이 동경한 다른 상태란 '정신적 유토피아 geistige Utopie'다.

여기서 사랑과 신비주의는 서로 만나게 된다. 이것들은 둘 다 통일을 추구한다는 점에서 동일하기 때문이다. 사랑을 통해 인간은 자신과 세계를 하나로 느끼는 상태에 빠진다. 사랑은 세계와 우주를 포괄하는 감정이며, 우리를 지상의 나라에서 별들의 자리까지 고양시키는 감정이기 때문이다. 여기서 무질은 다른상태를 '사랑의 나라 Reich der Liebe'라고 부른다.

> 외부와 내면의 경계가 사라지고, 경계를 벗어나는 이 기이한 감정은 사랑과 신비주의가 공유하는 것이다!(3. 765)

내면과 외부의 경계가 사라지는 감정을 체험한다는 점에서 둘은 동일하다. 차이점이 있다면, 신비주의자들은 외부세계에 대해 눈을 감고 내면에서 영혼의 힘을 통해 자신의 고유한 자아를 체험하는 반면, 무질은 주인공의 자아를 외부에 투사해 '샴쌍둥이 누이 ein Siamesische Schwester'라는 형상을 창조했다는 것뿐이다.

여기서 아가테는 이중기능을 한다. 그녀는 울리히의 자아인 동시에 비아다. 그러므로 그녀는 이질성 속에서 동질성을 구현하고 있는 마법 같은 인물이다. 주인공의 자아로서 그녀는 오빠에게 자아의 신비적 통일성을 매개하고, 비아로서 그녀는 세계의 한 부분으로 남아 그에게 자아와 세계의 신비적 합일을 가능케 해준다.[221)]

> 샴쌍둥이 누이가 왔다. 그녀는 여전히 내가 아니라 그녀이며, 마찬가지로 나이자 그녀다. 분명한 것은 그녀가 모든 것을 연결해 주는 유일한 매개자라는 것이다.(3. 945)

울리히가 아가테를 사랑하게 된 것은 이처럼 아가테가 자신과 동일함을 발견했기 때문이다. 울리히처럼 아가테도 습관적이며 무의미한 '그와 동일한 일이 일어나다'의 세계에 적응하면서 살아가는 삶을 경멸했으며, 자신이 뭔가 특별한 일, 뭔가 다른 종류의 일을 체험하도록 선택받았다는 느낌을 항상 간직하고 살아왔다. 두 번의 체험이 그녀에게 이 느낌을 믿도록 만들었는데, 그것은 어릴 때 심한 병에 걸린 체험과 성인이 된 후 첫 남편과 만나 사랑을 나눈 체험이다.

병에 걸렸을 때 그녀는 의사의 처방에 따라 약을 먹었는데도 건강을 되찾지 못했다. 이때 그녀는 의사들이 온갖 방법을 다 써도 자신을 치료할 길을 찾지 못한 것을 은근히 기뻐했다. 당시 그녀는 자신이 초세속적이며 특별한 상태에 있다고 믿었기 때문이다. 그녀는 세속의 거대한 질서가 자신에게 힘을 쓰지 못함을 기뻐했다. 그래서 그녀는 건강을 되찾는 것을 원하지 않았다. 그녀는 자유의 초세속적 상태에서 되돌아오는 것을 바라지 않았기 때문이다. 아가테에게 이 병은 신비주의 영역을 향해 자신을 개방했음을 암시했다.(Tb. 389)

그녀가 첫 남편을 만나 사랑에 빠졌을 때, 이것은 위에서 언급한 병체험과 마찬가지로 그녀에게 존재의 의미와 자유를 가져다주었고,

동시에 그녀를 신비적 상태로 빠지게 만들었다. 하지만 전자의 경우와는 달리 이번에 그녀는 남편과 함께 있는 시간을 행복으로 체험한다. 이 사랑이 그녀에게 찾아왔을 때, 그녀는 태어나서 처음으로 자기 삶을 경이로운 눈으로 바라보았다. 왜냐하면 여기서 그녀는 신비체험의 특징인 외부세계와 내면세계의 경계상실의 상태를 체험했기 때문이다.

하지만 갑작스러운 남편의 죽음은 짧은 행복을 그녀에게서 앗아갔으며, 그녀는 이 상황을 받아들일 수 없었다. 이후 그녀는 남편이 죽었다는 현실을 인정하지 않고 오로지 자기 기억에 침잠하여 살았으며, 이 때문에 그녀는 자기를 둘러싸고 있는 현실로부터 멀어진다. 얼마 후 그녀는 남편에 대한 추억에서 빠져나와 여러 남자를 만나지만 사랑에 실패한다. 그녀는 외로움을 참을 수 없었지만, 그렇다고 세계와 쉽게 화해할 수도 없었다. 이 과정에서 그녀는 아버지의 강요와, 전 남편을 배신했다는 죄책감, 그리고 자기 죄에 스스로 벌을 내리겠다는 심정으로 자신이 그토록 증오했던 하가우어 Hagauer와 결혼하고 무의미한 삶을 연장해 왔다.

여기서도 드러난 바와 같이 자신은 물론이고 주변세계에 대해 총체적 혐오감을 느끼고 있다는 점에서 두 사람은 동일하다. 둘 다 자기 삶에 내면적으로 참여할 수 없고, 삶으로부터 소외되었다는 사실을 인식하고 다른 삶의 가능성을 타진해 보고 있으며, 사랑의 열병을 통해 이에 대한 확신을 가지고 있다. 이 때문에 무질은 아가테를 "대립된 본성을 지닌 울리히의 그림자 같은 복제물 die schattenhafte Verdoppelung seiner selbst in der entgegensetzten Natur"(3. 942)로 본다. 그녀는 울리히에게 '그 자신의 거울상 Spiegelbild seiner selbst'[222)] 이며, 그는 거울에 비친 자기 모습을 보고 사랑에 빠진 나르시스트다.

둘의 유사성은 오누이가 처음 만나는 장면에서 뚜렷이 드러난다.

> 하지만 누이가 기다리고 있는 방으로 들어갔을 때, 그는 자신의 옷차림에 대해 깜짝 놀랐다. 왜냐하면 그는 우연의 은밀한 명령에 따라 맞은편에 연한 회색과 갈색의 줄무늬와 바둑판무늬의 옷을 입은 키가 큰 금발의 피에로에게서 자기 자신을 발견했기 때문이다. 이 피에로는 첫 눈에 그 자신과 완전히 닮은 것처럼 보였다.(3. 676)

어린 시절 울리히가 집을 떠나면서 헤어진 후 서로 까맣게 잊고 지냈던 오누이가 똑같이 피에로 복장을 하고 나타났다는 것은, 아가테가 "우리가 쌍둥인 줄 몰랐어요 Ich habe nicht gewußt, daß wir Zwillinge sind"(3. 676)라고 말할 정도로 둘 사이의 타고난 내면적 유사성을 증명해 준다.

1920년에서 1924년 사이에 작성된 일기에서 무질은 아가테에 대해 "아가테는 울리히의 자폐증이다 Agathe ist sein Autismus"(Tb. 598)라고 적고 있는데, 이것은 울리히가 나르시시즘 환자로 해석될 수 있음을 보여준다. 그는 나르치스처럼 자기 자신에 빠져 있으며, 외부세계에서 그가 감지하고 있는 것은 모두 자신의 고유한 특성을 투사한 것뿐이다. 무질의 이런 생각은 1926년 폰타나와의 인터뷰에서 오빠와 쌍둥이 누이를 '자아'와 '비아'의 관계로 설명한 것에서도 잘 드러난다.(7. 940) 비아는 자아에 의해 정립된다는 피히테의 이론에 따르면, 아가테는 울리히가 머리로 그려낸 인물이며, 이 때문에 그녀는 고유한 실재성을 상실한 인간, 특성없는 여인, 울리히의 거울상이다. 이렇게 본다면 그녀는 철저하게 그에게 편입된 여자다.

여기서 우리는 울리히가 사랑한 대상이 자신만의 고유한 특성을 가진 실제적 인간이 아니라 울리히의 상상을 통해 탄생한 '거울상의 인간'이라는 사실에 주목해야 한다. 자아에 포획되고, 자아에 고착된 나르시스트 울리히는 이 상황에서 자아와 비아의 구분을 극복할 수 없으며, 자기 자아의 순수성을 지키기 위해 비아를 부정하고 자아의 투사물을 사랑하는 자폐증적 사랑을 할 수밖에 없다. 결국 아가테를 향한 그의 사랑은 비인간적 대상을 향한 안개 같은 사랑일 따름이다. 그가 사랑한 것은 자신의 그림자 같은 복제물, 즉 나르시즘적 허상이며, 이 때문에 그는 '참된 자기사랑 die wahre Selbstliebe'에 도달할 수 없다.[223]

여기서 아가테의 성격변화는 불가피해 보인다. 무질은 아가테를 '거울상의 투사물'에서 "타자 속에 들어가 있는 자신의 반복이자 일치물 Übereinstimmung und Ichwiederholung im Anderen"(3. 905)로 바꿔놓는다. 그러므로 앞에서 아가테는 울리히의 반복이자 변형이라고 했을 때, 이미 울리히의 자폐증적 사랑이 극복될 가능성이 암시된다. 왜냐하면 여기서 변형이란 자아중심적 태도를 탈피하고, 자아와 타자의 경계를 극복한 총체적 존재로서 참된 자기를 사랑할 수 있는 가능성을 열어주기 때문이다. 울리히는 동생에게 다음과 같이 말한다.

> 이제 나는 네가 누군지 알겠다. 너는 나의 자기애야! [……] 다른 사람들이 그렇게 강력하게 가지고 있는 자기애를 어떤 의미에서 나는 제대로 가져본 적이 없어. [……] 그런데 착각인지 운명인지 모르겠지만 그것이 지금 내 자신에게서가 아니라 너에게서 구현되어 있어.(3. 899)

자기애가 울리히가 아니라 아가테를 통해 구현되고 있다는 것은, 그가 자폐증적 자기중심주의를 극복했다는 것을 의미한다. 여기서 중요한 것은 무질의 '자기 Selbst' 개념인데, 그것은 자아와 비아의 대립을 극복한 총체적이며 절대적인 인간본질을 의미한다. 그러므로 울리히가 소령부인과의 사랑체험 이후로 상실했고, 천년왕국의 유토피아를 통해 다시 도달하려고 하는 이 '자기애 Selbstliebe'는 동질적 타자에 대한 사랑을 통해서만 가능하고, 그 출발점은 자아로부터 빠져나와 '한 차원 더 높은 자신 sein höheres Selbst'을 지향하는 것이다. 오누이 사랑의 본질은 울리히가 자아를 구하는 데 있는 것이 아니라 자아를 탈출하여 비아와 합일하는 한 차원 높은 존재 상태에 도달하는 데 있다. 여기서 울리히는 개별 인간을 사랑한 것이 아니라 세계를 향한 보편적 사랑을 시도한다. 이것이 바로 다른상태이며, 자아와 세계의 무한한 합일 속에 선과 악의 대립조차 해소된다.

4) 낙원으로의 여행

미완성 소설 계획인 <낙원으로의 여행 Reise ins Paradies> 장에서 무질은 점점 적대적이며 무질서하게 혼란스러운 외부세계를 떠나려는, 외부세계의 참여를 포기하고 자신의 고유한 본질을 발견하고, 그것을 순수하게 보존하려는 현대인의 욕망을 표현하고 있다. 이것은 오누이로 하여금 현실을 초월하여 인류의 타락 이전 상태로 들어가는 여행을 계획하게 만든다. 이 여행의 출발점은 사회규범이 설정해 놓은 경계선을 넘어서는 것이며, 유서변조가 중요한 계기가 된다. 소설 2권의 제목 <천년왕국(범죄자)>와 직접 연관되는 이 행위는 오누이관계의 발전에 중요한 기능을 하는데, 그것은 이로 인해 둘이 공범자가 되며, 그들 사이에는 서로 믿고 의지할 수밖에 없다는 공동체적 유대감이 생겼기 때문이다. 오누이는 성담을 통해 간략하게 규정했던 '다른 도덕'을 유서변조를 통해 실천하려는 아주 위험한 실험을 한다. 그리고 이 사건을 계기로 둘은 현실적으로 받아들일 수 없는 오누이사랑을 발전시킨다. 근친상간의 위험에도 불구하고 울리히가 누이와 위험한 사랑에 빠질 수밖에 없는 이유를 무질은 다음과 같이 밝힌다.

> 오누이사랑은 옹호되어야 한다. 안더스는 그것을 아주 심오한 것, 자기가 세계를 거부하는 태도와 연관된 것으로 느낀다. 그의 본질을 구성하는 자폐증적 요소는 여기서 이 사랑과 뒤섞인다. 이것은 그에게 주어진 통일의 몇 안 되는 가능성 중 하나다.(Tb. 601)

첫 대면에서 서로 쌍둥이라는 것을 직감했을 정도로 내면적 동질성과 친밀감을 느낀 오누이는 유서변조를 통해 서로 의지하며, 상대방에게만 눈길을 주는 상태에 빠진다. 그들은 둘 만의 관계의 순수성을 보호하기 위해 외부와의 관계를 모두 끊고 은둔생활을 시작한다. “둘만의 가족 Familie zu zwei”(3. 715)이 형성되면서 그들의 집은 도시의 소음으로부터 멀리 떨어진 강가에 자리잡은 “조개 Muschel”(3. 801)로 변하며, 이 조개껍질 안에서 남매는 세상을 잊고 신비적 엑스터시에 빠진다.(3. 1083)

이 신비적 합일상태에서 오누이는 꼼짝없이 얼어붙은 채 보고 듣는 것조차 망각한 명상의 상태로 들어간다. 여기서 그들은 아무것도 소유하지 않고, 아무것도 고집하지 않은 채 의무나 강요를 모르는 자유로운 몸이 되어 영원한 무시간의 상태(4. 1233)에 빠진다. 그들은 자신과 일치하지 않는 일은 결코 하지 않기 때문에, 각자의 영혼이 관심을 보이지 않는 저급하고 세속적인 일은 일어나지 않는다.(3. 763) 한마디로 이 상태는 삶 그 자체가 긍정되는 상태이며, 여기서 오누이는 자신이 하는 모든 행위가 선이라고 여긴다. 왜냐하면 그들은 자신의 가치에 따라 자유롭게 행위하기 때문이다. 그들은 자신의 내면구조에 따라 살아가고, 자신에게 어울리는 일만 하며 살아간다.

그들에게는 바로 이 상태가 유토피아다. 이것은 오누이가 은둔자처럼 살아갈 계획을 짤 때 이미 암시된다. 아가테가 하가우어와 이혼하고 울리히의 집으로 이사와 함께 살 계획을 짜자 울리히는 “너는 우리가 천년왕국으로 이사 가는 줄 아는구나? Weißt du, daß wir in das Tausendjährige Reich einziehen?"(3 .801)라고 말한다. 그것이 무슨 말인지 동생이 묻자 그는 시냇물처럼 목적지를 향해 흐르는 것이 아니라 바다처럼 꼼짝하지 않고 세상을 등진 채 멀리 떨어져 있지만 항상 수정처럼 맑고 순수함을 유지하고 있는 상태, 천국의 천사가 하느님을 모시는 일 외에 어떤 일도 하지 않는 것처럼 아무것도 행하지 않는 무위(無爲)의 세계, 아무것도 생각하지 않는 무상(無想)의 상태라고 설명해 준다. 울리히는 동생과 함께 할 천년왕국에서의 삶을 다음과 같이 요약한다.

> 우리는 이기심을 떨쳐버리게 될 거야. 우리들은 선, 인식, 연인, 친구, 원칙, 그리고 우리 자신까지도 모으지 않을 거야. 그러니까 우리 감각은 인간과 동물을 향해 문을 열고 해체될 건데, 그렇게 되면 우리가 더 이상 우리로 머물 수 없고, 오로지 모든 세계와 하나로 엮여 들어갈 때만 삶을 보존할 수 있을 정도로 완전히 개방된다는 이야기지!(3. 801f)

이 대화에서 오누이는 천년왕국이라는 명칭을 '비유 Vergleich'(3. 874)로 사용하고 있지만, 그 실현가능성을 의심하지 않는다. 울리히에 따르면, 옛 사람들은 이것이 지상에서 이루어질 수 있다고 본 반면, 현대인들은 이 파라다이스를 도달할 수 없는 곳으로 옮겨놓고 이것을 체험한 몇몇 사람들의 보고를 비정상적이며 병적인 것으로 간주한다. 이로써 우리는 금지되고 위험한 일탈실험을 통해서만 이곳으로 들어갈 수 있다. 여기서 왜 무질이 소설 2권의 제목을 <천년왕국(범죄자)>로 정했는지가 드러난다. 그것은 신이 죽은 사회, 즉 합리화된 현대사회에서 정상적인 방법으로 유토피아에 들어가는 것은 불가능하며, 오로지 도덕적으로 금지된 방법을 통해서만 가능하다는 것을 암시하기 위해서다. 근친상간은 오누이로 하여금 도덕적 타부를 침해함으로써 범죄자로 만들고, 이를 통해 다른상태의 유토피아로 들어가게끔 만드는 위험한 실험이다.

> 그러나 오빠와 누이 사이에 어떤 일이 진행되었는지를 모르고 있는 사람들은 이 보고를 건어치울 것이다. 왜냐하면 여기에는 결코 받아들일 수 없는 모험이 기술될 것이기 때문이다. 즉 가능성의 가장자리로의 여행, 불가능성과 반자연성 그리고 혐오성의 위험을 안고 떠나는 여행이 서술될 것이기 때문이다.(3. 761)

근친상간의 모티브는 아가테가 이사 올 때부터 이미 이 소설에서 중요하게 부각된다. 짐 정리가 끝난 후 그녀는 대부분의 옷을 밖에 벗어버린 채 목욕탕에 들어간다. 목욕이 끝난 후 속옷만 입은 채 그녀는 목욕탕 앞에서 기다리고 있는 오빠에게 옷 입는 것을 도와줄 것을 부탁한다. 동생이 옷 입는 것을 도와주면서 울리히는 계속 성적인 자극을 받는다. 하지만 이 자극은 남녀간에 느끼는 육체적 매혹과는 다른 차원의 것이다. 왜냐하면 그는 자기 앞에 있는 반나체의 누이를 여자로 보지 않고 "자기보다 훨씬 아름다운 제2의 자기육체 ein zweiter, weit schönerer Körper"(3. 898)로 보았기 때문이다. 결국 아가테의 촉촉이 젖은 피부에서 나온 성적 자극은 낯선 여인에게서 나온 것이 아니라 자신의 몸에서 나온 것이며, 이 때문에 울리히는 동생을 자신의 잃어버린 '자기애 Eigenliebe'라 불렀다.

물론 소설 2권과 특히 소설의 진행 계획인 <파라다이스 여행 Die Reise ins Paradies>장에서는 근친상간의 관능적 요소가 분명히 존재하고 있다. 하지만 무질이 오누이관계를 성적인 것으로 발전시키려 했다고 단정할 수 없다. 만약 그가 성적인 관계를 요구했다면, 우주창조적 에로스에 근거한 오누이 사랑의 특수성은 사라질 것이기 때문이다. 무질이 '오누이사랑 Bruder-Schwester-Liebe'을 '근친상간 Inzest'이라고 부르지 않고 이보다 정신적이며 고차원적인 개념인

'오누이 간의 형제애 Geschwisterlichkeit'라고 부른 것도, 그가 주인공들이 성적인 관계에 빠지는 것처럼 보이는 것을 원하지 않았기 때문이다. 이와 연관하여 카이저 / 빌킨스는 무질이 그리고 있는 성은 '머리에서 이루어지는 성 Geschlecht im Kopf'이며, 그가 울리히로 하여금 변태적 충동에 빠지게 만든 것은 육체적 욕망의 해소라는 세속적 목표가 아니라 도덕적이며 정신적인 목표에 도달하기 위함이라고 본다.[224] 그러므로 오누이가 근친상간이라는 위험을 안고 떠나는 여행은, 수학이 진리를 얻기 위해 상상의 숫자라는 부조리를 이용하는 것과 마찬가지로 천년왕국이라는 초월적 유토피아에 도달하기 위해 현실의 도덕적 금기를 넘어서려는 부조리한 시도다.

때문에 이 여행은 도덕적 탈선이라기보다는 신에게로 가는 여행이다. 그들이 중세의 순례자와 다른 점은, 그들이 전혀 경건하지 않고 신과 영혼을 믿지 않으며 이 세계에 속한 사람으로 그 길을 간다는 것이다. 왜냐하면 그들의 목적지는 "지상에 있는 신의 나라 das Reich Gottes der Erde"(4. 1233)이기 때문이다. 무질의 이런 의도는 2권 45장 <일련의 기이한 체험의 시작 Beginn einer Reihe wundersamer Erlebnisse>에서 분명히 드러난다. 이 장에서 오누이는 도덕적 금기에 아랑곳 않고 서로 애무하고 포옹하며 성적인 자극을 주고받는다. 하지만 그들은 자신의 열망을 실현할 마지막 순간에 애무를 멈춘다. 그들은 그것을 계속하고자 했으나 할 수 없었다. 왜냐하면 말로 설명할 길 없는 경고를 들었기 때문이다. 하지만 이 경고는 "도덕적 계율 Gebot der Sitten"과 무관한 것이었으며, 이보다 더 고차원적인 계율에서 나온 것이다. 즉 이것은 신비적 엑스터시의 순간 잠깐 느낄 수 있는 것으로 육체적 합일에서 끝나지 않는 '완벽한 합일의 세계'가 있을 것이라는 "고차원적 예감 eine höhere Ahnung"에서 나온 경고다.[225] 이 때문에 울리히는 아가테에게 "너는 달이야 du bist der

Mond"(4. 1084)라고 말한다.

이로써 그녀는 울리히가 육체적 열망의 대상으로 삼을 수 없는 신비한 존재로 변한다. 그에게 아가테는 현실과 거리가 먼 비유의 세계, "제2의 현실"(4. 1084)에 사는 신비한 여인이다. 이것은 오누이가 똑같이 피에로 복장을 하고 만난 그 다음날 새벽 처음으로 여성스러운 모습으로 나타난 동생에게서 받은 인상에서 뚜렷이 드러난다. 이른 새벽, 문을 통해 불 꺼진 방으로 들어오는 한 줄기 빛 속에 잠겨 있는 그녀의 모습은 '암굴 속의 성녀'처럼 신비로웠다.

> 열린 문을 통해 전등 빛이 새벽 추위에 떨고 있는 여명 속으로 떨어졌다. 검은 옷을 입은 금발의 여인이 한 줄기 광채가 흐르는 동굴 속에 서 있는 것 같았다.(3. 694)

이로써 그녀는 세속의 여인이 아니라 달이나 별나라에서 온 탈세속적 존재로 보인다. 무질은 아가테를 달과 연관 지움으로써 그녀를 초인간적 존재, 천사, 뮤즈와 동일한 순결한 여신으로 만든다.

아가테에 대한 이런 성격규정은 오누이사랑의 비현실성과 정신성을 잘 보여준다. 이로써 두 사람의 사랑이야기는 현실에서 일어난 사건이라기보다는 상징의 세계, 즉 정신의 세계에서 일어난 사건으로 변한다. 다른 소설의 주인공처럼 울리히와 아가테를 먼 친척으로 설정했다면, 무질은 줄거리 진행상 생길 수 있는 여러 어려움을 피해갈 수 있었을 것이다. 형제지간에 어떻게 수십 년간 까맣게 잊고 지낼 수 있을까? 이를 통해 알 수 있는 것은 무질이 실제사건이나 리얼리티에 별 관심이 없었고, 그의 관심은 오로지 정신의 세계였다는 것이다. 그에게 울리히의 쌍둥이 동생이 그보다 다섯 살 연하라는 사실은 중요하지 않다. 왜냐하면 그녀는 현실세계에 존재하는 인물이 아니라, 달이나 별나라에 사는 존재이기 때문이다. 아가테가 실존인물이 아니라는 사실은 소설 곳곳에 암시되고 있다.

> 비록 그 당시에 그는 실제 살아 있는 누이동생이 있다는 생각을 한 번도 해본 적이 없는데도 그에게 누이동생이라는 단어는 종종 불분명한 동경처럼 이해하기 힘든 것이었다. [……] 많은 이의 삶에서 실제로 존재하지 않는 누이를 지어내는 것은 청년시절 하늘 높이 나는 고귀한 사랑을 갈망하는 하나의 형식일 따름이다. [……] 많은 다른 사람들의 삶에서 그녀는 청년들의 삶의 혐오이고 고독이며 지어낸 분신이다.(4. 1337)

2권 27장에서 군대시절 울리히의 동료였던 슈툼이 그에게 "당신은 누이가 없지 않소 Du hast doch gar keine Schwester"(3. 930)라고 말한 바에서도 확인되는 것처럼 아가테는 전적으로 비현실적 인물이며, 울리히가 머리에서 지어낸 '이념적 형상 eine ideelle Gestalt'이자 그의 '분신 Doppelgänger'이다. 여기서 주목할 것은 그녀가 그를 단순히 복제한 것이 아니라 그를 변형시킨 인물이라는 것이다. 그녀는 울리히가 지금까지 의식하지 못했지만 그의 내면에 존재했던 그보다 더 나은 반쪽이다. 이것은 이미 앞에서 울리히가 누이동생의 옷을 갈아입힐 때 "자신보다 훨씬 더 아름다운 제2의 육체"라고 말한 부분에서도 확인된다. 그러므로 오누이사랑은 타자를 육체적으로 사랑한 것이라기보다는 지금까지 망각하고 있었던 자신의 더 아름다운 반쪽에 대한 정신적 사랑이다. 무질은 이것을 아리스토텔레스의 '자기애 Philautia' 개념으로 설명한다.

> 남자들이 자기자신과 아름다운 관계를 맺는 필라우티아는 아리스토텔레스의 자기애 개념이다. 이것은 자아를 추구하는 것이 아니라

저급한 영혼의 한 부분이 더 높은 자기를 향한 본질적 사랑을 의미한다.(4. 1352)

아가테는 현실세계에 있는 울리히보다 더 고차원적 세계에 살고 있는 그의 반쪽이다. 아가테의 유서변조는 그녀가 세계외적 존재, 즉 초월적 세계에 속한 인물이라는 사실을 암시해 준다: "나의 천사! [……] 여자친구도 아니고 아내도 아니며 너는 천상에서 온 여인이야." (3. 942) 그녀가 천상의 세계에 사는 주인공의 다른 반쪽이기 때문에, 울리히는 그녀의 도움으로 지금껏 자신이 의식하지 못했던 다른 세계로 들어갈 수 있게 된다. 그러므로 아가테는 그를 천년왕국으로 초대하는 사절이다. 그녀의 임무는 세속적 여인으로서 울리히와 육체적 사랑을 나누는 게 아니라 오빠가 '그와 동일한 일만 일어나는' 세계로부터 빠져나올 수 있도록 돕는 것이다. '하늘나라로 오르는 사다리 Himmelsleiter'(4. 1061)를 타고 올라가는 이 여행은 2권 45장에서 오누이가 육체적 사랑을 포기함으로써 시작된다. 이로써 오누이는 지상에서 다른 세계, 즉 별들의 세계로 올라간다. 이 장 끝에서 울리히는 아가테에게 이 여행이 곧 시작될 것임을 다음과 같이 암시한다: "너는 멋진 소풍을 떠나기 전날 밤처럼 오늘밤 설레는 마음으로 잠들게 될 거야."(4. 1087)

무질은 이 여행을 소설로 완성하지 못한 채 사망했기 때문에, 이에 대한 자세한 내용은 유고로 편집된 그의 초기 소설계획을 통해 추측할 수밖에 없다. <파라다이스 여행 Die Reise ins Paradies>이라는 제목의 이 계획에 따르면, 오누이는 기차를 타고 절벽이 병풍처럼 둘러싸여 있는 이태리 동부 지중해 연안의 해안가로 떠난다. 현실적으로 이 여행은 하가우어가 아가테의 유서변조에 대해 법적 절차를 시작함으로써 위험에 빠진 오누이관계를 보호하기 위해 시민세계를 탈출하는 도피여행이지만, 다른 한편으로 이것은 오랫동안 잊고 살았던 파라다이스를 찾아가는 탐사여행이다.

이 여행에서 오누이가 다시 찾고자 하는 것은 인간과 자연이 통일을 이루었던 '근원신화 Ursprungsmythos'다. 인류는 물에서 나왔고, 인간 영혼은 여신이 우리 코에 공기를 불어넣어 만든 것이다. 현대 과학도 우리 몸이 대부분 물로 이루어져 있다는 사실을 증명함으로써 인간과 자연의 밀접한 연관성을 확인해 주고 있다. 오누이는 기술문명의 상징인 기차에서 내려 바닷가를 거닐면서 수만 년 전 이 장소에 있었을 원시인들을 떠올린다.(5. 1654) 여기서 그들은 기술에 의해 자연이 지배됨으로 인해 자연이 우리에게 낯설게 된 상태에서 "실낙원 das verlorne Paradies"(5. 1651) 이전의 파라다이스로 되돌아가는 문을 찾기를 소망했다.[226] 이를 위해 그들은 도구적 이성을 통해 자연을 예속시키는 것을 포기하고, 자연을 향해 자신을 개방한다.

> 사물에 대한 우리 사유습관은, 사물들은 말없이 조용히 놓여 있는 것이며 만약 그것이 우리와 유동적 관계에 있게 되면, 그것을 매우 무서운 환상으로 간주하는 것이다. [……] 이 상황을 변화시키기 위해 우리에게 필요한 것은 우리가 이 세계를 지성을 통해 관찰하지 않고, 우리의 감각적 측정도구 대신 우리의 도덕 감정이 세계에 의해 자극받게 하는 것뿐이다.(5. 1664)

이처럼 세계가 우리 영혼과 도덕 감정을 직접 자극하는 명상의 상태에서는 모든 감각자극과 성찰행위는 중지되며, 사물은 더 이상 우리와 거리를 유지하는 낯선 존재가 아니라 형제처럼 가까운 관계로 변한다. 이와 같은 다른상태 체험은 무질이 죽는 날까지 수정했던 또 다른 소설계획 <여름날의 호흡 Atemzüge eines Sommertags>에서도 찾아볼 수 있다.

이 장에서 오누이는 한 여름 모든 것을 녹일 듯한 날씨에 해안가에 올려놓은 보트처럼 정원 그늘에 놓여 있는 의자에 앉아 인간과 자연이 구분 없이 부유하는 꿈같은 상태를 체험한다. 한 여름을 상징하는 '용해성 Gelöstheit'[227]은 정원의 꽃들이 내뿜는 은밀한 숨결과 오누이 감정 사이의 경계를 녹여 끊임없이 부유하면서 서로 교통하게 만드는 것만 같았다. 이처럼 모든 것이 하나의 그림으로 녹아버린 정원에서 언어와 사물이 침묵하고, 생물과 무생물이 서로 한데 어우러지며, 계절의 구분이 사라지고, 천년이라는 세월이 눈 깜빡이는 것처럼 가볍게 느껴질 정도로 시간이 멈춘 순간 오누이는 '천년왕국'에 도달한다.(4. 1233)

아가테는 정원에서 오빠와 함께 체험한 이 꿈같은 상태에 왜 '천년왕국'이라는 이름을 붙였을까? 그것은 이 상태와 천년왕국 모두 감정적으로 파악 가능하지만 이성에서는 대단히 불분명한 세계라는 점, 그리고 자아상실의 엑스터시를 통해서만 들어갈 수 있기 때문이다. 아가테는 천년왕국을 다시 '사랑의 왕국'이라고 부르는데, 사랑의 나라 역시 이성보다 감성이 지배하며, 자신을 잊고 상대에게 헌신해야만 이루어지는 체험이기 때문이다.

이처럼 자신을 잊고 타자와 합일하는 기이한 체험은 하늘로 오르는 사다리를 타기 전 날 체험을 다룬 <일련의 기이한 체험의 시작> 장에서 오누이사랑의 형태로 반복된다. 여기서 오누이의 영혼은 모든 무게를 털어버린 듯 각자의 몸을 빠져나와 공중으로 부양되며, 서로 몸을 바꿔 들어간다: "우리들은 각자의 몸을 빠져나왔다. 우리들은 서로 손을 대지 않고도 몸을 바꿨다."(4. 1084) 이로써 그들은 마치 같은 뿌리에서 나와 나란히 자란 나뭇가지처럼 자신들이 "한몸이 된 상태"(4. 1083)에 있다고 믿었다. 하지만 이 단계에서 그들은 앞에서도 언급한 것처럼 영적인 합일의 수준에 머물렀지, 육체적 합일까지 이르지는 않았다.

『특성없는 남자』 연구에서 가장 큰 쟁점은 무질이 과연 오누이간의 육체적 관계를 의도했는가이다. 왜냐하면 그가 초기 계획단계에서부터 소설의 중요한 구성요소로 간주했던 <파라다이스 여행> 장에서는 이 육체적 관계가 구체적으로 그려지고 있기 때문이다. 이 장이 초기부터 계획되었음에도 불구하고 작품화되지 않은 이유는 그의 갑작스러운 죽음 때문인가 아니면 무질이 의도적으로 작품화하지 않은 것일까? 이 문제를 해결하기 위한 실마리는 무질의 일기에서 찾을 수 있다.

> 사람들은 이 소설을 변태적이라고 비난했다. 이에 항변하자면, 원시적인 것과 정신분열증은 예술적으로 동일하게 표현된다. 그럼에도 불구하고 그것들은 완전히 다른 것이다. 이와 마찬가지로 오누이감정은 변태적일 수도 있고 신화가 될 수도 있다.(Tb. 847)

이로써 오누이사랑은 모든 것이 하나로 합일되는 태초의 근원신화, 즉 인류 역사 이전의 신화상태로 회귀하는 여행이 된다. 여기서 중요한 것은 육체적으로 하나가 되는 것이 아니라 영혼이 하나가 되는 것이며, 이성이 강요하는 양극성의 긴장을 극복하고 완전히 하나로 통합된 인간 본성으로 귀환하는 것이다.

> 오누이사랑: 반자연적인 양극성의 긴장을 해체함으로써 남녀양성의 이상이 다가올까? 영적으로 하나 됨 그리고 성적인 동료관계는?(5. 1833)

오누이사랑이 울리히에게 갖는 의미는 현실의 균열과 자아의 해체라는 위기에 빠진 주인공에게 그로부터 떨어져 나간 부분을 보충하여 완전한 인간으로 다시 태어나게 해 준다는 데 있다. 처음부터 울리히는 삶이 폭력의 나무(이성)와 사랑의 나무(영혼)로 엄격하게 나누어진 채 발전되어 왔으며, 자기 삶을 나누고 있는 이것들을 혼자 힘으로는 다시 결합시킬 수 없다는 것을 알고 있었다. 이에 따라 그는 이미 1권에서부터 끊임없이 자기 삶에 결여되어 있는 부분을 보충하고자 소망했다.(2. 359)

이 때문에 아버지의 사망으로 울리히가 자신의 반쪽인 아가테를 만난 것은 그에게 동화 같은 구원이었다. 여기서 '잊혀진 누이'를 만나게 해 준 계기가 아버지의 사망이라는 것은 매우 중요하다. 남성에게 성적 정체성과 성역할을 강요하는 아버지의 죽음으로 인해 울리히는 그동안 억압되었던 자신의 영혼, 자신의 '아니마 Anima'를 재발견할 수 있게 되었기 때문이다.[228] 융에 따르면, 인간에게는 남성성과 여성성이 공존하고 있지만 초자아의 역할강요로 인해 남성은 자기 속에 내재된 여성성을 억압하거나 잊고 '남성의 원칙 ein männliches Prinzip'(3. 688)에 따라 살아간다. 아가테는 플라톤이 『향연』에서 아리스토파네스의 입을 빌려 이야기 해준 태초의 인간의 전설을 울리히에게 상기시킨다. "태초의 완전한 인간이 신들에 의해 남성과 여성 두 부분으로 나누어진 신화를 [……] 오빠는 아세요?"(3. 903)

플라톤에 따르면 태초의 인간은 오늘날과 달랐다. 당시 인간은 야누스의 머리와 4개의 팔과 4개의 다리를 가진 '원형인간 Kugelmensch' 이었다. 이 시대 인류는 남성과 여성 그리고 남-여성이라는 세 개의 성으로 나누어져 있었다. 특이한 점은 이들 3개의 성 모두 두 개의 성을 가진 '이중적 존재 Doppelwesen'였다는 것이다. 이들은 남성-남성의 결합, 남성-여성의 결합, 그리고 여성-여성의 결합으로 이루어졌다. 이들의 모습이 모두 원형인 것은 그들이 부모의 모습을 닮았기 때문인데, 이중남성은 태양, 이중여성은 지구 그리고 남-여성은 달에서 태어났다. 이들은 완전한 인간으로서 신에게 대들 수 있을 정도로 강력한 힘을 지니고 있었다. 하지만 이것은 이들이 둘로 나누어지는 계기가 되었다. 이들의 공격에 화가 난 신들이 인간의 힘을 약화시키고 인구를 두 배로 늘려 제물을 더 많이 받기 위해 이들의 몸을 둘로 나누어버렸기 때문이다. 이로써 인간들은 자신의 떨어져 나간 반쪽을 찾아 다시 완전한 인간이 되고자 하는 갈망을 갖게 되었다.[229]

여기서 달[230]이 남-여 양성적 인간의 근원이며, 둘의 합일을 상징한다는 것은 오누이사랑에서 아가테의 역할을 설명해 주는 중요한 열쇠다. 왜냐하면 울리히가 아가테에게 "너는 달이야 [……] 너는 달에게로 날아갔다가 다시 내게 돌아왔어"(3. 1084)라고 말했을 때 분명해지는 것은, 그녀가 울리히가 완전한 인간이 되기 위해 필요로 하는 그의 여성적 반쪽이라는 사실이기 때문이다.[231] 이후 울리히가 계속 달빛 아래에서의 낭만을 동경하고 지붕에 걸린 달을 사랑하는 이유도, 누이와의 재합일을 통해 존재의 총체성에 도달하고 싶다는 무의식적 열망이 내면 깊숙한 곳에 자리하고 있기 때문이다.[232] 그는 이것을 인류의 근원적 욕망이라 설명한다.

> 분리된 인간의 신화처럼 우리는 피그말리온이나 헤르마프로디테 또는 이시스와 오시리스 이야기도 떠올릴 수 있을 것이다. 형태는 다르지만 동일한 이야기가 항상 있어 왔다. 다른 성에서 분신을 찾으려는 이 욕망은 태고적부터 있어 온 것이다.(3. 905)

첫 만남에서 둘이 똑같이 피에로 복장을 함으로써 성의 차이를 없애 버린 것은 울리히가 아가테에게 "남녀양성적인 것 etwas Herma-proditisches[233]"(3. 686)을 인식하게 만들었다. 울리히는 얼굴도 모르는 오빠를 만나러 나온 자리에 누이가 통이 넓은 바지를 입고 담배를 피면서 나온 것을 보며 그녀의 보헤미안적이며 여성해방적 성격을 본 것이 아니라, 남성과 여성의 분리를 뛰어넘는 태초의 '성적 동질성'을 인식한다.[234] 이것은 특히 그녀의 등장이 울리히로 하여금 성의 구분 없이 둘이 함께 보냈던 유년시절, 즉 성적 정체성이 아직 확립되지 않았던 상태를 떠올리게 만들었다는 점과 연관된다.[235] 유년시절 울리히는 또래 아이들과 벌인 파티에 비단물결처럼 아름다운 머리를 펄럭이며 예쁜 옷을 입고 나온 누이의 모습을 보고 반해 자신도 소녀가 되었으면 하는 소망을 품었다.(3. 690) 그때 그는 자신이 소녀가 되는 것은 불가능하다는 사실을 모를 정도로 남성과 여성의 구분에 대해 아직 눈을 뜨지 못한 상태였다. 하지만 그 당시 외디푸스 콤플렉스를 경험한 모든 소년들처럼 그도 이 욕망을 실현해 보려고 시도하지 않고 그 대신 이것을 억압하고 남성의 원칙에 따라 행동하도록 강요받는다. 그러므로 그에게 '잊고 산 누이' 아가테는 억압받고 잊혀졌던 자신의 반쪽을 구현하고 있는 존재다. 그가 그녀를 보는 순간 모든 분리가 일어나기 이전의 상태를 떠올렸다면, 그것은 그녀를 통해 그가 상징계로 들어오기 이전의 "자신의 근원 Ursprung des Selbst", 즉 기억의 흔적에서 지워진 남-여성의 원칙, "남-여 양성이라는 근원환상 Hermaphroditismus der Urphantasie"(3. 754)을 기억 속으로 다시 불러냈다는 것을 의미한다.

이로써 아가테는 울리히의 억압된 반쪽일 뿐 아니라, 그를 남녀 양성의 근원환상 속으로 데려가는 안내인이 된다. 그녀는 오빠를 성의 구분과 함께 모든 것이 찢겨지기 이전의 낙원으로 데려간다. 이곳에서는 모든 이가 성의 구분이 완전히 제거된 '무성적 근원실체 ungeschlechtliche Ursubstanz', 즉 태초의 인간처럼 성의 긴장이 존재하지 않은 '특성없는 통일체 das eigenschaftlose Eine'[236]로 살아간다.

무질은 이집트 신화 '이시스와 오시리스'에서도 이처럼 순수한 근원상태로 돌아가 완전한 인간으로 살아가고자 하는 인간의 열망을 찾아낸다. 무질은 오누이사랑이 변태적 애정행각이라는 오해를 불식시키고 오누이관계의 정당성을 옹호하기 위해 소설에 이 신화적 모티브를 차용했다. 그는 이미 1923년에 발표한 시 「이시스와 오시리스 Isis und Osiris」(6. 465)를 통해 이 모티브를 다룬 바 있다. 전체 5연으로 구성된 이 시의 1연에서 '달소년 der Knabe Mond'은 별들이 마련해 준 잠자리에 고요히 잠들어 있다. 주인공이 빠진 달콤한 잠은 원죄를 짓기 이전의 아담이 누렸던 행복한 상태를 떠올리게 하며, 오시리스를 상징하는 '달소년'이라는 표현 역시 그가 성이 분리되기 이전의 미성숙 상태에 있음을 암시한다. 2연에서 여동생 이시스가 등장하는데, 그녀는 잠들어 있는 오빠의 성기를 잘라 그것을 먹는다. 무질이 이집트 신화를 변형시킨 것은 이 부분인데, 신화에 따르면 오시리스의 동생 제트 Seth가 왕위를 탐내 형을 살해하고, 그 시체를 토막낸 뒤 성기 Phallus를 나일 강에 던졌는데, 그것을 물고기가 삼킨다. 반면 무질은 누이가 그것을 먹는 것으로 바꾸어 놓았다. 자끄 뻬로네 Jacques Perronnet에 따르면, 이것은 근친상간의 변태성욕이나 인육을 먹는 카니발리즘과는 무관하며, '먹는 것 Essen'에는 마술적 기능이 부여된다.[237] 그녀가 오빠의 성기를 먹는 동안 소년의 성적 성숙은 중단되며, 동시에 그녀는 남성의 성기를 받아들임으로써 성적 구분을 제거하는 '남녀양성성 Androgynität'에 도달하려는 소망을 실현한다. 그 다음 누이는 오빠의 성기를 대신하여 자기 심장을 선물하는데, 이로써 오누이는 서로의 몸을 바꿀 수 있게 된다. 이것은 마지막 5연에서 오빠가 동생의 심장을 먹고 누이가 오빠의 심장을 먹는 장면에서 절정에 달한다.

이시스와 오시리스 모티브는 <파라다이스 여행>으로 이어진다. 오누이의 파라다이스 여행을 통해 무질이 의도한 것은 이성의 질서 위에 구축된 현대세계에서 이제 신화라는 형태로 그 흔적만 남은 인류와 세계의 근원적 총체성을 찾아 이를 실현하는 것이다. 그러므로 이 장은 탐사와 시도의 장이다. 이 여행에서 중요한 것은 다른 세계로 들어가는 문을 찾는 것이며, 그것은 현실의 질서를 이탈하려는 오누이의 반사회적 태도로부터 시작된다. 오누이가 함께 범한 유서 변조의 중요성은 여기에 있다. 그들은 법과 도덕을 무시하고 이에 저항하는 반사회적 태도를 통해 이 사회의 질서 밖으로 나가려는 위험한 실험을 감행한다. 이 장에서 계획된 근친상간 역시 이런 반사회적 실험이 극단화된 형태일 따름이다.

하지만 결과적으로 이 실험은 실패하고 만다. 무질이 소설 2권에 넣으려고 준비했던 이 장은 근친상간을 통한 오누이 합일은 지속될 수 없다는 점에서 다른상태의 유토피아와는 분명히 다르다는 것을 보여준다. 울리히는 누이와의 육체적 합일을 통해 파라다이스로 들어가는 문을 발견하고자 했다. 하지만 그들은 육체적 결합의 엑스터시를 통해 순간적으로 세계 초월의 상태에 이를 수 있지만, 이것이 원래 의도했던 근원적 통일상태가 아님을 깨닫는 데 그리 많은 시간을 필요로 하지 않았다. 그들이 여기서 깨달은 것은 오누이사랑을 통해서는 우리가 태어남과 동시에 영원히 잃어버린 파라다이스 상태로 들어갈 수 없다는 것이다. 왜냐하면 다른상태의 유토피아는 신들의 세계이며, 세속적 인간의 육체적 열망은 영원불변한 신의 세계와 조화를 이룰 수 없기 때문이다.[238]

<파라다이스 여행> 장에서 근친상간은 바다가 보이는 호텔 방 발코니에서 이루어진다. 오누이는 현실규범을 초월한 고차원적 합일을 이루기 위해 육체적 충동을 인정하기로 한다. 그들에게 육체적 욕망의 충족은 파라다이스로 들어가는 문을 발견하기 위한 전제조건이기 때문이다.[239]

> 엉덩이, 손, 머리카락 등 서로 몸을 만지는 곳에서 그들은 상대의 몸으로 들어갔다. 그들 둘은 이 순간 자신들이 인류를 구분하는 것에 더 이상 예속되어 있지 않다고 확신했다.(5. 1657)

모든 경계는 사라지고, 그들은 서로에게 아무런 구분점도 찾아내지 못했기 때문에 완전히 하나가 된다. 이 순간 그들의 영혼은 손가락 하나 까딱할 수 없을 정도로 맥이 풀린 채 과도하게 긴장하고 있었지만, 한없이 달콤한 행복을 느끼고 있었다.

하지만 이 순간 그들은 어쩔 수 없이 이 절정의 쾌락의 상태에서 내려올 수밖에 없다는 사실을 통절히 깨닫는다. 그들은 높은 발코니에서 이루 말할 수 없을 정도의 기쁨을 느끼며 한 몸이 되었지만, "다음 순간 허공으로 몸을 던질 수밖에 없는 연인들"(5. 1656)이었다. 그들은 지금 자신들이 느끼는 행복이 곧 슬픔으로 바뀔 것이라는 사실을 알고 있었다. 왜냐하면 이 행복은 신들이 누리는 영원한 행복과는 달리 그 본성상 지속될 수 없는 것이기 때문이다.

신 앞에 선 인간의 무기력을 무질은 "바다와 고독이라는 거인 앞에 선 꼬마들 Kinder vor der Größe des Meers und der Einsamkeit"(5. 1655)로 비유한다. 무질에게 바다는 모든 것을 포괄하는 우주적 무한성이자 더 이상 타자가 존재하지 않는 절대적 고독이며, 일상적 세계와 멀리 떨어진 성자의 은둔성을 상징한다.[240)]

> 여름바다와 가을의 높은 산은 영혼의 두 가지 어려운 시험이다. 이것들의 침묵 속에는 다른 세속적인 모든 것보다 더 큰 음악이 숨어 있다. 그 소리를 따라갈 수 없는 무능력의 성스러운 고통이 존재한다. [……] 신들의 숨결에 인간들은 한 걸음도 움직일 수 없다.(5. 1655)

이로써 오누이는 '현실'을 바라보게 된다. 여기서 현실이란 주어진 물리적 현실이 아니라 정신의 현실, 즉 오누이 사랑의 가치가 자연의 한계 안에 있다는 의미에서 자연적 현실, 사회적 현실이라는 의미다.[241] 이것은 곧 오누이의 실험이 실패했음을 의미한다. 오누이는 현실을 초월함으로써 대립과 구분이 없는 절대적 조화의 상태에 도달한다. 하지만 이 상태는 신들만이 향유할 수 있다. 반면에 오누이는 현실의 제약을 안고 사는 세속적인 인간이다. 모순과 갈등의 변증법 속에서 살아가는 역동적 인간은 무위와 정적만 흐르는 천년왕국에서 참을 수 없는 지루함만 느낄 따름이다.

> 정적이 그들을 십자가에 못 박았다. 곧 그들은 이 정적을 더 이상 참을 수 없고 새들처럼 미친 듯이 소리 질러야만 한다는 사실을 알았다.(5. 1655)

바다의 정적이 자극한 공포심은 그들에게 이 실험을 중지할 것을 요구한다. 왜냐하면 이제 "리얼리스트"(4. 1239)가 된 그들은 현실을 완전히 포기하고 자신의 지각을 초월하는 다른상태를 믿을 수 없기 때문이다. 울리히는 현실과 사회적 관계를 부인할 수 없다: "분명한 것은 모든 절대적인 것과 100도씨, 그리고 진리는 완전히 반자연적이라는 것이다 Offenbar ist alles Absolute, Hundertgrädige, Wahre völlige Widernatur."(5. 1667) 그는 리얼리스트이지 결코 환상가 Phantasten[242]는 아니기 때문이다. 다른상태의 포기는 필연적으로 '삶으로의 귀환'과 현실과의 타협을 의미한다.

> 우리는 질서에 반대하려는 자극에 따라왔어. [……] 사랑은 반항심에서 자랄 수 있어. 하지만 그것은 반항심으로 이루어질 수 있는 게 아니라 사회 속에 끼여 들어갈 수 있을 때만 가능한 거야. 사랑은 삶의 내용이 아니라 부정, 즉 삶의 내용에서 예외지. 하지만 예외는 그

> 것으로부터 예외인 것을 필요로 해. 부정만으로는 우리는 살아갈 수 없어.(5. 1673)

이에 따라 울리히는 오누이사랑의 비밀은 둘이 하나가 될 수 없다는 것(5. 1660)이며, 그들이 원하는 것은 두 사람이 한몸으로 통합되는 것이 아니라, 그 반대로 "어항 속에서 같이 몰려다니는 두 마리 금붕어 zwei Goldfische in einer Glas"(4. 1345)처럼 "합일을 이룬 채 둘이 되어 사는 것 zwei zu werden in einer Vereinigung"(5. 1660)이라는 사실을 깨닫는다. 천년왕국에서 오누이의 세계고립성을 '죽어 있는 자연 nature morte'으로 간주한 리얼리스트[243] 무질은 현실에서 오누이가 합일과 분리의 변증법적 관계 속에 있기를 희망했다. 그에게 오누이는 "분리되지 않지만 합일되지도 않는 사람들 Die Ungetrennten und Nichtvereinten"(4. 1337)이어야 했다.

Ⅵ 무질연표

1880

Robert Musil이 클라겐푸르트에서 태어남. 그가 태어나기 4년 전에 그의 누나 Elsa가 채 한 살도 못 된 나이로 사망함

1881

보헤미아 지방의 코모타우 Komotau로 이사. 부모님과 하인리히 라이터와의 절친한 친교가 시작됨

1886

초등학교 입학, 유치원에서 어린소녀(Karla R.)를 유혹

1889

'신경뇌질병', 이것은 1889 / 90학년도에 두 번이나 재발함

1890

레알김나지움 Realgymnasium에 입학

1891

브륀 Brünn으로 이사. 무질은 Landes-Oberrealschule에 다님. 이 시기에 구스타프 도나스 Gustav Donath(=Gustl, ***MoE***에서 Walter의 모델)와 사귐

1892

가정에서의 교육이 어려웠기 때문에 무질은 아이젠슈타트에 있는 초등군사학교에 입학. 심한 향수병에 시달림

1894

메리쉬 바이스키르헨에 있는 고등군사학교에 진학. 이 시기에 ***퇴를레스***를 쓸 소재가 만들어짐

1897

빈에 있는 기술사관학교에 입학. 탄도학에 관심. 이 해 말 학교를 그만둠

1898

브륀 공과대학 기계과 입학. 이 시기에 처음 니체를 읽음. 몇 편의 초기 시와 드라마 습작

1899

아리스토텔레스의 ***시학***을 읽음. 아마 이 시기에 노발리스의 단장과 도스토예프스키, 에머슨 메테를링크도 읽었을 것 같음. 이 시기에 '발레리 체험 Valerie-Erlebnis', '해부학자 monsieur le vivisecteur'

1902

에른스트 마하의 ***Populärwissenschaftliche Vorlesungen*** 읽음. 그전에 이미 실러의 미학논문과 d'Annunzino를 읽음. 이 해 말에 아마 ***Törleß***를 집필하기 시작한 것 같음. 슈트트가르트 공대의 Julius Carl von Bach 교수의 실험조교로 일함

1903

Törleß 집필에 전념, 독일고전주의와 19세기 문학작품 독서. 베를린으로 이사, 1903 / 04 겨울 학기 Carl Stumpf 밑에서 철학과 심리학 공부

1904

에드문트 훗설의 ***Logische Untersuchung*** 읽음. 메테를링크의 ***Der Schatz der Armen*** 읽음

1905

이 무렵 일기에 “Vorarbeit zum Roman”이라는 제목 아래 여러 가지 스케치가 있었음. 이 속에서는 Clarisse라는 이름과 Walter에 대한 몇 가지 성격이 나타남. 나중에 ***Tonka***에서 개작될 모티브와 스케치도 있었음. 이해 초에 ***Törleß*** 탈고. 그는 이 원고를 여러 출판사에 보냈으나 거절당함. 그는 이 소설에 대한 비평을 Alfred Kerr에게 부탁. 에머슨의 에세이 읽음. Jacob Burckhart의 ***Die Kultur der Renaissance in Italien***을 읽음. ***Törleß*** 원고를 Wiener Verlag에 보냄. 출판사가 이 소설을 채택

1906

이 시기부터 에른스트 마흐에 대한 박사학위 논문 작업. 이 해와 그 다음 해에 무질은 색채팽이 Variationskreisel를 설계. 이 시기 또는 조금 나중에 Franz Blei와 사귐. 이해 중반부에 Ostsee의 해수욕장에서 Martha Marcovaldi와 알게 됨. 그녀는 1874년 1월 21일 태어났으며, 화가인 Fritz Alexander(1895년 사망)와 처음 결혼했으며, 상인인 Enrico Marcovaldi와 두 번째 결혼하여 두 아이를 두고 있었음. ***Die Verwirrungen des Zöglings Törleß***가 출판(Wiener Verlag). 출판사는 다음 소설을 부탁했으나 무질은 학위논문을 끝내야 했기 때문에 이 제안을 거절함 Alfred Kerr가 ***Törleß***에 대해 잡지 <Tag>에 상세하고도 긍정적으로 비평

1908

박사학위 취득 ***Beitrag zur Beurteilung der Lehren Machs.*** 이 해 말에 ***Das verzauberte Haus***(***조용한 베로니카의 유혹***의 초판본)가 잡지 <Hyperion>에 발표. 무질은 2년 반 동안 이 소설을 ***Die Versuchung des Stillen Veronika***로 개작하는 일과 소설 ***Die Vollendung der Liebe*** 집필에 몰입

1910

Die Vollendung der Liebe 완성. 아버지 소개로 빈 공과대학 도서관 사서로 일함

1911

Die Versuchung des Stillen Veronika 완성. 잡지 <Pan>에 ***Das Unanständige und Kranke in der Kunst*** 발표. Martha Heiman (Marcovaldi)과 신교식으로 결혼. 두 단편소설을 묶어 ***Vereinigungen*** 출판

1913

에세이 ***Über Robert Musils Bücher, Moralische Fruchtbarkeit, Der mathematische Mensch*** 발표. 심장신경증에 걸림. 로마에 체류하면서 ***Fliegenpapier, Hellhörigkeit, Pension Nimmermehr, Das lachende Pferd***에 관해 일기장에 스케치함. <Die weißen Blätte>에 ***Politisches Bekenntnis eines jungen Mannes*** 기고

1914

<Die Argonauten>에 ***Das Fliegenpapier*** 발표(***로마의 여름***이라는 제목으로). <Die neue Rundschau>의 편집자가 됨. 릴케를 알게 됨.

<Die neue Rundschau>에 ***Anmerkung zu einer Metaphysiker, Europäertum, Krieg, Deutschtum*** 발표. 국경수비를 위해 남티롤 지방(Sponding, Dreisprachenspitz, Eisseepaß)으로 이동

1915

트리엔트 근처의 Palai(Fersental)의 국경선에 배치됨. 나중에 ***Grigia***에 사용될 기록을 작성. Tanna(Labico와 Caldonazzo-See 사이의 지방) 근처에서 유산탄 혹은 비행기 화살이 무질 바로 옆에 박힘

1916

Arrba 전선에서 진지전. 병에 걸림(구내염, 치은염, 인두염), 치료를 위해 Bruneck에 있는 야전병원으로 옮김. 인스부르크에 있는 예비대 병원으로 옮김. Prag-Karolinenthal에 있는 예비대 병원으로 옮김. 프란츠 카프카의 집을 방문. Bozen에 있는 군인신문의 편집인이 됨, 10월 8일 이후로는 책임 편집인이 됨

1917

아버지가 세습귀족이 되었기 때문에 무질도 귀족칭호(Edler von Musil)를 받게 됨

1918

잡지 <Summa>에 ***Skizze der Erkenntnis des Dichters*** 기고

1919

이 해부터 ***MoE*** 작업, 이때부터 비로소 예전에 작성해 두었던 모티브들과 새로운 모티브(평행운동)들이 차근차근 정리됨. 오스트리

아 외무부의 신문자료실에 근무. <Die neue Rundschau>에 ***Der Anschluß an Deutschland*** 기고. <Die neue Tag>에 ***Die Affeninsel*** 발표. 토마스 만을 처음 만남

1920

Die Schwärmer 완성. 베를린에 체류, 문학그룹을 결성하려고 시도. Ernst Rowohlt를 알게 됨. S. Fischer와 대담. 오스트리아 국방부의 제2과 전문 고문관이 됨. 무질은 여기서 장교들에게 정신교육과 직무교육을 시키는 방법론에 대해서 교육시키는 일을 담당

1921

Geist und Erfahrung(Oswald Spengler의 ***서구의 몰락***에 대한 비판). <Prager Press>에서 연극 및 예술 비평가로 활동. ***Die Schwärmer***가 드레스덴에 있는 "Sibyllen Verlag"에서 출판됨. <Prager Press>에서 ***Die Maus auf Fodora vedla*** 발표. ***Grigia***를 <Der Neuemekur>에서 발표. <Die neue Rundschau>에 ***Die Nation als Ideal und Wirklichkeit*** 기고.

1922

<Ganymed>에 ***Das hilflose Europa oder Reise vom Hundertsten ins Tausendste*** 기고. <프라하 신문>에 ***Fischer auf Usedom*** 발표 (***생전유고***에서는 ***Fischer an der Ostsee***). ***Tonka***를 <Der Neue Roman>(Reichenberg)에 발표. 프라하에 있는 <프라하 독일신문>에서 연극비평. <Berliner Börsen Courier>에서 ***Die Fliegenden Menschen***(***생전유고***에서는 ***Inflation***)

1923

Grigia가 6개의 동판그림과 함께 단행본으로 출판(포츠담의 Müller u. Co 출판사). <Prager Tagblatt>에 ***Schafe auf einer Insel***, 시(詩) ***Isis und Osiris*** 발표. '다른상태'에 관한 숙고와 연관하여 Ludwig Klage의 ***Vom kosmognotischen Eros***를 읽고 발췌함. Alfred Döblin의 추천으로 클라이스트 상 수상(***몽상가들***). <Prager Tagblatt>에 ***Hasenkatastrophe*** 발표. ***Die Portugiesin*** 로볼트 출판사에서 수동인쇄기로 출판. <Der Tag>에 ***Das Märchen vom Schneider*** 발표. "오스트리아 독일 작가 보호연맹"의 제2대 회장에 취임(1928년 2월 1일까지 초대회장은 호프만스탈). ***Vinzenz oder die Freundin bedeutender Männer***가 베를린의 <극단 Truppe>에 의해 초연됨(연출: Berthold Viertel)

1924

로볼트 출판사에서 ***Drei Frauen*** 출판. 어머니 사망. <Versus und Prosa>에 ***Der Vorstadtgasthof*** 발표. <Die Lebenden>에 ***Der Gläubige*** (***생전유고***에서는 ***Der Erweckte***)발표. <Prager Tagblatt>에 ***Hellhörigkeit***, <Vossische Zeitung>에 ***Sarkophagdeckel*** 발표. Wien 시 예술상 받음. <Der Neue Merkur>에 ***Der Untergang des Theaters*** 발표. 로볼트 출판사에서 ***Vinzenz und die Freundin bedeutender Männer*** 출판. 아버지 사망

1925

<Der Neue Merkur>에 ***Ansätze zu neuer Ästhetik*** 발표

1926

소설 ***Die Zwillingsschwester***에 대해서 Oskar Maurus Fontana와 대담. <Berliner Tageblatt>에 ***Triedere*** 발표. <Die Literarische Welt>에 ***Bücher und Literatur*** 발표. <Magdeburgische Zeitung>에 ***Kindergeschichte*** 발표

1927

Rede zur Rilke-Feier, 이것은 같은 해 로볼트 출판사에서 출판. <Vossische Zeitung>에 ***Der Reise Agoag*** 발표. <Berliner Tagblatt>에 ***Eine Geschichte aus drei Jahrhunderten*** 발표. <Vosschische Zeitung>에 ***Der Mensch ohne Charakter*** 발표

1928

<die neue Rundschau>에 ***Die Amsel*** 발표. ***Kakanien***이라는 제목으로 한 편의 단장이 <Der Tag>에 발표, 이것은 ***특성없는 남자***의 첫 번째 텍스트(1권 제8장). <Frankfurter Zeitung>에 ***Pension Nimmermehr*** 발표

1929

집필장애로 인해 아들러 학파의 Hugo Lukacs에게 진찰을 받음. 베를린에서 ***몽상가들***이 초연. 무질은 사전에 베를린과 빈의 신문을 통해 이 공연에 반대. ***Die Frau gestern und morgen*** 발표. 하우프트만 상 수상

1930

특성없는 남자 제1권이 베를린의 로볼트 출판사에서 출판

1931

<Die neue Rundschau>에 ***Literat und Literatur*** 발표. <Der Querschnitt>에 ***Der bedrohte Ödipus*** 발표. <Prager Press>에 ***Kann ein Pferd lachen?*** 발표

1932

E. Cassirer의 ***Philosophie der symbolischen Formen***와 프로이트의 ***Zur Einführung des Narzißmus***를 읽음. ***특성없는 남자*** 제2권(제3부, 1-38장)이 로볼트 출판사에서 출판

1934

무질은 Franz Blei에게 ***특성없는 남자***가 막바지에 접어들었으며, 올해 말에 새로운 작품을 쓸 수 있었으면 좋겠다고 편지. Klaus Pinkus에게 보낸 편지에서 무질은 이 소설이 끝나간다고 말함. Bruno Fürst 등에 의해 Robert Musil Fonds 창설이 호소됨. 오스트리아 독일작가 보호연맹 20주년 기념행사에서 강연 ***Der Dichter in dieser Zeit***

1935

Franz Blei에게 "이 소설은 점점 끝이 보이기 시작한다"고 씀. 그러나 그 후 다시 "유감스럽게도 이 소설이 조금 덜 끝났다"고 편지. 그는 ***생전유고***를 위한 글들을 수정함. 취리히의 <Humanität Verlag>에서 ***생전유고*** 출판

1936

특성없는 남자의 마지막 권은 다음 해 연말쯤에나 가능할 것 같다

고 로볼트에게 편지. 오스트리아 영화인 협회 창립회원이 됨. 빈의 Diana-Bad에서 뇌졸중 발작

1938

Mondstrahlen bei Tage*(*특성없는 남자*의 교정쇄판 2권 46장)가 잡지 <Maß und Wert>에 발표. ***특성없는 남자를 계속 쓰기 위해 무질은 원고를 가지고 Edolo(북부 이태리)로 떠남. 취리히로 계속 여행. 무질은 1940년 말이나 1941년 초에 지금 다 끝나가고 있는 ***특성없는 남자***의 마지막 권을 출판할 수 있을 것이라고 생각. ***특성없는 남자***가 독일과 오스트리아에서 판매금지됨. 무질은 Oskar Maurus Fontana에게 자신이 이제 그 어떤 독자에게도 읽혀질 수 없는 작가가 되었다는 사실을 알고 있다고 편지함. 조각가 Fritz Wotruba와 친하게 지냄. 목사인 Robert Lejeune와 알게 됨. 무엇보다 미국인 Church부부 그리고 Lejeune의 활동 덕분에 무질의 스위스 체류가 가능해짐. 이후로 미국으로의 망명을 위해 노력.

1939

Fritz Wotruba가 무질의 흉상을 제작. 제네바로 이사. 스위스에서 비자 연장에 여러 가지 문제가 생김. Pouponniere에 집을 구함, Chemin des Grangettes 29번지

1940

특성없는 남자 개작을 위해 다시 작업을 하고 있지만 몇 가지 어려움을 발견했다고 편지에 적음. 미국으로 가기 위해 다시 노력. Victov Zuckerkand에게 “나는 더 이상 소설을 쓰지 않고 있소. 하지만 이것을 더 절실하게 원하고 있소”라고 편지

1941

죽음을 예감. 무질은 William E. Rappard에게 보낸 편지에서 1938년까지 ***특성없는 남자***가 20000권 팔렸다고 진술. Church부부에게 보낸 편지에서 무질은 자신의 재정 상황을 설명함. 무질은 임시로 Church부부 그리고 목사인 Lejeune의 주선으로 확보한 500스위스프랑을 매달 쓸 수 있었다. Albert Einstein 등이 록펠러 재단의 지원금을 위해 무질을 보증해줌

1942

Klaus Pinkus에게 아직 ***특성없는 남자***를 완성하지 못했다고 밝힘. 뇌졸중으로 사망

VII 참고문헌

1차 문헌 Primärliteratur

Musil, Robert: Gesammelte Werke in 9 Bänden. Hrsg. v. Adolf Frisé. Reinbek b. Hamburg 1978.

Bd. 1－5: Der Mann ohne Eigenschaften

Bd. 6: Prosa und Stücke

Bd. 7: Kleine Prosa, Aphorismen, Autobiographisches

Bd. 8: Essays und Reden

Bd. 9: Kritik

Ders: Tagebücher in 2 Bänden. Hrsg. v. Adolf Frisé. Reinbek b. Hamburg 1983.

Ders: Beitrag zur Beurteilung der Lehren Machs und Studien zur Technik und Psychotechnik. Reinbek b. Hamburg 1980. [=Diss.]

2차 문헌 Sekundärliteratur

Adorno, Theodor W.: Standort des Erzählers im zeitgenössischen Roman. In: Texte zur Literaturtheorie der Gegenwart. Stuttgart(Reclam).

Albertsen, Elisabeth: Zur Dialektik von Ratio und Mystik im Werk Robert Musils. Breitenberg / Holstein 1968.

Ders: Ratio und Mystik im Werk Robert Musils. München 1968.

Alt, Peter－Andre: Ironie und Krise. Ironisches Erzählen als Form ästhetischer Wahrnehmung in Thomas Manns Der Zauberberg und Robert Musils Der Mann Ohne Eigenschaften. Frankfurt / M. 1989.

Altmann, Volkmar: Totalität und Perspektive. Zum Wirklichkeitsbegriff Robert Musils im ≪Mann ohne Eigenschften≫. Frankfurt / M. 1992.

Arntzen, Helmut: Musil－Kommentar sämtlicher zu Lebzeiten erschienener

Schriften außer dem Roman ≪Der Mann ohne Eigenschaften≫. München 1980.

Ders: Musil－Kommentar zu dem Roman Der Mann ohne Eigenschaften. München 1982.

Aurnhammer, Achim: Androgynie. Studien zu einem Motiv in der europäischen Literatur. Köln, Wien 1986.

Bachmann, Dieter: Essay und Essayismus. Stuttgart 1969.

Bauer, Gerhard: Die Auflösung des anthropozentrischen Verhaltens im modernen Roman. In: Dvjs. 42(1968), S.677－701.

Bauer, Sibylle / Drevermann, Ingrid: Studien zu Robert Musil. Köln 1966.

Baumann, Gerhart: Robert Musil. Ein Entwurf. Bern und München 1981.

Beard, Philip H.: "Beginn einer Reihe wundersamer Erlebnisse": Prüfstein einer Umwandlung in Musils Gebrauch von Essayismus und Ironie. In: Robert Musil. Essayismus und Ironie. Hrsg. v. Gudrun Brokoph－Mauch. Tübingen 1992, S.105－114.

Belobratow, Alexandr W.: Individuum und Gesellschaft in Robert Musils Roman Der Mann ohne Eigenschaften. In: Robert Musil. Literatur, Philosophie, Psychologie. Hrsg. v. Josef Strutz und Johann Strutz. München, Salzburg 1984, S.110－123.

Berger, Peter L., Luckmann, Thomas: Modernität, Pluralismus und Sinnkrise. Gütersloch 1995.

Berghahn, Wilfried: Robert Musil, mit Selbstzeugnissen und Bilddokumenten. Reinbek b. Hamburg 1986.

Berlage, Andreas: Empfindung, Ich und Sprache um 1900: Ernst Mach, Hermann Bahr und Fritz Mauthner im Zusammenhang. Frankfurt / M. 1994.

Blasberg, Cornelia: Krise und Utopie der Intellektuellen－Kulturkritische Aspekte in Robert Musils Roman Der Mann ohne Eigenschaften. Stuttgart 1984.

Blumenberg, Hans: Wirklichkeit und Möglichkeit des Romans. In: Nachahmung und Illusion. Kolloquium Gießen Juni 1963. Vorlagen und Verhandlungen. Hrsg. v. H. R. Jauß. 2. Aufl., München 1969, S.9－27.

Bogosavljević, Srdan: "DIE KNÄBISCH NACKTEN ERSTEN SONNENHARTEN TAGE": Zum Bildsystem von Robert Musils Novelle "Die Portugiesin". In: Musil Forum 15(1989), S.76－93.

Böhme, Hartmut: Anomie und Entfremdung. Literatursoziologische Untersuchungen zu den Essays Robert Musils und seinem Roman ≪Der Mann ohne Eigenschaften≫. Kronberg / Ts. 1974.

Bolterauer, Alice: Marionetten und Männer ohne Eigenschaften. Überlegung zur Identitätsproblematik bei Robert Musil. In: Zerfall und Rekonstruktion. Identität und ihre Repräsentation in der Österreichischen Moderne. Hrsg. v. Hildegard Kernmayer. Wien 1999, S.245－266.

Brosthaus, Heribert: Zur Struktur und Entwicklung des anderen Zustands in Robert Musils Roman ≪Der Mann ohne Eigenschaften≫. In: DVjs. 39(1965), S.388－440

Corino, Karl: Ödipus oder Orest? Robert Musil und Psychoanalyse. In: Von Törless zum Mann ohne Eigenschaften. Hrsg. v. Uwe Bauer und Dietmar Goltschnigg. München, Salzburg 1973, S.123－236.

Ders: Robert Musils "Vereinigungen". Studien zu einer historisch－kritischen Ausgabe. München, Salzburg 1974.

Ders: Robert Musil. Eine Biographie. Reinbek b. Hamburg 2003.

Drever, James, Fröhlich, Werner D.: Wörterbuch der Psychologie. München 1972.

Düsing, Wolfgang: Erinnerung und Identität. Untersuchungen zu einem Erzählproblem bei Musil, Döblin und Doderer. München 1982.

Ego, Werner: Abschied von der Moral. Eine Rekonstruktion der Ethik

Robert Musils. Freiburg Wien 1992.

Eibl, Karl: Robert Musil. Drei Frauen. Text, Materialen, Kommentar. München, Wien 1978.

Eisele, Ulf: Ulrichs Mutter ist doch ein Tintenfaß. Zur Literaturproblematik in Musils ≪Mann ohne Eigenschaften≫. In: Robert Musil. Hrsg. v. Renate von Heydebrand. Darmstadt 1982, S.160－203.

Fontana, Oskar Maurus: Erinnerungen an Robert Musil. In: Robert Musil. Leben, Werk, Wirkung. Hrsg. v. Karl Dinklage. Wien 1960, S.325－344.

Frank, Manfred: Erkenntniskritische ästhetische und mythologische Aspekt der Eigenschaftlosigkeit in Musils Roman. In: Revue de Theologie de Philosophie 113(1981), S.241－257.

Freud, Sigmund: Beiträge zur Psychologie des Liebeslebens. In: Gesammelte Werke. Bd. 8, 7. Aufl., Frankfurt / M. 1978.

Fromm, Erich: To Have or To be?. New York 1967.

Gadamer, Hans Georg: Hermeneutik I. Wahrheit und Methode. Grundzüge einer philosophischen Hermeneutik. Tübingen 1986.

Goethe, J. W. v.: Wilhelm Meisters Wanderjahre. In: Goethes Werk. Hamburger Ausgabe in 14 Bänden. Bd. 8, Romane und Novellen III. Textkritisch durchgesehen und kommentiert von Erich Trunz. 11. Aufl., München 1982.

Goltschnigg, Dietmar: Mystische Tradition im Roman Robert Musils. Martin Bubers ≪Ekstatische Konfessionen≫ im ≪Mann ohne Eigenschaften≫. Heidelberg 1974.

Ders: Auf der Suche nach der verlorenen Identität. Robert Musils Romane 'Die Verwirrungen des Zöglings Törleß' und 'Der Mann ohne Eigenschaften'. In: Studies in modern Austrian Literature. Hrsg. v. B. O. Murdoch and M. G. Ward. Glasgow 1981, S.21－26.

Ders: Die Rolle des geisteskranken Verbrechers in Robert Musils

Erzählung "Die Vollendung der Liebe" und "Mann ohne Eigenschaften". In: Beiträge zur Musil Kritik. Hrsg. v. Gudrun Brokoph-Mauch. Bern; Frankfurt / M. 1983, S.149-160.

Graf, Günter: Studien zur Funktion des ersten Kapitels von Robert Musils Roman "Der Mann ohne Eigenschaften". Ein Beitrag zur Unwahrhaftigkeits-Typik der Gestalten. Göppingen 1969.

Graf, Werner: Der Erfahrungsbegriff im R. Musils Roman 'Der Mann ohne Eigenschaften'. Diss.(Freie Universität Berlin) 1978.

Gutjahr, Ostrud: "……den Eingang ins Paradies finden". Inzest als Motiv und Struktur im Roman Robert Musils und Ingeborg Bachmanns. In: Genauigkeit und Seele. Zur österreichischen Literatur seit dem Fin de siècle. Hrsg. v. Josef Strutz und Endre Kiss. München 1990, S.139-158.

Habermas, Jürgen: Der philosophische Diskurs der Moderne. Frankfurt / M. 1988.

Haller, Rudolf: Zur Philosophie der Moderne. In: Nach Kakanien. Annährung an die Moderne. Hrsg. v. Rudolf Haller. Wien, Köln, Weimar 1996, S.103-156.

Heering-Düllo, Cornelia: "Stumme Taten aus den Stirnen". Zum Problem von Identität und Kommunikation in Robert Musils Novelle <Die Portugiesin>. In: Literatur für Leser (1988), S.33-51.

Hegel, G. W.: Phänomenologie des Geistes. Frankfurt / M. 1973.

Heintel, Erich: Der Mann ohne Eigenschaften und die Tradition. In: Wissenschaft und Weltbild 13(1960), S.179-194.

Ders: Glaube in Zweideutigkeit. R. Musils Tonka. In: Von Törless zum Mann ohne Eigenschaften. Hrsg. v. Uwe Bauer und Dietmar Goltschnigg. München, Salzburg 1973. S.47-88.

Hermand, Jost: Musils Grigia. In: Monatsheft für deutschen Unterricht, deutsche Sprache und Literatur 52(1962), S.171-182.

Heydebrand, Renate von: Die Reflexion Ulrichs in Robert Musils Roman ≪Der Mann ohne Eigenschaften≫. Münster 1966.

Hoffman, Lynda: Hinter verschlossenen Türen: Ist Törless wirklich Türlos?, In: Musil Forum 15(1989), S.5－17.

Hofmannsthal, Hugo von: Briefe. In: Gesammelte Werke in zehn Einzelbänden. Bd. 7, Erzählung, erfundene Gespräche und Briefe. Hrsg. v. Bernd Scholler. Frankfurt / M. 1979.

Homann, Renate: Literatur und Erkenntnis: Robert Musils Erzählung Tonka. In: DVjs. 59(1985) S.497－518.

Horkheimer, Max, Adorno, Th. W.: Dialektik der Aufklärung. Philosophische Fragment. Frankfurt / M. 2003.

Howes, Geoffry C.: Ein Genre ohne Eigenschaften: Musil, Montaigne, Sterne und die Essayistische Tradition. In: Robert Musil: Essayismus und Ironie. Hrsg. v. Gudrun Brokoph－Mauch. Tübingen 1992, S.1－12.

Huber, Lothar: R. Musils Törleß und die Krise der Sprache. In: Sprachkunst 4(1973), S.91－99.

Jakob, Michael: Möglichkeitssinn und die Philosophie der Möglichkeit. In: Robert Musil. Essayismus und Ironie. Hrsg. v. Gudrun Brokoph－Mauch. Tübingen 1992, S.13－24.

Jäßl, Gerolf: Mathematik und Mystik in Robert Musils Roman "Der Mann ohne Eigenschften". München 1963.

Jens, Inge: Robert Musil: Vereinigungen. In: Musil Forum 19 / 20(1993 / 94), S.47－69.

Kaiser, Ernst / Wilkins, Eithne: Robert Musil. Eine Einführung in das Werk. Stuttgart 1962.

Kant, Immanuel: Kritik der reinen Vernunft 1. Werkausgabe Band Ⅲ. Hrsg. v. Wilhelm Weischedel. Frankfurt / M. 1982.

Ders: Kritik der praktischen Vernunft. Werkausgabe Band Ⅶ. Hrsg. v.

Wilhelm Weischedel. Frankfurt / M. 1982.

Klages, Ludwig: Vom kosmogonischen Eros. Bonn 1988.

Kocka, Jürgen: Bürgertum und Bürgerlichkeit als Problem der deutschen Geschichte vom späten 18. zum frühen 20. Jahrhundert. In: Bürger und Bürgerlichkeit im 19. Jahrhundert. Hrsg. v. Jürgen Kocka. Göttingen 1987, S.21－63.

Krottendorfer, Kurt: Bürgerliche Krisenerfahrungen. Das reale Geschehen in Robert Musils "Drei Frauen". Diss.(Wien) 1991.

Krusche, Dietrich: Selbstfindung und Partnerferne. Struktur innertextlicher Kommunikation und deren gestalterische Funktion in R. Musils ≪Vereinigungen≫. In: Orbis Literarum 33(1978), S.310－329.

Laermann, Klaus: Eigenschaftlosigkeit. Reflexionen zu Musils Roman Der Mann ohne Eigenschaften. Stuttgart 1970.

Liessmann, Konrad Paul: Philosophie der modernen Kunst. Wien 1993.

Luft, David S.: R. Musil and the Crisis of European Culture 1880－1942. Berkeley, Los Angeles, London 1980.

Luhmann, Niklas: Liebe als Passion. Zur Codierung von Intimat. Frankfurt / M. 1982.

Lukács, Georg: Die Theorie des Romans. Ein geschichtsphilosophischer Versuch über die Form der Großen Epik. Frankfurt / M. 1988.

Luserke, Matthias: Wirklichkeit und Möglichkeit. Modaltheoretische Untersuchung zum Werk Robert Musils. Frankfurt / M. 1987.

Ders: Robert Musil. Stuttgart, Weimar 1995.

Mach, Ernst: Die Analyse der Empfindung und das Verhältnis des Physischen zum Psychischen. Jena 1902.

Ders: Erkenntnis und Irrtum. Skizze zur Psychologie der Forschung. Leipzig 1926.

Mae, Michiko: Motivation und Liebe. Zum Strukturprinzip der Vereinigung bei Robert Musil. München 1988.

Magnou, Jacqueline: Grenzfall und Identitätsproblem oder die Rolle der Psychopathologie in der literarischen Praxis und Theorie Musils anhand der Novellen: Vereinigungen. In: Sprachästhetische Sinnvermittlung. Hrsg. v. Dieter P. Farada / Ulrich Karthaus. Frankfurt / M., Bern 1980, S.103－116.

Magrid Claudio: Hinter dieser Unendlichkeit: Die Odyssee des Robert Musils. In: Beiträge zur Musil Kritik. Hrsg. v. Gudrun Brokoph－Mauch. Bern; Frankfurt / M. 1983, S.49－62.

Marcuse, Herbert: Der eindimensionale Mensch. Berlin, Neuwied, Darmstadt 1967.

Martens, Gunther: Ein Text ohne Ende für den Denkenden: Zum Verhältnis von Literatur und Philosophie in Robert Musils Der Mann ohne Eigenschaften. Frankfurt / M. 1999.

Mehigan, Tim: Robert Musil, Ernst Mach und Problem der Kausalität. In: Dvjs. 1997.

Meier Ruf, Ursula: Prozesse der Auflösung. Subjektstruktur und Erzählform in Robert Musils ≪Drei Frauen≫. Bern, Frankfurt / M. 1992.

Meyer, Theo: Nietzsche und die Kunst. Tübingen und Basel 1993.

Moser, Walter: Diskursexperiment im Romantext. Zu Musils Der Mann ohne Eigenschaften. In: Robert Musil, Untersuchungen. Hrsg. v. Uwe Bauer und Elisabeth Castex. Königstein / Ts. 1980, S.170－197.

Müller, Götz: Ideologiekritik und Metasprache in Robert Musils Roman "Der Mann ohne Eigenschaften". München, Salzburg 1972.

Mulot, Sibylle: Der junge Musil. Seine Beziehung zu Literatur und Kunst der Jahrhundertwende. Stuttgart 1977.

Nietzsche, Friedrich: Über Wahrheit und Lüge im aussermoralischen Sinne. In: Nietzsche Werke Ⅲ－2. Kritische Gesamtausgabe. Hrsg. v. Giorgio Colli und Mazzino Montinari. Berlin 1968.

Ders: Also sprach Zarathustra. Ein Buch für Alle und Keinen. In: Nietzsche Werke Ⅵ-1. Kritische Gesamtausgabe. Hrsg. v. Giorgio Colli und Mazzino Montinari. Berlin 1968.

Ders: Jenseits von Gut und Böse. In: Nietzsche Werke Ⅵ-2. Kritische Gesamtausgabe. Hrsg. v. Giorgio Colli und Mazzino Montinari. Berlin 1968.

Nusser, Peter: Musils Romantheorie. Paris 1967.

Payne, Philip: Moosbrugger and the question of free will. In: New German Studies 3(1975), S.139-154.

Pekar, Thomas: Ordnung und Möglichkeit. Robert Musils Möglichkeitssinn als Poetologisches Prinzip. Oldenburg 1989.

Ders: Die Sprache der Liebe bei Robert Musil. München 1989.

Ders: Robert Musil. Zur Einführung. Hamburg 1997.

Perronnet, Jacques: Isis und Osiris. In: Beiträge zur Musil Kritik. Hrsg. v. G. Brokoph-Mauch. Bern; Frankfurt / Main. 1983. S.273-288.

Petersen, Jürgen H.: Der deutsche Roman der Moderne. Stuttgart 1991.

Pott, Hans-Georg: Musil und das 20. Jahrhundert. 실린 곳: 독일학 연구 2집. 서울대학교 인문대학 독일학 연구소 1993. S.29-47.

Rasch, Wolfdietrich: Zur Entstehung von Robert Musils Roman 'Der Mann ohne Eigenschaften'. In: Dvjs. 39(1965) S.350-387.

Ders: Über Robert Musils Roman ≪Der Mann ohne Eigenschaften≫. Göttingen 1967.

Rauch, Maria: Vereinigungen. Frauenfiguren und Identität in Robert Musils Prosawerk. Würzburg 2000.

Reniers-Servranckx, Annie: Robert Musil. Konstanz und Entwicklung von Themen, Motiven und Strukturen in den Dichtungen. Bonn 1972.

Reinhart, Stephan: Studien zu Antinomie von Intellekt und Gefühl in Musils Roman "Der Mann ohne Eigenschaften", Bonn 1969.

Reiss, Hans: Musil and the Writer's Task in the Age of Science and Technology. In: Musil in Focus. Papers from a centenary symposium. Hrsg. v. Lothar Huber, John J. White. London 1982.

Requadt, Paul: Zu Musils Portugiesin. In: Wirkendes Wort 5(1954 / 55), S.152－158.

Ders: Bildersprache der deutschen Italiendichtung von Goethe bis Benn. München 1962.

Rieth, Renate: Robert Musils frühe Prosa. Versuch einer stilistische Interpretation. Diss.(Tübingen) 1964.

Rössner, Michael: Auf der Suche nach dem verlorenen Paradies. Zum mythischen Bewußtsein in der Literatur des 20. Jahrhundert. Frankfurt / M. 1988.

Roth, Maria Louise: ROBERT MUSIL ZUM PROBLEM DER ETHIK. In: Modern Austrian Literatur. Vol.9 3 / 4, S.1－33.

Ders: Robert Musil. Ethik und Ästhetik. München 1972.

Röttiger, Brigitte: Erzählexperimente. Studien zu Robert Musils <Drei Frauen> und <Vereinigungen>. Bonn 1973.

Schärer, Hans－Rudolf / Schärer, Peter: Geschwisterbeziehung und Narzissmus in den Romanen Robert Musils und Italo Svevos. In: Genauigkeit und Seele. Zur österreichischen Literatur seit fin de siècle. Hrsg. v. Josef Strutz und Endre Kiss. Klagenfurt 1990, S.115－138.

Schmidt, Jochen: Ohne Eigenschaften. Eine Erläuterung zu Musils Grundbegriff. Tübingen 1975.

Schorske, Carl E.: Wien. Geist und Gesellschaft im Fin de siècle. Frankfurt / M. 1982.

Schwartz, Agata: Utopie, Utopismus und Dystopie in Der Mann ohne Eigenschaften: Robert Musils utopisches Konzept aus geschlechtsspezifischer Sicht. Frankfurt / M. 1997.

Sera, Manfred: Werde, der du bist. Die Darstellung der Selbsterfahrung in Robert Musils Novelle: Die Portugiesin. In: Musil Forum 6(1980), S.145－156.

Servranckx, Anne: Robert Musil: Essayismus als Lebensproblem. In: Robert Musil. Essayismus und Ironie. Hrsg. v. Gudrun Brokoph－Mauch. Tübingen 1992, S.25－36.

Sjögren, Christine Oertel: Das Rätsel in Musils Tonka. In: Robert Musil. Hrsg. v. Renate von Heydebrand. Darmstadt 1982, S.434－449.

Sokel, Walter H.: The problem of dualism in Hesse's Demian and Musil's Törless. In: Modern Austrian Literature, Vol.9, S.35－42.

Ders: Kleists "Marquise von O", Kierkegaards "Abraham" und Musils "Tonka": Drei Stufen des Absurden in seiner Beziehung zum Glauben. In: Robert Musil. Studien zu seinem Werk. Hrsg. v. Karl Dingklage zusammen mit Elisabeth Albertsen und Karl Corino. Klagenfurt 1970, S.57－70.

Strutz, Joseph: Der Mann ohne Konzessionen. Essayismus als poetisches Prinzip bei Musil und Altenberg. In: Robert Musil. Essayismus und Ironie. Hrsg. v. Gudrun Brokoph－Mauch. Tübingen 1992, S.137－152.

Széll, Zsuzsa: Ichverlust und Scheingemeinschaft. Gesellschaftsbild in den Romanen von Franz Kafka, Robert Musil, Herman Broch, Elisa Canetti und George Saiko. Budapest 1979.

Venturelli, Aldo: Die Kunst als fröhliche Wissenschaft. Zum Verhältnis Musils zu Nietzsche. In: Nietzsche Studien 9(1980).

Ders: Robert Musil und das Projekt der Moderne. Frankfurt / M. Bern, New York, Paris 1988.

Weininger, Otto: Geschlecht und Charakter. Berlin 1932.

Weisenbach, Uwe: Moderne Subjekte zwischen Mythos und Aufklärung. Differenz und offene Rekonstruktion. Pfaffenweiler 1993.

Wiegmann, Hermann: Utopie als Kategorie der Ästhetik. Zur Begriffsgeschichte

d. Ästhetik u. Poetik. Stuttgart 1980.
Willemsen, Roser: Das Existenzrecht der Dichtung. München 1984.
Zima, Peter. v.: Krise des Subjekts als Krise des Romans. Uberlegungen zur kritischen Theorie und den Romantexten Prousts, Musils, Kafkas und Hesse. In: Romanistische Zeitschrift für Literaturgeschichte, 2 (1978), S.54-75.
Zingel, Astrid: Ulrich und Agathe. Das Thema Geschwisterliebe in Robert Musils Romanprojekt Der Mann ohne Eigenschaften. St. Ingbert 1999.

강영안: 주체의 자리. 실린 곳: 전통, 근대, 탈근대의 철학적 조명. 서울 (철학과 현실사) 1995.
김래현: 로버트 무질. 생애, 작품, 문학론. 건국대 출판부 1996.
김윤섭: 독일 신비주의 사상사. 한남대 출판부 1995.
막스 베버 / 이상률(역): 직업으로서의 학문. 문예출판사 1999.
앨런 제닉, 스티븐 툴민 / 석기용(역): 빈, 비트겐슈타인, 그 세기말의 풍경. Ejb 2005.
부르노 힐레브란트 / 박병화, 원당희(역): 소설의 이론. 현대소설사 1993.
비트겐슈타인 / 박영식, 최세만(역): 논리철학 논고. 서울 1986.
안소현: 담화를 탐색하는 소설담화. 로베르트 무질의 소설 『특성없는 사람』의 담화탐색. 연세대학교 대학원 박사학위 논문 1994.
오스발트 슈팽글러 / 박광순(역): 서구의 몰락. 범우사 1995.
위르겐 슈람케 / 원당희, 박병화(역): 현대소설의 이론. 서울 1995.
이언 와트 / 이시연, 강유나(역): 근대 개인주의의 신화. 서울(문학동네) 2004.
조셉 캠벨, 빌 모이어스 대담 / 이윤기(역): 신화의 힘. 이끌리오 2005.
칼 R. 포퍼 / 이한구: 열린사회와 그 적들 Ⅰ. 플라톤과 유토피아. 민음사 1996.
페터 V. 지마 / 서영상, 김창주(역): 소설과 이데올로기. 현대소설의 사회

사. 문예출판사 1996.
프리츠 파펜하임 / 황문수: 현대인의 소외. 문예출판사 1992.
프레이저 / 김상일(역): 황금의 가지. 을유문화사 1999.
피에르 그리말 / 최애리: 그리스 로마 신화 사전. 열린책들 2003.
플라톤 / 최명관(역): 플라톤과의 대화. 종로서적 1998.

---

1) Vgl. Karl Corino: Robert Musil. Eine Biographie. Reinbek b. Hamburg 2003, S.23f.
2) Vgl. Georg Lukács: Die Theorie des Romans. Ein geschichtsphilosophischer Versuch über die Form der großen Epik. Frankfurt / M. 1988, S.70.
3) 브루노 힐레브란트 / 박병화, 원당희(역): 소설의 이론. 현대소설사 1993, 120쪽 참조.
4) Vgl. Hans Georg-Gadamer: Hermeneutik I. Wahrheit und Methode. Grundzüge einer philosophischen Hermeneutik. Tübingen 1986, S.20.
5) Vgl. Peter v. Zima: Krise des Subjekts als Krise des Romans. Überlegungen zur kritischen Theorie und den Romantexten Prousts, Musils, Kafkas und Hesses. In: Romanistische Zeitschrift für Literaturgeschichte 2 (1978), S.61.
6) 이 때문에 마르쿠제는 현대 산업사회를 일차원적 사회라고 본다. 일차원적 사회란 다양한 가치와 비판, 그리고 반대를 무력화시키고 오로지 기술적 합리성이라는 한 가지 가치로만 조직된 사회다. 따라서 일차원적 사회는 모든 사람들이 동일한 방식으로 살아가는 획일화된 전체주의 사회다. 그에 따르면 이 사회에서 전통 시민계급의 문화가 추구하는 이상은 기술적 합리성에 의해 무효화되거나 이 속에 편입되기 때문에, 더 이상 존재하지 않거나 다시 찾을 수 없게 된다. Vgl. Herbert Marcuse: Der eindimensionale Mensch. Berlin, Neuwied, Darmstadt 1967.
7) Vgl. Günter Graf: Studien zur Funktion des ersten Kapitels von Robert Musils Roman "Der Mann ohne Eigenschaften". Ein Beitrag zur Unwahrhaftigkeits-Typik der Gestalten. Göppingen 1969, S.32.
8) Vgl. David S. Luft: R. Musil and the Crisis of European Culture 1880~1942. Berkeley, Los Angeles, London 1980, S.50.
9) 무질은 이것을 『특성없는 남자』에서는 파리잡이 끈끈이 종이에 붙어 죽어가고 있는 파리의 모습에 비유한다. 끈끈이는 파리의 솜털을 들어붙게 만든다. 파리가 도망치려고 아무리 날개 짓을 해 봤자 끈끈이는 파리를 꼼짝 못하게 들어붙게 만든다. 그렇다면 왜 현대인은 자기 삶을 경직화시키는 이 틀을 탈출하지 못할까? 무질은 그 이유를 두려움 때문이라고 본다. 그에 따르면 인간이 행하고 느끼는 모든 것은 삶의 일정한 방향 속에서 이루어지며, 이 방향에서 조금만 이탈해도, 그것은 어렵고 끔직한 것이 된다. 예를 들어 발을 움직여 길을 걸을 때, 우리는 무게 중심을 들고, 그것을 앞으로 내보내며, 다시 땅으로 내려놓는다. 하지만 우리가 이 방식을 조금만 변경시켜도, 그것은 미래에 떨어질 것에 대한 불안감과 자신이 더 이상 똑바로 서 있을 수 없을 것이라는 두려움을 만들

어낸다. 이처럼 우리가 행위를 제약하는 틀을 벗어날 수 없는 것은 습관적 행위로부터 일탈했을 때 일어날 수 있는 가능성에 대한 두려움 때문이다.(1. 131)

10) Vgl. Lothar Huber: R. Musils Törleß und die Krise der Sprache. In: Sprachkunst 4(1973), S.92.
11) 무질은 『합일』에서 '서사'와 '허구적 인과성'에 대한 혐오를 드러낸다. 그는 이 속에 담긴 두 편의 단편소설을 통해 인과성이 강요하는 제한과 모든 서사의 순차적 진행을 뛰어넘는 이야기를 해보려고 했다. 그는 시간과 공간을 지양할 수 있는 표현형식을 구했다. Vgl. Ernst Kaiser / Eithne Wilkins: Robert Musil. Eine Einführung in das Werk. Stuttgart 1962, S.91.
12) 위르겐 슈람케 / 원당희, 박병화(역): 현대소설의 이론. 서울 1995, 57－58쪽 참조.
13) Vgl. Gerhard Bauer: Die Auflösung des anthropozentrischen Verhaltens im modernen Roman. In: Dvjs. 42(1968), S.677f.
14) 이 소설의 목적은 현대인의 실존의 의미에 대해 문제를 제기하고, 이 문제를 철학적인 방식으로 해결해 보는 것이다. Vgl. Thomas Pekar: Robert Musil zur Einführung. Hamburg 1997, S.22.
15) 『자본론』에서 헤겔 철학의 방법론을 물구나무 선 철학이라고 비판한 마르크스가 교환가치와 사용가치의 모순을 현대사회의 기본적 모순이라고 파악했다면, 니체는 관념론적 형이상학의 절대적이며 비변증법적인 도그마를 비판하고 선과 악, 진리와 거짓의 구분을 정당화하는 이데올로기의 이원론적 도식성을 비판했다.
16) G. W. Hegel: Phänomenologie des Geistes. Frankfurt / M. 1973, S.404.
17) 이로니는 어떤 것도 확정하지 않으며 모든 것에서 어떤 다른 것을 유희적으로 선택하기 위해 예술작품을 열어둔다. 진보적 보편시를 추구하는 낭만주의 문학에서 시 Poesie는 일정한 틀 속에서 완결된 상태로 머무는 것이 아니라 항상 멈추지 않고 새롭게 생성되는 것이다. 따라서 이로니는 멈추지 않고 일어나는 창조과정, 즉 자기 창조와 자기파괴가 끊임없이 일어나는 과정이다. 오도 마르콰드 Odo Marquard는 이로니를 끊임없는 자기부정을 통해 어떤 결과가 나오는 것을 용납하지 않는 예술기법으로 설명한다. 이것은 현대예술에 영향을 미쳐 그 어느 곳에도 정착하지 못하는 고독한 자, 천재와 광기 사이의 경계에 존재하는 아웃사이더, 도덕과 이성의 저편에 있으며, 법칙과는 무관한 인간에게 어울리는 표현수단으로 간주된다. Vgl. Konrad Paul Liessmann: Philosophie der modernen Kunst. Wien 1993, S.11f. 그 밖에 이로니와 위기에 관해서는 Vgl. Peter－Andre Alt: Ironie und Krise. Ironisches Erzählen als Form ästhetischer Wahrnehmung in Thomas Manns Der Zauberberg und

Robert Musils Der Mann Ohne Eigenschaften. Frankfurt / M. 1989.

18) "최근에 나는 내 자신에게 붙일 매우 멋진 말을 발견했다: 해부학자 [……] 나의 삶: —20세기 초반부의 영혼을 해부하는 해부학자의 모험과 방황! Neulich habe ich für mich einen sehr schönen Namen gefunden: monsieur le vivisecteur [……] Mein Leben: —Die Abenteuer und Irrfahren eines seelischen Vivisectors zu Beginn des zwanzigsten Jahrhunderts!"(Tb. 2) 1920년 무질은 우연히 어떤 책의 서평을 읽다가 '영혼의 해부학과 영혼 해체학의 대작 Kabinettstück der Seelenzergliederung—und Seelenzerfassungskunst'이라는 문구를 발견한다. 여기서 알 수 있는 것은 그에게 해부 Vivisektion는 '심리의 해부 die psychische Zergliederung'를 뜻하며, 언제든지 변화 가능한 살아 있는 생명체를 연구 대상으로 삼는다. '해부학자' 개념은 작가 무질의 행로에 결정적 전환점이 된다. 그는 해부학자란 무엇인가라는 질문에 "아마 다가올 뇌의 인간이 아닐까?"라고 반문한다. 따라서 그에게 작가의 사명은 인간의 뇌를 분석하는 창조적인 작업에 몰두하는 것이지, 외부 현실의 모방에 몰입하는 것은 아니다. 그는 '심리적 현미경'을 가지고 자신을 관찰, 분석하기 때문에 일상적 삶의 연관관계로부터 철저히 분리된 장소에서 고독하게 실험한다. 이 실험은 자연과학의 실험처럼 대상과 거리를 두고 즉물적으로 분석하는 것이 아니라, 자유연상기법을 통해 대상과 나의 경계를 허물고 그 속으로 침잠하여 인간 내면의 은밀한 지점까지 파헤친다. 그러므로 해부학자는 대낮의 밝은 빛이 비치는 똑바른 거리를 보면서도, 그것이 똑바르지 않고 밝지도 않다는 것을, 그 아래에는 비밀과 수수께끼로 가득찬 구덩이, 지하통로, 숨겨진 감옥, 묻혀진 교회가 각각 여러 갈래 길을 따라 숨어 있다는 것을 감지한다. Vgl. Sibylle Mulot: Der junge Musil. Seine Beziehung zu Literatur und Kunst der Jahrhundertwende. Stuttgart 1977, S.74—94. 그 밖에 해부학자에 대해서는 Vgl. Thomas Pekar: Die Sprache der Liebe bei Robert Musil. München 1989.

19) Vgl. Peter Nusser: Musils Romantheorie. Paris 1967, S.22.

20) 무질은 『특성없는 남자』 1권 84장 <습관적인 삶도 역시 유토피아적 본성에서 나왔다는 주장>에서 예술의 목표는 '인간의 완전한 삶'을 그려내는 것임을 분명히 한다. 여기서 완전한 삶이란 과학이 갈라놓은 이성과 감정의 대립을 해소하여 총체적 인간을 창조해 내는 것이다. 따라서 그에게 이성과 감성의 합일만이 진정 인간적이고 창조적인 것이며, 이것은 시인의 인식의 특수성을 규정해 준다.

21) Vgl. Hans Reiss: Musil and the Writer's Task in the Age of Science and Technology. In: Musil in Focus. Papers from a centenary symposium. Hrsg. v. Lothar Huber, John J. White. London 1982, S.43.

22) Vgl. Oskar Maurus Fontana: Erinnerungen an Robert Musil. In: Robert Musil. Leben, Werk, Wirkung. Hrsg. v. Karl Dinklage. Wien 1960, S.327.

23) Vgl. Geoffrey C. Howes: A.a.O., S.2. 이에 관한 더 자세한 내용은 Vgl. Walter Moser: Diskursexperiment im Romantext. Zu Musils Der Mann ohne Eigenschaften. In: Robert Musil, Untersuchungen. Hrsg. v. Uwe Bauer und Elisabeth Castex. Königstein / Ts. 1980, S.170－197. 안소현: 담화를 탐색하는 소설담화. 로베르트 무질의 소설 『특성없는 사람』의 담화탐색. 연세대학교 대학원 박사학위 논문 1994 참조.

24) 페터 지마는 전통 소설의 담화방식을 발자크나 스탕달의 소설에서 볼 수 있는 바와 같이 인과관계에 따라 일직선으로 이야기를 늘어놓은 서사방식이라고 칭한다. 다른 말로 이것은 통사적 syntagma 서사방식이다. 이것은 서사의 대상들을 하나의 거대한 체계 속에 가지런히 정리할 수 있지만, 다의적인 개별현상들의 변화가능성을 인과관계라는 사슬 아래 획일적으로 희생시킬 수 있다. 하지만 무질이 설계한 에세이적 소설은 기존의 통사적 서사체계의 틀 안에서는 더 이상 파악할 수 없는 진리를 소설의 병렬적 paradigma 서사방식을 통해 표현하려 한다. 에세이 소설은 담화를 일직선으로 나란히 배열하여 그 변화가능성을 전혀 열어주지 않았던 통사적 서사방식과는 달리 여러 가지 변형가능성을 아래로 나란히 배치하여 상황에 따라 언제든지 교체할 수 있게 구성한다. 페터 V. 지마 / 서영상, 김창주(역): 소설과 이데올로기. 현대소설의 사회사. 문예출판사 1996, 105쪽 참조.

25) 무질은 체계의 폭력성 때문에 철학에 반대한다. "그는 철학자가 아니었다. 철학자들이란 군대를 이용할 수 없기 때문에 세계를 어떤 체계 속에 가두어 둠으로써 그 세계를 자신의 발 아래 굴복시키려는 폭력배들인 것이다."(1. 253)

26) 무질은 양가성과 모순성을 현대소설의 기본특징으로 본다: "인간적 현상들이 서로의 경계를 제한 없이 넘나들 수 있다는 확신, 도덕적으로 대립되어 보이는 제반 가치들이 지니고 있는 뿌리 깊은 친화성, 이런 점들이야말로 바로 이전 시기와는 구분되는 현대문학의 특징이라 할 것이다"(9. 1682)

27) Vgl. Carl E. Schorske: Wien. Geist und Gesellschaft im Fin de siècle. Frankfurt / M. 1982.

28) 오스발트 슈펭글러 / 박광순(역): 서구의 몰락. 범우사 1995.

29) Vgl. Jürgen Kocka: Bürgertum und Bürgerlichkeit als Problem der deutschen Geschichte vom späten 18. zum frühen 20. Jahrhundert. In: Bürger und Bürgerlichkeit im 19. Jahrhundert. Hrsg. v. Jürgen Kocka. Göttingen 1987.

30) Vgl. Zsuzsa Széll: Ichverlust und Scheingemeinschaft. Gesellschaftsbild in den Romanen von Franz Kafka, Robert Musil, Herman Broch, Elisa Canetti und George Saiko, Budapest 1979, S.23.

31) Vgl. Alice Bolterauer: Marionetten und Männer ohne Eigenschaften. Überlegung zur Identitätsproblematik bei Robert Musil. In: Zerfall und Rekonstruktion. Identität und ihre Repräsentation in der Österreichischen Moderne. Hrsg. v. Hildegard Kernmayer, Wien 1999, S.247.

32) Vgl. Uwe Weisenbach: Moderne Subjekte zwischen Mythos und Aufklärung. Differenz und offene Rekonstruktion. Pfaffenweiler 1993, S.17.

33) Vgl. Peter L. Berger, Thomas Luckmann: Modernität, Pluralismus und Sinnkrise. Gütersloch 1995, S.36f.

34) Vgl. D. Goltschnigg: Auf der Suche nach der verlorenen Identität. Robert Musils Romane 'Die Verwirrungen des Zöglings Törleß' und 'Der Mann ohne Eigenschaften'. In: Studies in modern Austrian Literature. Hrsg. v. B. O. Murdoch and M. G. Ward. Glasgow 1981. S.23.

35) Vgl. Wolfgang Düsing: Erinnerung und Identität. Untersuchungen zu einem Erzählproblem bei Musil, Döblin und Doderer. München 1982, S.44.

36) Vgl. Walter H. Sokel: The problem of dualism in Hesses's Demian and Musil's Törless. In: Modern Austrian Literature. Vol.9, S.37.

37) "그 범접할 수 없고 평온한 사람들의 세계에서도 하나의 문이 이쪽으로 향해 있음이 분명했다"(6. 34) 이 문은 밝고 일상적인 시민세계로부터 벌거벗고 때 묻은 세계로 넘어갈 수 있게 하는 문인데, 이 문이라는 비유에서도 알 수 있는 것처럼 대립된 두 세계는 경계선을 두고 멀리 대립하는 것이 아니라 언제나 문을 열고 교통할 수 있다.

38) Vgl. Lynda Hoffman: Hinter verschlossenen Türen: Ist Törless wirklich Türlos? In: Musil Forum 15(1989), S.11.

39) Vgl. Helmut Arntzen: Musil-Kommentar sämtlicher zu Lebzeiten erschienener Schriften außer dem Roman ≪Der Mann ohne Eigenschaften≫. München 1980, S.102.

40) 마이너스 1의 제곱근. 하지만 이런 수는 존재하지 않는다. 모든 수는 제곱하면 양수가 되지 음수가 되지는 않기 때문이다.(6. 73)

41) Vgl. Immanuel Kant: Kritik der reinen Vernunft 1. Werkausgabe Band Ⅲ. Hrsg. v. Wilhelm Weischedel. Frankfurt / M. 1981, S.49f.

42) Vgl. Theo Meyer: Nietzsche und die Kunst. Tübingen und Basel 1993, S.45.

43) 『합일』과 무질의 새로운 서술기법의 관계에 대해서는 Vgl. Inge Jens: Robert Musil: Vereinigungen. In: Musil Forum 19 / 20(1993 / 94), S.47－69. Vgl. Brigitte Röttiger: Erzählexperimente. Studien zu Robert Musils <Drei Frauen> und <Vereinigungen>. Bonn 1973.

44) 여기서 부부 사랑의 완성을 위해서 중요한 것은 '파트너와의 이별'이다, 즉 '합일된 사랑의 분리'를 통해서만 진정한 합일이 이루어진다. 이 소설을 이해하기 위해 중요한 것은 '멀리 떨어짐으로써 연인과 궁극적으로 가까워진다', '간통을 통해 사랑이 완성된다', '고립된 개인은 사랑의 완성을 통해 자신과 합일을 이룬다' 등과 같은 역설(Paradox)을 어떻게 이해하느냐 하는 것이다. 이와 연관하여 미치코 마에 Michiko Mae는 사랑의 완성을 '네 속에 있는 나를 찾는 작업 Suche nach Ich im Du' 이라고 부르며, 이것을 울리히와 아가테 사이의 오누이 사랑의 테마이며, 무질 합일 사상의 핵심으로 본다. Vgl. Michiko Mae: Motivation und Liebe. Zum Strukturprinzip der Vereinigung bei Robert Musil. München 1988, S.158.

45) 칼 코리노에 따르면, 정신병에 걸린 범죄자 G 씨가 나온 책은 Joris－Karl Huysman의 소설 『Là－bas』(1891), 독일어판 제목은 『Da－Unten』(1903)일 가능성이 있다. Vgl. Karl Corino: Robert Musils "Vereinigungen". Studien zu einer historisch－kritischen Ausgabe. München, Salzburg 1974, S.298. 이 소설에서 작가로 등장하는 뒤르딸 Durtal은 프랑스의 실존인물 질 드 레 Gilles de Rais를 다루고 있는데, 그는 15세기 무렵 가장 박식했지만 가장 잔인한 범죄자이기도 했다. 당시 기록에 따르면 질 Gilles은 악마숭배와 악령을 불러내는 마술에 사로잡혀 있었으며, 프랑스 서북부 부르타뉴 Bretane 지방에서 약 7～8백 명의 아이들을 강간하거나 살해했다고 한다. 무질이 이 질 Gilles의 이야기를 알게 된 것은 프란쯔 블라이 Franz Blei의 『지어낸 사건들 Erdachte Geschehnisse』을 통해서이다. 블라이가 질 Gilles을 연구한 것은 이 사람이 신을 향한 깊은 희구 속에서 살인을 자행했다는 것을 보여주기 위해서였다. 즉 신은 그의 마음속에 참되게 존재했으며, 신이 그로 하여금 칼을 잡게 만들었다. 이를 통해 블라이는 다음과 같은 결론에 이른다: "신속에는 악이 포함되어 있으며, 이 악이 숭배를 요구한다." 성자가 미덕을 통해 획득한 것과 동일한 가치를 질 Gilles은 범죄를 통해 얻으려 했으며, 이에 대해 그는 자부심으로 가득차 있었다고 뒤르딸은 확신한다.

46) Vgl. Mathias Luserke: Robert Musil. Stuttgart, Weimar 1995. S.50.

47) Vgl. Renate Rieth: Robert Musils frühe Prosa. Versuch einer stilistische Interpretation. Diss. Tübingen 1964, S.124.

48) 이 소설에서 딸 릴리는 클라우디네를 남편으로부터 멀리 떨어져 있게 하여 정조를 저버리는 체험을 하게 만드는 구실로 기능한다. 실제로 그

녀는 딸을 만나지 않으며, 릴리는 줄거리에 한 번도 등장하지 않는다. 카이저 / 빌킨스에 따르면 릴리라는 이름은 '순결의 꽃 Unschuldblume', '죽은 자의 꽃 Totenblume'을 상징한다. 이에 따라 그들은 이 아이는 원래 실존하는 것이 아니라, 죽은 자의 나라, 정신의 나라에 존재한다고 주장한다. 이에 따르면 클라우디네는 겨울의 하계여행을 한 것이며, 그녀는 그곳에서 순결을 지키지 못한다. Vgl. Ernst Kasier / Eithne Wilkins: A.a.O., S.94.

49) Vgl. Jochen Schmidt: Ohne Eigenschaften. Eine Erläuterung zu Musils Grundbegriff. Tübingen 1975, S.64.

50) 무질은『특성없는 남자』제113장 <이성을 초월하고 있는 것과 이성의 지배를 받고 있는 것 사이의 경계지역에 있는 혼합 언어로 한스 제프와 게르다가 이야기를 나누다>에서 한 사람이 자아를 상실했다고 느끼면 느낄수록, 그만큼 세계는 점점 더 분명하고 뚜렷하게 드러나며, 자아의 울타리를 벗어나는 순간 자신이 높이 고양되고 있음을 느낄 수 있다고 말한다. 한스 제프는 이 체험을 '자아의 갑옷을 벗어버리는 것 Entpanzerung des Ich'이라고 부른다. 그에 따르면, 형이상학과 도덕에 기초한 자아개념은 세계의 피조물들을 강제로 분리시킨다. 이렇게 억지로 분리된 피조물들은 반 토막 난 사과처럼 말라 비틀어져 버린다. 이것이 참되지도 자연스럽지도 않은 방식으로 이루어진 분리이기에 현대인은 자신이 자아 속에 갇혀 있으며, 객체와 비아로부터 소외, 고립되었다고 느낀다. 그러므로 이처럼 인위적이고 강제적인 방식으로 자아를 획득하게 된 현대인을 구원할 수 있는 방법은 자아개방을 통해 이 분리를 해소하는 것이다. 우리들은 자신을 망각하거나 자기로부터 멀어지면 질수록, 자기 내면에서는 타자와의 합일을 위한 힘이 더 강하게 일어날 수 있다. 동시에 모든 이가 이렇게 합일에 가까워지면 질수록, 그만큼 더 자신의 고유성에 다가서게 된다. 왜냐하면 참된 고유성은 자아라는 공허하고 경직된 갑옷을 계속 입고 있는 것이 아니라 이것을 벗고 자아를 개방함으로써 얻을 수 있기 때문이다.

51) Vgl. Maria Rauch: Vereinigungen. Frauenfiguren und Identität in Robert Musils Prosawerk. Würzburg 2000, S.48.

52) Vgl. Ernst Kaiser / Eithne Wilkins: A.a.O., S.95.

53) Vgl. Dietmar Goltschnigg: Die Rolle des geisteskranken Verbrechers in Robert Musils Erzählung "Die Vollendung der Liebe" und "Mann ohne Eigenschaften". In: Beiträge zur Musil Kritik. Hrsg. v. Gudrun Brokoph Mauch. Bern; Frankfurt / M. 1983, S.153.

54) Vgl. Dietrich Krusche: Selbstfindung und Partnerferne. Struktur innertextlicher Kommunikation und deren gestalterische Funktion in R. Musils ≪Vereini gungen≫. In: Orbis Litterarum 33(1978), S.324.

55) 이에 대해 마뉴 Magnou는 무질의 자아를 '부정적인 것 negativ', '텅 빈 것 leer', '구멍 Loch', 그리고 파악 가능한 것이나 이름 붙일 수 있는 것이 모두 두 동강 날 때도 여전히 똑같은 모습으로 머물며 '주위를 맴도는 것 Umkreisen'으로 정의한다. Vgl. Jacqueline Magnou: Grenzfall und Identitätsproblem oder die Rolle der Psychopathologie in der literarischen Praxis und Theorie Musils anhand der Novellen: Vereinigungen. In: Sprachästhetische Sinnvermittlung. Hrsg. v. Dieter P. Farada / Ulrich Karthaus. Frankfurt / M., Bern 1980, S.109.
56) Vgl. Jost Hermand: Musils Grigia. In: Monatsheft für deutschen Unterricht, deutsche Sprache und Literatur 52(1962), S.172.
57) Vgl. Karl Eible: Robert Musil. Drei Frauen. Text, Materialen, Kommentar. München, Wien 1978, S.142.
58) Vgl. Annie Reniers－Servranckx: Robert Musil. Konstanz und Entwicklung von Themen, Motiven und Strukturen in den Dichtungen. Bonn 1972, S.161.
59) Vgl. Kurt Krottendorfer: Bürgerliche Krisenerfahrungen. Das reale Geschehen in Robert Musils "Drei Frauen". Diss. Wien 1991.
60) Vgl. Thomas Pekar: Die Sprache der Liebe bei Robert Musil. München 1989, S.114.
61) Vgl. Niklas Luhmann: Liebe als Passion. Zur Codierung von Intimat. Frankfurt / M. 1982, S.107.
62) Vgl. Thomas Pekar: A.a.O., S.118.
63) Ursula Meier Ruf: Prozesse der Auflösung. Subjektstruktur und Erzählform in Robert Musils ≪Drei Frauen≫. Bern, Frankfurt / M. 1992, S.86.
64) 항상 내가 그곳에서 [……] 곧 쓰러지게 될 것이라고 생각했다. 어떻게 너를 데리고 올까? 여기가 끝이 아니라는 것을 믿을 수 있을까? 신비적으로 변하기 시작했으면 한다.(Tb. 305)
65) Vgl. Karl Eible: A.a.O., S.113.
66) Vgl. Ernst Kaiser / Eithne Wilkins: A.a.O., S.111f.
67) Vgl. Manfred Sera: Werde, der du bist. Die Darstellung der Selbsterfahrung in Robert Musils Novelle: Die Portugiesin. In: Musil Forum 6(1980), S.145.
68) 전통에 대한 무질의 입장정립에는 니체의 영향이 컸다. 『짜라투스트라는 이렇게 말한다』에 나오는 <세 가지 변신>은 전통을 대하는 세 가지 인간유형을 비유적으로 설명한다.

낙타: 힘이 세고, 짐을 지고 나르는 정신이 지배하는 단계, 전승된 가치가 요구하는 것에 순응하는 단계. 개인은 '전통 속 In der Tradition'에 머무르고 전통에 순응하며 살아감.

사자: 자율성을 획득하기 위해 노력하는 단계, 하지만 이런 노력은 저항 속에서 완전히 힘을 상실한 단계, 전통에 대항해 보지만 아직 어떤 새로운 가치도 창조해 내지 못하는 단계. 이 단계의 인간은 '전통에 대해 반대 gegen die Tradition'함.
아이(Kind): 현재에 대해 무조건 긍정하는 가운데 자율성과 타율성 사이의 대립 저편에 존재. 아이는 역사적으로 전승된 가치관 너머에 존재하며, 선과 악, 진리와 거짓, 미와 추의 저편에 존재한다. 이 단계에서 인간은 '전통 너머 Jenseits der Tradition'에 존재함.
그 밖에 전통에 대한 무질의 입장에 관해서는 Vgl. Erich Heintel: Der Mann ohne Eigenschaften und die Tradition. In: Wissenschaft und Weltbild 13(1960), S.179-194.

69) Vgl. Srdan Bogosavljević: "DIE KNÄBISCH NACKTEN ERSTEN SONNENHARTEN TAGE": Zum Bildsystem von Robert Musils Novelle "Die Portugiesin". In: Musil Forum 15(1989), S.79.

70) Vgl. Cornelia Heering-Düllo: "Stumme Taten aus den Stirnen". Zum Problem von Identität und Kommunikation in Robert Musils Novelle <Die Portugiesin>. In: Literatur für Leser (1988), S.35.

71) Vgl. Paul Requadt: Bildersprache der deutschen Italiendichtung von Goethe bis Benn. München 1962, S.273.

72) Vgl. Srdan Bogosavljević: A.a.O., S.80.

73) 화자는 케텐의 성(城)이 위치한 산악지역을 '낯선 초록의 금 간 항아리 ein zerborsten Topf, der eine fremde grüne Farbe enthielt'(6. 255)로 묘사한다. 노발리스 Novalis의 『하인리히 폰 오프터딩엔 Heinrich von Ofterdingen』의 부제가 '푸른 꽃 die blaue Blume'임을 생각해 본다면, 푸른색은 북구인의 남구에 대한 동경의 색이요, 낭만주의가 동경하는 신비하고 초월적인 세계를 대표하는 색이라는 것을 쉽게 알 수 있다.

74) Vgl. Maria Rauch: A.a.O., S.96.

75) "두 다리는 마치 어린이처럼 힘이 없었다 in den Beinen war er schwach wie ein Knabe", "의욕을 잃은 어린아이처럼 따뜻하고 무기력한 케텐의 몸 dieser willenlose, kindlich warme und ohnmächtige Körper", "그는 어린아이처럼 화를 냈다 Er wurde zornig wie ein Kind", "케텐이 한 마리 개처럼 풀밭에 누워 있었던 동안 indes der Ketten wie ein Hund im Gras lag"(6. 263)이라는 표현은 이를 충분히 입증해 준다.

76) Vgl. Srdan Bogosavljević: A.a.O., S.84.

77) Vgl. Manfred Sera: A.a.O., S.152.

78) Vgl. Paul Requadt: Zu Musils Portugiesin. In: Wirkendes Wort 5(1954/55), S.154.

79) 화자는 이 성의 외관을 “곰팡이가 낀 벽”, “썩은 나무”, “눅눅한 나무줄기”, “무질서하게 놓여 있는 농기구와 무기”(6. 255) 등으로 묘사하고 있다.

80) “내가 그 가죽으로 모자를 만들어 쓰고 밤에 당신의 피를 빨겠어요.”(6. 263)

81) Reiniers-Servranckx의 해석에 따르면, ‘젊다고’ 칭해진 이 낯선 남자는 12년 전 케텐이 일 년 동안 부인에게 보여주었던 그 모습을 다시 보여준다. 다시 말해 그는 케텐영주가 청년시절 부인에게 구애했을 때 보여준 12년 전의 자기모습이다. 따라서 그는 케텐종족이 일생에 단 한 번 보여주었던 친절하고 세련된 남자다. Vgl. Annie Reiniers-Servranckx: Robert Musil. Konstanz und Entwicklung von Themen, Motiven und Strukturen in den Dichtungen. Bonn 1972, S.179.

82) 케텐 영주가 앓고 있는 병의 원인이, 그가 부인과의 내적 친밀성을 느끼는 데 실패했기 때문이라고 본다면, 그 치료법은 부인과의 영적 합일을 이루는 길뿐이다. 하지만 남구적 정체성과 북구적 정체성 사이에 높은 문지방이 설치되어 있는 현실공간에서 이것은 불가능하다. 부부 사이의 영적 합일은 각자 자신의 정체성이라는 억압복을 벗어버리고, 자아를 개방하여 상대방을 받아들이고 새로운 인간으로 재탄생할 수 있는 곳, 차이와 구분이 없고 시간과 공간을 뛰어 넘을 수 있는 초월적 공간에서만 가능하다. 이곳은 울리히와 아가테가 그 출입구를 찾으려 모험을 떠나는 파라다이스이자 다른상태이다. 하지만 현실의 초월은 인간의 힘만으로는 불가능하다. 그것은 신의 도움과 기적을 통해서만 가능하다. 여기서 무언가를 실행해야만 한다는 점쟁이의 예언은 신의 심판을 받기 위한 행위를 의미하며, 이것을 통과하면 그는 사랑하는 부인과 함께 영원한 시간이 흐르는 천상의 세계로 고양되어 들어가 완전한 영적 합일을 이룰 수 있다.

83) Vgl. Thomas Pekar: A.a.O., S.132.

84) 예수가 자기희생을 통해 인간을 구원한 인간화된 신이라면, 고양이 역시 케텐의 병을 대신해 죽어감으로써 그를 구원한 동물화된 신이다. 이 구원은 그를 세속적 현실세계로부터 구원하여 천상의 세계로 즉 오로지 계시와 믿음으로만 증명될 수 있는 유토피아의 공간으로 인도한다. 이곳은 초현실의 세계로 세속적 세계를 지배하는 이성을 통해서는 증명되거나 설명될 수 없다. 이곳에서 이루어지는 둘만의 대화는 결코 바깥 세계로 세어나갈 수 없고, 이것을 체험하지 못한 사람들은 들어도 이해할 수 없다. 왜냐하면 그들은 지금, 이성적으로 이해할 수 없는 기적과 불가사의가 지배하고 있어 오직 믿음만이 둘 사이의 합일을 보장해 주는 동화의 나라에 들어와 있기 때문이다.

85) Vgl. Theodor W. Adorno: Standort des Erzählers im zeitgenössischen

Roman. In: Texte zur Literaturtheorie der Gegenwart. Stuttgart(Reclam), S.129－136.

86) Vgl. Karl Eibl: A.a.O., S.150.

87) 『특성없는 남자』에서 화자는 울리히의 정체성의 균열을 다음과 같이 말한다: "그의 발전은 분명히 두 개의 길로 분해된다. 그중 하나는 대낮에 놓여 있는 길이고, 다른 하나는 어둠 속에 갇혀 있는 길이다."(2. 593)

88) 무질이 '건어물 합리주의 Dörrfischrationalismus'라고 말했을 때 그는 합리주의의 빈껍데기처럼 공허함과 무미건조함을 보았다. Vgl. Elisabeth Albertsen: Zur Dialektik von Ratio und Mystik im Werk Robert Musils. Breitenberg / Holstein 1968, S.21.

89) 하지만 이런 합리주의 정신의 일방적 지배에 대해 무질은 단호히 반대한다. 『특성없는 남자』 제72장에서 그는 '악'을 과학적 사유방식의 냉정함 Nüchternheit으로 본다. 그에 따르면 가슴을 완전히 배제한 채, 기계적, 통계학적, 유물론적으로 모든 것을 파악하는 과학적 사유만을 편애하는 것이 악이며, 이상주의의 결여가 악이고, 사람들이 경배하고 신성시하는 숭고한 것을 무시하는 것이 악이다.

90) Vgl. Ernst Kaiser / Eithne Wilkins: A.a.O., S.122.

91) Vgl. Christine Oertel Sjögren: Das Rätsel in Musils Tonka. In: Robert Musil. Hrsg. v. Renate von Heydebrand. Darmstadt 1982, S.434.

92) 마리아의 전설에 따르면, 성녀에게 헌당될 교회가 지어질 것이라는 표시로 여러 곳에서 여름에도 눈이 내렸다고 한다. Vgl. Ernst Kaiser / Eithne Wilkins: A.a.O., S.119.

93) Vgl. Walter H. Sokel: Kleists "Marquise von O", Kierkegaards "Abraham" und Musils "Tonka": Drei Stufe des Absurden in seiner Beziehung zum Glauben. In: Robert Musil Studien zu seinem Werk. Hrsg. v. Karl Dingklage zusammen mit Elisabeth Albertsen und Karl Corino. Klagenfurt 1970, S.67.

94) 비트겐슈타인과 빈 모더니즘 그리고 언어신비주의의 연관성에 대해서는 앨런 제닉, 스티븐 툴민 / 석기용(역): 빈, 비트겐슈타인, 그 세기말의 풍경. Ejb 2005, 323쪽 참조.

95) 비트겐슈타인 / 박영식, 최세만(역): 논리철학 논고. 서울 1986, 281쪽 참조.

96) 통카가 사용하는 '전체의 언어'란 이성의 도구가 된 일상적 언어로 표현될 수 없는 것까지 전달할 수 있는 언어, 즉 이성적 영역과 비이성적 영역을 다 포함하고 있는 언어다. 이에 관해 울리히는 "완전한 언어는 혀의 언어일 뿐 아니라 감정과 느낌의 언어"라고 말한다.(1. 129)

97) 이에 관해 호프만스탈은 「챤도스 편지」에서 언어는 나만의 주관적 감정이나 심오한 사유 그리고 나의 고유한 개성을 추방하고 자기네끼리

만 춤을 추며, 이 가운데 있는 자신은 무시무시할 정도로 고독할 따름이라고 말한다. 니체 역시 모든 언어는 자신의 생성의 근본토대가 되는 일회적이며 완전히 개인적인 근원체험에 대한 기억물이 아니며, 개념은 동일하지 않는 것을 동일화함으로써 성립되고, 수많은 개별적 행위들이 가지고 있는 비동일성을 누락시키거나 망각함으로써 생긴다고 주장한다. 그에 따르면 일상 언어는 의사소통을 위한 필수요소인 객관성과 보편성을 위해 개인의 주관적 감정이나 생각을 무시해 버리는 오류를 범한다. Vgl. Hugo von Hofmannsthal: Briefe. In: Gesammelte Werke in zehn Einzelbänden. Bd. 7. Erzählung, erfundene Gespräche und Briefe. Hrsg. v. Bernd Scholler. Frankfurt / M. 1979, S.466. Vgl. Friedrich Nietzsche: Über Wahrheit und Lüge im aussermoralischen Sinne. In: Nietzsche Werke Ⅲ−2. A.a.O., S.373.

98) Vgl. Götz Müller: Ideologiekritik und Metasprache in Robert Musils Roman “Der Mann ohne Eigenschaften”. München, Salzburg 1972, S.15.

99) 칼 코리노에 따르면 무질은 군복무 시절에 실제로 매독에 감염된 경험이 있으며, 후에 통카의 실제 모델이 된 그의 여자친구 헤르마 디츠 Herma Dietz가 임신하게 되었을 때 그녀도 이 병에 걸렸다. 무질은 자신이 이 병에 전염되었는지, 그녀가 부정한 짓을 했는지에 대한 불확실성 때문에, 그리고 아무 결정도 내리지 못하는 자신의 태도로 인해 그녀가 심리적으로 지쳐가고 있었기 때문에 괴로워했다. 통카와 마찬가지로 그녀도 병원에서 사망했으며, 그녀가 죽을 때까지 무질은 불신과 고통 그리고 질투로 가득찬 다그침성 질문으로 그녀를 괴롭혔다. Vgl. Karl Corino: Ödipus oder Orest? Robert Musil und Psychoanalyse. In: Von Törless zum Mann ohne Eigenschaften. Hrsg. v. Uwe Bauer und Dietmar Goltschnigg. München, Salzburg 1973, S.169.

100) Vgl. Erich Heintel: Glaube in Zweideutigkeit. R. Musils Tonka. In: Von Törless zum Mann ohne Eigenschaften. A.a.O., S.76.

101) 직접성이란 바로 우리가 진리와 등치시키고 있는 ‘보편’, 보편체계로서의 ‘도덕’ 너머에 있으며, 신이 ‘나’라는 특별한 존재에게 ‘계시’라는 형태로 직접 부여한 ‘진리’를 의미한다. 다시 말해 초월적 존재인 신이 보편의 체계를 거치지 않고 특별히 나에게만 직접 내려준 진리를 의미한다. 하지만 합리주의가 지배하는 현대인은 이것을 진리로 인정하지 않는다. 왜냐하면 현대사회에서 개인 내면에 들어 있는 특수한 진리는 외적인 공인, 즉 보편(객관)성을 통해 공인받아야만 진리로 인정되기 때문이다. 현대인의 진리 인식과정은 자신의 개인적 진리를 ‘보편’과 ‘개념’이라는 그물망으로 한 번 걸러낸 간접적인 성격을 가진다. 이처럼 보편성을 요구하는 것은 개인의 특수하고 직접적인 인식내용을 설명할 수 없게 만들며, 한 개인에게 그 어느 것보다 확실한

진리내용을 논증 불가능하다는 이유로 진리로 공인해 주지 않는다.

102) Vgl. W. H. Sockel: A.a.O., S.57.

103) Vgl. Renate Homann: Literatur und Erkenntnis: Robert Musils Erzählung Tonka. In: DVjs. 59(1985), S.509.

104) 무질은 『특성없는 남자』 113장에서 오늘날 누군가가 신이 자기에게 말을 걸어왔다거나, 자기 머리를 잡아 신에게로 끌어올렸다거나 혹은 신이 불가사의하게도 자기 가슴 속으로 미끄러져 들어왔다고 말한다면, 아무도 그것을 믿지 않을 것이라고 말한다. 이처럼 이성의 시대를 살아가는 현대인은 고대와 중세시대 수없이 많이, 그리고 분명하게 존재했던 소중한 체험들을 상상이나 정신병적 현상(과대망상)으로 간주한다. 오늘날에도 여전히 이성으로 파악할 수 없는 신비적 현상들이 엄연히 존재하고 있음에도 과학적 이성은 이것들을 부정한다. 이로 인해 영혼은 비합리적 영역으로 밀려나며, 대낮에 길을 잃고 헤매는 밤쥐꼬리 새처럼 우리 시대를 유령처럼 헤매고 다닌다.

105) 1942년 무질이 망명지인 스위스에서 세상을 떠났을 때 그의 죽음은 대중의 관심을 끌지 못했다. 이후 10년 동안 그는 독자의 기억에 거의 잊혀진 존재였지만 1952년 아돌프 프리제에 의해 무질 전집이 출판되면서 그는 그동안 소홀히 다루어진 작가로 재평가된다. 무질 연구가 본격적으로 이루어지기 시작한 것은 칼 야콥 부르크하르트 Carl J. Burkhardt가 무질을 인정하지 않는 독일인의 오류를 비판하면서 시작된다.

106) Vgl. Otto Pächt: Zur Vorgeschichte des Buches Nachlass zu Lebzeiten, In: Robert Musil. Leben, Werk, Wirkung. Hrsg. v. Karl Dinklage. Wien u. Reinbek 1960, S.386f.

107) Vgl. Rudolf Hoppler: Robert Musils Novelle "Die Amsel". Die Wiederentdeckung des Paradiesvogels. Diss. Zürich 1980, S.15. 롤랑 바르트 Roland Bartes에 따르면 '읽을 수 있는 텍스트들 lesbare Texte'은 모두 서구의 폐쇄적 체계에 빚지고 있으며 이 체계의 목적에 부합되게 만들어졌고, 이 체계가 규정한 의미법칙에 저항하지 않는 텍스트들이다. 이렇게 본다면 '읽을 수 없는 텍스트들 unlesbare Texte'이 진짜 읽을 만한 가치가 있는 텍스트가 아닐까? Vgl. Roland Bartes: S / Z, Frankfurt / M. 1976, S.12.

108) Vgl. Uwe Baur: Robert Musils "Die Amsel". Figurierung der Persönlichkeitsspaltung eines Rahmenerzählers. In: Vom "Törless zum Mann ohne Eigenschaften". Hrsg. v. Uwe Baur und Dietmar Goltschnigg. Müchen, Salzburg 1973,. S.290.

109) 이후 아쯔바이는 A2로, 아아인스는 A1로 줄여서 표기하겠음

110) 발터 벤야민은 「보들레르에 관한 몇 가지 모티브」에서 창가에 서 있

는 사람을 현대사회에 새로운 계급으로 등장한 대중에게 혐오감을 느끼며 그들과 거리감을 두고 멀리서 관찰하는 시인을 상징하고 있다고 본다. 무질 역시 『특성없는 남자』에서 대중들과 대중들로 가득찬 현실을 혐오하며 그들과 자신을 격리하기 위해 <창문>, <울타리>, <문>이라는 모티브를 사용한다. 하지만 무질에게 창문은 외적으로 바깥 세계와 자신을 격리하는 기능을 하지만 내면적으로는 합리적 현실세계와 이와는 다른 세계, 즉 마법의 세계가 서로 만나는 기능도 한다.

111) Vgl. Erich Burgstaller: Zu Robert Musils 'Amsel'. In: Sprachkunst 3(1972), S.273.

112) Vgl. Karl Eibl: Die dritte Geschichte. Hinweise zur Struktur von Robert Musils Erzählung Die Amsel. In: Poetica 3(1970), S.460.

113) Vgl. Gudrun Mauch: Das Märchen in Musils Erzählung "Die Amsel". In: Literatur und Kritik 12(1977), S.153

114) 니체는 인간의 고유한 실존은 선악의 저편에서만 가능하다고 보았다. 이와 마찬가지로 무질도 도덕과 관습은 개인의 본성과 고유성을 왜곡하고 거짓된 특성만을 강요한다고 본다. 그에게 도덕과 관습에 의해 유지되는 인간관계는 인간본성과 자유를 억압한다. 사랑이 참된 인간들 사이의 진솔한 관계라는 것과 진정한 사랑은 도덕의 억압을 벗어난 자유로운 상태에서 이루어져야 한다는 전제를 받아들인다면, 도덕, 특히 정조의 의무와 관습에만 의존해 지속되는 결혼은 허구적 사랑이거나 불완전한 사랑일 수밖에 없다. 이 때문에 무질은 우선 자신의 주인공으로 하여금 기존의 결혼관계로부터 멀어지게 만든다. 그것은 의무와 관습으로부터 자유로운 사랑을 위해서이다. 이들은 모두 배우자를 사랑하지만 떠날 수밖에 없다. 그것은 도덕의 저편에서 진정한 자아를 되찾아 다시 배우자와 진정한 사랑을 나누고자 하기 때문이다. A2가 아무 이유 없이 부인을 떠나면서도 양심의 가책을 느끼지 않은 것도 그의 행위가 진정한 사랑의 완성을 목표로 하기 때문이다.

115) Vgl. Gibert Reis: Musils Frage nach der Wirklichkeit. Königstein / Ts. 1983, S.313.

116) Vgl. Wolfram Mauser: "Es hat sich eben alles so ereignet……" Zu Musils Erzählung "Die Amsel". In: Perspektiven psychoanalytischer Literaturkritik. Hrsg. v. Sebastian Goeppert. Freiburg 1978, S.113.

117) Vgl. Benno von Wiese: Die Amsel. In: Die deutsche Novelle von Goehte bis Kafka. Hrsg. v. Benno von Wiese. Düsseldorf 1962, S.312.

118) Vgl. Gilbert Reis: A.a.O., S.310.

119) 이언 와트 Ian Pierre Watt는 서양의 개인주의 이데올로기를 다음과 같이 설명한다: "모든 것은 우리 자신을 중심으로 무수히 많은 원을 그리며 우리 마음속에서 움직인다. 우리는 행복과 고통, 기쁨과 슬픔, 부

그리고 인생의 여러 모습에 대해 판단을 내린다. 다시 말해 우리는 그 모든 것을 우리 자신의 기준에 의해 판단한다. [……] 여러 면에서 우리의 소중한 '자아'야말로 바로 삶의 목적이다." 이언 와트/이시연, 강유나(역): 근대 개인주의의 신화, 서울(문학동네) 2004, 218쪽 참조.

120) 하버마스는 헤겔의 '주체' 개념에는 개인주의, 비판의 권리, 행위의 자율, 관념주의 철학 등 4개의 함의가 있다고 밝힌다. 주체성의 원리는 근대의 도덕, 예술, 종교, 정치 등 각 분야의 구성에 결정적인 영향을 미쳤는데, 도덕에서는 개인의 주관적 의지의 자율성을, 예술에서는 낭만주의의 절대적 내면성을, 종교에서는 루터주의, 정치에서는 인권선언에 나타난 개인의 자유사상 등을 들 수 있겠다. 이와 유사하게 우베 바이젠바허 Uwe Weisenbacher도 주체의 탄생 과정을 인간의 개인화의 역사, 삶의 세속화의 역사, 인간의 해방의 역사, 강요에 근거하는 외적 세계에 대항하여 '내적 자아 ein inneres Selbst'의 형성의 역사, 내면적 개인의 정체성 형성의 역사로 본다. Vgl. Jürgen Habermas: Der philosophische Diskurs der Moderne. Frankfurt/M. 1988, S.6–26. Vgl. Uwe Weisenbacher: Moderne Subjekte zwischen Mythos und Aufklärung. Pfaffenweiler 1993, S.11.

121) 늘 변화하는 개별체험을 항상 동일하게 인식하기 위해서는 뭔가 변하지 않는 존재를 필요로 하는데, 오토 바이닝어 Otto Weininger에 따르면 그것이 바로 주체다. 왜냐하면 만약 내가 변화의 순환과정에 들어가 있다고 한다면, 나는 'A'가 항상 동일한 상태로 머문다는 것을 인식할 수 없기 때문이다. 바이닝어에 따르면 주체는 동일성의 규정을 통해 우리가 진리를 인식할 수 있게 해주는 절대적인 좌표계다. Vgl. Otto Weininger: Geschlecht und Charakter. Berlin 1932, S.197.

122) 강영안: 주체의 자리. 실린 곳: 전통, 근대, 탈근대의 철학적 조명. 서울(철학과 현실사) 1995, 87쪽 참조.

123) 코르넬리아 블라스베르크 Cornelia Blasberg는 무질의 소설을 규정해주는 '1880년 세대'의 문제는 그 세기 중반부 이래 급격하게 이루어진 산업화 과정의 산물임을 분명히 한다. 이것은 전통시민계급의 위기의식을 표현해 주고 있는데, 산업화로 인해 전통적 질서와 가치가 해체되면서 사회 윤리에 대한 새로운 성찰이 이루어지고 있었는데도, 이를 실행에 옮길 사회적 토대가 아직 부족한 상황에서 산업화된 새로운 세력과 기존의 기득권 세력 간의 긴장관계를 보여준다. 1880년 세대는 철학사적으로 한 분기점을 이루고 있는데, 그것은 이 세대에 와서 헤겔의 사유체계가 붕괴한다는 것이다. 이들에 의해 철학은 형이상학에서 생철학과 실증주의로 관심을 돌린다. Vgl. Cornelia Blasberg: Krise und Utopie der Intellektuellen–Kulturkritische Aspekte in Robert Musils Roman Der Mann ohne Eigenschaften. Stuttgart 1984, S.9.

124) Vgl. Manfred Frank: Erkenntniskritische, ästhetische und mythologische Aspekt der Eigenschaftlosigkeit in Musils Roman. In: Revue de Theologie de Philosophie 113(1981), S.246.

125) 물리적 현상 배후에 현상을 가능케 하는 어떤 원인이 있다고 하는 생각, 행위의 배후에 행위를 행하는 어떤 행위주체가 있다는 생각은 세계를 초월해 세계를 창조하는 신이 있다고 하는 생각과 동일한 근원에서 나왔다. 니체는 이런 사고방식을 깨뜨리려 했다. 따라서 전통 주체의 죽음은 신의 죽음과 당연히 연결된다. 니체는 신의 사망에 대해 '니힐리즘'이라는 개념을 사용한다. 이 개념은 현대의 특수한 체험을 의미한다. 즉 전통 규범의 해체와 새로운 규범이 아직 정립되지 않은 상황에서 인간들은 방향감을 상실하고 허무주의에 빠진다. 이 속에서 약한 인간(약자의 허무주의)은 몽환적이거나 도취적 망각에 빠지지만, 강한 인간(강자의 허무주의)은 항상 현존해왔지만 무시되었던 삶의 원천으로부터 새로운 가치를 창출한다. 이 사상은 무질의 소설에 중요한 영향을 미친다.

126) Vgl. Friedrich Nietzsche: Jenseits von Gut und Böse. In: Nietzsche Werke Ⅵ-2. A.a.O., S.29f.

127) 지금까지 니체의 'Übermensch'는 '초인'으로 번역되어 왔다. 하지만 강영안은 초인이 끊임없이 변화하는 창조적 주체라는 점에 초점을 맞추어 이것을 어느 한군데 고착되지 않고 끊임없이 자기 극복을 시도하는 인간, 즉 '넘어가는 인간'으로 번역한다. 강영안: 같은 책, 107쪽 참조.

128) Vgl. Gunther Martens: Ein Text ohne Ende für den Denkenden: Zum Verhältnis von Literatur und Philosophie in Robert Musils Der Mann ohne Eigenschaften. Frankfurt / M. 1999, S.36.

129) Ernst Mach: Die Analyse der Empfindung und das Verhältnis des Physischen zum Psychischen. Jena 1902, S.9.

130) Ernst Mach: Ebd., S.18.

131) Vgl. Andreas Berlage: Empfindung, Ich und Sprache um 1900: Ernst Mach, Hermann Bahr und Fritz Mauthner im Zusammenhang. Frankfurt / M. 1994, S.65.

132) Vgl. Rudolf Haller: Zur Philosophie der Moderne. In: Nach Kakanien. Annährung an die Moderne. Hrsg. v. Rudolf Haller. Wien, Köln, Weimar 1996, S.120.

133) Vgl. Roser Willemsen: Das Existenzrecht der Dichtung. München 1984, S.155.

134) Vgl. Ernst Mach: Erkenntnis und Irrtum. Skizze zur Psychologie der Forschung. Leipzig 1926, S.15.

135) Vgl. Werner Ego: Abschied von der Moral. Eine Rekonstruktion der

Ethik Robert Musils. Freiburg, Wien 1992, S.22.

136) 이를 근거로 팀 메히건 Tim Mehigan은 무질의 『특성없는 남자』가 인간의 어떤 실체도 존재하지 않는다는 마흐의 주장을 극단적으로 첨예화한 작품이라고 주장한다. Vgl. Tim Mehigan: Robert Musil, Ernst Mach und Problem der Kausalität. In: DVjs. 1997, S.281.

137) Vgl. Alexandr W. Belobratow: Individuum und Gesellschaft in Robert Musils Roman Der Mann ohne Eigenschaften. In: Robert Musil. Literatur, Philosophie, Psychologie. Hrsg. v. Josef Strutz und Johann Strutz. München, Salzburg 1984, S.117.

138) Vgl. Klaus Laermann: Eigenschaftlosigkeit. Reflexionen zu Musils Roman Der Mann ohne Eigenschaften. Stuttgart 1970, S.2.
관공서의 모든 기록은 표준화된 데이터베이스로 처리된다. 따라서 여기서 중요한 것은 개인의 고유한 특성보다는 보편체계 속에 들어가 있는 외적 특질이다. 경찰은 울리히의 고유한 특성을 특질들로 다시 분해한다. 이렇게 분해된 인간은 자신이 '탈개인적 질서구조' 속에 편입되어 있다는 것을 느낀다. 이 특질을 통해 더 이상 분해될 수 없는 개인이 해체됨으로써 개인은 특성을 상실했다고 느끼게 된다. 이로써 자아는 자신을 남김없이 해체한 결과 도출되는 비본질적 구성요소들이 만나는 장소로 규정된다.

139) Vgl. Gerhart Baumann: Robert Musil. Ein Entwurf. Bern und München 1981, S.120.

140) Vgl. Aldo Venturelli: Robert Musil und das Projekt der Moderne. Frankfurt / M., Bern, New York, Paris 1988, S.221.

141) 게르하르트 바우만은 '특성없는 남자'를 자신의 자아대로 살아가며 결코 '그와 동일한 것' 속으로 도피하지 않는 남자, 끊임없이 자신과 대립하는 남자, 자신에게서 떨어지지 않으려고 노력하면 할수록 그만큼 더 자신이 이해할 수 없는 존재가 되는 고통스러운 체험을 하는 남자, 자신을 계속해서 새 출발하는 존재라고 고백하는 남자, 자기신뢰와 자기의심 사이, 자기일치와 자기소외 사이의 대립이 끊임없이 전개되는 남자, 자신이 자기가 아닐 때만 바로 자기가 된다는 확신을 가진 남자라고 설명한다. 그는 한 가지 생각을 고집하지 않고 항상 다른 생각에 대해 가슴을 열어놓고 있는 남자, 항상 하나의 분명한 주장을 가지고 있는 것이 아니라 새로운 주장을 위해 늘 변화가능성을 가지고 있는 존재이다. 여기서 우리는 무질의 주체개념과 전통 주체 개념을 구분할 수 있다. 첫째, 무질의 주체는 변증법적 변화를 추구한다. 그에게 주체는 생과 사의 영원한 반복을 통해 재충전되는 역동적이며 살아있는 주체이다. 둘째, 형이상학적 주체(불변의 아르키메데스의 점)가 아니라 경험, 현상으로부터 출발하여 주변 환경의 영향을 받아 변화하는 현상

학적 주체다. Vgl. Gerhart Baumann: A.a.O., S.121.

142) 칸트가 도달한 위대한 발견은 도덕률이 인간(Persönlichkeit)에게서 나온다는 사실과, 인간이 도덕적 행위를 하는 순간 경험세계를 지배하는 '지적 세계 die intelligible Welt'의 무제약적 존재로 고양된다는 것이다. 칸트로 하여금 경탄과 함께 경외심을 갖게 만든 것이 '내 머리 위에 별이 빛나는 하늘'과 '내 마음속의 도덕률'인 것은 그가 이 둘의 동일성을 깨달았기 때문이다. 칸트에게 별이 있는 하늘로 상징되는 '물리적 세계의 무한성'은 단지 인간의 '도덕적 의지 das sittliche Wollen'의 무한한 상징일 따름이며, 도덕계율인 '정언명령'의 보편성은 '우주의 보편성 der Universalismus des Universums'이다. 이에 따르면 도덕적 인간은 우주이자 모든 것이다. '세계 전체 Weltganz'가 그 자체로 모든 것이기 때문에 제한적 존재가 아니라 무제한적 존재인 것처럼, '전체'로서의 인간은 다른 구성분자들에 의존할 필요도 없으며, 자연법의 통제를 받지도 않는다. 오히려 인간은 그 자체로 모든 법칙의 총괄체이며, 바로 이 때문에 그는 '자유로운 존재'다. Vgl. Immanuel Kant: Kritik der praktischen Vernunft. Werkausgabe. Band Ⅶ. Hrsg. v. Wilhelm Weischedel, Frankfurt / M. 1982, S.300. Vgl. Otto Weininger: A.a.O., S.214.

143) Vgl. Werner Ego: A.a.O., S.33.

144) 이 개념에 따르면, 행위자가 범행의 순간 의식을 잃은 상태이거나 정신적 장애가 일어난 경우, 그가 자유롭게 자신의 의지를 규정할 수 없을 경우, 그리고 그가 자기 행위의 불법성을 통찰할 능력을 가지지 못할 경우에는 처벌불가능하다.

145) Vgl. Philip Payne: Moosbrugger and the question of free will. In: New German Studies 3(1975), S.143.

146) 판사에게 인간행위는 모두 준법행위 아니면 위법행위다. 그에게 제3의 행위는 존재하지 않는다. 이것은 의사들에게도 적용된다. 그들에게는 건강한 자와 환자만 존재하며 '이들 사이에 제3의 경우'는 존재하지 않는다. 김래현: 로버트 무질. 생애, 작품, 문학론. 건국대 출판부 1996, 131쪽 참조.

147) '이 세상에는 하나의 원인 또는 적어도 특정한 이유 없이 일어나는 일은 없다'라는 라이프니츠의 '충분이유율 das Prinzip des zureichenden Grundes'에 대해 무질은 '불충분이유율'을 지지한다. 우리 삶에는 항상 질서에서 벗어난 '예외적 사건'이 일어난다. 우리들의 개인적인 삶에서뿐만 아니라 공적이며 역사적인 삶에서도 '정당한 근거'를 가지지 않은 일들은 항상 일어난다. 따라서 이유 없이 한 행위에 대해서 이유를 제시하는 것은 불가능하며, 거짓이다. 그러므로 이처럼 예외적인 사건을 그것만의 특수한 고유성을 인정하지 않고 질서 안에 편입시키

려는 시도는 '기괴한 불합리성'(4. 1098)에 불과하다.

148) Vgl. Maria Louise Roth: ROBERT MUSIL ZUM PROBLEM DER POETIK. In: Modern Austrian Literatur. Vol.9 3 / 4, S.13.

149) 『특성없는 남자』의 생성사에 관해서는 Vgl. Ernst Kaiser / Eithne Wilkins: Robert Musil. A.a.O., S.134f. Vgl. Helmut Arntzen: Musil Kommentar, zu dem Roman Der Mann ohne Eigenschaften. A.a.O., S.30－50. Vgl. Wolfdietrich Rasch: Über Robert Musils Roman ≪Der Mann ohne Eigenschaften≫. Göttingen 1967, S.35－77. Vgl. Wolfdietrich Rasch: Zur Entstehung von Robert Musils Roman 'Der Mann ohne Eigenschagten'. In: Dvjs. 39(1965), S.350－387.

150) Vgl. Erich Fromm: To Have or To be? New York 1967.

151) Vgl. Hartmut Böhme: Anomie und Entfremdung. Literatursoziologische Untersuchungen zu den Essays Robert Musils und seinem Roman ≪Der Mann ohne Eigenschaften≫ Kronberg / Ts. 1974, S.34.

152) 아른하임에게 인간을 특징 지워 주는 것은 '은행계좌' 아니면 '신용불량'뿐이다. 따라서 그에게 부(富)란 파산하지 않으면 결코 해체되지 않는 한 인간의 확실한 특성이다. 이 때문에 사람들은 그의 콧수염이 아니라 그가 타고 다니는 자동차 때문에 그를 존경하고, 남쪽 지방의 태양 빛으로 태운 그의 갈색 피부가 아니라 그가 큰 회사의 사장 아들이기 때문에 그를 좋아한다. 그의 시대에 돈은 신이며, 모든 것의 척도다. 왜냐하면 그 시절은 개인의 구매력의 한계가 그의 세계의 한계였기 때문이다. Vgl. Hartmut Böhme: Ebd., S.46.

153) 프리츠 파펜하임 / 황문수: 현대인의 소외. 문예출판사 1992, 69－70쪽 참조.

154) Vgl. Astrid Zingel: Ulrich und Agathe. Das Thema Geschwisterliebe in Robert Musils Romanprojket Der Mann ohne Eigenschaften. St. Ingbert 1999, S.45.

155) 하버마스는 베버를 인용하여 근대문화를 학문의 자율성, 독립성, 배타성으로 특징짓는다. 막스 베버 / 이상률(역): 직업으로서의 학문. 문예출판사 1999 참조.

156) Vgl. Thomas Pekar: Ordnung und Möglichkeit. Robert Musils Möglichkeitssinn als Poetologisches Prinzip. Oldenburg 1989, S.16.

157) 1919년 12월 24일 무질은 프랑크 베데킨트 Frank Wedekind의 연극 <베터슈타인 성 Schloß Wetterstein>이 분노한 관객의 항의로 인해 공연 금지되었다는 소식과 세계 체스 선수권자가 <천재>로 숭배되고 있다는 소식이 동시에 실려 있는 신문을 보았다. 베데킨트와 체스 선수의 관계에서 그는 오늘날 특성은 대상에 내재되어 있는 것이 아니라 외부에서 결정되는 자질이라고 확신한다. Vgl. Tb. S.546.

158) Vgl. Max Horkheimer, Th. W. Adorno: Dialektik der Aufklärung. Philosophische Fragment. Frankfurt / M. 2003, S.75.

159) 카카니엔은 합스부르크 제국의 수도 빈 Wien을 지칭하는 말이다. 무질은 카카니엔을 다음과 같이 묘사한다: "예를 들어 이 나라는 제국-황가이자 제국과 황가였다. [……] 문서상 이 나라는 자국을 오스트리아-헝가리 군주국이라고 불렀다. 그러나 평상시 말할 때는 누구나 오스트리아라고 불렀다. 다시 말해 국가 차원에서 서약을 통해 엄숙하게 포기했지만, 정서적인 모든 측면에서는 결코 버리지 않고 간직해 왔던 그 이름으로 불리고 있었다. 이것은 감정이 헌법만큼이나 중요하며 법규는 삶에 있어서 중요한 문제가 아니라는 사실을 보여준다."(1. 33) 헌법상 이 나라는 자유주의 국가였지만, 실제로 로마 가톨릭 교회에 의해 통치되었고, 로마 가톨릭에 의해 통치되었지만 사람들의 삶은 자유주의적이었으며, 법 앞에 모든 시민은 평등했지만, 모두가 다 같은 시민은 아니었고, 의회가 있었지만 거의 문을 닫고 있었고, 모든 사람들이 절대주의를 받아들이고 있었지만, 왕은 의회주의로의 복귀를 선언하는 일이 아무렇지도 않게 벌어지는 나라다. 요약하면 이 나라는 사유의 원칙과 삶의 원칙의 불일치로 인해 매우 혼란스러운 나라다. 칼 쇼르스케 C. E. Schorske는 세기말 빈의 문화와 삶을 '이중성'이라는 개념으로 요약한다. 세기 말 빈의 화려한 문화 이면에는 정치, 경제, 사회, 문화 전반에 걸친 혼돈이 숨어 있으며, 빈의 표면상의 번영은 생기를 잃은 것이며, 몰락해 가는 왕국에 대한 불안과 문화적 혼란을 가까스로 감추고 있는 겉치레의 한 표현에 불과한 것이다. Vgl. Carl E. Schorske: A.a.O., S.3-22.

160) 이 운동은 오스트리아 황제 프란츠 요세프 1세의 즉위 70주년 기념행사를 성대하게 치루기 위한 방안을 모색하기 위해 모인 행사 준비위원회이다. 프로이센이 5년 후에 맞게 될 황제 빌헬름 2세의 30주년 즉위기념식을 준비하고 있는 것에 자극받은 오스트리아 귀족들이 역시 5년 후에 맞게 될 황제의 즉위 70주년 기념행사를 독일보다 성대하게 치르고, 대외적으로 오스트리아-헝가리 이중왕국의 결속을 과시하는 방안을 모색하기 위해 모인 것이며, 바로 이 때문에 이것은 '평행운동'이라고 불린다.

161) Vgl. Renate von Heydebrand: Die Reflexion Ulrichs in Robert Musils Roman ≪Der Mann ohne Eigenschaften≫. Münster 1966, S.48.

162) 유토피아는 라틴어 어원상(Ou+Topos) 이 세상에 존재하지 않는 곳(Nicht-Ort), 또는 허구적 공간 räumische Fiktion을 의미한다. 처음 유토피아 개념을 정리한 사람은 토마스 모어이다. 그는 라틴어 기본의미에다 '좋으며, 소망하는 장소 der gute erwünschte Ort'라는 의미를 추가함으로써 유토피아를 불만스러운 기존 현실에 대한 부정 Negation

과, 이와는 다르며 더 개선된 새로운 현실에 대한 소망의 의미를 담았다. 유토피아에 공간개념을 부여한 사람이 토마스 모어였다면, 시간개념을 부여한 사람은 알프레드 도렌 Alfred Doren이다. 선사시대부터 유럽인들에게는 모든 사람들이 행복하고 완전한 삶을 누렸던 '황금시대'에 대한 동경이 있었다. 이것은 중세로 넘어오면서 지상에서 구현된 '천년제국'이라는 '천년기설' 개념으로 발전된다. 하지만 황금시대의 구현은 구원자와 역사시대의 종말을 요구한다. 이 천년기설을 통해 도렌은 시간개념으로서의 유토피아, 즉 '소망하는 시대 Wunschzeit' 로서의 유토피아 개념을 정립한다. 여기서 한 가지 더 언급할 것은 부정적 의미로서의 유토피아, 즉 'Dystopia'다. 물론 이 곳은 유토피아와 마찬가지로 허구적 장소이긴 하지만, 유토피아와는 반대로 부정적 색채가 짙게 배어 있다. 쉘리 Mery Schelley의 『프랑켄슈타인 Frankenstein』(1818), 헉슬리 Aldous Huxley의 『멋진 신세계 Brave New World』(1932), 오웰 George Owell의 『1984』(1943) 등 19세기 초반부터 디스토피아를 그린 소설들이 계속 출판되는데, 이것은 19세기에 접어들면서 부각된 기술문명에 대한 절망과 밀접하게 연관되어 있다. 베이컨의 시대까지만 하더라도 인간에게 새로운 유토피아를 열어줄 것이라고 기대되었던 기술의 힘은 이 시대에 접어들면서 개인의 자유를 억압하고 감시하는 수단으로 변질된다. 이로 인해 절망한 사람들은 기술이 우리가 전혀 기대치 않았던 끔찍한 미래를 만들어 낼지도 모른다는 의심을 하게 된다. 그러므로 디스토피아는 더 나은 세계에 대한 믿음과 동경에서 나왔지만 결과적으로 인간을 소외시키는 기술의 전지전능한 힘과 그것이 창조할 미래사회에 대한 공포를 인간에게 미리 경고해 주고 있다. Vgl. Agata Schwartz: Utopie, Utopismus und Dystopie in Der Mann ohne Eigenschaften: Robert Musils utopisches Konzept aus geschlechtsspezifischer Sicht. Frankfurt / M. 1997, 칼 R. 포퍼 / 이한구: 열린사회와 그 적들 Ⅰ. 플라톤과 유토피아. 민음사 1996 참조.

163) 이것은 무질이 "현대인은 기술문명을 통해 현실은 얻었지만 꿈은 잃어버렸다"(1. 39)고 지적한 것과 연관된다. 여기서 꿈은 곧 유토피아이며, 무질은 꿈과 현실의 변증법적 모순관계를 암시하고 있다. 꿈이 현실화되면, 그것은 더 이상 꿈이 아니다. 따라서 꿈은 언젠가는 현실화될 수 있지만, 그것은 잠재태나 가능성으로서만 존재할 때만 꿈으로 인정받을 수 있다. 그러므로 꿈과 유토피아는 현실과 비현실의 경계에 존재한다. 모오스부르거에 대한 판단은 이처럼 경계선상에 존재하는 그의 현실성과 비현실성을 '전체적'으로 고려할 때만 정당성을 얻을 수 있다.

164) 무질은 에세이 「무기력한 유럽」(1902)에서 우리를 둘러싸고 있는 삶은

질서개념 없이 존재하며, 개별과학의 사실과 삶의 사실들이 무질서하게 우리를 덮고 있다고 분석한다. 이런 현실을 그는 '바빌론의 정신병원 babylonisches Narrenhaus'이라는 개념으로 요약한다: "그것은 바빌론의 정신병원이다. 수천 개의 창문으로부터 수천 개의 서로 다른 목소리, 생각, 음악들이 동시에 방랑자를 향해 질러댄다. 여기서는 개인이 무정부적 모티브의 주인공이 되고, 정신과 함께 도덕도 해체되는 것은 분명하다."(8. 1088)

165) Vgl. Werner Graf: Der Erfahrungsbegriff im R. Musils Roman 'Der Mann Ohne Eigenschaften'. Diss.(Freie Universität Berlin) 1978, S.63.

166) Vgl. Volkmar Altmann: Totalität und Perspektive. Zum Wirklichkeitsbegriff Robert Musils im ≪Mann ohne Eigenschften≫. Frankfurt / M. 1992, S.28.

167) 규범의식은 항상 개인의 내면세계를 억압하여 그로 하여금 자신의 내면세계 체험을 망각하게 만든다. 단적인 예로 유년시절 우리의 세계체험은 자신의 내면세계와 완전히 일치한다. 하지만 성인이 되기 위한 성장통을 치르면서 우리는 이런 합일체험을 포기하거나 망각한다. 무질은 소설 주인공들로 하여금 여행을 통해 자신의 규범의식을 강요하는 습관적 현실을 떠나게 하며, 이때 느끼는 해방감을 통해 옛날의 합일체험을 떠올리게 만든다. 그 대표적인 예는 클라우디네의 여행과 울리히가 '섬'으로 도피여행을 떠나는 체험, 그리고 오누이의 파라다이스 여행이다.

168) 프로이트의 히스테리 연구 역시 바로 빈의 이런 특수한 문화환경의 산물이다. 앨런 제닉에 따르면, 그 당시 히스테리 환자의 대부분은 빈의 상류층 부인이었다. 그 이유는 당시 빈 상류층의 결혼문화에서 찾을 수 있다. 철저하게 정략적으로 행해진 그들의 결혼에서 부부 사이에 참된 애정이 있기를 기대하기는 힘들었다. 이 때문에 성적으로 관대한 특권을 누렸던 남자들은 외도를 하거나 자유롭게 매춘부를 찾을 수 있었지만, 엄격한 도덕의 굴레를 벗어나기 힘들었던 부인들은 견디기 힘든 충동의 억압을 경험하거나 자신의 외도에 대한 양심의 가책을 느끼며 이중생활을 해야 했다. 이런 상황은 『특성없는 남자』의 두 여자 주인공 디오티마와 보나데아를 통해 드러나는데, 둘 다 양심의 가책을 느끼며 남편과 애인 사이에서 이중생활을 한다.

169) "사람들은 현인을 사랑하면서도 속인을 사랑하고 [……] 신앙이 깊었지만 신에 대해 회의했고, 자연스러운 것을 좋아했지만 치장하고 다녔고, 건강했지만 병약했다. 사람들은 옛날 성 안으로 난 가로수 길, 가을날의 정원, 반짝반짝 빛나는 작은 호수, 보석 등을 꿈꾸었지만, 동시에 북아메리카의 대초원, 거대한 지평선, 벌거벗은 투사들, 노예들의 반란, 사회파괴에 대한 꿈도 꾼다."(1. 55)

170) 『편력시대』 제2권 9장에서 괴테는 “사유하면서 행동을 점검하고, 행동하면서 사유를 점검하면, 길을 잘못 들어 방황하지 않을 것이며, 설사 길을 잃는다 할지라도 곧 올바른 길을 찾게 될 것”이라고 말한다. Vgl. J. W. v. Goethe: Wilhelm Meisters Wanderjahre. In: Goethes Werk. Hamburger Ausgabe in 14 Bänden. Bd. 8 Romane und Novellen Ⅲ. Textkritisch durchgesehen und kommentiert von Erich Trunz. 11. Aufl., München 1982, S.263.

171) Vgl. Hans Blumenberg: Wirklichkeit und Möglichkeit des Romans. In: Nachahmung und Illusion. Kolloquium Gießen Juni 1963. Vorlagen und Verhandlungen. Hrsg. v. H. R. Jauß. 2. Aufl., München 1969, S.11.

172) 수동적 수동성 Passive Passivität이 아무것도 하지 않은 채, 아무 생각 없이 자신을 방임하는 것임에 반해, 능동적 수동성은 가능감각과 연결된다. Vgl. Astrid Zingel: Ulrich und Agathe. Das Thema Geschwisterliebe in Robert Musils Romanprojekt Der Mann ohne Eigenschaften. St. Ingbert 1999, S.48.

173) Vgl. Jürgen H. Petersen: Der deutsche Roman der Moderne. Stuttgart 1991, S.17.

174) 이것은 단지 세계에만 적용되는 것이 아니라 주체에게도 적용된다. 세계가 가능성의 유희공간으로 변했다면, 주체 역시 자신을 규정하고 제한했던 특성을 잃어버린 가능인간이 된다. ‘존재 Dasein’를 ‘현존재’가 아닌 ‘근원적 가능존재 primär Möglichsein’, ‘계획 Entwurf’으로 칭한 하이데거에 따르면, 개별 인간의 특성으로서 ‘가능존재’는 ‘존재’의 가장 근원적, 존재론적 궁극규정이다. 개별인간의 존재가능성은 ‘현존재’를 포괄하며, 다양한 형태의 현존재는 오로지 그것들의 가능성에서만 생성된다. 이로써 ‘존재’는 항상 자신을 ‘가능성’으로 이해한다. ‘계획 Entwurf’으로서의 존재는 항상 자신의 현존재 이상(Mehr－sein)이다. Vgl. Michael Jakob: Möglichkeitssinn und die Philosophie der Möglichkeit. In: Robert Musil. Essayismus und Ironie. Hrsg. v. Gudrun Brokoph Mauch. Tübingen 1992, S.22.

175) 무질 스스로 유고에서 “중요한 문제는 제4장에 언급되어 있다”고 밝히고 있다. 단순한 현실을 넘어서는 것, 사물 뒤편에 있는 존재(Tb. 4)에 대한 질문은 무질 문학의 핵심이다. 무질에게는 내면세계에 잠재된 감정적 심리적 가능성과 외부세계의 대상적 현실은 대립적이다. 그는 현실세계의 관찰에서 출발하지만, 순수하게 현상과 연관된 물리적 세계 저편에 있는 ‘사유 가능한 것’을 지향한다. 때문에 그는 “우리가 묘사하고 있는 현실은 항상 단지 구실일 따름이다”(8. 997), “우리가 묘사할 현실은 묘사를 위한 구실일 따름이다”(8. 1324)라고 강조한다.

176) Vgl. Matthias Luserke: Wirklichkeit und Möglichkeit. Modaltheoretische

Untersuchung zum Werk Robert Musils. Frankfurt / M. 1987, S.105.

177) 무질의 목표는 현실을 파악하지 못하며 현실로부터 도피하는 것이라는 가능감각에 대한 비판에 대해 그것이 대단히 긍정적이며 창조적인 성격을 갖고 있음을 논증하는 것이다. 이를 위해 그는 가능감각을 신의 천지창조와 비교한다. 작문시간에 울리히는 다음과 같은 문장을 쓴다: "아마 신도 역시 세계에 대해서 접속법을 사용하여 잠재태로 말하는 것을 제일 좋아할 것이다. 신이 세계를 만들 때 그것이 다르게 될 수도 있으리라고 생각했기 때문이다."(1. 19)

178) 가능감각은 현실의 제약조건을 없애거나, 주관적 욕망을 들여오는 것이 목적이 아니며, 그것의 목적은 가능한 현실을 찾는 것이다. 현실인간은 자신이 속해 있고, 자신을 둘러싸고 있는 특정 사실 너머를 보지 못하는 반면, 가능인간은 어떤 다른 조건들하에서, 즉 기존의 사실의 존재조건을 바꾸면 현실이 그대로 존재할 수 있을까를 의심한다. 울리히는 '그 자체로 독자적인 현실'을 찾는 게 아니라, 총체적 현실을 파악하기 위해 '현실화될 수 있는' 모든 가능성을 찾는다. 그러므로 가능감각은 현실감각을 받아들인다. 왜냐하면 가능감각은 '가능한 현실'과 연관되기 때문이다.

179) 이 소설에서 무질이 실험한 유토피아는 '귀납성향의 유토피아', '에세이즘의 유토피아', '정확성의 유토피아', '모티베이션에 따른 삶의 유토피아', '다른상태의 유토피아'이다. 이것들 모두 가능감각에 기초하고 있으며, 과학적 사유방식과 신비주의적 사고방식을 토대로 현실의 전복을 꾀한다. 무질의 유토피아는 모두 현실을 무비판적으로 받아들이는 것을 거부하고 현실을 뛰어 넘어 항상 다르게 변할 수 있는 가능성을 지향한다. 무질은 특히 이 유토피아를 통해 경직된 범주에 근거한 전통도덕의 형식성을 극복하는 것을 목표로 한다.

180) "유토피아는 목적이 아니라 방향이다 Eine Utopie ist aber kein Ziel, sondern eine Richtung"(5. 1636)라는 말은 그의 유토피아의 실험은 멈출 수 없으며, 유토피아는 구체적 현실이 아니라 이념이자 방향성이라는 것을 암시한다. 유토피아가 이 소설의 '세계설계'이며 '구성 원칙'인 것은 분명하지만, 그 윤곽이 분명하게 그어진 묘사 가능한 삶의 질서를 의미하는 것은 아니다. 유토피아는 어디서도 총체적 표상으로 확정되지 않으며, 바로 이 때문에 가능감각과 함께 열린사회를 지향하는 현대소설의 중요한 구성 원칙이 된다.

181) Vgl. Gerolf Jäßl: Mathematik und Mystik in Robert Musils Roman "Der Mann ohne Eigenschften". München 1963, S.26.

182) "도덕을 생각하지 않는다는 것은 절대 불가능하다 Daran nicht zu denken, war überhaupt unmöglich."(4. 1413) "[……] 인간은 도덕 없이는 살 수 없습니다 [……] daß der Mensch nicht ohne Moral leben

kann."(4. 1426)

183) 정확성의 유토피아는 칸트의 형식윤리에 대한 비판에서 출발한다. 무질에게는 어떤 강제적이고 보편타당한 도덕률도 존재하지 않는다. 칸트가 제시한 기준은 '나는 어떤 존재여야 하는가?', '나는 원래 누구인가?', '무엇이 나인가?'라는 질문에 만족할 만한 답변을 주지 못하며, 특히 완전히 구체성을 요구하는 질문, 즉 현실적으로 특정한 문제를 만났을 때 아무런 도움을 주지 못한다. 무질에 따르면 모든 객관적 정당성이 의문시되고, 계율이 절대적 구속력을 상실했기 때문에 우리는 실천적 규범의 지도에 의지할 수 없다. 실천이 더 이상 도덕률에 의해 이루어질 수 없기 때문에 이제 남은 희망은 도덕의 매개 없이 행동하는 것이다. 울리히는 순수 영적 확실성에 의지하여 전혀 다른 방식으로 올바른 삶의 문제에 직접적으로 접근하려고 시도한다.

184) 무질의 귀납적 관찰이론에 따르면, 모든 가치들은 자의적으로 선택된 것이며, 절대적 입장, 관찰을 면제받을 수 있는 입장, 즉 이성이나 초월적 확실성은 더 이상 존재할 수 없다. Vgl. Hans-Georg Pott: Musil und das 20. Jahrhundert. 실린 곳: 독일학 연구 2집. 서울대학교 인문대학 독일학 연구소 1993, 33쪽.

185) 무질에게 정확성은 대상을 예리하게 묘사하거나, 분명하게 설명하는 것을 뜻하지만은 않는다. 오히려 그에게 정확성은 분명한 것도 때때로 부정확할 수 있다는 사실을 보여주는 것을 의미한다. 이 경우 정확하다는 것은 확실한 현상 속에 숨어 있는 모순성, 양가성을 밝혀내는 것을 뜻한다.

186) Vgl. Wilfried Berghahn: Robert Musil, mit Selbstzeugnissen und Bilddokumenten. Reinbek bei Hamburg 1986, S.13.

187) Vgl. Werner Graf: A.a.O., S.98.

188) 무질의 일기에 따르면, 그가 발레리를 사랑했던 1902년 가을날, 그는 그리스도, 붓다, 괴테 그리고 자신이 다른 종류의 삶을 사는 다른 종족임을 깨닫는다. 그들은 진리를 구하지 않았으며, 모든 것이 하나의 전체가 되는 상태를 체험을 했다.(Tb. I. S.12.)

189) Vgl. Hermann Wiegmann: Utopie als Kategorie der Ästhetik. Zur Begriffsgeschichte der Ästhetik und Poetik. Stuttgart 1980, S.177.

190) 물론 무질이 모티베이션을 인과성과는 반대 개념으로 설정하고 있긴 하지만, 이것은 칸트의 '의지의 자유'는 물론이고, '욕구 Wollen'나 자의와도 무관하다. 모티베이션은 강요와 자유의 대립성 밖에 존재한다. 왜냐하면 이것은 '심오한 강요 tiefer Zwang'이자 동시에 '최고의 자유 die höchste Freiheit'이기 때문이다. 법칙의 강요로부터 자유롭지만, 자기 내면에서 우러나오는 양심의 요구에 귀 기울이기 때문에 '모티베이션에 따른 삶의 원칙'은 주관성과 객관성의 경계를 넘어선다.

191) Vgl. Aldo Venturelli: Die Kunst als fröhliche Wissenschaft. Zum Verhältnis Musils zu Nietzsche. In: Nietzsche Studien 9(1980), S.310.

192) Vgl. Marie-Louise Roth: Robert Musil. Ethik und Ästhetik. München 1972, S.94.

193) 울리히가 특성없는 남자인 것처럼 아가테 역시 특성없는 여인이다. 왜냐하면 다른 여인들처럼 그녀 역시 어릴 때 아버지의 세계, 성인이 된 후에는 남편의 세계, 즉 타자의 세계에서 살아가며 자기만의 공간을 가질 수 없기 때문이다. 아가테의 규범은 자기 세계의 규범이 아니기 때문에 그녀는 본질적으로 이 규범에 대해 무관심하다. 아가테의 유서변조는 이런 관점에서 해석해야 한다. 비록 그것이 하가우어와의 결혼을 통해 얻었던 질서정연하고 안정된 삶을 교란시킬 수 있을지라도, 그녀는 자기 자신과 완전히 하나가 되고, 자기 자신에 동의할 수 있는 삶을 살고자 한다. 그녀에게 도덕이란 그 내용이 무엇이든지 물이 넘치도록 내버려 두는 분수의 접시처럼 자신의 감정을 가득 채우게 만드는 것이다. 비록 전통 도덕과는 다르다 할지라도 자기 내면의 심오한 가치와 연결되는 이 체험을 그녀는 선의 더 좋은 기준이라고 여긴다. 그녀가 완전히 주관적으로 살기를, 모든 세계에 저항하며 자기감정의 명확성에 의존할 것을, 자신에게 적합하다고 여겨지는 것을 실제로 행해보려고 시도한 것이 바로 유서위조다. 유서위조 시 그녀 주변을 맴돈 것은 논리를 통한 정당성이 아니라 감정의 불꽃을 통한 정당성이다.

194) Vgl. Anne Servranckx: Robert Musil: Essayismus als Lebensproblem. In: Robert Musil. Essayismus und Ironie. Hrsg. v. Gudrun Brokoph-Mauch. Tübingen 1992, S.26.

195) 에세이가 개인의 주관적 체험에서 출발하는 글쓰기라면, 에세이즘은 에세이적인 삶의 태도를 의미한다.

196) Vgl. Geoffry C. Howes: Ein Genre Ohne Eigenschaften: Musil, Montaigne, Sterne und die Essayistische Tradition. In: Gudrun Brokoph-Mauch(Hrsg.): Ebd., S.3.

197) Vgl. Dieter Bachmann: Essay und Essayismus. Stuttgart 1969, S.187.

198) 여기서 자연과학적 모델이란 수학문제를 푸는 모델을 의미한다. 울리히는 인간과 삶의 문제에는 보편적 해답은 없으며, 다만 개별적 해답만 존재하는 수학문제로, 그래서 이 개별적 해답을 조합하여 보편적 해답으로 접근할 수 있는 것으로 생각한다.(1. 258)

199) Vgl. Gerolf Jäßl: A.a.O., S.93.

200) Vgl. Hans-Rudolf Schärer: A.a.O., S.102.

201) 무질이 이것을 주장하는 이유는 삶에는 개념을 통해 정의되는 고립된(순수한) 행위는 없으며, 삶이란 '규칙으로부터 끊임없이 탈주하는' 것

이며, 매 순간 새롭게 형성되고 변형되는 '전체'이기 때문이다. 이 총체적 삶을 구성하는 삶의 부분들은 다른 부분들과 서로 연계되어 있기 때문에, 이것들은 상호간에 명확하게 구분할 수 없다. 개별행위는 삶의 총체성 안에서 그리고 삶 전체로부터 그 의미를 부여받는다. 인간 행위의 실제적 의미는 오로지 삶의 총체성 속에서만 모습을 드러낸다.

202) Vgl. Agata Schwartz: A.a.O., S.93.

203) Vgl. Michael Rössner: Auf der Suche nach dem verlorenen Paradies. Zum mythischen Bewußtsein in der Literatur des 20. Jahrhundert. Frankfurt / M. 1988, S.48.

204) 주체와 세계의 경계가 해체되면서 세계는 물리학의 '장이론 Feldtheorie'이 주장하는 것처럼 통일된 힘이 작용하는 영역으로 변한다.

205) Vgl. Stephan Reinhardt: Studien zu Antinomie von Intellekt und Gefühl in Musils Roman "Der Mann ohne Eigenschaften", Bonn 1969, S.120.

206) Vgl. Sibylle Bauer, Ingrid Drevermann: Studien zu Robert Musil. Köln 1966, S.220.

207) Vgl. Dietmar Goltschnigg: Mystische Tradition im Roman Robert Musils. Martin Bubers ≪Ekstatische Konfessionen≫ im ≪Mann ohne Eigenschaften≫. Heidelberg 1974, S.28.

208) 김윤섭: 독일 신비주의 사상사. 한남대 출판부 1995, 129쪽 참조.

209) 무질은 2권 11－12장 <성담>에서 다른상태의 도덕에 대해 본격적으로 다루는데, 그가 이 두 장을 오누이의 대화와 토론으로 구성한 것은 다른상태의 신비체험을 사이비 신비주의로부터 지키고자 했기 때문이다. 무질은 신비체험이 말로 설명될 수 없기 때문에 비합리적 몽상이나 연상으로 치부될 위험을 알고 있었으며, 이를 방지하기 위해 이것을 끊임없이 '합리 Ratio'의 통제하에 두려 했다. 그에게는 정확성의 의지만이 '영감 Intuition'이나 환각으로부터 '제2의 다른현실 die andere zweite Wirklichkeit'의 존재가능성을 보장해 줄 수 있었다. 신비체험을 합리적으로 규명하려 했다는 점에서, 즉 그림자처럼 어두운 곳에 대낮의 밝은 빛을 비추려 했다는 점에서 무질의 신비주의는 "대낮처럼 밝은 신비주의 taghelle Mystik"(4. 1089)다. 울리히는 다른상태를 체험하기 위해 우리가 꼭 성자가 될 필요는 없다고 본다. 예를 들어 산 속 벤치나 이리저리 쓰러진 나무에 걸터앉아 한가로이 풀을 뜯는 소 떼를 보더라도 우리는 "다른 삶 ein anderes Leben"(3. 761)을 살고 있는 것처럼 느낄 수 있다. 하지만 그에게 신비주의는 이처럼 속된 인간이 소풍가서 느끼는 일시적 "휴가 기분 Ferialstimmung"(3. 767)은 아니다. 흔히 사람들은 자신이 두 가지 존재상태로 쪼개지고 있음을 느낄 때, 이것이 야기할 치명적 공포로부터 자신을 지키기 위해 한 가지 상태

를 다른 한 가지 상태의 휴가로 간주하거나, 그것이 잠시 멈춘 것으로 생각한다. 이에 반해 울리히에게 '대낮처럼 밝은 신비주의'는 이 휴가가 지속되는 상태와 연관된다. 이를 위해 그는 다른상태의 신비체험에 대해 성찰적 검증을 요구한다. 왜냐하면 성찰을 통한 검증을 통과할 수 없는 것은 단순한 상상에 불과하며, 결코 영속성을 요구할 수 없기 때문이다. 그러므로 성찰을 통한 검증은 다른상태를 부정하는 것이 아니라 오히려 이것의 사실성을 확고히 보증해 준다. 수학이 허수의 존재, 즉 말로 설명할 수 없는 영역의 존재를 인정했다면, 우리는 다른 상태의 존재를 논리적으로 부정할 수 없다. Vgl. Gerolf Jäßl: A.a.O., S.130.

210) 이로써 무질은 다른상태를 단순히 본능적이며 비합리적인 것과 구분하며, 또 통계적이며 확률적인 관점에서 접근할 수 있는 게 아니라 존재론적 관점에서만 접근 가능한 것으로 만든다. 다른상태의 존재는 과학적으로 정확하게 증명할 수 없지만 우리가 분명히 느낌으로써 이론의 여지없이 확인할 수 있는 사실이다.

211) Vgl. Ludwig Klages: Vom kosmogonischen Eros. Bonn 1988, S.55.

212) Vgl. Ludwig Klages: Ebd., S.202.

213) Vgl. Klaus Laermann: A.a.O., S.135.

214) Vgl. Ulf Eisele: Ulrichs Mutter ist doch ein Tintenfaß. Zur Literaturproblematik in Musils ≪Mann ohne Eigenschaften≫. In: Robert Musil. Hrsg. v. Renate von Heydebrand. Darmstadt 1982, S.160－203.

215) Vgl. Hans－Rudolf Schärer, Peter Schärer: Geschwisterbeziehung und Narzissmus in den Romanen Robert Musils und Italo Svevos. In: Genauigkeit und Seele. Zur österreichischen Literatur seit fin de siècle. Hrsg. v. Josef Strutz und Endre Kiss. Klagenfurt 1990, S.119.

216) 프로이트에 따르면 이것은 모두 어머니와 연관된 심리적 원인 때문에 일어난다. 이미 퇴를레스의 양분된 어머니 상에서 드러난 바와 같이 이런 유의 남성들에게 어머니는 도덕적으로 순결하고 고귀한 존재(himmlische Liebe)이거나 아버지의 육체적 열망을 충족시키는 매춘부(irdische oder tierische Liebe)다. 이 때문에 이들은 자신이 열망할 수 없는 사람(어머니, 누이, 유부녀)들을 사랑의 대상을 삼든지, 자신이 결코 사랑하지 않는 사람을 찾아 억압된 성적 열망만 충족시킨다. 이 가설은 이 소설에 그대로 적용되는데, 1부에서 울리히는 레오나, 디오티마, 게르다 등에게 육체적 관계를 시도하지만 그들을 사랑하지 않는다. 하지만 2부에서 그는 누이동생인 아가테와의 사랑을 통해 다른상태에 도달한다. 이 소설은 규범상태를 지배하는 Sexus에서 다른상태를 지배하는 Eros로 발전해 나가며, 여기서 소령부인은 한때 체험한 후

까맣게 잊고 있었던 다른상태의 체험을 그에게 떠올리게 해 주며, 2부에서 이루어질 누이와의 만남을 예고해 주는 기능을 한다. Vgl. S. Freud: Beiträge zur Psychologie des Liebeslebens. In: GW. Bd. 8, 7. Aufl., Frankfurt / M. 1978. S.82.

217) K. 레르만은 여기서 울리히의 사랑의 양극성을 찾아낸다. 그중 하나는 새디즘적 소유충동이고, 다른 하나는 '멀어짐의 사랑'을 통해 연인과 엑스터시를 통해 하나 됨(ekstatische Einswerden)을 갈망하는 것이다. Vgl. K. Laermann: A.a.O., S.136.

218) 정신분석학적으로 보면, 세라피온의 사랑은 초자아 성립으로 인해 어머니와 분리가 일어나기 전의 상태로 퇴행하려는 증상이다. 성인이 된 울리히가 아직 성적 정체성이 확립되지 않은 소녀에게 깊이 빠진 것도 이 상태에 대한 무의식적 열망 때문이다. 이것은 어머니의 태내에서 아직 성이 구분되지 않은 상태로 어머니와 합일을 이루고 있었던 행복한 시간으로 되돌아가려는 욕망의 표현이다. 이것은 오누이사랑에서 근친상간을 뛰어넘어 성의 구분 없이 이루어지는 사랑으로 발전된다.

219) Vgl. H. R. Schärer: A.a.O., S.18.

220) 감정의 연관관계가 어떤 대상이나 인간에게서 다른 대상이나 인간에게로 위치 이동하는 것을 말한다. 좁은 의미로는 정신치료에서 환자가 어떤 한 사람(주로 부모)에게 느낀 감정이나 입장을 분석자(의사)에게 털어놓는 것을 말한다. Vgl. James Drever, Werner D. Fröhlich: Wörterbuch der Psychologie. München 1972, S.274.

221) Vgl. Dietmar Goltschnigg: A.a.O., S.137.

222) Vgl. Gerolf Jäßl: A.a.O., S.185.

223) 카이저와 빌킨스에 따르면 무질에게 Selbstliebe와 Eigenliebe는 같은 개념이다. Vgl. Ernst Kaiser / Eithne Wilkins: A.a.O., S.327.

224) Vgl. Ernst Kaiser / Eithne Wilkins: A.a.O., S.230.

225) 여기서 그들의 육체적 사랑을 중지시킨 한 차원 높은 계율의 경고란 근친상간을 포기하라는 것이 아니라 성적인 사랑을 포기하라는 것이며, 한 차원 높은 예감이란 이를 통해 신의 나라로 들어갈 수 있을 것이라는 느낌이다.

226) "우리는 파라다이스로 들어가는 문을 찾고자 했다 Wir wollten den Eingang ins Paradies finden."(5. 1673)

227) Vgl. Heribert Brosthaus: Zur Struktur und Entwicklung des anderen Zustands in Robert Musils Roman ≪Der Mann ohne Eigenschaften≫. In: DVjs. 39(1965), S.423.

228) 울리히는 아가테를 "나를 이해하겠니? 내 영혼아 Verstehst du mich, meine Seele?"라고 부른다.(5. 1651)

229) 플라톤 / 최명관(역): 플라톤과의 대화. 종로서적 1998, 251쪽 참조.

230) Vgl. Achim Aurnhammer: Androgynie. Studien zu einem Motiv in der europäischen Literatur. Köln, Wien 1986, S.17. 달은 고대 오리엔트 신화에서 항상 이중적 존재를 상징했다. 예를 들면 보름달 Vollmond은 두 개의 반달 Halbmond로 나누어지고, 이 두 개의 반달은 다시 보름달로 합일되기 때문에, 달은 그 순환적 구조를 통해 남녀양성 신화의 모델이 될 수 있었다. 그 밖에 점점 커져가는 달과 점점 줄어드는 달의 구분을 근거로 달에게는 두 개의 얼굴을 가진 두 개의 자연 Doppelnatur이라는 성격이 부여되었으며, 이 때문에 남녀양성의 이미지와 연결되었다. 이 밖에 『특성없는 남자』에서 달의 상징성에 대해서는 Vgl. Ernst Kaiser / Eithne Wilkins: A.a.O., S.220ff. 그리고 Vgl. Elisabeth Albertsen: Ratio und Mystik im Werk Robert Musils. München 1968, S.54－57.

231) 그녀가 울리히의 대칭적 거울상이라는 사실은 "너와 내가 이야기를 나눌 때 보면 [……] 내가 거울 유리 속에 있는 내 자신을 보고 있는 것 같다"(2. 359)고 말하는 데서도 잘 드러난다.

232) Vgl. Achim Aurnhammer: A.a.O., S.291.

233) 헤르마프로디토스 Hermaphroditos는 헤르메스와 아프로디테의 아들로서, 이들에게서 이름을 물려받았다. 오비디우스에 따르면 15살 된 미소년 헤르마프로디토스는 살마키스 Salmakis라는 요정이 사는 연못을 지나게 된다. 요정은 이 미소년을 보고 불꽃같은 열망을 느꼈으며, 그에게 함께 잠을 자자고 제안한다. 하지만 사랑의 경험이 없었던 그는 이 제안에 얼굴을 붉히며 그녀가 가까이 오는 것을 막는다. 살마키스가 숨어서 이 소년이 벌거벗은 몸으로 목욕을 하는 것을 훔쳐보는 순간 욕정을 다스리지 못한 채 그에게 달려가 저항하는 그의 몸을 휘감으며, 신에게 그들 둘이 영원히 떨어지지 않고 하나가 되게 해 달라고 간청한다. 요정에게 몸을 뺏긴 그는 이제 남녀양성의 피조물이 되고 그중 남성적 반쪽을 담당한다. 그는 복수욕에 불타 이 연못에서 목욕하는 모든 남성들은 나중에 여성이 되게 해달라고 신들에게 부탁한다. 신들은 그의 소원을 들어주어 이때부터 이 연못에서 목욕한 남성들은 여자가 되었다. (피에르 그리말 / 최애리: 그리스 로마 신화 사전. 열린책들 2003, 678쪽 참조.) 무질이 신화에서 중시한 것은 헤르마프로디토스의 변신구조다. 성적으로 구분되지 않은 소년에서 요정의 열망의 대상이 된 남성으로, 그리고 그 다음 요정과 한몸이 되면서 이 남녀양성의 남성적 반쪽으로 변하는 그에게서, 플라톤의 향연에서 나온 남녀양성 신화를 읽을 수 있다. 심리학적으로 이 신화는 타고난 정체성이 사회화되기 이전의 단계에서 외디푸스 단계로 접어들면서 자신의 성역할을 받아들이고 역할정체성을 받아들이는 인간의 성적 발전단계를 설명해 준다.

234) "자연은 남성에게 젖꼭지를 주었고, 여성에게는 남성 생식기의 퇴화한 흔적을 남겼다."(3. 688)

235) Vgl. Ostrud Gutjahr: "……den Eingang ins Paradies finden." Inzest als Motiv und Struktur im Roman Robert Musils und Ingeborg Bachmanns. In: Genauigkeit und Seele. Zur österreichischen Literatur seit dem Fin de siècle. Hrsg. v. Josef Strutz und Endre Kiss. München 1990, S.149.

236) Vgl. Klaus Laermann: A.a.O., S.146.

237) Vgl. Jacques Perronnet: Isis und Osiris. In: Beiträge zur Musil-Kritik. Hrsg. v. G. Brokoph-Mauch. Bern; Frankfurt / M. 1983, S.279.

238) Vgl. Ostrud Gutjahr: A.a.O., S.147.

239) Vgl. Astird Zingel: Ulrich und Agathe. A.a.O., S.172.

240) Vgl. Heribert Brosthaus: A.a.O., S.415.

241) Vgl. Wolfdietrich Rasch: A.a.O., S.30f.

242) "소금 없는 요리는 참을 수 없지만 음식 없는 소금은 독이다. 환상가는 오직 소금으로만 살고자 하는 사람이다 Speisen ohne Salz sind unerträglich, aber Salz ohne Speise ist ein Gift; Phantasten sind Menschen, die von Salz allein leben wollen."(5. 1667)

243) 무질은 소설 1권 37장에서 리얼리스트에 대해 정의하고 있는데, 리얼리스트는 현실을 그 자체로 남김없이 사랑하거나 진지하게 생각하지 않는다. 즉 그는 현실 그 자체에 만족하지 못하고 항상 새로운 것을 요구한다. 그는 시계를 가지면, 시계에 어울리는 여자를 동경하고, 시계와 여자를 가지면 사회적으로 높은 지위를 갈망한다. 이처럼 리얼리스트는 자신의 작은 소망을 성취하고 안정을 누리고 있음에도 불구하고, 자신이 품은 성취하지 못한 꿈을 향한 욕망은 줄어들 줄 모른다. 그는 모든 것을 다른 모든 것으로 만들 능력이 있다. 왜냐하면 겉으로 보았을 때 자신에게 중요한 것은 현재의 그것이 아니라 다른 무언가를 만드는 것이기 때문이다. 이것은 그가 항상 한 곳에 머무는 것을 참아내지 못한다는 증거이다. 따라서 울리히는 현실을 완벽한 것으로 보고 그것에 순응한다는 의미에서의 리얼리스트가 아니라 현실의 불안정함을 발견하고 그것을 끊임없이 변화시키려 한다는 의미에서 리얼리스트이다.

최성욱

한국외국어대학교 독일어과와 동 대학원 졸업
문학박사
한국외국어대학교, 서원대학교, 백석대학교에서 독일문학 및 서양문화사 강의

-논 문-
「노발리스의 "푸른꽃"에 나타난 서술기법 연구」
「쉴러의 "미학편지" 연구」
「호프만스탈의 언어회의에 대한 소고」
「주체의 위기와 유토피아, 로베르트 무질의 소설을 중심으로」

로베르트 무질

• 초판 인쇄 2008년 2월 20일
• 초판 발행 2008년 2월 20일

• 지 은 이 최성욱
• 펴 낸 이 채종준
• 펴 낸 곳 한국학술정보㈜
경기도 파주시 교하읍 문발리 513-5
파주출판문화정보산업단지
전화 031) 908-3181(대표) · 팩스 031) 908-3189
홈페이지 http://www.kstudy.com
e-mail(출판사업부) publish@kstudy.com
• 등 록 제일산-115호(2000. 6. 19)
• 가 격 25,000원

ISBN 978-89-534-8187-9 93700 (Paper Book)
978-89-534-8188-6 98700 (e-Book)